读客文化

欢乐英雄 上

古 龙 著

文汇出版社

说说武侠小说[1]
——《欢乐英雄》代序

《欢乐英雄》又是个新的尝试，因为武侠小说实在已经到了应该变的时候。

在很多人心目中，武侠小说非但不是文学，不是文艺，甚至也不能算是小说，正如蚯蚓虽然也会动，却很少人将它当做动物。

造成这种看法的固然是因为某些人的偏见，但我们自己也不能完全推卸责任。

武侠小说有时的确写得太荒唐太无稽，太鲜血淋漓，却忘了只有"人性"才是每本小说中都不可缺少的。

人性并不仅是愤怒、仇恨、悲哀、恐惧，其中也包括了爱与友情、慷慨与侠义、幽默与同情的，我们为什么要着重其中丑恶的一面呢？

还有，我们这一代的武侠小说若算由平江不肖生的《江湖奇侠传》开始，至王度庐的《铁骑银瓶》，和朱贞木的《七杀碑》为一变，至金庸的《射雕英雄传》又一变，到现在已又有十几年了。

这十几年中，出版过的武侠小说已算不出有几千几百种，有的故事简直已成为老套，成为公式，老资格的读者只要一看开头，就可以猜

---

[1] 本文初刊登于1971年2月17日香港《武侠春秋》第四十六期。——编者注

到结局。

所以武侠小说作者若想提高自己的地位，就得变！若想提高读者的兴趣，也得变。

有人说，应该从"武"，变到"侠"，若将这句话说得更明白些，也就是说武侠小说中应该多写些光明，少写些黑暗。

多写些人性，少写些血！

也有人说，这么样一变，武侠小说根本就变了质，就不是"正宗"的武侠小说了，有的读者根本就不愿接受，不能接受。

这两种说法也许都不错，所以我们只有尝试，不断地尝试。

我们虽不敢奢望别人将我们的武侠小说看成文学，至少总希望别人能将它看成"小说"，也和别的小说有同样的地位，同样能振奋人心，同样能激起人心的共鸣。

《欢乐英雄》每一小节几乎都是个独立的故事，即使分开来看，也不会减少它的趣味——如果它还有一点趣味，这尝试就不能算失败。

目 录

001 / 第一章　郭大路与王动

017 / 第二章　燕七与蚂蚁

036 / 第三章　林太平

051 / 第四章　元宝·女人·狗

072 / 第五章　剑和棍子

089 / 第六章　送不走的瘟神

099 / 第七章　床底下的秘密

106 / 第八章　麦老广和他的烧鸭子

120 / 第九章　菩萨和臭虫

137 / 第十章　杀人与被杀

154 / 第十一章　来路不明的书生

171 / 第十二章　郭大路的拳头

186 / 第十三章　男人和猫

201 / 第十四章　南宫丑的秘密

212 / 第十五章　苦　差

223 / 第十六章　郭大路的秘密

245 / 第十七章　误　会

257 / 第十八章　剥谁的皮

268 / 第十九章　林太平的秘密

285 / 第二十章　黑暗的地狱

293 / 第二十一章　千古艰难唯一死

304 / 第二十二章　柳暗花明

313 / 第二十三章　王动的秘密

第一章

郭大路与王动

01

郭大路人如其名,的确是个很大路的人。"大路"的意思就是很大方、很马虎,甚至有点糊涂,无论对什么事都不在乎。

王动却不动。

02

大路的人通常都很穷。郭大路尤其穷,穷得特别,穷得离了谱。

他根本不该这么穷的。

他本来甚至可以说是个很有钱的人。一个有钱的人如果突然变穷了,只有两种原因:第一是因为他笨,第二是因为他懒。

郭大路并不笨,他会做的事比大多数人都多,而且比大多数人都做得好。譬如说,骑马,他能骑最快的马,也能骑最烈的马。

击剑,他一剑能刺穿大将身上的铁甲,也能刺穿春风中的柳絮。

你若是他的朋友,遇着他心情特别好的时候,他也许会赤手空拳跃入黄河捉两尾鲤鱼,再从水里跃出抓两只秋雁,为你做一味清蒸鱼、烧野鸭，让你大快朵颐。你吃了他的菜保证不会失望。

他做菜的手艺绝不在京城任何一位名厨之下。

他能用铁板铜琶唱苏轼的"大江东去"，也可以弄三弦唱柳永的"杨柳岸，晓风残月"，让你认为他终生都是在卖唱的。

有人甚至认为他除了生孩子外，什么都会。

他也不懒，非但不懒，而且时时刻刻都找事做，做过的事还真不少。像他这种人，怎么会穷呢？

他第一次做的事，是镖师。

那时他刚出道，刚守过父母的丧，将家宅的田园卖的卖，送的送，想凭一身本事，到江湖中来闯一闯。

他当然不会是个很精明的生意人，也根本不想做个很精明的生意人，所以本来值三百两一亩的田，他只卖了一百七，再加上送给穷亲戚朋友们的，剩下的也就不太多了。

但那也足够让他买一匹好马，铸一柄快剑，制几身风光的行头，住最好的客栈，吃最好的馆子。

那时正是春天，一年之计在于春。春天适于做很多事，也是镖局生意最好的时候。

镖局生意最好的时候，正也就是强盗生意最好的时候。

"中原镖局"的总镖头罗振翼，人虽未老，江湖已老，当然也很明白这道理。所以走在道上，总是特别小心。何况，现在正是春天，他这次保的镖又不轻。

可是保镖只靠小心是绝不够的，还得要武功硬，运气好。

罗振翼武功并不弱，但这次运气却实在不好，竟偏偏遇上了两河黑道上最难惹的欧阳兄弟。

欧阳兄弟不是两个人，也不是三个人、四个人……

欧阳兄弟就是一个人。

这个人的名字就叫作"欧阳兄弟"。

他虽然只有一个人,却简直比四十个人还难斗。他左手使短刀,右手使长刀,还可以同时发出七八种不同的暗器,很少人能看出他暗器是从什么地方发出来的。

罗振翼也看不出。他刚躲过三支"锦背低头花装弩"、一筒"流星赶月袖中箭",谁知欧阳兄弟刀背一翻,又射出了一双子母寒针。

要命的针,从别人要命也猜不出的地方射出来。

罗振翼右肩上挨了两针,虽还不致立刻要命,但也只有等着欧阳兄弟来要他的命。

欧阳兄弟就算不想要他的命,他这趟镖丢了,也只有自己去上吊跳河抹脖子,自己要自己的命了。

就在这时,突然一骑快马驰来,马快人更快,马还未到,马上人已到。欧阳兄弟只看到一个人从半空中落下来,七八种暗器连一种都还没有来得及出手,左右脉门已同时挨了人家一剑。

这半空中落下来的救星自然就是郭大路。

罗振翼对这位救星自然不但感激,而且佩服;不但佩服,而且佩服得五体投地。将这趟镖送到地头后,无论如何也要请他一起回镖局去。

郭大路当然去了,他反正没什么别的要紧事。

他就算有别的要紧事,也会去的。

这是他第一次出手,他忽然发觉自己非但武功不错,人缘也不错。

于是罗振翼就觉得奇怪,就问:"像郭兄如此高的身手,为什么不做镖头?"

郭大路也没问:"为什么武功高的人要去保镖?"

他只觉得做镖头也蛮威风、蛮有趣的。何况,罗振翼请他做的是副总镖头。

一个人初入江湖就做了副总镖头,的确够威风、够神气!

唯一令郭大路觉得遗憾的是,"中原镖局"并不是中原最大的镖局,甚至连第一流的镖局都算不上。

他等了好几天,才接到第一笔生意,而且还不是大生意,只不过是替人从开封押几千两银子回洛阳。

路不远,镖不重,又有这么样一位副总镖头,总镖头自然乐得安安心心、舒舒服服地在家里养伤了。

还是春天,早上,镖车启行。

一年之计在于春,一日之计在于晨,这开始可真不错。

镖旗迎风招展,趟子手的喊镖声嘹亮入云。郭大路穿着紫罗衫,佩着乌鞘剑,骑在大白马上,春天的太阳刚升起,照得他身上暖暖和和的。远处的春山一碧如洗,燕子正在树上衔泥做巢。

他心里实在觉得愉快极了、得意极了。

他只希望能在路上遇见几个江洋大盗、绿林好汉,那倒并不完全是为了他想露露本事、显显威风,而是为了想多交几个朋友。

朋友愈多愈好。他喜欢朋友,能和这种人交上朋友,岂非也很刺激、很有趣,若再能感化他们改邪归正,岂非更妙不可言。

他果然遇到了。

只可惜他遇到的,并不是他想象中那种大秤分金、小秤分银,大块吃肉、大碗喝酒的江洋大盗;也不是那种一诺千金、豪气干云、随时肯为朋友两肋插刀的绿林好汉。他遇见的竟只不过是一伙小毛贼,一个个面有菜色,好像饿了三天,身上穿的衣服到处是补丁,连刀都生了锈。

郭大路虽然失望，但既然遇见了，也没法子，只好先露两手武功，将他们先震住，再循循善诱，希望他们从此洗心革面，改过向善，做个安分守己、自食其力的良民，莫要辱没了祖宗。

大家先被他的武功吓得呆若木鸡，继而又被他的良言感动得痛哭流涕，一个个都表示决心要重新做人。

"可是我们却身无一技之长，叫我们去做什么呢？不做强盗，只怕一家人都得饿死。"

"做做小生意也好呀，就算卖馒头，也总比做强盗好。"

"连一文本钱都没有，能做什么生意？不如现在就死了算了。"

这些人一把眼泪，一把鼻涕，的确是天良发现的样子。

郭大路几乎也被感动得流泪了。

"没有本钱，这容易，我有。"

镖车里岂非有的是银子么？

本钱少了，也做不成生意，郭大路出手一向大方得很。

"每人一百两。"

大家千恩万谢，然后，忽然间就全部呼啸而去，远远都可以听见他们在说："这位恩公不但是大英雄、大豪杰，而且简直是个活菩萨、大圣人。"

郭大路心里也是热血沸腾，感慨不已："人之初，性本善，若非被逼得无路可走，又有谁愿意做强盗呢？"

等他的感情渐渐平静的时候，他才忽然发现了两件事：

第一，镖车里的银子已被分掉一大半。

第二，这些银子并不是他的。

跟着他的镖伙们一个个都张大了嘴，眼睁睁地瞧着他，谁也分不清他们这种眼色是将他看成什么？

是大英雄？大圣人？还是个大呆子？

镖银少了一大半，镖头当然是要赔。

郭大路回镖局的时候，心里虽有些不安，却还不太难受。

他有把握赔这镖银，有本事的人都有这种把握。

"我这匹马是二百八十两买来的，身上还剩下七百多两银子，加起来也有一千多两了。先赔他们再说。"

剩下的呢？

"剩下的镖局先垫上，我用副总镖头的薪饷慢慢来还。"

中原镖局能请到他这样的副总镖头，以后名气自然会愈来愈大，生意自然会愈来愈好，他的薪饷当然绝不会少，很快就能还清的。

罗振翼一直在听着，听得目定口呆，听得像是已出了神。

郭大路还是很有把握，因为他觉得自己提出的这方法实在太合理了。

他再也想不到罗振翼会突然跪了下来。

罗振翼跪下来并不是要求他留下，也不是叩谢他的救命之恩，而是求他快走，走得愈快愈好，愈远愈好。

"你救过我，我替你赔镖银，就算还了债。像郭大爷你这样的人，我以前实在没有见到过，只求以后也莫要遇见才好。"

所以郭大路就走了。

但走到哪里去呢？现在，他身上虽然还佩着剑，衣服虽然还是很光鲜，但大白马已没有了，剩下的几两碎银子，非但不能让他再住最好的客栈、上最好的馆子，就算吃馒头、睡大炕，也维持不了几天。

郭大路是不是也会觉得有些恐慌，有点难受？

不是，他完全不在乎。

像他这么样有本事的人，还怕没饭吃吗，那岂非笑话？

还是找了家最大的馆子，好酒好菜，痛痛快快地吃了一顿。

一个男人吃了顿好饭后，心情总是特别好的，何况还带着六七分酒意，就算最讨厌的人，在他眼中看来都会变得可爱多了。

所以他就将剩下来的银子全都给了很可爱的店小二，所以走出门的时候，他的口袋就变得和刚洗过一样，洗得又干净、又彻底。

下顿饭在哪里？简直连一点影子都没有。

但这又有什么关系？船到桥头自然直，天无绝人之路，现在唯一重要的事是找个地方舒舒服服地睡一觉。

"明天，又是另外一天了。"无论什么事，到了明天，总会有办法的，今天晚上若就为明天的事担心，岂非划不来？

郭大路打了个呵欠，大模大样地走进了城里最好的客栈。

他只忘了一件事。

客栈的门虽然永远是开着的，走进去的时候虽然很容易，走出来的时候，就困难多了。

你袋子里若没钱，人家就不会让你再大模大样地走出来。

郭大路当然不会开溜，也不会撒赖，那怎么办呢？

在这种时候，他才有点着急了，在院子里兜了两个圈子，忽然发觉墙上贴着张红纸条，上面写着："急征厨师。"

于是郭大路就做了厨子。

做镖头，连头带尾，他总算还干了半个多月。

厨子他只干了三天。

这三天里，他多用了二十多斤油，摔坏了三十多个碗，四十多个碟子。

别人居然忍耐下来了，因为郭大路烧出来的几样菜的确不错，有时候找个好厨子甚至比找个好太太还困难得多。直到郭大路将一盘刚出锅的糖醋鱼摔到客人脸上去的时候，别人才真的受不了。

那客人也只不过嫌他鱼做得太淡,要加点盐而已,郭大路就已火冒三丈高,指着人家的鼻子大骂:"你吃过糖醋鱼没有?你吃过鱼没有?糖醋鱼本来就不能做得太咸的,你知不知道?"

天下的厨子若都像你这么凶,哪还有人敢上馆子。

到了这种地步,别人就算还敢留他,他自己也耽不下去了。干了三天厨子,唯一的收获就是身上多了层油烟,口袋还是空的。

但是,"此处不留人,自有留人处"。怕什么?

郭大路当然还是一点也不在乎,他什么事都会做,什么事都能干,为什么要在乎?

问题是,干什么呢?

郭大路开始想,想了半天,忽然发觉自己会做的事,大多数都是花钱的事——骑马、喝酒、赏花、行令,这种事能赚得到半文钱么?

幸好还有一两样能赚钱的,譬如说,卖唱。

以前他唱曲的时候,别人常常会拍烂巴掌,听出耳油,还有人问他:是不是在娘胎里就已学会唱了?

也有人说:凭他的嗓子,凭他对乐曲的修养,若是真的去卖唱,别的那些卖唱的人一定没有饭吃。

郭大路虽不愿抢别人的饭碗,怎奈肚子却已开始在唱了——唱空城计。

于是他找了家自己从未上去过的酒楼,准备卖唱。

一上楼,店小二们就立刻围了上来,倒茶的倒茶,送毛巾的送毛巾,赔着笑,哈着腰,问他:"大爷今天想吃点什么?喝点什么?今天小店的鱼是特地从江南快马捎来的,要不要活杀一条来配三十年陈的绍兴酒?"

像郭大路这么样有气派的人,店小二不去巴结他去巴结谁?

郭大路的脸却已红得像是喝过三十斤绍兴酒了,"我是来卖唱的"，这句话他怎么还能说得出口？

过了大半天，他才结巴地说了句："我来找人……"话未说完，他已像被人用鞭子赶着似的下了楼，夺门而出。

这当然不能怪那些店小二，只怪他自己无论怎么看也不像是个卖唱的。

"唉，原来一个人相貌长得太好，有时也很吃亏的，也许我长得丑些反而好些。"

郭大路虽然是在叹着气，却几乎忍不住立刻要去照照镜子。

卖唱也卖不成，干什么呢？

"老天给了我这么样一双灵巧的手，我总有事可做的。"

郭大路对自己的手一向很满意。

他看着自己细长而有力的手指，心里忽然想起了一些已在江湖中流传了很久的故事："一个落难的少年英雄，潦倒得在街头卖艺，恰巧遇着上一位老英雄和他娇媚的小女儿，对这落拓英雄的武功大为倾倒……"

结果自然是英雄和美人成了亲，从此传为武林之佳话。

"对，卖艺，就在街头卖艺，凭我这身武功，还怕没有人赏识？"

郭大路开心得连肚子饿都忘了，只怪自己前两天为什么没有想出这好主意。

天虽已黑，街上还是很热闹。

郭大路选了个最热闹的街角，准备开始卖艺了。

但在开始的时候，好像还得先说上一段开场白。

说什么呢？

郭大路的口才并不差，不该说的话，他常常说得又机灵、又俏皮，只不过等到该他说话的时候，他反而说不出了。

"不说也没关系，反正别人是来看我的本事，不是来听我说话的；只要我本事一拿出来，还怕人不围过来看么？"

于是郭大路挽了挽袖子，掖了掖衣角，就在这街角上将他生平最得意的一套拳法练了起来。

只见他拳起时如猛虎出柙，脚踢时如蛟龙入海，拳影翻飞，拳风虎虎，当真是每一招都有真才学，每一式都有真功夫。

但别人非但没有围过来，反而都远远地避开了，就算有几个胆子大的，也只敢站在屋角偷偷地瞧。

"这人忽然在街上打起拳来，莫非有了毛病？"

郭大路本来练得还蛮得意，后来才渐渐发现有点不对。

幸好他立刻恍然大悟。

"我练的是真功夫，一点花拳绣腿都没有，这些凡夫俗子当然看不出好处来，好，我就再练点惊人的给他们瞧瞧。"

想到这里，郭大路突然一个鹞子现身，"砰"的一拳将后面的墙打破了个大洞，"呼"的一腿将街角系马的石桩子连根踢倒——他自己的裤子当然也被踢破了。

只听一片惊呼，满街的人突然全部落荒而逃，有几家店甚至将大门都上了起来，只因为街上来了个吃错药的疯子。

这就是郭大路卖艺的经过，他练了一趟拳，还加上一招开山功，一招扫堂腿，换来的只不过是条破裤子。

他的故事为什么不像别的落魄英雄那么好听呢？

这实在没法子，世上本就有很多事听来很美，做来就不美了。

这天晚上，郭大路只有饿着肚子，在破庙的供桌上睡了一觉。

他当然还可以上最好的馆子先吃了再说，上最好的客栈睡下再说，但我们的英雄虽然有些糊涂，却绝不赖皮。丢人的事，死也不肯做的。

"就算要做贼，也得做大强盗，绝不能做偷鸡摸狗的小偷。"

到了第二天下午，郭大路忽然想到做贼。

这念头连他自己也不知道是从哪里来的——大概是从他那已快被磨穿的肚子里来的。

"做贼也并不太坏，有很多劫富济贫的义盗，他们的故事岂非也一样能在江湖中流芳千古么？"

于是郭大路决定做强盗，当然是做个义盗、大盗。

这次他决定只许成功，不许失败。

"要做好一件事，还未开始时，就一定先得计划周密。"

要做个贼，该计划些什么？

第一，当然是要找个合适的对象下手，这人一定要很有钱，而且为富不仁，如果是贪官污吏更好。

你抢了这种人的钱，别人非但不会怪你，反而会拍手称快。

郭大路打起精神，开始四下找，找了很久，终于找到对象。

那是一栋坐落在山腰上的房子，房子很大，建筑得很堂皇。

那表示房主一定很有钱。

房子距离市区很远，很偏僻，附近简直可说是荒无人烟，距离这房子最近的地方，就是坟场。

这表示房主一定不是光明正大的人，光明正大的人绝不会住在这种地方。

所有的条件都很适合，现在只等到了合适的时候，就去下手。

最合适的时候自然是晚上。

但郭大路却等不及了，黄昏时就闯进了这房子。

他第一眼看到的东西，是张床。

一张很大很大、很舒服很舒服的床。

床上躺着个人。

除此之外,他再也没看到别的。

这房子很大,建筑很堂皇,前前后后,至少也有三十间房,最大的一间房大得可以同时摆下十几桌酒。

但前前后后几十间屋子里,除了这张床、这个人之外,什么都没有了,甚至连桌子和凳子都没有。

郭大路怔住了。

躺在床上的那个人并没有睡着,眼睛一直睁得很大,可是尽管他前前后后地跑,前前后后地找,这人始终没有理他。

到后来郭大路忍不住冲到这人床前,想问问他究竟是怎么回事。

这人却反而先问:"找到什么值钱的东西没有?"

郭大路只好摇摇头。

这人叹了口气,道:"我早就知道你找不到的,我已经找了三天,连最后一个破铁锅都被我拿去换烧饼了。你若还能找到别的,那本事真不小。"

他长得本不算难看,只不过显得面黄肌瘦,连说话都是有气无力的样子,的确像是已饿了好几天。

但他睡的这张床,却不折不扣是张好床。

这空房子里怎么还会有这么样的一张好床?这人睡在床上干什么?

郭大路忍不住问道:"这里究竟是什么地方?"

这人道:"说起这地方,可真是大大有名。"

郭大路道:"有名?有什么名?"

这人道:"你听见过富贵山庄这名字没有?这里就是富贵山庄。"

郭大路几乎忍不住叫了起来,道:"富贵山庄?这见鬼地方居然叫富贵山庄?"

这人道:"一点也不错,胖子既然可能变得很瘦,富贵山庄也可能变得很穷,这又有什么好稀奇的呢?"

郭大路道:"那么,你又是何许人也?耽在这种鬼地方干什么?"

这人清了清喉咙,道:"我不耽在这里耽在哪里?我就是富贵山庄第七代的庄主。"

郭大路又怔住了。

这人的眼睛一直盯着他手里的剑,忽又道:"你这把剑看起来倒不错。"

郭大路道:"本来就不错。"

这人道:"看起来总还值好几两银子吧。"

郭大路又叫了起来道:"好几两?你识货不识货?告诉你,这柄剑是我花一百多两银子买来的。"

这人的眼睛里好像有了光,说话的声音也响了,道:"你从这里下山,往左走,有家利源当铺,那里的朝奉虽然是个刮皮鬼,倒还很识货,你趁他们还没有打烊,赶快去,这柄剑至少还可以当二十两银子。"

他咽了口口水,接着又道:"当铺的斜对面,就是家老广开的烧腊店,做的烧鸭和脆皮肉都不错,隔邻还有酒卖。你当来银子后,就先买两只烧鸭、五斤肉、十斤酒,赶快送回来,我已经饿得很了,而且烧鸭冷了也不好吃。"

郭大路瞪大了眼睛,瞧着这人,那表情简直就和罗振翼在听他说话的时候一样。

过了很久,他才吐出口气,道:"你叫我去把自己的剑当了,买酒肉回来送给你吃?"

这人笑道:"你总算听懂了。"

郭大路道:"你知不知道我到这里来,是想来干什么的?"

这人道:"我当然知道,你是想来抢钱的。"

郭大路瞪眼道:"你既然知道我是强盗,还想在我身上打主意?"

这人笑道:"你虽是强盗,我却是穷鬼,强盗遇见穷鬼,也只有自认晦气。"

郭大路瞧着他,忽然发觉这人笑得很可爱,甚至很妩媚。

他自己也忍不住笑了,道:"就算你想在我身上打主意,至少也该自己把我这柄剑拿去当,自己去买酒回来给我吃才对呀。"

这人道:"要做好人就做到底,还是你走一趟。"

郭大路道:"你呢?你连动都懒得动?"

这人叹了口气,道:"你想,我若是不懒,又怎么会穷成这样子呢?"

郭大路第三次怔住了。他以前实在也没见过这样的人,他实在也拿这人没法子。

他居然真的将剑换了酒肉回来。

一条鸭腿、半斤酒下了肚,这人才从床上坐了起来,笑道:"我吃了你的酒,却连你的名字都不知道。"

郭大路道:"我叫郭大路,大方的大,上路的路。"

这人道:"大路——你这人倒真的名副其实,真的很大路。"

郭大路道:"你呢?你叫什么名字?"

这人道:"我叫王动,帝王的王,动如脱兔的动。"

郭大路看着他,看了很久,突然大笑,道:"我看你实在应该叫作王不动。"

03

只有死人才完全不动。

王动虽不是死人,但动得比死人也多不了多少。

不到万不得已的时候,他绝不动。

他不想动的时候,谁也没法子要他动。

油瓶子若在面前倒了,任何人都会伸手去扶起来的,王动却不动。天上若突然掉下个大元宝,无论谁都一定会捡起来的,王动也不动。甚至连世上最美的女人脱得光光的坐到他怀里,他还是不会动的。

但他也有动的时候,而且不动则已,一动就很惊人。有一次他在片刻内不停地翻了三百八十二个跟斗,为的只不过是想让一个刚死了母亲的小孩子笑一笑。

有一次他在两天两夜间赶了一千四百五十里路,为的只不过是去见一个朋友的最后一面。

他那朋友早已死了。

有一次他在三天三夜中,踏平了四座山寨,和两百七十四个人交过手,杀了其中一百零三个,只不过因为那伙强盗杀了赵家村的赵老先生老两口,还抢走了他们的三个女儿。

赵老先生和那三位姑娘他根本全不认得。

若有人欺负了他,甚至吐口痰在他脸上,他都绝不会动。你说他奇怪,他的确有点奇怪。

你说他懒,他的确懒得出奇,懒得离谱。

现在,他居然和郭大路交上了朋友。像他们这么样两个人凑到一起,他们若不穷,你说谁穷?

他们虽然穷,却穷得快乐。

因为他们既没有对不起别人,也没有对不起自己。

因为他们既不怨天,也不尤人,无论他们遇到多么大的困难、多么大的挫折,都不会令他们丧失勇气。他们不怕克服困难时所经历的艰苦,却懂得享受克服困难后那种成功的欢愉。

就算失败了,他们也绝不气馁,更不灰心。

他们懂得生命是可贵的,也懂得如何去享受生命。

所以他们的生命永远是多姿多彩。这一生中,他们做了许多出人意外、令人绝倒的事,你也许会认为他们做的事很愚蠢、很可笑。

但你却不能不承认,他们做的事别人都做不到。

你也做不到。所以我相信你一定喜欢听他们的故事。

第二章

燕七与蚂蚁

01

有郭大路和王动这么样两个人,做出来的事已经够叫人瞧老半天的了,怎么能再加上个燕七?

燕七一个人做出来的事,已经比别人三百个加起来都要精彩,怎么能再加上郭大路?再加上王动?

但老天偏偏要叫他们三个人凑在一起,你说这怎么得了。

02

郭大路和王动并不是天天都穷,时时刻刻都穷的,偶尔他们也会有不穷的时候,只不过谁也不知道他们什么时候会不穷,更不知道他们钱是从哪里来的。

连他们自己都不知道。

他们的钱总是来得出乎意外,连他们自己都有点莫名其妙。

这也许因为他们花钱更花得莫名其妙。

已经快秋天了,"富贵山庄"后园里的树上,忽然结出了满树又甜又大的梨子，摘下来足足可以装几十篓，卖出去居然卖了二三十两银子。

梨是自己从树上长出来后，就有人来问价钱，自己从树上摘走，从头到尾都用不着他们出一分力，帮一点忙。

这钱简直就好像从天上掉下来的，当然一定要庆祝庆祝。

要庆祝，当然不能没有酒，有了酒，当然更不能没有肉。

"穿威风，赌对冲，嫖成空"，只有"吃"最实惠，这是王动的原则，也是他最大的享受。

开始的时候，他总是躺着吃、睡着吃，吃得高兴的时候，才坐起来，但一吃累了，就又要躺去，躺下去再吃。

所以他那张床简直比厨房里的桌子还油腻，你无论往什么地方去随手一摸，总会摸出一两块吃剩下的肉，三四根还没啃完的肉骨头。

郭大路虽不是很爱干净的人，但宁可睡地铺，也不敢躺在他床上。

王动就乐得独自享受一张床，这张床不但是他睡觉的地方，也是他的客厅、他的花园、他的饭桌。

最妙的是，他还能躺在床上喝酒，先把酒瓶子对着嘴，然后"咕嘟咕嘟"一口气喝下去，绝不会有半滴酒漏出来。

郭大路对他这手可佩服极了，自己也想学学，又有点犹疑，忍不住问道："躺着喝酒也能喝得下去么？"

王动道："当然喝得下去。"

郭大路道："会不会从鼻子里喷出来？"

王动道："绝不会，就算头下脚上吊着喝，也不会从鼻子里喷出来。"

郭大路道："你怎么知道？"

王动道："我试过。"

郭大路笑了，道："你连坐都懒得坐，怎么肯把自己吊起来？"

王动道："你若不信，为什么不自己试试？"

所以郭大路就把自己吊了起来，然后再将酒瓶对着嘴，慢慢地一口一口往肚子喝，刚喝了两口，酒已从鼻子里喷了出来。

就在这时，他看到了燕七——先看到了燕七的一双脚。

燕七的脚也许和别人没什么两样，但穿的一双靴子却特别极了。

他穿的靴子是用小牛皮做的，手工极精致，上面还带着花纹，比起塞外回回大王爷脚上穿的靴子，也毫无逊色。

这并不奇怪。

奇怪的是，他这双靴子什么都有，就是没有鞋底。

他身上穿的衣服本来也很华丽，而且很合身，但现在却已被撕得七零八落，简直没有一块完整的地方。

只有他头上戴的帽子，倒不折不扣是顶很漂亮的帽子。

他的人并不太高，但手脚却很长。

他的脸很秀气，甚至有点像小姑娘的脸，大大的眼睛，小小的嘴，笑起来的时候还有两个酒窝；但不笑的时候，他的脸立刻就变得冷冰冰，脸色也白得发青，几乎令人有点不敢亲近。

他的衣服本来好像是淡青色的，现在却是一块红，一块黄。

黄的自然是泥，红的是什么呢？

难道是血？

两个人好好地在家里喝酒，突然看到这么样一个人闯了进来，无论谁都难免要吓上一跳。

但郭大路和王动却还是一个睡着、一个吊着，好像根本没看到这个人似的。

你走进一间屋子，若是看到一个人睡在床上喝酒，一个人倒吊着喝酒，只怕会以为自己走进了疯人院，纵然没有被吓得夺门而逃，也难免头皮发毛。

但这人却像是一点也不觉得惊奇，就好像吊着喝酒本来就是很正常的方式，坐着喝酒才应该奇怪，这人就是燕七。

郭大路的脚倒挂在屋梁上。

燕七突然凌空翻了个跟斗，把一双脚也倒挂上屋梁，脸对着郭大路的脸，像是觉得这样子才好说话。

但他却一句话也没有说。

郭大路又开始觉得这人有趣了，突然挤了挤眼，做了个鬼脸。

燕七也挤了挤眼，做了个鬼脸。

郭大路道："你好。"

燕七道："好。"

郭大路眼珠子一转，道："喝口酒？"

燕七道："好。"

郭大路立刻将酒瓶递了过去，他存心想看看酒从这人的鼻子里往外冒的模样。

谁知这人的技术比他强多了，"咕嘟咕嘟"一口气将大半瓶酒全都喝了下去，居然连一滴都没有漏。

郭大路的眼睛已看得发直，道："你以前就这样喝过酒？"

燕七道："喝过几次。"

他忽然笑了笑，接着道："我想试试这么样喝酒是不是能喝得下去。"

一个人若连这种事都试过，他没有做过的事只怕就很少了。

郭大路忍不住笑道："你还试过干什么？"

燕七道："你能说得出来的事，大概我全试过。"

郭大路笑道："世上大概很少再有别的事比倒吊着喝酒更难受的吧？"

燕七道："还有几样。"

郭大路道："还有？那么最难受的事是什么？"

燕七道："最难受的事就是被人钉在棺材里，埋在地下。"

郭大路眼睛瞪得更大，道："这种事你也试过？"

燕七道："试过的次数倒也不太多，只不过才两次而已。"

郭大路突然一个跟斗从半空中跳下来，瞪着他。

燕七脸上一点表情也没有。

过了很久，郭大路才叹了口气，道："你这人若不是吹牛大王，就一定是个怪物。"

王动忽然道："他是怪物。"

燕七笑了笑，道："彼此彼此。"

郭大路抚掌大笑，道："不错不错，大家都是怪物，否则也不会到这里来了。"

他忽又接道："我第一次到这里来，是为了想做强盗，你呢？"

燕七道："我却不想做强盗，因为，我早就是强盗了。"

郭大路上上下下打量了他几眼，忍不住笑道："像你这样的强盗，一定是笨强盗。"

燕七道："不是笨，只不过走了霉运。"

郭大路道："走了霉运？"

燕七叹了口气，道："若不是走霉运，怎么会闯到这里来。"

郭大路道："对了，你到这里来，究竟是想干什么的？"

燕七道："什么都不想干，只不过想找个地方躲一躲。"

郭大路道："为什么要躲？"

燕七道："因为又有人想把我钉在棺材里，埋到地下去。"

郭大路道:"这次是什么人?"

燕七道:"蚂蚁。"

郭大路张大了嘴,几乎连下巴都掉了下来,道:"你……你说什么?"

燕七道:"我说蚂蚁。"

郭大路道:"蚂蚁?……"

他忽然笑弯了腰,喘着气道:"你若连蚂蚁都怕,胆子可真不小。"

燕七却叹了口气,摇着头道:"看来你简直没有在江湖中混过,居然连'蚂蚁'是什么都会不知道。"

郭大路道:"在我三岁的时候,就知道蚂蚁是什么了。"

燕七道:"是什么?"

郭大路道:"是一种很小很小的,在地上爬来爬去的虫。王动的床上就有不少,我随时可以捉几只来给你瞧瞧。"

燕七道:"我说的不是这种蚂蚁,是人。"

郭大路怔了怔,道:"人?蚂蚁是人?"

燕七道:"是四个人,这四个人是蚂蚁王,手下还有很多小蚂蚁。"

郭大路道:"哦?"

燕七道:"这四个人一个叫金蚂蚁,一个叫银蚂蚁,一个叫红蚂蚁,一个叫白蚂蚁。"

郭大路忍住笑,道:"既然有红蚂蚁、白蚂蚁,就应该有黑蚂蚁才对。"

燕七道:"本来的确有一个,现在却已死了。"

郭大路眨了眨眼,道:"既然明明是人,为什么要叫小蚂蚁?"

燕七道:"很多人都有外号的。"

郭大路道："要取外号，至少也该取个威风堂皇点的名字，譬如叫什么'插翅虎'喽，'金毛狮'喽，什么外号都好取。为什么要叫蚂蚁？"

燕七道："因为他们都长得很小，都是侏儒。"

郭大路愈听愈不像话了，还是忍住笑道："侏儒有什么可怕的？"

燕七道："这几个侏儒非但可怕，而且可怕极了，世上比他们更可怕的人只怕已没有几个。"

郭大路道："哦？莫非他们的本事很大？"

燕七道："他们每个人都有种很特别的功夫，连峨嵋派的第一高手都已死在他们手下。"

郭大路道："既然如此可怕，你为什么还要去惹他们？"

燕七又叹了口气，道："因为我最近闹穷，又走霉运，半个月里连输了十五场，连鞋底都卖了，拿去还赌债……"

郭大路叫了起来，道："什么？你说你将鞋底卖了还赌账？"

燕七道："不错。"

郭大路道："你欠了多少赌账？"

燕七道："大概七八千两。"

郭大路道："你鞋底卖了多少？"

燕七道："两只鞋底一共卖了一千三百两。"

他愈说愈不像话了，郭大路索性就想再听听他还有什么鬼话可说，拼命忍住笑道："那就岂非还差六千七百两？"

燕七道："正因如此，所以我才要打别的主意。"

郭大路道："你既然是强盗，为什么不去抢？"

燕七正色道："你以为我这个强盗是什么人都抢的吗？"

郭大路道："你还挑人？"

燕七道："不但挑人，而且挑得很厉害，不是贪官我不抢，不是奸商也不抢,不是强盗更不抢,人不对不抢,地方不对也不抢。"

郭大路道:"原来你这强盗还抢强盗?"

燕七道:"不错,这就叫黑吃黑。"

郭大路道:"所以,你主意就打到那些蚂蚁头上去了。"

燕七道:"对了,我碰巧知道那几天他们做了票大买卖,所以就去问他们借一万两银子。"

郭大路道:"他们答应了没有?"

燕七道:"答应是答应了,却有个条件。"

郭大路道:"什么条件?"

燕七道:"他们要我睡在棺材里,再埋到地下去耽两天,看看我究竟死不死得了。"

郭大路道:"这样的事你岂非早就干过了么?"

燕七道:"虽然干过,但那滋味却实在不好受。"

郭大路道:"所以你就没有答应。"

燕七道:"我答应了,因为什么债都可以欠,只有赌债是欠不得的。"

郭大路道:"你答应了他们,却又不肯认账,所以他们才来追你?"

燕七道:"一点也不错。"

郭大路道:"你叫什么名字?"

燕七道:"燕七。"

郭大路道:"你还有六个哥哥姐姐?"

燕七道:"没有。"

郭大路道:"你既然不是排行第七,为什么要叫燕七?"

燕七道:"因为我已死过七次。"

郭大路道:"若是再死一次,你岂非就要叫作燕八了?"

燕七苦笑了笑，道："燕七这名字蛮好，我不想再改了。"

郭大路突然弯下腰，大笑了起来，笑得眼泪鼻涕都流了出来，指着他笑道："你不是怪物，你不折不扣是个吹牛大王。"

燕七道："我说的话你不信？"

郭大路道："连一个字都不信，你说的话简直连三岁大的小孩子都不会相信。"

燕七叹了口气，道："我本来就不打算说真话的，因为我早就知道谎话比真话更容易令人相信。"

郭大路笑道："你说的若是真话，我情愿在地上爬……"

突听一人道："你爬吧。"

这声音又尖又细，声音虽不大，却刺得人的耳朵发麻。

郭大路抬起头，就看到一个人。

这人就站在窗台上，却还没有窗子高。

窗子最多也不过只有三尺半。

他身上穿着件金光闪闪的衣服，若不是脸上生着胡须，眼角有了皱纹，无论谁都会将他看成个五六岁的小孩子。

郭大路怔了半晌，才长长吐出口气，道："你就是金蚂蚁？"

金蚂蚁道："不错，所以我可以保证他说的全都是真话，一个字也不假。"

郭大路又吐了口气，苦笑道："金蚂蚁既然来了，银蚂蚁呢？"

话未说完，窗子上就又出现了个人。

这人总算比金蚂蚁高些，但最多也只不过高两三寸。

他身上穿着件银光闪闪的衣服，脸上还戴着个银面具，看起来就像是个用白银铸成的小妖怪，实在说不出的诡秘可怖。

连郭大路都觉得有点毛骨悚然，喃喃道："看来红蚂蚁穿的一定是红衣服。"

只听一人娇笑道："你猜对了。"

笑声又清脆，又娇媚，这么好听的笑声无论谁都很少能听到。只要听到这种笑声，就可以想象到笑的人一定很美。

红蚂蚁的确很美。

侏儒的身材本来一定不会长得很匀称，但她却是例外。

她穿着件紧身的红衣服，该细的地方绝不粗，该胖的地方绝不瘦，一张端端正正的瓜子脸，眉似远山，目如春水，笑靥甜甜的，更浓得化不开，只要将她再放大一倍，就是个绝色的美人。

若是真的将她放大了一倍，甚至连郭大路这种男人也许都不惜为她犯罪。

纵然还没有放大一倍，郭大路的眼睛也不禁瞧得发直了。

她那双春水般的眼波也正在瞟着郭大路，媚笑道："你这人的眼睛不老实。"

郭大路叹了口气，道："我本来就不是个老实人，从头至脚都没有一个地方老实的。"

红蚂蚁咯咯笑道："难道你是个色鬼？"

郭大路道："虽然不完全是，也差不了多少，只可惜……"

红蚂蚁脸上的笑容忽然不见了，道："只可惜怎么样？"

郭大路道："只可惜人不能缩小，否则我倒也想变成个黄蚂蚁。"

红蚂蚁咬着嘴唇，嘴角又露出了甜甜的笑容，道："你敢调戏我，胆子倒真不小，难道就不怕我的老公吃醋么？"

郭大路道："你老公是谁？白蚂蚁？……听说白蚂蚁会飞的。"

红蚂蚁娇笑着，道："你又猜对了，真是个天才儿童。"

银铃般的笑声中，窗外忽然有样东西飞了进来。

这样东西无论怎么看都不像是个人，轻飘飘的，就像是片淡淡的云,又像片白白的雪,轻飘飘地飞了进来,突然"呼"地从郭大路头顶上飞过。

郭大路只觉头顶一凉,若不是躲得快,脑袋说不定已搬了家。

只听"呼"的一声,这片东西又飞了回来。

这当然不是人,人绝不会有这么可怕的轻功。

但他却偏偏是个人,一个穿着雪白衣裳的人,袖子又宽又大,就像是两只翅膀,人却又瘦又小,长不满三尺半,宽不及一尺,若是放在秤上称一称,绝不会比一只兔子重多少。

若不是这么样一个人,又怎么会练得成这么样的轻功?

郭大路又叹了口气,喃喃道:"白蚂蚁果然是会飞的。"

燕七道:"白蚂蚁轻功天下第一,红蚂蚁全身都是暗器,金蚂蚁拳剑双绝,银蚂蚁刀枪不入。我早就说过,他们每个人都有种很特别的功夫,现在,你总该相信了吧?"

郭大路苦笑,道:"你要我现在就爬,还是等等再爬?"

白蚂蚁冷冷道:"最好现在就爬,爬出去,免得被人抬出去。"

红蚂蚁吃吃笑道:"你看,我说他会吃醋的,现在你总也该相信了吧?"

金蚂蚁道:"我们的事与你们无关,你们的确还是爬出去的好。"

郭大路道:"我不会爬,你最好先教教我。"

红蚂蚁笑道:"看来我们只带一口棺材来的确太少,应该带三口来才对。"

郭大路道:"你们连棺材都带来了?真的要把他钉入棺材?"

金蚂蚁道:"我早就说过,他说的话,每个字都不假。"

燕七忽然拍了拍郭大路的肩膀,笑道:"这是我惹的麻烦,用不着你来逞英雄、管闲事。"

红蚂蚁笑道:"这就对了,反正你已死过七次,再多死一次又何妨？"

燕七道："这是人家的地方，我要死，也不能死在这里。"

白蚂蚁道："那么你出去。"

燕七拍了拍衣服，笑道："出去就出去……两位，这次我若还死不了，一定会回来找你们喝酒的。"

王动一直睡在床上，一动也不动，此刻忽然道："等一等。"

金蚂蚁道："等什么？"

王动道："你可知道这是什么地方？"

红蚂蚁吃吃笑道："我知道，这是你的猪窝。"

王动道："这里若是猪窝，我就是猪大王，无论谁到了这里，都得听我的。"

金蚂蚁怒道："你要怎么样？"

王动道："我要燕七留下来陪我喝酒，要想再找个能倒吊着陪我喝酒的人并不容易，我怎么肯让他睡到棺材里？"

郭大路笑了，道："你想动了么？"

王动道："这些蚂蚁会咬人，我想不动也不行。"

郭大路道："怎么动？"

王动道："红蚂蚁是我的，白蚂蚁归你。"

王动不动，一动起来就动得厉害。

这句话刚说完，他的人已忽然从床上弹起，扑了出去。

不但人扑了出去，他身上盖着的那床被也跟着扑了出去。

他认准了红蚂蚁。

红蚂蚁却根本看不到他的人，只看到一床黑黝黝的棉被向自己卷了过来。

她身子一转，已有三四十件五颜六色、各式各样的暗器飞了出来，有的又快又急，有的互相撞击，有的在空中打着转。

因为她的人小，所以暗器也特别小。

因为暗器特别小，所以破风之力特别强，别人也特别难躲。

但她却忘了一件事，棉被不是人。

棉被是打不死的。

她的暗器虽然奇巧，手法虽然高明，也一点用都没有。

只听"噗、噗、噗"一连串声响，三四十件暗器，全都打在棉被上，棉被上有猪油，有鸭油，有鸡油，还有麻油。

这床棉被简直就像是用油泡过的，泡得又滑又韧，就算是强弓硬弩，也未必能够射得穿，何况是这么小的暗器？

等到红蚂蚁发觉上当了，身形向后倒掠而出，棉被已乌云般卷了过来。

王动不动，谁也想不到他一动起来竟这么快。

红蚂蚁刚嗅到一种奇奇怪怪的油腻味道，整个人已被棉被包了起来。

她的人若是长得高大些，王动也未必能用床棉被将她包住，怎奈她的人实在太小了，王动两只手一围，她整个人已像是裹粽子似的被包在中间。

王动的身子却还是没有停，只听身后风声响动，白蚂蚁已飞掠了过来，王动再快，也没有这只会飞的白蚂蚁快。

眨眼间白蚂蚁就已追上了他。

王动就是要白蚂蚁追上他，因为他知道自己绝对追不上白蚂蚁。

等白蚂蚁追过来了，他身子骤然一停，一转，将手里的一卷棉被送了过去。

棉被里卷着的是自己的老婆，白蚂蚁当然不能不接住。

这卷棉被比他的人大一倍，重两倍，他一伸手接住，身子就立刻往下掉。王动却已绕到他背后，轻轻松松就拍了他的穴道。

白蚂蚁小小的脸上青筋暴露，瞪着他，连眼珠子都好像要凸了出来。

王动却又不动了，淡淡笑道："你败得不甘心是不是？因为我用的不是真功夫。告诉你，若用真功夫就不算本事了。我打架从来也不用真功夫的。"

白蚂蚁气得简直要吐血。

王动的确好像连一点真功夫也没有，完全是投机取巧。

但若没有一等一的真功夫，又怎能这么样投机取巧？时间又怎能拿捏得这么准？出手又怎会这么稳？

这不但手脚上要有真功夫，脑袋里更要有真功夫。

王动不动，一动起来可真不得了。

再看那边的金蚂蚁，已被郭大路的拳风迫得连气都透不过来。

燕七却在围着银蚂蚁打转。

银蚂蚁个子虽较大，却是一身的硬功夫，功夫一硬，手脚就慢。

燕七转得愈急，他愈慢。

突然间，燕七摘下头上的帽子，往他头上一扣，帽子大，头小，他整个头都被蒙住，什么都看不见了。

燕七伸脚一绊，他就跌倒，只听"哗啦啦"一声，原来他身上穿的竟是银甲，一跌倒再想爬起来，就不容易。

他想去抓头上的帽子，但人已被一样很重很重的东西压住。原来燕七已一屁股坐在他身上，笑嘻嘻道："这凳子倒不错，只可惜太小了些。"

金蚂蚁呢？他本就连气都透不过来了，此刻一发急，一口气就被憋在肚子里，用不着郭大路动手，他自己就晕了过去，嘴角吐出了白沫。

郭大路叹了口气，道："原来这人有羊癫风，看来我找错人了。"

王动道："我本来说白蚂蚁归你，你没听见？"

郭大路笑道："你说你的，我找我的，白蚂蚁我追不上他，他却一定会去追你，所以我就挑了这金蚂蚁。无论如何，我块头总比他大些，力气自然也不会比他小，就凭力气我就已吃定他了。"

王动也叹了口气，喃喃道："想不到你这人居然也会捡便宜。"

郭大路道："我也想不到你这床棉被居然还有这么大用处，以后若有人要学接暗器，我一定要劝他在床上吃油鸡。"

王动道："鸡油太少，还是吃烧鸭好。"

燕七突然长长叹息了一声，道："我想不到的是，居然会遇见你们这么样两个人，大概是我的霉运已走得差不多了。"

郭大路笑道："这只因你真的是怪物，不是吹牛大王。"

燕七道："你们肯帮我的忙，就因为我说的是老实话？"

郭大路道："也因为你能倒吊着喝酒。"

燕七也笑了，道："若不是看到你倒吊着喝酒，我又怎么会说那种话？"

他忽又叹了口气，道："其实我还有句话要说的，却又不知道是不是应该说。"

王动道："你是不是想谢谢我？"

燕七叹道："这样的事，我实在不知道应该怎么谢法？"

王动道："你若真要谢我，倒有件事可以做。"

燕七道："什么事？"

王动道："把我抬回床上去，我又懒得动了。"

03

"富贵山庄"无论在任何人眼中看来,都不会是一个很有趣的地方,简直连一样可以使人留恋的东西都没有。

奇怪的是,燕七居然也和郭大路一样,一来了就再也舍不得走。

这倒并不是因为他们已没有别的地方可去,而是因为……

因为什么呢?连他们自己都不清楚。

有些人彼此之间,仿佛有种很奇怪的吸引力,正如铁和磁石一样,彼此只要一遇着,就会被对方牢牢地吸住。

这些人只要彼此能在一起就会觉得很开心,睡地铺也没关系,饿两顿也没关系,甚至连天塌下来他们都不会在乎。

世上只有很少几件事能令他们受不了,其中有一样就是眼泪。

女人的眼泪,尤其是一个还不满四尺的小女人的眼泪。

红蚂蚁的人虽小,但眼泪却真不少。

郭大路忽然发觉一个女人眼泪的多少,和她身材的大小连一点关系都没有,愈瘦小的女人,眼泪往往反而愈多。

女人本就有很多事都是这样子的。

愈胖的吃得愈少,愈丑的人花样愈多,愈老的人粉擦得愈厚,衣服愈多的人穿得愈薄。

"唉,女人真是种奇怪的动物。"

郭大路叹了口气,红蚂蚁一直不停地哭,已哭得他受不了。

他只好走。

燕七却不让他走。

王动早已又躺了下去,蒙头大睡,他只要一睡着,就死人也不管了。

燕七拉住郭大路，道："你若再走，我拿这四个人怎么办？"

郭大路道："这本就是你的麻烦，不是我的。"

燕七道："但若不是你们帮我，我怎么能将他们抓住，他们若没有被我抓住，我怎么会有这种麻烦？"

郭大路怔住了。

燕七还怕自己说得不够明白，又道："你们若不帮我，我就会被他们抓住，最多再死一次，连一点麻烦都没有。但现在我既不能杀他们，又不能放他们，你说该怎么办？"

他说得愈明白，郭大路愈糊涂。

王动忽然从被里伸出头来，笑道："我倒有个好法子。"

燕七松了口气，道："你为何不早说？"

王动道："你既不想杀他们，又不想放他们，不如就将他们留在这里，养他们一辈子。"

郭大路立刻拍手笑道："不错，的确是好主意，反正他们人长得这么小，吃得绝不会多。"

红蚂蚁也立刻不哭了，道："我每天只要吃两小碗珍珠粉拌饭，再加上一点海鲜，几片水蜜桃就够了；没有水蜜桃，哈密瓜也行。"

燕七的脸上一点表情也没有，站在那里，喃喃道："珍珠粉拌饭？海鲜？水蜜桃？……这倒也不难。"

他忽然转过身，掉头就走。

郭大路道："你到哪里去？"

燕七道："找那口棺材，躺下去，再找个人埋起来，这至少总比每天找珍珠粉水蜜桃容易多了。"

郭大路叹了口气，道："这么样看来，为了要救你，就只好把他们放走了，这至少也比再找个能吊起来喝酒的人容易得多。"

他嘴里说着话，手里已解开了蚂蚁们的穴道。

他们来得快，走得也不慢。

三个人眼看着他们走出去，然后忽然一齐转过去，我看着你，你看着我。

郭大路道："你早就想放他们走了，是么？"

燕七道："哦？"

郭大路道："可是，你又不好意思明说，因为我们也出了力，若就这样放他们走了，你怕我们不甘心，其实……"

燕七道："其实你也早就想放他们走了，是么？"

三个人你看着我，我看着你，忽然，一齐大笑了起来。

郭大路笑道："看来放人不但比杀人容易，而且愉快得多。"

燕七道："一点也不错，我们若杀了他们，现在绝不会这么开心。"

王动道："但我们放了他们后，他们若再去害别人，那就不愉快了。"

郭大路摇摇头，大声抢着道："绝不会，我看他们并不是十分坏的人。就算以前做过不太好的事，此后一定会改过的。"

他忽然挤了挤眼，压低声音，道："就算他们真的很坏，听到了我这句话后，也一定不好意思再去做坏事了。"

燕七道："你想他们会不会听到？"

王动道："当然听得到，这人说话的声音连十里外的聋子都能听得到。"

郭大路笑道："对了，我嗓子一向不错，以前还有很多人说我是天生的金嗓子，等我心情好的时候我唱两段给你们听听。"

王动叹了口气，道："你若一定要唱，最好等我睡着了再唱。"

他将头又蒙进被里，道："只要我一睡着，你就算踩到鸡脖子，我都不会醒的。"

他们就是这么样的人,他们做事的法子的确特别得很。

他们有时做得很对,有时也会做错。

但无论如何,他们做事,总不会做得血淋淋的,令人觉得很恶心。

他们做的事,不但能令自己愉快,也能够令别人欢乐。

第三章

林太平

01

每个月里,燕七都会一个人溜出去两三次,谁也不知道他到什么地方去了,更不知道他去干什么。

每次他回来的时候,总会带一两样奇奇怪怪的东西回来。

他带回来的说不定是双新袜子,是块绣花手帕,也说不定是锅红烧肉,是一整坛家酿的糯米酒。

有时他甚至会带只花猫,带只金丝雀,带几条活鱼回来。

但无论是什么,都没有他这次带回来的东西奇怪。

这次他居然带了个人回来。

一个活生生的人。

这人叫林太平,但自从他来了后,就没有一个人的日子过得太平。

02

有些人很喜欢冬天,因为冬天可以赏雪、赏梅,可以吃热烘烘的火锅,可以躲在热烘烘的被窝里读禁书、睡大觉。

这些乐趣都是别的季节享受不到的。

喜欢冬天的人当然绝不会是穷人，冬天是穷人最要命的日子，穷人们都希望冬天能来得迟些，最好永远莫要来。

只可惜穷人的冬天总是偏偏来得特别早。

现在已经是冬天了。

富贵山庄院子里的雪也和别的地方一样白，而且也有几株梅花。但一个人的身上穿的若还是春天的薄衣服，肚子里装的若还是昨天吃的阳春面，他唯一还有心情欣赏的东西就是可以往嘴里吞下去、塞饱肚子的，绝不会是白雪梅花。

郭大路望着院子里的白雪梅花，喃喃道："这梅花若是辣椒多好。"

王动道："有什么好？"

郭大路道："你看，这满地的雪岂非正像是面粉，配上几根红辣椒，岂非正好做一碗辣乎乎的热汤面。"

王动叹了口气，道："你这人真俗，林逋若听到你的话，一定会活活气死。"

郭大路道："林逋是谁？"

王动道："连林逋你都没有听说过？"

郭大路道："我只听说过肉脯，无论是猪肉脯、牛肉脯、鹿肉脯，用来下酒都不错。"

王动道："林逋就是林君复，也就是林和靖，是宋真宗朝的一位大隐士，隐居在西湖孤山，据说有二十年没有下山一步，除了种梅养鹤外，什么事都不做，世称'梅妻鹤子'；作的咏梅诗有两句是'疏影横斜水清浅，暗香浮动月黄昏'，更是传诵千古。"

郭大路悠悠道："这么样说来，这位林先生倒的确是位高人。"

王动道:"高极了。"

郭大路道:"但他的肚子若饿得和我一样厉害,还会不会这么高?"

王动想了想,忽然笑道:"到了你这种时候,我想他说不定比你还俗。"

郭大路也笑了。

他忽然发现一个人无论多冷多饿,一笑起来总会觉得舒服得多。

就在这时,王动忽然从床上跳了起来,大声道:"想起林和靖,我倒想起一样事来了。"

能叫王动从床上跳起来的事,那真是非同小可。

郭大路忍不住问道:"你想起了什么?难道也想把梅花当老婆?"

王动道:"我这梅花比老婆还好,是酒……"

郭大路的下巴立刻好像要掉下来了,喃喃道:"酒?哪里来的酒?"

王动道:"就在梅花下面。"

郭大路苦笑道:"把梅花当老婆已经够疯了,想不到这人居然更疯。"

但梅树下的的确确埋着一坛酒。

王动道:"这酒还是我十几年前埋下去的,那年我刚听到林和靖的故事,也爱上了梅花,所以就弄了坛酒埋在梅树下,想沾点梅花的香气。"

你无论将一坛酒埋在什么地方,若已埋了十几年,这酒都一定会香得很。

郭大路拍碎封坛的泥盖,闭着眼睛,深深吸了口气,叹道:"这不是香气,简直是仙气。"

王动笑道:"你现在总该感激林先生了吧,若不是他,我就不会埋起这坛酒；若不是他，我也不会想起有这坛酒。"

郭大路已经没工夫说话了，有酒喝的时候，他的嘴绝不做别的事。

他捧起酒坛就想往嘴里倒。

王动却拉住了他，道："等一等。"

郭大路道："还等什么？"

王动道："燕七已经出去了两天，算时间已经快回来了，我们至少该等等他。"

郭大路道："等多久？他回来的时候我们说不定已冻死了。"

他用不着等这么久。

燕七的声音已在墙外响起，道："你们死了最好，这坛酒我乐得一个人享受。"

王动笑道："这人不但耳朵长，鼻子也长，我早就知道他一嗅到酒香就会赶回来。"

郭大路也笑了，道："却不知这长鼻子带了什么东西回来给我们下酒？"

燕七道："下酒的这次我倒没带回来，只带回来个喝酒的。"

林太平的确是个喝酒的。任何人第一眼看到他，都绝不会相信他能喝那么多酒。

郭大路第一眼看到他的时候尤其不信。

林太平是个很秀气、很纤弱，而且非常漂亮的人。若说燕七长得有点像女孩子，那么他简直就像是个女孩子化装的。

他的嘴很小，就算用"樱桃小嘴"来形容他也绝不过分。

郭大路第一眼看到他的时候，他的嘴闭得很紧，嘴唇的颜色发青，要用很大的力气才能扳得开他的牙齿灌下酒去。

他已被冻得半死，饿得只剩下一口气。

郭大路实在想不到世上还有比他更冷更饿的人，苦笑道："这人你是从哪里带来的？"

燕七道："路上。"

郭大路叹了口气，道："第一次你从路上带了条猫回来，第二次带回条狗，现在居然捡到个人了。照这样子下去，你下次岂非要从路上带个大猩猩回来？"

王动笑道："最好是母猩猩，刚好可以跟你配成一对。"

郭大路也不生气，笑嘻嘻道："若是母猴子就糟了，我岂非还得叫她一声王大嫂？"

他身材很高大，比王动至少要高一个头，这一向是他最自傲的事。若有人用这件事来笑他，他非但不生气，而且还很得意。

他总认为这样才像个男子汉大丈夫的样子。

燕七已找了个破碗，舀了半碗酒，用力扳开林太平的嘴灌了下去。

喝到第二碗的时候，他苍白的脸上才渐渐有了些血色，但眼睛还是闭着的，将嘴里剩下的半口酒慢慢地咽下去，才说了句话："这是三十年陈的竹叶青。"

这就是林太平说的第一句话。

王动笑了，郭大路也笑了，就凭这句话，他们就已将林太平当成朋友。

郭大路笑道："想不到这位朋友倒是个喝酒的大行家。"

林太平慢慢地张开眼睛，瞧见燕七手里的破碗，立刻皱起了眉头，失声道："你们就用这种碗来喝酒？"

他说话的口气就好像看到有人用鼻子吃饭、用脚拿筷子一样。

郭大路道："不用这种碗喝用什么喝？"

林太平道："喝竹叶青就该用翡翠碧玉盏，用这种碗喝，简直糟蹋了好酒。"

郭大路笑道："我看你还是将就点吧，只要闭起眼睛，破碗和碧玉盏也没什么两样。"

林太平想了想，道："这话倒也不错，但我还是宁可用坛子喝。"

酒坛就在他面前，他居然真的捧了起来，仰起头往嘴里灌。

郭大路在旁边干看着，看得眼睛都发了直。

直等半坛酒下了肚，林太平才抹了抹嘴，道："好酒，下酒的菜呢？"

郭大路道："下酒菜？"

林太平道："你们喝酒难道不用下酒菜的么？"

郭大路笑道："这你就不懂了，真正喝酒的人，喝酒都不用菜的。"

林太平又想了想，道："这话也有道理。"

他又仰起头，居然将剩下的半坛酒又喝了下去。

一坛酒若已埋藏了十几年，酒已浓缩，剩下的本就只不过有半坛子而已，但酒力却比普通的两坛子还大。

林太平居然还是面不改色，道："这样的酒还有没有？"

郭大路只有苦笑，道："抱歉得很，这坛酒非但是我们三个人今天的全部粮食，也是我们的全部财产。"

林太平怔了怔，道："你们平常光喝酒，从来不吃饭的？"

郭大路道："很少吃。"

林太平叹了口气，道："看来你们真是酒鬼，要知道光喝酒最伤胃，偶尔也该吃点饭的。"

他伸了个懒腰，四下瞧了一眼，道："你们平时就睡在这张床上？"

王动道："嗯。"

林太平皱眉道："这床也能睡人么？"

王动道："至少总比睡在路上好。"

林太平又想了半天，笑道："这话也有理，你们说的话好像都蛮有理，看来我倒可以跟你们交个朋友。"

王动道："多谢多谢，不敢当，不敢当。"

林太平道："但现在我却要睡了，我睡觉的时候，不喜欢有人来吵我，你们最好出去逛逛。"

他打了个哈欠，躺到床上，翻了个身，居然立刻就睡着了。

郭大路瞧着王动，苦笑道："看来他不但酒量比你好，睡觉的本事也不比你差。"

燕七瞧着那空坛子，发了半天怔，喃喃道："我带回来的究竟是个人？还是匹马？"

郭大路叹道："马也喝不了这么多酒。"

燕七道："你为什么不要他少喝些？"

郭大路道："我就算穷，至少总不是个小气鬼。"

王动忽然道："我倒觉得这人很有趣。"

燕七道："有趣？"

王动道："他这条命是你救回来的，又喝光了我们三个人今天的粮食，占据了这屋子里唯一的一张床。可是他非但没有说一句感激的话，而且还挑三挑四，还觉得跟我们交朋友，是很给我们面子。"

他笑了笑，接着道："这样的人，你说到哪里才能找到第二个？"

所以林太平也留下来了。

所以在江湖中你若说起"富贵山庄"，那意思并不仅是说一栋靠近坟场、烟囱里永远没有烟，有时甚至连灯火都没有的空房子。

你只要说起"富贵山庄"，江湖中人就明白你说的是一个很奇妙的团体———栋空房子和四个人，他们之间所产生的那种亲切、快乐和博爱的故事，还有他们四个人那种伟大而奇妙的友情。

03

这些朋友之间仿佛有种很奇怪的默契,那就是他们从不问别人的往事,也从不将自己的往事对别人说起。

可是在燕七将林太平带回来的那天晚上,郭大路却破坏了这规矩。

那天晚上,雪已开始融化。

林太平还在呼呼大睡,王动当然也不甘示弱,郭大路只有拉着燕七到山下去"打猎"。

打猎的意思就是去找找看有没有赚钱的机会。

没有。

雪融的时候,比下雪的时候更冷,吃饱了就上床,正是对付寒冷最聪明的法子,街道上几乎连个人影都看不见。

郭大路和燕七就像是两个孤魂野鬼,高一脚低一脚走在泥泞里,郭大路一直在瞧着燕七的靴子。

到后来他终于忍不住问道:"你这双靴子又装上底了?"

燕七道:"嗯。"

郭大路道:"我从来没有问过你以前那双鞋底怎会值上千两银子的,是不是?"

燕七道:"是。"

郭大路道:"我也没有问过你怎么会死过七次的,是不是?"

燕七道:"你的确没有问过。"

郭大路眼睛里满怀希望,道:"我若问呢?你肯不肯说?"

燕七道:"也许肯……但我知道你绝不会问的,因为我也从来没有问过你什么。"

郭大路板起脸，用力咬着牙齿。

燕七忽又道："你看林太平是个怎么样的人？"

郭大路板着脸道："我不知道，也不想问。"

燕七笑了，道："我们当然不会问他，但自己猜猜总没关系吧。"

燕七又道："他也许是为了件事，所以从家里溜了出来。他穿的衣服很单薄，表示他一定是从很暖和的地方出来的。他身上什么东西都没有带，那表示他出来的时候一定很匆忙，说不定是逃出来的。"

郭大路道："想不到你倒很细心。"

燕七笑了笑，道："一个人在这么冷的天气里挨冻受饿，一定支持不了多久。"

郭大路叹了口气，道："最多，也不过能支持三两天。"

燕七道："你若只能支持三天，他最多就只能支持一天半。"

郭大路笑道："不错，我已经习惯了，他却是个养尊处优的大少爷。"

燕七道："在这种天气，一天半之内，无论谁也走不了多远路。"

郭大路道："你的意思是不是说，他的家就在附近不远？"

燕七道："嗯。"

郭大路道："附近有什么豪富人家呢？"

燕七道："没有几家，武林世家更少。"

郭大路道："为什么一定要武林世家？难道他那么文质彬彬的人也会武？"

燕七道："非但会武，而且武功还不弱。"

郭大路道："你怎么看出来的？"

燕七道："我就是看出来了。"

他不等郭大路再问，接着又道："据我所知，附近的武林世家只有两个。"

郭大路道："有哪家是姓林的？"

燕七道："两家都不姓林，林太平本就不一定姓林，他既然是逃出来的，怎么会告诉别人他的真名实姓？"

郭大路道："你知道的是哪两家？"

燕七道："一家姓熊，庄主叫'桃李满天下'熊橱人，是家大武场的主人，虽然桃李满天下，自己却是个独身汉，非但没有儿女，也没有老婆。"

郭大路道："还有一家呢？"

燕七道："还有一家姓梅，虽然有一儿一女，但儿子'石人'梅汝甲在江湖中成名已久，年纪一定比林太平大得多。"

郭大路道："他为什么要起个名字叫石人？"

燕七道："据说这一家的武功很奇特，所用的兵刃和暗器都是石头做的，所以他父亲叫'石神'，他就叫'石人'。"

郭大路笑道："那么他以后生的儿子叫什么呢？会不会叫石狗？"

这是座很宁静的山城，街道都很窄小，而且有点陡斜。

两旁房屋的构造也很平凡。现在虽然还没有起更，但大多数人家的灯火都已熄了，做生意买卖的也大多都上起了门，就算有的窗户里还有灯光透出，灯光也很暗淡。很少有人会在一间屋子里燃两盏灯，用蜡烛的更少，因为灯油总比蜡烛便宜。

郭大路叹了口气，道："这实在是个穷地方，人在这里耽得久了，不但会愈来愈穷，而且会愈来愈懒。"

燕七道："你错了，我就很喜欢这地方。"

郭大路道："哦？"

燕七道："我无论在什么地方，都会觉得很紧张，也只有在这里，才会觉得是自由自在，无拘无束的。"

郭大路道:"因为这地方的人都穷得连自己都照顾不了,所以绝没有工夫去管别人的闲事。"

燕七道:"你又错了,这地方一点都不穷。"

郭大路笑道:"比起我们来当然都不穷,可是……"

燕七打断了他的话,道:"你看着这地方的人穷,只不过是因为他们都不愿炫耀而已。譬如说,王动认得的那当铺老板,他非但不穷,而且还必定是个很有来头的人。"

郭大路道:"有什么来头?"

燕七道:"以我看,这人以前纵然不是个江洋大盗,也必定是个很有名的武林人物。也不知是因为避仇避祸,还是因为厌倦了江湖,所以才躲到这里来。"

他接着又道:"像他这样的人,在这里还有不少。将来我若要退休的时候,一定也会住到这里来的。"

郭大路道:"照你这么样说,这里岂非是个卧虎藏龙的地方?"

燕七道:"一点也不错。"

郭大路道:"我怎么看不出?"

燕七笑了笑,道:"一个人若是死过七次,看得就自然比别人多些。"

郭大路道:"但你还是没看出林太平的来历,他既然不会是梅家的儿子,也不会是熊家的后代,你说了半天,还不是等于白说。"

燕七沉默了很久,忽然道:"你听说过'陆上龙王'这名字没有?"

郭大路笑道:"这名字只有聋子才没有听说过,我就算孤陋寡闻,至少总不是聋子。"

燕七道:"听说陆上龙王也有座别墅在附近。"

郭大路道:"你难道怀疑林太平是他的儿子?"

燕七道："有可能。"

郭大路道："没有可能，绝没有可能。"

燕七道："为什么？"

郭大路道："江湖中，人人都知道陆上龙王是个昂藏七尺的男子汉，怎么会生出个像小姑娘似的儿子来？"

燕七冷冷道："一个人是不是男子汉，并不是从他外表来决定的。"

郭大路瞧了他一眼，笑道："当然不是，不过……"

他忽然闭上了嘴，整个人都像是呆住了。

街上本已没有行人，这时却有个人袅袅婷婷地走了过来。

郭大路一看到这人，眼睛就发了直。

能令郭大路眼睛发直的，当然是个女孩子，漂亮的女孩子。

这女孩子非但漂亮，而且漂亮极了。

她身上穿的虽然是件粗布衣服，但无论什么衣服穿在她身上，都会变得很好看，郭大路几乎从来也没见过身材这么好的女人。

她手里提着两个大篮子，无论谁手里提着两个这么大的篮子，走起路来都一定会像是只螃蟹。

但她走路的风姿却还是那么美，足以令人看得眼睛发直；她手里若没有提篮子，郭大路说不定会看得连眼珠子都掉下来。

这女孩子本来并没有注意到他们，忽然瞟见郭大路失魂落魄的样子，忍不住抿了抿嘴，嫣然一笑。

郭大路的一颗心立刻就像鼓槌般"扑通扑通"地跳了起来，直等这女孩子已转过街角，他还是痴痴地站在那里。

又过了很久，他才长长叹了口气，道："看来这地方果然是卧虎藏龙……"

燕七笑道："恐怕不是藏龙，是藏凤吧。"

郭大路道："对对对，对极了。古人说，十步之内，必有芳草，这句话果然一点不差。"

他忽然挺起胸，道："你看我长得怎么样？"

燕七上上下下地，看了他几眼，答道："还不错，高高的个子，大大的眼珠，笑起来也蛮有人缘的。"

郭大路道："你若是女孩子，会不会看上我？"

燕七抿嘴一笑，道："也许……"

郭大路忽然见他笑得不但很妩媚，而且也很像女孩子，也忍不住笑道："但你若是女孩子，世上只怕没有一个男人能受得了。"

燕七板起了脸，道："能受得了你的女人只怕也没几个。"

郭大路道："为什么？你刚才不是还说我长得蛮好看的么？"

燕七道："可是你又脏，又懒，又靠不住，女人喜欢的绝不会是这种男人。"

郭大路笑道："那只因为你不是女人，其实女人就喜欢这样子，这样子才是男儿本色。"

燕七看起来好像要吐了，苦着脸道："你认为刚才那女孩子看上了你？"

郭大路道："当然，否则她为什么对我笑？"

燕七忍住笑，道："女孩子的笑有很多种，她们看见一个人呆头呆脑的样子就会笑，看到癞蛤蟆、猪八戒时也会笑的。"

郭大路火大了，几乎要叫了起来，道："你难道认为我……"

他忽又闭上了嘴，因为刚才那女孩子这时又从街角转了出来。

她手里提着的篮子本是空的，现在却装满了东西，所以她显得很吃力；地上又满是泥泞，她脚下突然一滑，整个人向前扑倒，手里的篮子也飞了出去。

幸好她遇见了郭大路和燕七。

燕七的反应一向很快，郭大路的反应也不慢，她脚下刚一滑，他们的人已像箭一般蹿了出去。

篮子还没有掉在地上，燕七已伸手接着；这女孩子还没有跌倒，郭大路已伸手将她扶住。

她喘了半天气，才定过神来，忽然发现一个陌生男人的手还扶着自己，脸上立刻飞红。

郭大路的心也在跳，嗫嚅着道："姑娘没事么？"

少女红着脸，垂下头，道："我……真不知道该怎么样谢你们。"

燕七已发现篮子里装的全是吃的东西，有熏鸡，有牛肉，还有一张张烙得两面发黄的油饼。

他真想说："你要谢我们容易极了，只要一只鸡、两张饼。"

但看到郭大路对人家那种深情款款的样子，他怎么能丢自己朋友的人？

何况，郭大路早已抢着道："这是小事，没关系，没关系。"

少女忽然抬头瞧了他一眼，又一笑，道："你们真是好人。"

她说的虽是"你们"，但眼睛却只盯着郭大路一个人。

郭大路心也酥了，人也酥了，吃吃地道："姑娘你……你……你用……用不着客……客气。"

少女已接过篮子，忽又回头嫣然一笑，才低下头往前走。

若说郭大路的魂还在，这一笑可真把他的魂也笑飞了。

他的人虽然像钉子般钉在那里，但他的魂却似已被人装在篮子里带走。

燕七道："有这么好的机会，你为什么还不快追过去？"

郭大路叹道："你难道认为我真是个色鬼？"

燕七淡淡道："就算不是，也差不多了。"

那少女本已走出很远，此刻忽又停下了脚步，回头笑道："我买了很多菜，两位肯不肯赏光跟我回去喝一杯？"

这种要求从一个美女嘴里说出来，听在两个又冷又饿的人耳朵里，只怕比世上最好听的音乐都要好听十倍。

若有人拒绝这种要求，不是呆子才怪。

燕七不是呆子，郭大路更不是。

他嘴里虽然还在说："这怎么好意思呢？"但他的一双脚却早已迈开大步，跟了过去。

唉，为什么英雄总是难过美人关呢？

为什么郭大路也不问问这女孩子要将他们带到哪里去？

看来就算她要将他们带去卖了，郭大路也会跟着去的。

第四章

元宝·女人·狗

01

有人说：女人是祸水。

有人说：没有女人，冷冷清清；有了女人，鸡犬不宁。

这些话自然是男人说的。但无论男人们怎么说，女人总是这世界上所不能缺少的。一万个男人中，至少有九千九百九十个宁愿少活十年也不能没有女人。

有人说：钱可通神。

有人说：金钱万恶。

但无论怎么说，钱也是任何人都不能缺少的。一个人若是没有钱，就好像一口空麻袋，永远都没法子站得直。

这两样东西不但可以令最聪明的人变成呆子，也可以令最要好的朋友变成冤家。

四个光棍的男人中若是忽然多了个女人，那情况简直就像一只筷子忽然伸到装着四个生鸡蛋的碗里去，想不搅得一塌糊涂都不行。

王动、郭大路、燕七、林太平，这四个人过得本来的确是自由自在、无拘无束的日子，因为他们既没有钱，也没有女人。

他们每天早上起来的时候都觉得很快乐，因为那倒霉的"昨天"

总算已过去，今天又充满了希望。

可是，忽然间，这两样东西都来了，你说要命不要命？

02

王动也许已醒了很久，却还是躺在地上，一动也不动。

他先把一床破棉被卷成圆筒，然后再一点一点伸进去，把整个人都伸进这个筒里，四面都密不透风。

老鼠就在他身旁跑来跑去，本来还有点顾忌，不敢在他身上爬；可是后来渐渐就将他看成个死人，几乎都爬上了他的头。

王动还是不动。

林太平已注意他很久，到后来实在忍不住了，悄悄走过去，伸出手，伸到他鼻子前面，想试探他是不是还有呼吸。

王动突然道："我还没有死。"

林太平吓了一跳，赶紧缩回手，道："老鼠在你身上爬，你也不管？"

王动道："我从来不跟老鼠打交道，也不跟它们一般见识——只有猫才会跟老鼠斗气。"

林太平怔了怔，道："这里的确应该养只猫。"

王动道："这里本来有只猫，是燕七带回来的。"

林太平道："猫呢？"

王动道："跟山下的公猫私奔了。"

林太平瞪大了眼睛，看着他，看了很久。

雪已住，星月升起。

月光从窗外照进来，照在他脸上。他脸上轮廓极分明，额角宽阔,鼻子高而挺,纵然不是个很英俊的男人,至少很有性格。

"这人看起来既不像疯子,也不像白痴,为什么偏偏有点疯病?"

林太平叹了口气,四下瞧了一眼,道:"你那两个朋友呢?"

他实在想找个不是疯子的人说话。

王动道:"下山打猎去了。"

林太平道:"打猎?这种天气去打猎?"

王动道:"嗯。"

林太平说不出话来了,他忽然发现了一条定理:

疯子的朋友一定也是个疯子。

过了半晌,黑暗中忽然传出"咕噜"一声,接着又是"咕噜"一声。

王动喃喃道:"奇怪!今天怎么连老鼠的叫声都和平时不一样?"

林太平脸红了,讷讷道:"不是老鼠,是……是……"

王动道:"是什么?"

林太平忍不住大声道:"是我的肚子在叫,你们难道从来不吃饭的么?"

王动笑了,道:"有饭吃的时候当然要吃的,没饭吃的时候也只好听着肚子叫。"

林太平又怔住了,他实在不懂,一个人连饭都没得吃,怎么还能这么开心?

王动忽又道:"今天你运气总算不错。"

林太平苦笑道:"我?运气不错?"

王动道:"今天我有种预感,他们打猎的收获一定不错,带回的东西说不定会让你大吃……"

他本来想说"大吃一顿",但这句话没说完,他自己却"大吃了一惊"。

郭大路已经回来了，走进了门，而且果然带了样东西回来，是个会跑会跳会爬树，还会"吱吱"乱叫的东西。

是个猴子。

假如说王动也有脸色发白的时候，那么就是现在。

看到王动的表情，郭大路几乎笑断了肠子，喘着气笑道："你用不着害怕，这是个公猴子，不是母的。"

一个娇滴滴的声音在他身后响起，道："你的朋友怕母猴子？"

郭大路笑得更厉害，道："的确有点怕，不怕老婆的人这世上又有几个呢？"

王动板着脸，道："好笑好笑，好笑极了，世上怎么会有这么风趣的人，倒真是怪事。"

林太平既不知道什么事如此好笑，也不想知道。

他只觉眼前一亮，黑黝黝的屋子里好像忽然燃起了几千几百盏灯。

所有的光亮都是从一个人身上发出来的。这人穿着件粗布衣服，手里提着两个篮子，已经跟着郭大路走了进来。

跟在她后面的还有三个人：一个大人，两个孩子。孩子们都穿得很整齐，大人的身上却只围着张豹皮。

这些人已经够瞧老半天了，却还不是全部。除了他们之外，还有两条狗、一大捆刀枪、三四面锣、五六根竹竿。

王动喃喃道："我知道他一直想和燕七比比看谁的本事大，谁带回来的东西多，可是至少也该给他留点面子，用不着让他输得这么惨呀。"

燕七倚着门，笑道："虽然输得很惨，却输得口服心服，我出去二十次，带回来的东西也没有他一次多。"

郭大路笑道："我这些朋友们的嘴巴虽然坏，人倒并不太坏。来，我先替你们引见引见,这位姑娘是……"

那少女笑道:"还是让我自己说吧。我叫'酸梅汤',这是我的堂哥'飞豹子',还有我两个小表弟,一个叫'小玲珑',一个叫'小金刚'。"

"飞豹子"是谁?其实根本用不着介绍,别人一看就明白。

但那两个孩子却几乎长得一模一样,两人都是大大的眼珠,都梳着朝天辫子,笑起来都有个酒窝。

而且他们的酒窝并不是一个在左,一个在右。

两个人的酒窝都在右边。

王动忍不住问道:"谁是小玲珑?谁是小金刚?"

两个孩子一齐道:"你猜猜看。"

王动眨了眨眼,道:"小金刚旁边的是小玲珑,小玲珑旁边的是小金刚,对不对?"

两个孩子,一齐笑了,其中一个忽然跑过来,凑到王动耳旁,悄悄说了两句话,又笑道:"这是我们的秘密,你可不能告诉别人。"

这孩子的笑声如银铃,原来是个女孩子。

郭大路拉起了另一个孩子的手,道:"小玲珑是你姐姐,对不对?"

这男孩子摇头道:"不对,她是我妹妹。"

话还未说完,小玲珑已叫了起来,道:"笨蛋!我早就知道男孩子都是笨蛋,被人一骗就骗出来了。"

小金刚涨红了脸,抗声道:"你不笨,你聪明,你为什么要打扮得和男孩子一样?"

这孩子的话倒真是一针见血——女人都瞧不起男人,认为男人是笨蛋,但又偏偏希望自己是个男人,这就是女人最大的毛病。

林太平一直眼睁睁瞧着酸梅汤,此刻忽然道:"这些当然不是你们的真名字。"

酸梅汤叹了口气，幽幽道："像我们这些走江湖卖艺的，连祖宗的人都丢光了，哪里还有什么真名字？"

林太平也叹了口气，道："走江湖卖艺又有什么不好？有些人想去走江湖还不行哩。"

酸梅汤又瞧了他一眼，道："看来你好像有很多心事……"

郭大路忽然打断了她的话，道："这人本来就像个女孩子。"

林太平瞪了他一眼，脸色已有点变了。

酸梅汤抢着笑道："难道只有女孩子才能有心事？这么样说来，男人岂非真的全都变成没心没肺的傻蛋了吗？"

林太平瞧着她，目光充满了感激。

郭大路耸了耸肩，道："就算男人全都没心没肺，至少都有肚子。"

酸梅汤吃吃笑道："你不说我倒差点忘了……"

她放下篮子，掀起盖在上面的纸，自己先撕下条鸡腿，又笑道："其实女人的肚子也并不比男人小多少，只不过有时不好意思吃得太多而已。"

小金刚道："可是你为什么从来也没有觉得不好意思呢？"

酸梅汤用鸡腿去敲他的头，小金刚抢了半只鸡就跑，猴子在地上不停地跳，两条狗"汪汪"地叫。

王动摇着头，喃喃道："这地方已有十几年没这么热闹过了。"

郭大路道："你放心，这里还有好几天热闹的。"

王动道："几天？"

郭大路望着酸梅汤窈窕的背影，道："很多天……我听说他们要找屋子住下来，所以已经把后面那一排五间屋子租给他们了。"

王动几乎把刚喝下去的一口酒呛了出来，道："租金多少？"

郭大路瞪起了眼,道:"你以为我是什么人?小气鬼么?会问人家要租金?若不是我,这样的客人你连请都请不到。"

王动看着他,看了很久,才长长叹了口气,苦笑道:"有件事我已愈来愈不懂了。"

郭大路道:"什么事?"

王动道:"这房子究竟是你的?还是我的?"

若说世上还有什么事能令一个又脏又懒的男人变得勤快起来,那就是女人。

第二天一早,王动还躺在"简"里,郭大路已经去提水了,林太平却在屋子里找来找去。

王动忍不住道:"你找什么?"

林太平道:"洗脸盆、洗脸布,还有漱口杯子。"

王动笑了,道:"这些东西我非但已有很久没有看到过,有的连听都没有听过。"

林太平就好像忽然被人抽了一鞭子,张大了嘴,吃吃道:"你……你们难道连脸都不洗?"

王动道:"当然洗,只不过是三日一小洗,五日一大洗。"

林太平道:"小洗是怎么洗?大洗是怎么洗?"

王动道:"燕七,你洗给他看看。"

燕七伸了个懒腰,道:"我昨天刚洗过,今天该轮到你了。"

王动叹了口气,道:"那么你至少总该把洗脸的家伙拿过来吧。"

郭大路刚好提了两桶水进来,燕七就用那个破碗舀了大半碗水,又从墙上拿下块又黄又黑、本来也不知是什么颜色的布。

王动这才勉强坐起来,先喝了口水,含在嘴里,用手摊开毛巾,用力漱了漱口,然后就将一口水"噗"地喷在手里的布上,随便在脸上一抹，松了口气道："好，洗完了。"

林太平就好像看到鬼似的，吓得脸色发青，道："这……这就算是小洗？"

王动道："不是小洗，是大洗。小洗若这么麻烦那还得了？"

林太平连嘴唇都有点发青，看样子好像立刻就要晕过去，过了很久很久，才长长吐出口气，道："若有谁还能找到比你们更脏的人，我情愿跟他磕头。"

王动笑道："你现在就磕吧，比我们脏的人满街都是。"

林太平拼命摇头，道："我不信。"

王动淡淡道："我们的人虽脏，心却不脏，非但不脏，而且干净得很。一个人的心若是脏的，他就算每天用肥皂煮十次，也不算干净。"

林太平歪着头，想了半天，忽然一拍巴掌，道："有道理，很有道理。一个人若是活得快快乐乐，问心无愧，吃不吃饭都没关系，洗不洗脸也没关系。"

他仰面大笑了三声，跑到院子里，在地下打了个滚，大笑道："我想通了，我想通了……我以前为什么一直想不通呢？"

王动和燕七含笑瞧着他，像是也都在替他高兴，因为他们也都已看出他本来的确有件很重的心事。

他本来一直不知道自己做得对不对，现在才知道并没有做错。

一个人活着，就要活得问心无愧，这才是最重要的。

但郭大路却在洗脸，嘴里还喃喃道："不洗脸没关系，洗脸也没关系，是不是？"

他洗完了脸，又用布擦身上的衣服，擦靴子。

燕七冷冷地瞧着他，道："你为什么不索性脱下鞋子洗洗脚？"

郭大路笑道："我正有这意思，只可惜时间来不及了。"

他忽然冲出门，道："他们一定也醒了，我到后面瞧瞧去。"

林太平道:"我也去。"

两人同时冲了出去,就好像赶着去救火似的。

王动瞟了燕七一眼,笑道:"窈窕淑女,君子好逑,你为什么不去?"

燕七沉着脸,淡淡道:"我不是君子。"

王动道:"你好像一点也不喜欢那酸梅汤姑娘。"

燕七沉默了半晌,忽然问道:"你看他们究竟是干什么的?"

王动眼珠子一转,问道:"他们不是走江湖卖艺的么?"

燕七道:"你若真的也拿他们当作走江湖卖艺的,你就也是个呆子。"

王动道:"为什么?"

燕七道:"你难道看不出那只猴子和那条狗一点也不听他们的话,显然是临时找来装佯的。还有那飞豹子,故意穿着奇装异服,其实却是个很规矩的人,连话都不敢多说,一双手更是又白又细,哪里像是个整天提箱子牵狗的?"

王动静静地听着,终于点了点头,道:"想不到你居然这么细心。但他们若不是走江湖卖艺的,是干什么的呢?"

燕七道:"谁知道,也许是强盗都说不定。"

王动笑道:"他们若真的是强盗就不会来了,这地方又有什么东西好让他们打主意的?"

燕七还没有说话,就听到后面传来一声惊呼。

是郭大路的声音。

像郭大路这种人,就算看到鬼也不会吃惊得叫起来的。

世上只怕很少有事能令他叫起来。

燕七第一个冲了出去。

王动也动了。

后面的院子比前面小些，院子种满了竹。以前每当风清月白的夏夜，主人就会躺到这里，听那海浪般的竹涛声。

所以这里也和其他许多种了竹子的院子一样，叫作"听竹小院"，那一排五间屋子，就叫作"听竹轩"。

可是等到王动做主人的时候，就替它改了个名字，叫"有竹无肉轩"，因为他觉得"听竹"这名字本来虽很雅，现在却已变得很俗。

他认为第一个用"听竹"做轩名的人虽然是个很风雅的聪明人，但第八十个用"听竹"做轩名的人就是俗不可耐的笨蛋了。

现在这院子里非但"无肉"，连竹子都几乎被砍光了。

竹子可以做晒衣服的竹竿，也可以用来搭凉棚，所以王动常常拿竹子去换肉。一个人肚子很饿的时候，就常常会忘记风雅是怎么回事。

酸梅汤、飞豹子他们昨天晚上就住在这里，但现在连人带狗带猴子，已全都走得干干净净，只剩下郭大路和林太平站在那里发怔。

他们脚旁还摆着几口箱子，崭新的箱子。

王动道："你的客人已不告而别了么？"

郭大路点了点头。

燕七冷冷道："走了就走了，这也用不着大呼小叫，大惊小怪的。"

郭大路也不说话，却将手里的一张纸条递了过来。

纸条上用木炭写了几个字："五口箱子，聊充房租，敬请收下，后会有期。"

燕七道："住房子本来就要付房租，这也没什么好稀奇的。"

郭大路叹了口气，道："稀奇虽不稀奇，只不过付得太多了些。"

王动道："箱子里是什么？"

郭大路道："也没什么别的，只不过几箱铜臭物而已。"

若说钱有铜臭气,那么这五箱东西就足足可以将三万八千个人全部臭死。

其中四口箱子里什么别的都没有,就只有元宝。大大小小,各式各样的元宝,最小的也有十两重,就算臭不死人,也压得死。

还有一口箱子里全是珠宝,各式各样的珠宝,有珍珠、有翡翠、有玛瑙,还有七七八八一些连名字都叫不出的宝石。

其中无论哪口箱子,都可以把富贵山庄全买下来。

王动和燕七也怔住了。

过了很久,燕七才吐出口气道:"昨天晚上他们来的时候,并没有带这五口箱子来。"

郭大路道:"没有。"

林太平道:"那么箱子是哪里来的呢?"

燕七冷笑道:"不是抢来的,就是偷来的。"

郭大路道:"这些元宝后面的戳记都不同。"

燕七道:"当然不同,谁家里都不会放着这么多元宝,他们一定是从很多不同的人家偷来的。"

王动叹道:"能在一天晚上偷这么多人家,本事倒真不小。"

燕七道:"这也不稀奇,高明的贼本就能日走千家,夜盗百户。"

郭大路道:"他们辛辛苦苦偷来的东西,却送给了我们,这样的贼倒也天下少有。"

燕七道:"也许他们是想栽赃。"

郭大路道:"栽赃?为什么要栽赃?我们跟她又没有仇。"

燕七悠悠道:"你难道以为她真看上了你,特地送这五口箱子来做嫁妆?"

林太平道:"这些全不去管他,问题是我们现在拿这五口箱子怎么办呢？"

郭大路道:"怎么办？人家既然送来了，我们当然就收下。"

燕七叹道:"这个人有个最大的本事，无论多复杂的事，被他一说，马上就变得简单起来了。"

郭大路道:"这事本来就简单得很。"

王动道:"不简单。"

郭大路道:"有什么不简单？"

王动道:"他们绝不会无缘无故送我们这么多财宝，一定另有目的。"

燕七道:"何况，这些东西既然是偷来的，我们若收下来，岂非也变成了贼？"

王动道:"什么事都能做，只有贼是万万做不得的。你只要做了一次贼，尝着了甜头，以后别的事就全都不想做了，一辈子就都得做贼。"

燕七道:"而且以后生出来的儿子也是贼，老贼生大贼，大贼生小贼。"

郭大路笑道:"你用不着臭我，我虽也做过一次贼，可是非但没尝甜头，反把最后的一把剑也赔了出去。"

王动道:"做贼也有学问，本来就不是人人都会做的。"

林太平道:"我看我们最好将这些东西拿去还给别人。"

郭大路道:"还给谁？谁知道这些东西是从谁家偷来的？"

燕七道:"不知道可以打听。"

郭大路道:"到哪里去打听？"

燕七道:"山下。这些东西既然全是他们在昨天晚上一夜中偷来的，想必就是在山下偷的。"

郭大路瞧着那整箱的元宝，叹道:"你说得不错，这地方的确不是个穷地方……无论什么地方有这么多金子就不是穷地方了。"

他忽又笑了笑,道:"所以这富贵山庄至少在今天真的是名副其实的富贵山庄。"

富贵山庄名副其实的时候虽然并不长,但他们却还是快乐的。

因为他们做了个最聪明的选择。

他们放弃了财富,却留下了良心。

这也许就是富贵离他们最近的时候,但他们并不贪图富贵,也不要以贪婪、卑鄙、欺诈的方法去攫取富贵,所以他们永远快乐,就像沐浴在春日阳光中的花草一样。

他们知道快乐远比财富可爱得多。

03

麦老广。

麦老广是个小饭铺的名字,也是个人的名字。

"麦老广"的烧腊香得据说可以将附近十里之内的人和狗全都引到门口来。麦老广也就是这小饭铺的老板、大师傅兼跑堂。

除了烧腊外,麦老广只卖白饭和粥。若想喝酒,就得到隔壁几家的"言茂源酒铺"去买,或者是买了烧腊到言茂源去喝。

有人劝麦老广,为什么不带着卖酒呢,岂非可以多赚点钱?

但麦老广是个固执的人,"老广"大多是很固执的人,所以要喝酒,还得自己去买,你若对这地方不满意,也没地方好去。

因为麦老广的烧腊不但最好,也是这附近唯一的一家。

山城里的人连油灯都舍不得点,怎么舍得花钱到外面吃饭。所以就算有人想抢老广的生意，过几天也就会自动关门大吉。

麦老广对王动和郭大路他们一向没有恶感，因为他知道这些人虽然穷，却从不赊账。

他们每次来的时候，身上总有两把银子，而且每次都吃得很多。无论哪个饭铺老板都不会对吃很多的客人有恶感的。

麦老广的斜对面，就是王动他们的"娘舅家"。

娘舅家的意思就是当铺。

他们每次来的时候，差不多都会先到娘舅家去转一转，出来的时候一定比进去的时候神气得多。

但今天却很例外。

他们走过娘舅家的时候，居然连停都没有停下来，而且胸挺得很高。看他们走路的样子，就知道口袋绝不会是空的。

麦老广又放心，又奇怪："乜呢班契弟改行做贼？点解突然有咁多钱？"

契弟并不完全是骂人的意思，有时完全是为了表示亲热。

这次来的有四个人，还没进门，麦老广就迎了上去，用他那半生不熟的广东官话打招呼，道："你今日点解这么早？"

天不怕，地不怕，就怕广东人说官话。

好在郭大路已听惯了，就算听不懂，也猜得出。笑道："不是人来得早，是钱来得早，先给我们切两只烧鹅，五斤脆皮肉，再来个油鸡。"

麦老广眨眨眼，道："唔饮酒？"

郭大路道："当然要，你先去拿十斤来，等等一齐算给你。"

他说话的声音也响，因为他身上有锭足足十两重的金子。

既然是为了要打听谁家被偷的消息，花他们十两金子又何妨。肚子饿的时候连话都懒得说，怎么能打听消息？

所以他们的良心上连一点负担都没有。

酒渐渐在瓶子里下降的时候,责任心就在他们心里上升起来。

喝了人家的酒,就该替人家做事。

他们绝不是白吃的人。

于是郭大路就问道:"这两天你可有听到什么消息没有?"

没有。

城里最耸动的消息,就是开杂货店的王大娘生了个双胞胎。

大家开始奇怪了。

郭大路道:"也许他们不是在这里偷的。"

燕七道:"一定是。"

郭大路道:"那么这地方为什么没有被偷的人?一夜间偷了这么多人家,是大事,城里早该闹翻天了。"

燕七道:"不是没有,而是不说,不敢说。"

郭大路道:"被偷又不是件丢人的事,为什么不敢说?"

燕七道:"一个人的钱财若是来路不正,被人偷了也只好哑巴吃黄连,苦在心里。"

郭大路笑道:"这么样说来,可就不关我们的事,我们反正已尽了力,是不是?"

这时酒已差不多全到了他的肚子里,已快将他的责任心完全挤了出来。他忽然觉得轻松得很,大声道:"再去替我们拿十斤酒来。"

麦老广还没有走出门,门外忽然走进来三个人。

第一人很高,穿的衣服金光闪闪,好像很华丽;第二人更高,瘦得出奇。但这两人长得究竟是什么模样,别人并没有看清。

因为所有人的目光都已被第三个人吸引。

这人全身都是黑的,黑衣、黑裤、黑靴子,手上戴着黑手套,头上也戴着黑色的毡笠，紧紧压在额上。

其实他就算不戴这顶毡笠也没有人能看到他的脸，他连头带脸都用一个黑布的套子套了起来，只露出一双刀一般的眼睛。

这是夜行人的打扮，只适合半夜三更去做见不得人的事时穿着，但他却光明正大地穿到街上来。

他长得是什么样子？

究竟是个怎么样的人？

谁也看不见，谁也不知道，他全身上下根本没有一寸可以让人家看见的地方。

但也不知为了什么，每个人都觉得他全身上下每一寸地方都充满了危险。

最危险的当然还是他背后背着的那柄剑。

一柄四尺七寸长的乌鞘剑。

很少人用这种剑，因为要将这么长一柄剑，从剑鞘中拔出来就不是件容易事，那必须有很特别的手法，很特别的技巧。

能用这种剑的人，就绝不是容易对付的。他既然已很困难地将剑拔出来，就绝不会轻轻易易放回去。

剑回鞘的时候通常已染上了血。

别人的血！

这三个人走进来后，就占据了最里面角落的一张桌子，显然不愿意打扰别人，更不愿意被别人打扰。

他们要的东西是："随便。"

那表示他们既不是为了"吃"而到这里来的，也不讲究吃。

不讲究吃的人若不是忧心忡忡，就一定是在想着别的事。无论他们想的是什么，都一定不会是件令人愉快的事。

林太平一直在瞧着黑衣人的剑，喃喃道："剑未出鞘，就已带着杀气。"

王动道："不是剑的杀气，是人的杀气。"

林太平道："你们知不知道这人是谁？"

郭大路叹了口气，道："不知道，我只知道我就算已喝得酩酊大醉，也绝不会找这人打架。"

燕七忽然道："另外两个人我倒认得。"

郭大路道："他们却不认得你。"

燕七笑了笑，淡淡道："我算什么，像他们这么有名气的人怎会认得我？"

郭大路道："他们很有名？"

燕七道："坐在最外面那个又瘦又高的人，叫作夹棍，又叫作棍子。"

郭大路道："棍子，倒也像，夹棍这名字就有点特别了。"

燕七道："夹棍是种刑具，无论多刁多滑的贼，一上了夹棍，你要他说什么他就说什么，要他叫你祖宗他都不敢不叫。"

郭大路道："他也有这种本事？"

燕七道："据说无论谁遇着他都没法子不说实话，就算是个死人，他也有本事问得出口供来。"

王动道："这人的手段一定很辣。"

燕七道："他还有个外号叫棍子，那意思就是'见人就打'。无论谁落到他的手里，都免不了要先被他打得鼻青眼肿再说。黑道上的朋友一遇见他，简直就好像遇见了要命鬼、活阎王。"

王动道："他是干什么的？"

燕七道："清河县的捕头。"

王动道："清河县并不是个大地方，岂非埋没了人才？"

燕七道："就因为他的手段太辣，所以一直升不上去。但无论什么地方有了办不了的大案子，都免不了要到清河县去借他。"

郭大路道："那位金光闪闪的仁兄呢？"

燕七道："他姓金，又喜欢金色，所以叫'金狮'，但别人在背地里却都叫他金毛狮子狗。"

郭大路笑道："凭良心讲，这人倒一点也不像狮子狗。"

燕七道："你看过狮子狗没有？"

郭大路道："各种狗我都看过。"

燕七道："狮子狗脸上什么东西最大？"

林太平抢着道："鼻子最大。"

燕七道："什么东西最小？"

林太平道："嘴。"

他笑了笑，又解释道："我小时候养过好几条狮子狗。"

燕七道："你们再看看那人的脸。"

从这边看过去，刚好可以看到那"金毛狮子狗"的脸。

无论谁看他的脸，都无法不看到他的鼻子。

他的鼻子就已占据了整个一张脸的三分之一。

无论谁的嘴都比鼻子宽，但他的鼻子却比嘴宽；若是从他头上望下去，一定看不到他的嘴，因为嘴巴已被鼻子挡住。

郭大路几乎笑出声来，忍住笑道："果然是个特大号的鼻子。"

王动道："他眼睛一定不太灵。"

郭大路奇道："你怎么知道？"

王动道："因为他眼睛已被中间的鼻子隔开了，所以左边的眼睛只能看到左边的东西，右边的眼睛只能看到右边的东西。"

他话未说完，连燕七都忍不住笑了起来。

郭大路道："可是到现在我还没有找到他的嘴。"

燕七忍住笑道:"他的鼻子下面的那个洞,就是嘴了。"

郭大路道:"那是嘴么,我还以为是鼻孔哩。"

林太平道:"鼻孔上怎么会长胡子?"

郭大路道:"我以为那是鼻毛。"

王动道:"所以他吃东西的时候,别人往往不知道东西是从哪里吃下去的。"

他们虽然在拼命忍住笑,但这时实在忍不住了。

郭大路笑得几乎滑到桌子底下去。

那金毛狮子狗忽然回过头,瞧了他们一眼。

只瞧了一眼,就又转回头。

这一眼就已足够。

每个人都已感觉到他眼睛里那种逼人的锋芒,竟真的有点像是雄狮的眼睛,连眼珠子都是黄的。

他们说话的声音本来就很低,现在更低了。

郭大路道:"这人又是干什么的?"

燕七道:"也是捕头,两年前还是京城的捕头,最近听说已升到北九省的总捕头。"

郭大路道:"看他穿得就像是个花花公子,实在不像是位名捕。"

王动道:"你也不像穷光蛋。"

林太平道:"他的本事又在哪里?"

燕七道:"在鼻子上。"

林太平道:"鼻子?"

燕七道:"他的鼻子虽大,却不是大而无当。据说他的鼻子比狗还灵,一个人只要被他嗅过味道,无论怎么改扮,都逃不了。"

林太平道:"这本事倒的确不小。"

燕七道:"这两人可说全都是六扇门里一等一的顶尖高手,若不是什么大案子，绝惊动不了他们，所以……"

王动道："所以你奇怪，他们为什么忽然到了这种地方来。"

燕七道："我的确奇怪得很，若说他们是为了昨天晚上的案子来的，他们的消息怎会这么快？"

就在这时，街上忽然传来了一声女人的尖叫声，就好像有人踩到了鸡脖子似的。

然后，他们就看到一个披头散发的女人从对面一家房子里冲出来，一个矮矮胖胖的男人拼命拉也拉不住。

到后来这女人索性赖到地上，号啕大哭，边哭边叫，道："我连棺材本都被人偷去了，为什么不能说？……我偏要说。"

她愈说愈伤心，索性用头去撞地，大哭道："天呀，天杀的强盗呀，你好狠的心呀，你为什么不留点给我？……整整的三千两金子，还有我的首饰，若有哪位好心的人替我找回来，我情愿分给他一多半。"

那男人脸上红一阵，白一阵，用出吃奶的力气，总算把她死拖了回去，抽空还扭转头，勉强笑道："我们哪有三千两金子给人家偷？"

郭大路和燕七交换了眼色，正想问麦老广："这人是谁？"

但那夹棍却比他们问得更快。

他声音很沉，说话很慢，每个字说出来都好像很费力。那给人一种感觉，他说的每个字你最好都留神去听着。

麦老广道："这夫妻两人听说是从开封来的，本来做的是棉布生意，积了千多两银子，准备到这里节节省省地过下半辈子。他们家里若真有三千两金子被人偷了，那才真是怪事。"

他本不是个多嘴的人，但现在嘴上却好像抹了油，而且连官话都突然说得比平时标准多了。

夹棍在听着。

他说得慢，听得更仔细，像是要把你说的每个字都先嚼烂，再吞到肚子里去，而且一吞下去就永远不会吐出来。

等麦老广说完，他又问道："他们姓什么？"

麦老广道："男的姓高，女的娘家好像是姓罗。"

夹棍突然站了起来，大步走了出去。

那黑衣人从头到尾都没有说一个字，此刻忽然道："午时到了没有？"

麦老广道："刚过午时。"

黑衣人道："拿来。"

金狮子迟疑着，道："这地方不方便吧。"

黑衣人道："方便。"

金狮子好像叹息了一声，从怀里取出锭约莫有二十两重的金子，放在桌上，轻轻地推了过去。

黑衣人收下金子，再也不说一个字。

金狮子长长吐出口气，望着窗外的天色，喃喃道："一天过得好快。"

可是在有些人看来，这一天就好像永远也熬不过去似的。

第五章

剑和棍子

01

棍子并不是人人都喜欢的东西。

但棍子却很有用。

棍子也比剑势利,他一棍打下去的时候,往往会先看看打的是什么。

剑若出鞘,就只找人致命的弱点。

尤其是这柄剑。

这柄剑拔出来的时候要有代价,插回去的时候也要有代价。

拔出来的代价是钱,插回去的代价是血。

02

一个多时辰已过去了,金狮子和黑衣人还坐在那里,郭大路他们也还坐在那里。

他们舍不得走,也不能走。

郭大路若是掏出那锭金子来付账,岂非等于告诉别人自己就是贼。

夹棍终于回来了，郭大路这才看清他的脸。

他的脸就好像只有皮包着骨头，既没有表情，也没有肉。

金狮子道："怎么样？"

夹棍道："那人不姓高，姓宋，本来是张家口'辽东牛羊号'的账房，拐了老板一笔账，逃到这里来，所以金子丢了也不敢张扬。"

金狮子冷笑道："看来这倒正是他常用的手段，先抓住别人的把柄再下手。"

夹棍道："而且作案的手法也一样，做得又干净又漂亮，门窗不动，金子已丢了。"

金狮子道："什么时候丢的？"

夹棍道："昨天晚上。"

金狮子道："他只要一出手，至少就是十三件大案，这是他的老规矩。"

夹棍道："除了那姓宋的外，我又查出了五家。"

金狮子道："这五家人身上是不是也都背着有案子的？"

夹棍道："不错。其中居然还有家是以前陆上龙王还未洗手时的小头目，现在已娶了老婆，生了孩子。"

金狮子道："他们遇见他，总算也倒了霉，就放他们一马吧。"

夹棍没有说话，只是看着自己的手冷笑。

金狮子笑了笑，道："其实我也知道你绝不肯松一松手的，只要和陆上龙王沾着点边的人，遇着你就倒霉了。可是你也得小心些，真要遇着陆上龙王和那条毒蛇，那时倒霉的可就是你了。"

夹棍还是在冷笑着，没有说话。

金狮子道："无论如何，看来我们得到的消息并没有错，这些年他的确一直窝在这里。"

夹棍道："告诉我这消息的人本来就不会靠不住，否则我怎会要你付一万两？"

金狮子道："可是他既然已在这里窝了七八年，为什么忽然又出了手呢？"

夹棍道："这就叫手痒。"

他们说话完全不怕被别人听见，郭大路当然每句话都不会错过。

他也没法子不承认这夹棍果然有两下子。

但他们嘴里说的"他"又是谁呢？

夹棍忽又冷笑道："他既然昨天晚上还在这里作了案，就一定还窝在这城里。今天早上出城的人我都盘过，除了一伙卖艺的稍为扎眼外，别的全是规矩人。"

金狮子道："他会不会将贼赃叫那伙卖艺的人夹带出城？"

夹棍道："不会，看他们脚底带起的尘土，身上带的绝不会超过十两银子。"

金狮子嘴角忽然露出了一丝不怀好意的狞笑，道："这么样说来，他一定还在城里了。"

听到这里，郭大路真忍不住想问他们："你怎么知道他没有从小路溜走？又怎么知道他现在不会溜走？"

郭大路当然不能问。

幸好用不着他问，夹棍自己已说了出来。

"他要一出手至少就是上万两的金子，我已在四面都布下暗卡，无论谁也休想带着上万两的金子溜走。"

金狮子道："他当然也绝不肯把吃下去的再吐出来。这人见钱如命，有名的连皮带骨一口吞，吞下去就死也不吐出了。"

夹棍冷笑道："这是他的老毛病，我早就知道这毛病总有一天会要他的命！"

金狮子道："但这人实在太狡猾，易容术又精，还会缩骨，连身材高矮都能改变，我们还真未必能掏得出他的窝来。"

夹棍突然一拍桌子，道："这次他若还能逃得了，我就改自己的姓。"

金狮子道："你找到路没有？"

夹棍道："我拼着一个个地问，就算问上三个月，也要把他从窝里掏出来。"

金狮子瞟了那黑衣人一眼，似乎又皱了皱眉，道："这城里每个人你难道都要问？"

夹棍道："我也知道这是个笨法子，但笨法子往往却很有效。"

金狮子又叹了口气道："你准备从哪里开始问？"

夹棍道："就是这里。"

他眼睛忽然瞪到郭大路身上。

若是换了别人，心里本来就有鬼，再被他眼睛这么一瞪，纵然不吓得胆战心惊，脸上也难免要变了颜色。

夹棍就是夹棍，无论谁遇着他都休想不说真话。

但郭大路还是笑嘻嘻地面不改色，一点也不在乎。

他本来就什么都不在乎，何况现在肚子里又装满了言茂源的陈年竹叶青。

夹棍脸上也连半点表情都没有，眼睛一直盯着郭大路的眼睛，慢慢地站了起来，慢慢地走了过去。

他脸色变青，眼睛阴森森的，胆小的人在晚上见着他，非但实话要被他逼出来，也许连尿都被吓出来。

"这人不该叫夹棍，应该叫僵尸才对。"

这句话几乎已到了郭大路的嘴边，差点就说出了口——你千万莫要以为他不敢说，只要酒一到了他肚子里，"不敢"这两个字就早已离开他十万八千里了。

王动他们倒也无所谓："你只要交上郭大路这朋友，就得随时准备为他打架。"

打架在他们说来，也早就是家常便饭了。

就连林太平也不例外。

夹棍的眼睛虽没有瞪着他，他的眼睛却在狠狠地瞪着夹棍。

看样子无论是郭大路说错一句话也好，是夹棍问错一句话也好，这场架随时都会打起来。

谁知金狮子忽然道："这几个人用不着问。"

夹棍道："为什么？"

金狮子笑了笑，道："他们肚子里若有鬼，怎么会谈论我的鼻子？"

原来这人不但鼻子灵，耳朵也很尖。

郭大路忍不住笑道："你全听到了？"

金狮子道："干我们这行的，不但要眼观四路，而且要耳听八方。"

郭大路道："你不生气？"

金狮子笑道："为什么要生气？鼻子大就算很难看，却一点也不丢人。"

郭大路对这人的印象立刻好起来了，道："非但不丢人，也不难看。男人就要鼻子大，愈大愈好，懂事的女人就喜欢大鼻子的男人。"

金狮子大笑道："你鼻子也不小。"

郭大路摸了摸自己的鼻子，笑道："马马虎虎，还过得去。"

金狮子道："你们就住在这城里？"

郭大路道："不在城里，在山上。"

金狮子道："山上也住着很多人？"

郭大路道："活人就只有我们四个，死人却倒有不少。"

金狮子道:"死人?"

郭大路道:"我们住的地方就在坟场旁边,叫富贵山庄,有空不妨过来喝两杯。"

金狮子道:"一定去拜访。"

他忽然站了起来,道:"掌柜的,算账,这几位的账我们也一齐候了。"

郭大路跳了起来,道:"这是什么话,我们是地主,你一定要让我们尽一尽地主之谊。"

他不但喜欢交朋友,更喜欢请客。

朋友谁都没有他交得快,账也谁都没有他付得快。可是这次他的手伸进口袋,却掏不出来了。

他总不能当着人家的面把那锭金子掏出来。

谁知金狮子也并不再抢着付账,笑道:"既然如此,就恭敬不如从命了,多谢多谢。"

夹棍忽然拍了拍郭大路的肩头,冷冷道:"这两天城里一定很乱,没事还是耽在家里的好,免得出来惹麻烦。"

他不让郭大路说话,手用力在他肩上一按,道:"也不劳相送,请坐。"

郭大路笑嘻嘻道:"我坐累了,就想站站。"

夹棍用了八成力,连一点反应都没有,上上下下瞧了郭大路几眼,头也不回地走了出去。

突听金狮子道:"对面那人各位可认得么?"

一个身形佝偻、白发苍苍的老头子手里提着桶脏水,正从对面的门里走出来,"哗啦啦"将一桶水倒在地上。

郭大路笑道:"当然认得,他就是利源当铺的老朝奉,我们都叫他活剥皮。"

金狮子目光灼灼，不住盯着那老人，直到老人又转身走了进去，他才笑了笑，道："各位有僭，我们先告辞了。"

他赶上夹棍，两人轻轻说了几句话，一齐向当铺那边走了过去。

黑衣人这时才慢慢地站了起来，慢慢地走过郭大路他们面前。

大家都低着头喝酒，谁也没有瞧他。因为每次看到他的时候，都好像看到条毒蛇一样，觉得说不出的不舒服。

黑衣人脚步并没有停，却忽然唤道："黄玉如，你好。"

大家都怔了怔，谁也不知道他在跟什么人说话。

这时黑衣人却已大步走了出去。

郭大路摇了摇头，喃喃道："这人莫非有毛病？"

林太平又在盯着黑衣人背后的长剑，道："这柄剑至少有四尺七寸。"

燕七道："你眼力不错，想必也是使剑的？"

林太平好像没听见这句话，又道："据我所知，武林中能使这种长剑的只有三个人。"

郭大路道："哦，哪三个？"

林太平道："一个叫丁逸郎，据说是扶桑浪人赤木三太郎和黄山女剑客丁丽的私生子；赤木三太郎是扶桑'披风一刀流'的剑客，所以丁逸郎的剑法，也融合了扶桑和黄山两种剑法之长处。"

燕七凝视着他，道："想不到你知道的武林秘辛比我还多。"

林太平迟疑了半晌，道："我也是听别人说的。"

郭大路道："还有两个呢？"

林太平道："第二个是宫长虹剑法唯一的传人，叫宫红粉。"

郭大路道："宫红粉？这简直是个女人的名字。"

燕七道："她本来就是女人，你难道认为女人就不能用这么长的剑？"

郭大路笑道:"我只不过觉得那黑衣人绝不可能是女人。"

林太平道:"听说丁逸郎最近已远渡扶桑,去找他亲生的父亲去了,所以,这黑衣人也绝不可能是他。"

郭大路道:"第三个呢?"

林太平道:"这人叫'剑底游魂'南宫丑。"

郭大路道:"剑底游魂?这岂非一句骂人的话,他怎么会取了个这么样的名字?"

林太平道:"很多年前,江湖中出了个怪人,叫'疯狂十字剑',遇着他的人没有一个能逃得过他的剑下,就连当时很负盛名的'西山三友'和'江南第一剑'都被他杀了,只有这南宫丑,居然从他剑下逃了出来。所以南宫丑自己也觉得很得意,就替自己取了个外号叫剑底游魂。"

郭大路笑道:"败在人家剑下居然还得意,这人倒有趣得很。"

林太平道:"这人非但无趣,而且无趣极了。"

郭大路道:"为什么?"

林太平道:"听说这人最喜欢杀人,有时固然是为了他自己高兴而杀人,有时也会为了钱而杀人。而且他虽然侥幸自十字剑下逃了性命,但脸上还是被划了个大十字,所以从来不愿以真面目见人。"

郭大路道:"这么样说来,这黑衣人一定就是他了。"

王动忽然道:"这倒也未必。"

郭大路道:"未必?"

王动道:"你们怎么知道他不是个女人,不是宫红粉?"

郭大路道:"当然不会是。"

王动道:"为什么?你看过他的脸?看过他的手?看过他的脚?……他连一寸地方都没有让你看到,你能看到的只不过是他那身黑衣服而已,男人可以穿这样的衣服,女人为什么就不可以?"

郭大路怔住了，怔了半晌，又笑道："他若是女人，那倒有趣得很，我倒真想看看她长得是什么样子。"

燕七悠悠道："只要是女人，你就觉得有趣么？"

郭大路笑道："大多数女人的确都比男人有趣些，太丑太老的自然是例外。"

燕七叹了口气，道："这人居然还敢说他不是色鬼，他不是谁是？"

王动打了个呵欠，道："我至少也有一点是和色鬼相同的。"

燕七道："哪一点？"

王动道："随时随地我都会想到床。"

床。

五箱金珠就在床底下。

纵然是天下最豪富的人，也不会将这五口价值亿万的箱子随随便便往床下一塞，连门都不锁就走了出去。

但他们却硬是这么样做了。

因为除了他们自己之外，别人连做梦都不会想到这张破床底下会有这么大的宝藏，而且这屋子里根本空空如也，除了床底下之外，也没有能藏得下这五口箱子的地方。

"为什么不埋在地下？"

燕七也曾经这么样提议过，但王动第一个就坚决反对。

"现在我们若辛辛苦苦地埋下去，过不了两天又得辛辛苦苦地挖出来，既然总得要挖出来，现在又何必埋下去？"

懒人永远有很充足的理由拒绝做事的。

王动的理由当然最充足。

现在他当然已经又躺在床上。

郭大路正在苦练倒吊着喝酒,他听说喝酒有"囚饮",甚至还有"尸饮",所以已决心要把这"吊饮"练成。

这世上若是有人能用眼睛喝酒,就算只有一个人,他也绝不会服输的,好歹也要练得和那人一样时才肯停止。

林太平坐在门口的石阶上,用手抱着头,也不知是在发怔?还是在想心事?

他年纪看起来比谁都轻些,但心事却比谁都重。

燕七又不知溜到哪里去了?这人的行动好像总是有点神秘兮兮的,常常会一个人溜出去躲起来,谁也不知道他去干什么。

夜似已很深,又似乎还很早。

有人说:"时间是万物的主宰,只有时间才是永恒的。"

这句话在这里却好像并不十分正确。

在这里的人虽然不会利用时间,却也绝不做时间的奴隶。

郭大路喝完了第三碗酒的时候,林太平突然从石阶上站了起来。

他的表情很兴奋,也很严肃,就好像决胜千里的大将要对他的属下,宣布一项极重要的战术时的表情一样。

只不过无论表情多严肃的人,假如你倒着去看,他那样子也会变得很滑稽的,郭大路刚喝下去的一口酒几乎忍不住喷了出来。

林太平道:"我有话要说。"

郭大路忍住笑道:"我看得出来。"

林太平道:"这城里有个人,不但武功很高,而且还会易容术、缩骨法,曾经作过很多宗令官府头疼的案子。"

郭大路眨眨眼,道:"这件事好像并不止你一个人知道,我好像也听说过。"

林太平道:"不但你知道,酸梅汤也知道。"

郭大路道:"哦?"

林太平道:"她不但知道,而且还一定跟这个人有仇。"

郭大路道:"有仇?"

林太平道:"不过她也跟我们一样,只知道这人藏在城里,却不知道他藏在什么地方?用什么身份做掩护?她虽然想找他报仇,却找不着,所以……"

郭大路忽然觉得他不像刚才那么可笑了,一个跟斗翻下来,道:"所以怎么样?"

林太平道:"所以她就想法子要别人代她把这人找出来。"

郭大路道:"她当然知道天下最会找人的就是棍子和金毛狮子狗。"

林太平道:"她还知道他们都已到了附近,所以就先想法子去通风报信,让他们知道:这位名贼就藏在城里。"

郭大路道:"然后她自己再到这城里来,一夜间作下十七八件无头案,而且还故意模仿那名贼作案的手法,让棍子和金毛狮子狗认定这些案子都是他作的。"

林太平道:"这还不是最重要的一点。"

郭大路道:"最重要的是什么?"

林太平道:"她这么样一做,棍子和金毛狮子狗才能确定这位名贼的确是在城里,才会认真去找。像他们这种身份的人,自然绝不会为了一点捕风捉影的消息就卖力的。"

郭大路道:"但她还有个问题。"

林太平道:"她的问题就是得手的赃物一时既不能脱手,也没法子运出去,因为她知道棍子和狮子狗已经来了。"

郭大路道:"不错,这种又惹眼、又烫手的东西,就算要藏起来都不容易。"

林太平道:"非但不容易,而且还得颇费工夫,所以……"

郭大路苦笑道:"所以,她就要找个人代她藏这些东西,可是她为什么谁都不去找,偏偏找上了我呢?"

林太平道:"她当然知道你就住在这里,也知道这个地方连鬼都不想来的,把贼赃物藏在这里,就好像……"

郭大路道:"就好像把酒藏在肚子里一样安全可靠。"

王动忽然道:"这也不是最重要的原因。"

郭大路道:"哦?"

王动道:"最重要的是,她找来做这种事的人,一定要是个做事马马虎虎,看到阿猫阿狗都会去交朋友的糊涂虫。"

王动非但不动,也很少说话。

他说的话往往就是结论。

但这次下结论的人却不是他,是郭大路自己。

郭大路叹了口气,苦笑道:"看到阿猫阿狗都会交朋友倒没关系,一看到漂亮的女人就走不动了的人才真的混账加八级。"

林太平皱了皱眉,道:"你说的是谁?"

郭大路指着自己的鼻子,道:"我说的就是我。"

其实郭大路倒也不是真的糊涂,只不过有很多事他根本懒得认真去想,只要他去想,他比谁都明白。

林太平忽又道:"你还做错了一件事。"

郭大路叹道:"郭先生做错事不稀奇,做对了才是奇闻。"

林太平道:"你刚才不该用那锭金子去付账。"

郭大路道:"我不用那锭金子付账,难道用我自己的手指头去付?莫忘了你刚才喝的也并不比我少。"

林太平道:"棍子和金毛狮子狗若知道我们是用金子付的账,一定会奇怪这些穷鬼的金子是从哪里来的,那时我们的麻烦也就来了。"

郭大路道:"我也告诉你几件事好不好?"

林太平道:"好。"

郭大路道:"第一,棍子和狮子狗根本就不会知道,因为麦老广绝不是个多嘴的人。"

林太平道:"有了第一,当然还有第二。"

郭大路道:"第二,郭先生身上有几锭金子,也并不是空前绝后的事,并不值得大惊小怪。何况,那锭金子上连一点标记都没有,我早就检查过了,谁敢说那是偷来的,我就先给他几个大嘴巴子。"

林太平道:"还有没有?"

郭大路道:"还有,每个人都要吃饭的,我们若要吃饭,就非用那锭金子付账不可。"

只听一人道:"这点才最重要,酸梅汤找的人不但要是个好色的糊涂虫,而且还要是个穷疯了、饿疯了的糊涂虫。"

这也是结论。

这次下结论的也不是王动,是燕七。

燕七每次出现的时候,也和他失踪的时候一样飘忽。

郭大路摇了摇头,苦笑道:"这人无论跟谁说话都蛮像人的,却不知道为什么,总是偏偏喜欢臭我。"

燕七笑了笑,道:"你若不是我的朋友,想求我臭你都困难得很。"

郭大路道:"王动也是你的朋友,你为什么不去臭臭他?"

王动笑道:"能臭我的话已经被你说光,还用得着别人开口么?"

郭大路也笑了,走过去拍了拍燕七的肩头,道:"这次你又溜到哪里去了?"

燕七道:"我……我出去逛了逛。"

他好像很不喜欢别人碰到他,每次郭大路碰到他的时候,他都好像觉得很不习惯,这也许因为除了郭大路外也很少有人去碰他。

只要看到他那身衣服,别人已经连隔夜饭都要呕出来了。

郭大路道:"你到哪里逛去了?"

燕七道:"山下,城里。"

郭大路道:"那地方有什么好逛的?"

燕七道:"谁说没有?"

郭大路道:"有?"

燕七道:"昨天晚上你岂非就看到个提着两个篮子的大美人么?"

郭大路道:"今天晚上你看到了什么?"

燕七道:"杀人。"

郭大路悚然道:"杀人?谁杀人?"

燕七道:"棍子。"

郭大路道:"棍子杀人?杀的是谁?"

燕七道:"有嫌疑的人。"

郭大路道:"谁是有嫌疑的人?有什么嫌疑?"

燕七道:"棍子要找的人是个五十多岁的男人,是十年前到这里来的,所以凡是十年前才搬到这里来的男人都有嫌疑,都可能是凤栖梧。"

郭大路道:"凤栖梧是谁?"

燕七道:"凤栖梧就是棍子要找的人。"

林太平忽然道:"你说的凤栖梧,是不是'鸡犬不留'凤栖梧?"

燕七道:"就是他。"

郭大路笑道:"名字如此风雅的人,怎么起了个如此难听的外号?"

燕七道:"因为他一下手就非把人家偷得精光不可,有时连一文钱都不替人家留下,有的人被他偷得倾家荡产,只有自己上吊抹脖子,所以他虽然没有杀过人,但被他逼死的人却不少。"

林太平道:"听说这人不但心黑手辣,而且视钱如命,偷来的钱自己也舍不得花。"

郭大路道:"莫非他将偷来的钱全都救济了别人,做了好事?"

燕七道:"这人平生什么事都做过,就是没做过好事。"

郭大路道:"那么他的钱到哪里去了?"

燕七道:"谁都不知道。"

郭大路沉吟了半晌,道:"城里有这种嫌疑的人一共有多少?"

燕七道:"本来就不多,现在就更少。"

郭大路道:"棍子已杀了几个?"

燕七道:"五六个、六七个。"

郭大路瞪眼道:"他杀人,你就在旁边看着?"

燕七道:"现在我连看都懒得看了。"

郭大路瞪着他,忽然跳起来冲了出去。

王动叹了口气,喃喃道:"为什么自从认得他之后,我总是非动不可呢?"

郭大路虽然不糊涂,却很冲动。

他本来应该先问问燕七:"棍子杀的究竟是些什么人?"

他没有问,因为他知道棍子杀的也绝不会是什么好东西。

他很明白,却还是忍不住要冲动。这虽然并不是种好习惯,但至少也比那些心肠冷酷、麻木不仁的人好得多。

03

黑衣人也有种习惯——他永远不愿走在任何人的前面。

这当然不是因为他谦虚多礼,只不过因为他宁可用眼睛对着人而不愿用背。

这习惯虽然也不太好,却至少已让他多活了几年。

现在他就走在棍子和金狮子身后。

他们对他倒放心得很,因为他们知道他的剑是绝不会从人背后刺过来的。

他虽然用黑巾蒙住了脸,但却比很多人都要面子得多。

长街很静,只有三两家的窗户里,还燃着暗淡的灯火。

走到街左边的第四家,他们就停住了脚。

这屋子也和城里别的人家一样,建造得朴实而简陋,窄而厚的门、小而高的窗子、昏黄的窗纸、昏黄的灯光。

门窗都是紧紧关着的。

金狮子沉声道:"就是这一家?"

棍子点了点头。

金狮子突然飞掠而起。他身材虽魁伟,行动却极灵便,轻功也不弱,脚尖在屋檐上轻轻一点,便已掠过屋脊,瞧不见了。

棍子回头瞧了那黑衣人一眼,才厉声道:"这是公家办案,居民闭户莫出,否则格杀勿论。"

话未说完,屋子里的灯已熄灭。

只听"砰"的一声,显然有人撞破了后面的窗子,想夺窗而逃。

只可惜金狮子早已防到了这一招。

又是一阵惊呼。

金狮子低叱道:"往哪里走?"

接着就看到一条人影上了屋脊,轻功虽不在金狮子之下,身材却瘦小得多,四下略一逡巡,就向东南方飞掠了过去。

棍子没有动。

黑衣人似乎也没有动。

但是忽然间,他已经上了屋脊,挡住了那人影的去路。

那人影一惊,双拳齐出。

黑衣人似乎没有出手。

但忽然间,出手打人的人已从屋脊上滚了下来,跌到街心。

棍子这才慢慢地走了过去。背负着双手,低头瞧着他。

寒风凄厉,天地肃杀。

他一双眼睛在冷夜中看着像两把锥子。

结了冰的锥子。

第六章

送不走的瘟神

郭大路已经在街角里看了很久,他本来早就想冲过去了。

可是冲过去干什么呢?

他自己也不知道要干什么。棍子抓的若真是个心黑手辣的强盗,他难道还能帮强盗拒捕么?

从山上一路跑下来,一路冷风扑面,他的火已经小了很多。

所以他还是在街角里等着。

跌到街心上的那个人蜷曲在那里,就像是一摊泥,动都没有动。

棍子突然一把将他拉了起来,用两只手揪着他的衣襟,一字字道:"看着我。"

这人的身子虽已站起,头还是软软地垂着。

棍子的右手松开,正正反反搁了他十几个耳刮子。

血开始从他嘴角往外流,但他还是咬着牙,连哼都没有哼一声。

棍子冷笑道:"好,有种。"

他的膝盖突然抬起,用力一撞。

这人痛得连脸都变了形,想弯腰,却弯不下去。只有将下身往上缩,整个人都缩成了一团,悬空吊在棍子手上,抖得全身的骨头都似已将松散。

棍子道:"对付不听话的人,我有很多法子,这是其中最简单的一种，你想不想再试第二种？"

这人终于抬起头，瞧着他，眼睛里充满了仇恨的怒火。

棍子的神情却忽然变了，变得和气了些，道："你不是凤栖梧？"

这人牙齿咯咯打战，嘶声道："你明知道我不是，为什么还要这么样对付我？"

棍子道："因为我还不能确定，除非你告诉我你是谁，我才能证实你不是凤栖梧。"

这人道："我谁都不是，只不过是这城里一个卖杂货的小商人。"

棍子沉下了脸，冷笑道："你若不是别的人，我只有把你当作凤栖梧了。"

这人颤声道："你怕抓错了人，怕上头怪你，所以你明知我不是凤栖梧，也不肯放过我。你这种人的手段，我早就知道。"

棍子的脸色又和缓下来，道："你错了，这次我找的只是凤栖梧一个人，和别人全没关系，只要你肯说出自己的身份来历，我立刻就放了你。"

这人道："放了我？你会放了我？"

棍子居然笑了笑，道："为什么我不会放你？就算你在别的地方有案，和我有什么关系？我何必狗拿耗子，多管闲事？"

这人想了很久，才咬了咬牙道："我姓韩，叫一阵风。"

棍子道："一阵风，那年春天，在张家口杀了黄员外一家人的是不是你？"

一阵风道："你说过，只要我不是凤栖梧，别的事你都不管。"

棍子道："我当然不管，但我又怎知你就是一阵风，不是凤栖梧？"

一阵风道："我身上刺着花……"

"哧"地，衣襟被撕开，胸膛上果然刺着龙卷风的形状。

这的确是一阵风的标志。

棍子淡淡道:"一阵风不会冒充凤栖梧,凤栖梧却可能冒充一阵风的。"

一阵风道:"你要怎么样才肯相信?"

棍子沉吟着,道:"听说,黄员外是被人一剑刺死的。"

一阵风道:"不是,我从来不使剑。"

棍子道:"他是怎么死的呢?"

一阵风道:"我用药先毒死了他,再将他抛到井里去。"

棍子又笑了笑,道:"这么样说来,你的确是一阵风了。"

一阵风道:"我本来就是。"

棍子道:"好,很好……"

他突然出手,反手在一阵风脖子上一切。

一阵风立刻又变成了一摊泥。

他的人虽已死,但一双眼睛却还不肯死,狠狠地瞪着棍子,眼球慢慢地向外凸出,充满了愤怒与怨毒,像是在问:"你答应过放了我,为什么又下毒手?"

棍子的嘴没有说话,但眼睛却似在替他回答。

他眼睛里充满了得意之色,仿佛在说:"这就是我的手段,我既然不信任你,你为何又要信任我呢?"

郭大路的眼睛里也在冒火。

但他还是只有瞧着,因为这一阵风的确该杀。

官差杀贼,本是天经地义的事。

只听一人道:"原来他杀人的时候,你也只不过在旁边瞧着的。"

郭大路用不着回头,也知道说话的人是谁了。

他只有叹了口气,道:"但我还是要看下去。"

燕七道:"你喜欢看他杀人?"

郭大路道:"我要等着看他杀错一个人。"

燕七道:"为什么?"

郭大路道:"那时我才有理由杀他。"

燕七道:"你想杀他?"

郭大路道:"一阵风虽该死,但他却更该死。"

燕七道:"你认为他做错了事?"

郭大路道:"他做的事也不能说不对,但用的手段却太卑鄙、太可恶。"

燕七道:"他若永远不杀错人呢?"

郭大路怔住了。

燕七笑了笑,道:"这世上有些事本就是任何人都没法子去管的。何况棍子虽可恶,却很有用,有些人的确就要他这种人去对付。"

郭大路忽也笑了笑,道:"你以为他这种人就没有人能对付得了?"

燕七道:"谁能对付他?你?"

郭大路道:"也许是我,也许是别人,无论是谁都没关系,我只知道天理循环,报应不爽,迟早有人去对付他的。"

这就是郭大路之所以为郭大路。

他不但对人生充满了热爱,而且充满了信心。

他确信真理永远不灭,公道永远存在。

他确信正义必定战胜邪恶,无论什么样的打击都不会让他失去这种信心。

金狮子正拍着棍子的肩,笑道:"恭喜恭喜,又一件大案被你破了。一晚上连破七案,除了你谁有这么大的本事?"

棍子道:"你。"

金狮子大笑,道:"我不行,我的心不够狠,这碗饭已渐渐吃不下去了。"

棍子脸色变了变,又忍住。

金狮子道:"下一家是谁?"

棍子抬起头,眼睛瞪着对面的一块招牌。

黑底的招牌,金字:

"利源当铺"。

利源当铺的老板虽然剥皮,却不啃骨头,而且常常还会在骨头上留点肉分给别人吃。

郭大路对这人的印象一向不错,看到棍子和金狮子向当铺走过去,他忍不住也想赶过去。

王动一直站在后面没有说话,此刻忽然道:"不能动。"

郭大路笑道:"我又不是王动,为什么不能动?"

王动道:"现在若动,一动就有麻烦。"

郭大路道:"你几时怕过麻烦了?"

王动道:"就是现在,而且怕的就是这种麻烦。"

郭大路道:"莫忘了,他是我们的大娘舅,我们随时都可能去找他的。"

王动道:"没有娘舅无妨,没有祖宗才麻烦。"

郭大路怔了怔道:"没有祖宗?"

王动道:"娘舅若真是有案底的贼,我去助他,岂非连我祖宗的人都丢光了。"

郭大路道:"你用不着去,我去!"

王动叹了口气,道:"我若能让你一个人去,现在为什么不耽在床上睡觉?"

郭大路瞧着他,瞧着他冷冰冰的眼睛、冷冰冰的脸,心里忽然涌起了一阵友情的温暖。

他若想去做一件事,就没有人能拦得住。

能拦住他的只有朋友。

这时金狮子和棍子已走到当铺门口。

门本来也是关着的,但他们还没有拍门,门忽然开了。

剥皮老板从门里探出头,道:"我早就知道三位还会再来的,请进请进。"

金狮子和棍子对望了一眼,走了进去。

黑衣人把住了门。

郭大路咬着牙,喃喃道:"不知道棍子要用什么手段对付他,看来我还是该去瞧瞧。"

他用不着去。

因为这时金狮子和棍子已经走了出来。

只听剥皮老板的声音在门里面道:"三位要走了么,不送不送。"

金狮子含笑抱拳,道:"不用客气,请留步。"

郭大路看得呆住了,喃喃道:"这是怎么回事?这两人怎么忽然变得客气起来了?"

王动道:"棍子要打人的时候,并不是随随便便就打下去的,否则棍子早就打断了。"

郭大路道:"这剥皮老板又是谁?凭什么能令他们如此客气?"

王动沉吟道:"也许就因为他谁都不是,所以人家才会对他客气。"

郭大路想了想,也不知是否想通了这句话的意思。

他已没空再想，金狮子和棍子下一个目标竟是麦老广烧腊铺。

郭大路皱眉道："想不到他们连麦老广这种人也怀疑，疑心病倒真不小。"

燕七道："这次你倒用不着担心，麦老广绝不会有什么毛病被他们找出来。"

郭大路道："我当然不担心，但却不是为了你这原因。"

燕七道："你为的是什么？"

郭大路道："他们也是人，也得吃饭，若没有麦老广，他们明天吃什么？"

王动道："吃屁。"

郭大路笑了，但笑容刚露出，立刻就又消失。

烧腊店里竟忽然传出一声惊呼，正是麦老广发出来的。

又听到棍子的声音在问："这锭金子是哪里来的？说！"

听到"金子"两个字，郭大路的人已箭一般蹿了出去。

这次连王动都没有再拦他。

只见棍子拎着麦老广，就好像麦老广拎着油鸡似的。

油鸡当然有油，麦老广脸上的汗也像是油，在灯下闪闪发光。

他不停地抖，抖得连话都说不出来了。

棍子厉声道："你说不说？金子是哪里来的？"

这次已用不着麦老广自己说了。

郭大路已冲了进去，大声道："金子是我给他的，一共买了他三十斤肉、四十斤酒，外加七只鹅、八只鸡，谁也没做蚀本生意。"

棍子慢慢地放下麦老广，慢慢地转过身，瞪着郭大路。

郭大路就吊儿郎当地站在那里，的确不像是个能用金子付账的人。

棍子道："金子是你的？"

郭大路道："是！"

棍子道："从哪里来的？"

郭大路道："一个人有金子若是也犯法的话，那么天下犯法的人可就太多了，只怕两位也不例外吧？"

棍子的脸上虽然没有表情，瞳孔却已渐渐开始在收缩。

突然间，他的手已伸出。

他不但比别人高，手也比别人长，十根又干又瘦的手指，就像是一双装在棍子上的铁爪。

但郭大路偏偏就要碰碰这双铁爪。

他既没有闪避，也没有招架，"呼"地，双拳齐出，硬碰硬就往这双铁爪反打了过去。

这一拳击出，非但棍子吃了一惊，金狮子也不禁为之失色。

棍子这一双铁爪上显然练着有鹰爪功一类的功夫，就算是瞎子也能感觉得到，对方手上若没有惊人的内功，怎么敢一出手就使出这种硬碰硬的招式？

其实郭大路的内力并不如他们想象中那么可怕，只不过他天生是个大路的人，不但花钱大路，做事大路，武功也大路。

这一拳击出，是他的拳头击断对方的鹰爪？还是对方的鹰爪洞穿他的拳头？他根本连想都没有去想。

他根本不在乎。

只要他高兴，什么样的招式都能使得出来。

但别人可没有这么样大路，何况武功讲究的本是招式的变化和技巧，不到万不得已时，谁肯和对方硬拆硬碰？

郭大路一拳击出，棍子的招式已变，肘一沉，爪上翻，十指如钩，如抓似削，击向郭大路的腕脉。

郭大路简直连瞧都没有瞧见，招式连一点都没有变。

"不变就是变，以不变应万变。"

这一招正又是武功中最高妙的原则。

棍子凌空一个翻身，几乎就撞到墙上。

郭大路简直可说是连一招都没有完全使出，就已将这六扇门里数一数二的高手击退了。

他对自己很满意，也没有追击。

"乘胜追击"这句话他并不是不知道，可是别人既然已示弱认输，既然已退了下去，又何必再追呢？

赶尽杀绝这种事郭大路是从来不会做的。

金狮子干咳两声，迎了上来，笑道："小兄弟，有话好说，何必生这么大的火气？"

郭大路道："是他的火气大，是他想来揍我，我哪有什么火气？"

金狮子道："误会误会，大家全是误会。"

郭大路道："但他问了我半天，我倒也想问他一句话。"

金狮子道："请问。"

郭大路道："一个人用金子来买酒买肉，是不是犯法的？"

金狮子笑道："当然不犯法，我也常常用金子来付账的。"

郭大路道："既然不犯法，就请你们放过麦老广，也放过我吧。"

金狮子道："当然当然。"

他瞟了门外的王动、燕七和林太平一眼，道："今天下午我们已叨扰了各位一顿，晚上就由我来做东，喝几杯如何？"

郭大路还在沉吟，意思已有点活动了。

他倒并不是喜欢白吃，只不过拒绝别人的话，他实在说不出口来。

王动道："现在我什么都不想，只想早点上床。"

金狮子笑道："那也好！反正我们早就想到府上拜访了，不如就趁今夜之便，到府上去做一长夜之饮，四位意下如何？"

这么样一说，王动也没法子拒绝了——六扇门中的人要到你家里去"拜访"，你能有法子拒绝么？

何况，他们若到了富贵山庄，就不能够在这里杀人了。

所以他们到了富贵山庄。

第七章

床底下的秘密

无论谁先听到"富贵山庄"的名字,再到那里去,免不了都要吃一惊。

这么样"富贵"的山庄倒也的确少见得很。

郭大路笑道:"这里本来非但没有灯,也没有油,幸好我今天从山下带了些蜡烛回来,否则大家就只好黑吃黑了。"

王动道:"其实黑吃黑也蛮有趣,怕只怕吃到鼻子里去。"

他本来回到家第一件事就是脱鞋子上床,但今天却连走都没有走过去,远远就坐了下来,又道:"各位若不嫌脏,就请坐到地上。"

金狮子笑道:"这是古风,我们的老祖宗本就是坐在地上的。"

郭大路道:"我们复古的精神比谁都彻底,连睡都睡在地上。"

金狮子道:"那张床呢?"

谁都不愿意他们注意到那张床,可是无论谁走进来都没法子不注意那张床。

王动道:"床是我一个人睡的。"

郭大路道:"这倒不是他做主人的小气,而是我们嫌脏。"

屋子里只有他们三个人说话,林太平、燕七、棍子都没有开过口,那黑衣人更连门都没有进来,背负着手,站在院子里,仿佛已和这阴森森的院子、阴森森的夜色融成了一体。

金狮子道:"小兄弟这么高的武功,不知是哪一门的高人传授的?"

他自动将话题从"床"上移开,别人当然更求之不得。

郭大路道:"我师父倒有不少,教出来的徒弟却只有我一个。"

金狮子道:"不知是哪几位?"

郭大路道:"启蒙的恩师是'神拳泰斗'刘虎刘老爷子,然后是'无敌刀'杨斌杨二爷子、'一枪刺九龙'赵广赵老师、'神刀铁胳臂'胡得扬胡大爷……"

金狮子瞪大了眼睛在听着,他名字说得愈多,金狮子的眼睛瞪得愈大,仿佛已怔住。

这些名字他实在连一个也没听说过。

武林中有样很妙的事,那就是外号起得愈吓唬人的武功往往愈稀松平常,尤其是"一枪刺九龙""神刀铁胳臂"这一类的名字,更像是走江湖卖把式的,真正的名家宗主,若是起了个这么样的名字,岂非要叫人笑掉大牙。

郭大路好不容易才把这些响当当的名字说完了,笑道:"家师们的名字,你可听说过?"

金狮子咳嗽两声,道:"久仰得很,咳咳,久仰得很。"

他忽然一抬脚,人已蹿了过去,蹿到床边,抓着床沿,人跃起,乘势将床也提了起来。

郭大路、王动、燕七、林太平,四个人的心似也被提了起来。

床下的五口箱子若是被人发现,今天他们就算能挡住金狮子的刀、棍子的爪、黑衣人的长剑,这做贼的污名只怕是再也洗不掉的了。

他们的年纪还轻,若是背上了做贼的黑锅,到几时才能抬得起头来?

谁知床下连一口箱子都没有，什么都没有。

郭大路几乎忍不住要叫了出来。

金狮子似也怔了怔，慢慢地放下床，勉强笑了笑道："我刚才明明看到床底下有只老鼠的，怎么忽然就不见了。"

王动冷冷道："是白老鼠还是黑老鼠？"

金狮子道："这……我倒没看清楚。"

王动道："白老鼠就是财，藏金的地方往往会有白老鼠出现，明天我倒要挖挖看，说不定这下面埋着好几箱金子也未可知。"

他脸上还是冷冰冰的，连一点表情都没有。

郭大路瞟了他一眼道："金兄若肯留下来，说不定也可以发个小财的。"

金狮子勉强笑道："不必了，我这人天生没有横财运。"

这屋子现在虽破旧，本来的建筑却讲究得很，地上都铺着整块的青石板，石板缝中都长满了藓苔。

无论谁都能看出这些石板，至少已有十年没有动过。

棍子忽然站起来，道："我醉了，告辞了。"

他明明连一滴酒都没有喝，明明是睁着眼睛在说瞎话，但谁也不想揭穿他。

大家都觉得这假话说得很是时候。

棍子和金狮子走了很久，郭大路才长长松了口气，笑道："还是我们的王老大高明，若不是他把箱子搬走，我们今天就要当堂出彩了。"

王动道："王老大是谁？"

郭大路道："当然是你。"

王动道："你认为我会一个人把这五口箱子搬走，再藏起来么？"

郭大路怔住了。

若要王动搬箱子,倒不如要箱子搬王动也许反倒容易。

郭大路抓着头皮,道:"若不是你,是谁?"

他转过头,就看到了燕七。

燕七道:"你不必看我,我也未必比王老大勤快多少。"

林太平道:"我一辈子没搬过箱子。"

他一双手又白又细,简直比小姑娘的脸还嫩。

郭大路几乎把头皮都抓破了,吃吃道:"你们既然都没有搬箱子,那五口箱子,难道是自己长腿跑走的么?"

王动道:"箱子虽然没有腿,酸梅汤却有腿,而且一定是双很好看的腿。"

王动说的话,往往就是结论。

除了酸梅汤之外,他们实在想不出还能有谁知道床底下有五口箱子,更没有别人会将箱子搬走。

燕七道:"现在她目的已达到了,自然不必把五大箱子白白留给我们。"

林太平道:"所以她一看到我们下山,就乘机把箱子搬走。"

王动伸了个懒腰,道:"搬走了反而好,否则我在床上躺着也不舒服。"

林太平道:"我只奇怪一样事,我们明明谁都没有往床这边瞧过一眼,金狮子怎么会怀疑到床底下有毛病?"

王动道:"也许就因为我们谁都没有往床这边瞧过一眼,所以他才会怀疑。"

这也是结论。

你愈是故意装着对一件事全不关心,反而显得你对它特别关心。

尤其是女孩子。

一个女孩子若是对别人全都很和气，只有对你不理不睬，那也许就是说她心里没有别人，只有你。

林太平叹了口气，道："看来这狮子狗倒真是个厉害人物。"

燕七道："这人老奸巨猾，笑里藏刀，实在比棍子还厉害很多。"

郭大路已有很久没说话了，此刻忽然道："箱子绝不是酸梅汤搬走的。"

燕七道："不是她是谁？"

郭大路道："她若要将箱子搬走，昨天就根本不会留下来。"

燕七道："为什么？"

郭大路道："要把那五口箱子搬出城，今天比昨天还困难得多，她为什么昨天不搬今天搬？她难道会是呆子？"

燕七冷笑道："她当然不是呆子，我才是，我就是想不出还有别人会来搬箱子。"

郭大路忽然笑了，道："为什么我一提起酸梅汤你就生气，难道你也偷偷地看上她了？我把她让给你好不好？"

燕七道："为什么要你让？她难道是你的？"

王动叹了口气，道："你们酸梅汤还没有吃到嘴，醋已喝了几大碗，这又何苦呢？"

燕七也笑了。

他笑得很特别，也很好看。

别人开始笑的时候，有的是眼睛先笑，有的是嘴先笑。

他开始笑的时候，却是鼻子先笑，鼻子先轻轻地皱起一点点，然后面颊上再慢慢地现出两个很深很深的酒窝。

郭大路在瞧着他，喃喃道："假如这小子不是个这么样的人，我一定会认为他是个女的。"

燕七眼睛又瞪了起来，道："我若是女的，你就是个阴阳人。"

郭大路道："我当然也知道你绝不会是女的，可是你那笑、那酒窝……"

燕七道："酒窝怎么样？酒窝的意思只不过表示会喝酒，你懂不懂？"

郭大路忽然拉起了他的手，道："走，咱们喝酒去。"

燕七道："哪里喝酒去？"

郭大路道："山下。"

燕七道："这里的酒还没有喝完，为什么要到山下喝？"

郭大路眨了眨眼，道："听说麦老广的烧烤都是半夜做的，我想去吃他半只新出炉的烧鸭。"

燕七道："我没有你这么馋，你一个人去吧。"

郭大路道："你知道我从来不一个人喝酒。"

燕七道："要不然，你找王老大陪你去。"

郭大路道："现在就算拿刀架在他脖子上，他也不会下床了。"

燕七道："他不去，我也不去。"

郭大路笑道："你又不是个大姑娘，跟我一个人去难道还不放心？"

燕七的脸仿佛红了红，道："说不去就不去，你死拉住我干什么？"

郭大路笑道："我偏要你去，不管你是男是女，我都找定你了。"

王动叹道："我看，你还是跟他去吧，遇见了他这种人，只怪你交友不慎，你若不去的话，连我也睡不成觉。"

燕七也叹了口气，道："幸好我是男人，若是个女的，那才真受不了。"

郭大路笑道:"你若真的是女人,受不了的只怕是我。"

遇见郭大路这种人,的确谁也没法子。

燕七毕竟还是被他拉了出去,刚走出大门,两人就怔住。

此刻已是深夜,这山城中的人本该都已睡了好几觉,有的甚至已快起床了。

谁知山下现在却还是灯火通明,郭大路到这里已有三个月,从来也没看见山城里灯火如此明亮过。

郭大路道:"今天难道已过年了么?"

燕七道:"好像还没有。"

郭大路道:"不是过年,为什么如此热闹?"

燕七喃喃道:"过年的时候,这里只怕也没有如此热闹。"

郭大路又拉起他的手,道:"走,我们快去凑热闹去。"

燕七道:"我自己会走路,你为什么总是要拉住我的手?"

郭大路笑嘻嘻道:"你若不愿意我拉你的手,你就拉住我的好了。"

燕七又叹了口气,道:"看来我又得改名字了,叫燕八。"

郭大路道:"为什么?"

燕七道:"遇到你这种人,我非再死一次不可。"

第八章

麦老广和他的烧鸭子

01

山城里只有三百多户人家,现在每家人都燃起了灯,而且还敞开着门,像是在迎财神的样子。

只不过他们迎接的不是财神,而是瘟神。

几十个戴着红缨帽、穿着皂服的人,腰里佩着刀,手里举着火把,挨家挨户地搜查。

燕七和郭大路一下山,就遇见了金狮子,负手站在街头,呼来喊去,俨然就像是一位在沙场上指挥若定的大将。

郭大路迎了上去,笑道:"金将军准备将这里辟为战场么?"

金狮子的脸上本来仿佛带着层寒霜,看到他来了,才有了笑容,道:"这也是万不得已,否则我们绝不敢惊扰良民的。"

燕七道:"既然明知是良民,又何必惊扰?"

金狮子叹道:"我们只知道那批赃物还留在镇上,没有运走,却不知是藏在哪一家?所以只好将附近十八县的差役捕快全都调到这里来,挨户调查。"

他又笑了笑,接着道:"只要能查出那批赃物在哪里,凤栖梧这次就再也休想跑得了。"

郭大路道："这样说来，镇上我们也进不去了？"

金狮子目光闪动，道："如此深夜，两位还要到镇上去干什么？"

郭大路道："喝酒。"

金狮子道："到麦老广店里喝酒？"

郭大路道："嗯，山上的酒已喝完了，我们的酒瘾还没有过足。"

金狮子笑道："那地方我们上半夜已经搜查过了，只搜出了一锭金子，两位现在只管去无妨，请。"

他向街上巡逻的捕快，打了个手势，自己也让开了路。

走过去一段路，燕七才笑道："看样子他对你倒很买账。"

郭大路笑道："那只因我的底细，他连一点也摸不透。"

燕七也笑了，道："你说的那些名字，真的全都是你师父？"

郭大路道："这倒一点也不假。"

燕七道："你武功虽也不太怎么样，但他们还教不出你这样的徒弟来。"

郭大路笑道："我学的并不是他们武功的长处，而是他们武功的短处。"

燕七皱眉道："短处？"

郭大路道："我若看到他们武功有什么破绽缺点，自己就尽量想法子避免。这就叫'三人行，必有我师'，无论从什么人你都能学得到点东西的。"

燕七瞟了他一眼，道："看不出你倒有点学问。"

郭大路正色道："在你面前，我也用不着谦虚，我的学问本来就大得很。"

燕七又忍不住笑了，问道："那么你的长处是从哪里学来的呢？"

郭大路道："我问过你靴底的事没有？问过你怎么死了七次的事没有？"

燕七道:"没有。"

郭大路道:"那你为什么要问我?"

02

麦老广是个老光棍,店里大大小小,一共只四间房。

一间就是前面的店铺,一间是厨房,一间是他睡觉的地方。

最重要的一间在最后面,是他的烧烤房。

这间房门总是关着的,因为麦老广的烧烤卤味也是"独门秘方",若是被别人偷偷学去了,他的饭碗也就砸破了。

燕七他们来的时候,麦老广正在烧烤房,房门虽是关着的,但一阵阵扑鼻的香气已经从门缝里透出。

郭大路咽了口口水,大声道:"老广,生意上门了,还不快出来?"

过了半晌,麦老广才走了出来,浑身都是油,就好像刚在猪油堆里打过滚。

看到郭大路,他不耐烦的脸上才有了笑容,道:"今晚大家都睡不成,天亮时生意一定好,所以我特地多烤了几十只鸭子,才会比平时忙点。"

郭大路笑道:"老广,你没有儿子,又没有老婆,自己更是省吃俭用,连新衣服都舍不得添一件,赚这么多钱干什么?"

麦老广道:"我地呢的整日系油里打滚唧人,要新衫做乜哩?而且,钱系不怕多唧,愈多就愈更好。"

燕七也笑了,道:"他说的这倒是老实话。"

麦老广道:"老实人当然说老实话。"

郭大路道："麦老广倒真是个老实人，听说他来了十几年，连赵寡妇贞节牌坊后的石头巷，都没有去过一次。"

燕七道："石头巷是什么地方？"

郭大路笑道："石头巷是个好地方，不但美女如云，而且温柔体贴。"

燕七望了他一眼，道："你去过？"

郭大路道："我倒并不是不想去，只不过每次喝醉了的时候，却都忘了。"

燕七道："清醒的时候你为什么不去？"

郭大路道："清醒的时候我不敢去。"

燕七冷冷道："你会不敢？"

郭大路道："我只怕那些美女见了我这样的美男子，就再也不肯放我走了。"

燕七忍不住又笑了，道："那种地方，偏偏要设在人家的贞节牌坊后面，你说是不是要叫人活活气死？"

麦老广道："这么夜了，两位还要饮酒？"

燕七道："他想来吃你刚出炉的烧鸭。"

麦老广道："好，我去拣只肥啤来。"

他转身走了进去，郭大路居然也在后面跟着，道："我也到后面去瞧瞧。"

麦老广停住脚道："后面龌龌龊龊，有乜好睇？"

郭大路道："我不怕脏，反正我已经够脏了。"

燕七叹道："他若一定要去，你最好还是让他去吧，否则他就算缠到后天大天亮，也是非去不可的。"

麦老广也笑了，道："后面黑迷蒙，你行路要小心些呀。"

后面的院子果然很黑。

烧烤房就在院子的尽头,也是个黑黝黝的屋子。

麦老广步履蹒跚,走得很慢。

郭大路笑道:"看你走路的样子,好像也喝过酒似的。"

麦老广道:"今晚天时冻,我只饮了两杯,已经好似有点醉醉的……"

他脚下忽然一个踉跄,像是要跌倒。

郭大路刚想伸手去扶,谁知麦老广忽然一转身,如蛟龙出海、如鹞子翻身,其矫健轻捷,简直无法用言语形容。

郭大路的手刚伸出,已被他扣住了脉门。

燕七做梦也想不到这平时连走路都似要跌倒的糟老头子,忽然间变得如此可怕,大惊之下,想扑过去。

麦老广已沉声叱道:"站住,否则要他的命。"

这句话说出来,竟是标准的北方口音,连一点广东味都没有。

燕七呆住,失声道:"你……你就是……"

郭大路笑道:"他就是凤栖梧,就是把箱子从我们床底下搬走的人,你难道还想不到?"

他人已被制,命在旦夕,居然还是笑笑嘻嘻的一点也不在乎。

麦老广冷冷道:"不错,我就是凤栖梧,你怎么知道的?"

郭大路道:"我本来也只不过是胡乱猜猜,因为除了棍子、金狮子、黑衣人和我们四个人之外,这地方就只有你知道我们藏有金子,只有你有机会趁我们慢慢走上山的时候,先赶去将箱子搬走。"

凤栖梧冷笑。

郭大路道:"还有,你既已被棍子他们'冤枉'过,他们现在当然不会再怀疑你。何况,你那烧烤房谁都不能进去,把箱子藏在那里真是再好也没有了。"

凤栖梧道:"还有没有?"

郭大路道:"金狮子的鼻子最灵,他既已见过你,你身上的味道就瞒不过他的鼻子,所以你才故意来做这行生意。"

他耸起鼻子长长吸了口气,才接着道:"因为无论任何人身上的味道,都绝不会有烤鸭那么浓的,就算有狐臭的女人都不例外。"

凤栖梧道:"还有没有?"

郭大路道:"还有,我听说凤栖梧是个一毛不拔的小气鬼,就算是偷来的银子都舍不得花,甚至连老婆都舍不得娶一个;而我这阵子见到的人,再也没有比你更小气的了,放着新鲜的酒肉舍不得吃,却专门吃我们剩下的剩菜冷饭。"

他忽然笑了,接着道:"我现在才发现你这凤栖梧的名字取得真是妙极了,人家林逋是梅妻鹤子,你的妻子就是你自己,所以叫作'妻吾'。"

他似乎对自己的幽默感欣赏极了,自己笑得眼泪都流了出来。

别人都没有笑,也笑不出。

凤栖梧冷冷地瞧着他,等他笑完了,才冷冷道:"还有没有?"

郭大路道:"没有了,这些已经够了,三样事加起来,所以凤栖梧就是麦老广,麦老广就是凤栖梧。"

凤栖梧道:"想不到你这样的混小子,也有聪明的时候。"

郭大路道:"就算是最笨的人,一生中也会聪明一两次的;何况我本来就是个天才,只不过偶尔会装装糊涂而已。"

凤栖梧道:"你想到我的烧烤房去,是么?"

郭大路道:"本来是想的。"

凤栖梧道:"好,进去。"

郭大路道:"本来虽想,现在却不想了,因为我不想被人当作鸭子吊在架上烤。"

凤栖梧冷笑道:"只可惜,现在去不去已由不得你了。"

燕七道:"你杀了他也没有用,还有我,我还是可以把你的秘密传出去。"

凤栖梧道:"他进去了,你自然也会跟着进去的,因为你绝不会放过救你朋友的机会,我活了五六十岁,这一点至少还能看得出。"

燕七咬着牙,连眼睛都红了,莫说是五六十岁的老江湖,就算是三岁大的孩子也能看得出他对郭大路是多么关心。

郭大路敞声大笑,道:"人生得一知己,死而无憾,有了这样的好朋友,死活又有什么关系,只不过……"

凤栖梧道:"只不过怎样?"

郭大路道:"我知道你绝不会杀我们的。"

凤栖梧道:"哦?"

郭大路道:"因为你就算把我们两个全杀了也没有用。"

凤栖梧道:"哦?"

郭大路道:"不但王老大知道我们要到你这里来,金狮子也知道,我们若是突然失踪了,他们怎么会不怀疑?"

凤栖梧冷冷道:"那是以后的事。"

郭大路道:"你既然不在乎,现在为什么还不动手杀我?"

凤栖梧道:"这里反正不会有人来,我用不着那么急。"

郭大路道:"你还没有动手,只因你还拿不定主意,我知道你一向是个很小心的人,不是十拿九稳的事,你绝不肯做。"

燕七忽然道:"只要你放了他,我们也许可以替你保守秘密。"

凤栖梧目光闪动,看起来就像是一只老狐狸。

老狐狸的毛病就是太多疑,不但怀疑别人,也怀疑自己。

郭大路悠然道:"你知道,我对于抓贼并没有兴趣,只不过不喜欢被人骗而已。"

只听一人笑道:"谁都不喜欢被人骗的。"

这是金狮子的声音。

语声中,金狮子、棍子、黑衣人已慢慢地走进了院子。

也就在这同一刹那间,四面墙头火把高举,几十个捕快弓上弦,刀出鞘,已将这小小的院子团团围住。

凤栖梧满脸发光,也不知是油?是汗?突然反手一抢。

郭大路百把斤重的身子竟被他抢了出去,冲向金狮子和那黑衣人。

凤栖梧的人就像已变成了一根箭,"嗖"地射出,一眨眼已掠上房脊,顺手夺过了两把刀,施出"凤凰展翅"。

刀光一闪间,已有两名捕快自房上跌下,再一闪,凤栖梧身形已远在三丈开外。

这闯了几十年江湖,作过无数件大案的巨盗,果然有非常人能及之处。

他不但身法快,出手快,而且善于把握机会。

这是他第一个机会,也是他最后一个机会。

黑衣人、金狮子的轻功就算比他强,被冲过来的郭大路挡了挡,也是万万追不上他的了。

突听一声低叱:"下去。"

房脊后突然出现了两个人,挡住了凤栖梧的去路。

其中有个人好像只挥了挥手,凤栖梧就被震出,在房脊上踉跄倒退,原路退回,"砰"地,跌下院子,刚好跌在那两名捕快的身上。

房脊后的两个人轻轻一掠,也已落入院中。一个面容冷漠,喜怒不形于色;一个斯斯文文,秀气得如少女。

王动和林太平也来了。

郭大路刚站稳,就拍手笑道:"我们的王老大果然有两下子。"

王动道:"不是我。"

不是他,自然就是林太平。

这小姑娘似的人竟有这么大的本事?

谁也看不出,却又不能不相信。

这时凤栖梧已被人像裹粽子似的绑了起来。

金狮子仰天吐出口气,笑道:"追踪了二十年,今天总算才将这条老狐狸抓住。"

郭大路道:"赃物一定就在烧烤房里,随时可以搬出来。"

金狮子笑着道:"这就叫人赃俱获,当真是功德圆满。"

郭大路道:"你也用不着谢我,若是一定要谢,就谢谢他吧。"

他指着林太平,笑道:"我这位朋友长得虽然秀里秀气的,喝起酒来却像是个大水缸。"

金狮子眼睛瞟着棍子,道:"我们可真该谢谢他们才是,你说怎么谢呢?"

棍子沉着脸,道:"拿下来,统统拿下来。"

郭大路几乎跳了起来,道:"你说什么?"

棍子沉声道:"这四人窝贼收赃,纵不是凤栖梧的同党也是江洋大盗!统统给我五花大绑带回去,严刑拷问,不怕他不招。"

郭大路简直肚子都要气破,气极了,反而笑了,道:"我倒要看看谁敢来动我?"

棍子厉声道:"你敢拒捕?"

王动忽然道:"不敢。"

棍子道:"既然不敢,还不束手就缚?"

王动道:"我们虽不敢拒捕,只可惜你不是捕快,而是强盗。"

燕七道:"比强盗还凶。"

王动道:"你们苦苦追踪凤栖梧,根本不是为了他的人,而是为了他的钱。"

燕七道:"一个捕头每月的薪俸有多少?能养得起你们?就凭金大爷身上的这套衣服,只怕连将军都穿不起。"

王动道:"何况,要雇这位黑仁兄这样的职业杀手,花费一定必不在少,官家自然是不会出这种钱的。"

燕七道:"但赃物却多得很,天下到处有贼,所以贼赃也取之不尽,用之不竭。"

王动道:"小贼不妨拿回去邀功领赏,凤栖梧这样的大贼,不如就索性自己留下了。"

燕七道:"像这样的贼,抓一个至少可以吃上个两三年。"

王动道:"但留着我们,总有泄漏风声的一天,所以不如也索性杀了灭口。"

燕七道:"你们做的事虽然比强盗凶,但却不犯法,这真妙极了。"

王动道:"我早就说过,黑吃黑反而有趣,怕只怕吃到鼻子里去。"

两人一搭一档,连郭大路和林太平都听得怔住了,江湖中这种见不得人的勾当,他懂得实在没有燕七他们多。

棍子几乎想发作,却都被金狮子拦住。

等他们话说完,金狮子才笑道:"你们说得一点也不错,我全都承认。"

他指着棍子笑道:"这人在开封、洛阳、济南、天津,每个城里都有个家,每个家里都有老婆,单凭一份捕头的薪俸,能养得起么?"

棍子板着脸道:"你的老婆也不比我少。"

郭大路怒道:"只可惜你们这些老婆眼看都要做寡妇了。"

金狮子笑道:"你们可知道我为什么要将这些事说给你们听?"

他指着墙头，道："这里有三十张强弓、四十把快刀，这些人都是我过命的兄弟，他们会不会放你们走？"

棍子冷冷道："乱箭穿心而死，那滋味可不太好受。"

金狮子道："何况，还有这位我不惜重资请来的黑仁兄。"

他笑了笑，接着道："你们当然也知道他不姓黑，他那柄剑至少就可以对付你们两三个，所以我看你们不如还是听话些好，至少死也死得痛快些。"

郭大路怒道："放你妈的屁！"

金狮子变色道："先杀了他，以儆效尤。"

黑衣人一直负手站在旁边，此刻忽然道："你要谁杀他？"

金狮子道："当然是你。"

棍子道："杀一个多加黄金三百两。"

黑衣人道："好！"

他忽然反手拔剑，剑光一闪，已刺入了金狮子的肩头。

不是长剑，是短剑。

四尺长的剑鞘中，装着的竟只不过是柄一尺七寸长的短剑。

金狮子本来也不是容易对付的角色，但他既想不到黑衣人会向他出手，更想不到是这么短的一柄剑。

棍子大惊之下，喝道："射！"

喝声中，他身形已掠起。

但别人怎么会放他走。

郭大路、燕七，两个往上一夹，棍子斜斜冲出。

王动本来没有动。

现在忽然动了，只动了一动。

这一动之准、之快，也简直叫人没法子形容。

棍子只觉眼前一花，自己的手上就好像忽然多了副手铐。

墙头上的人呼啸一声，抛弓的抛弓，丢刀的丢刀，眨眼间就逃得一个不剩。他们得到的好处，还不值得他们拼命。

然后，每个人的眼睛都瞪着那黑衣人，谁也不知道这人究竟是怎么回事。

金狮子的目中更似已要冒出火来，咬着牙道："你拿了我的金子，却反过来咬我一口，你这种人简直连狗都不如。"

黑衣人淡淡道："我本来就不是狗。"

金狮子道："久闻'剑底游魂'南宫丑是条好汉，说一不二，所以我们才不惜重金请你来，谁知终日打雁的人，今日倒被雁啄了眼。"

黑衣人道："你们本来就瞎了眼。"

金狮子道："你……你难道……"

黑衣人道："你以为我真是南宫丑？"

金狮子道："你不是南宫丑是谁？"

黑衣人道："也是个专找人麻烦的人，只不过这次是特地来找你们麻烦的。"

金狮子道："你究竟是谁？"

黑衣人道："你的顶头上司提督老爷，早已知道你们有毛病了，所以特地请我来调查调查你们究竟有什么花样。"

他发出声短促而尖锐的冷笑，接着道："现在你自己供出了自己的罪状，真凭实据全都有了，这是不是也叫作人赃俱获、功德圆满？"

金狮子瞪着他，再也说不出一个字来。

黑衣人这才向王动他们拱了拱手，笑道："无论哪一行里都有败类，六扇门里也不例外。但望四位下次见到捕快时，莫要以为人人都和他们一样。"

郭大路含笑道："实不相瞒，我也几乎就做了捕快。"

燕七笑道："他若做了捕快，那真是强盗们的运气来了。"

黑衣人道:"今日之事,全仗着四位仗义援手,这三个人我现在就想带回去交差了。"

燕七道:"请便。"

郭大路忽然拍了拍凤栖梧的肩,笑道:"其实进了监牢反而会更舒服些,那里包管一文钱都用不着花。"

凤栖梧翻了翻白眼。除了翻白眼外,他还能做什么别的?

黑衣人道:"至于这贼赃……"

郭大路道:"贼赃自然该入库充公。"

黑衣人道:"其实这件案子本该算四位破的,在情在理,都该从贼赃里提出三成来,作为各位的酬劳,只要四位肯随我到府城里去走一趟……"

他话未说完,王动已抢着道:"不必了。"

只为了金子就要他走一趟远路,杀了他的头他也不干。郭大路、燕七、林太平也不干。在他们眼中看来,世上还有很多事都比钱财重要得多。

郭大路笑道:"这些东西除了带给我们不少麻烦外,别的什么都没有,阁下只要肯将这烧烤房里的鸭子拨给我们做酬劳,我们已领情得很了。"

03

黎明。城里又恢复宁静,风还是那么吹,雪还是那么落。世上有些东西本就不是其他任何事所能改变的。有些人也一样。

鸭子烤到现在,正是时候。郭大路撕开只鸭子,正待放怀大嚼,忽然间，七八块指头般大小的翡翠从鸭肚子掉了下来。每个人的眼睛都圆了。再撕开鸭子，肚子里装的是玛瑙。三四十只鸭子，倒有十来只肚子里是装着东西的。

燕七眨着眼，忽然道："我明白了。"

郭大路道："你明白了？"

燕七道："凤栖梧本来是想将值钱的珠宝藏在鸭肚里运走，好瞒过别人的耳目，谁知却被我们闯了去，所以他只塞了一小半。"

郭大路道："有道理。"

燕七道："那位黑仁兄也不知道贼赃有多少，就算清点，也点不出。"

郭大路道："有道理。"

燕七笑道："你还装什么糊涂，这道理你早就知道了。"

郭大路眨了眨眼，道："我知道？"

燕七道："你若不知道，为什么要人家把鸭子留给你？"

郭大路叹了口气，道："你若一定要这么样想，我也没法子。"

他忽又笑了笑，道："反正在情在理，他都应该提出三成来做我们酬劳的，这种钱取不伤廉，我们不花也是白不花。"

燕七盯着他，摇着头道："有时我真猜不透你。"

郭大路道："哦？"

燕七道："我实在猜不出你究竟是真聪明？还是真糊涂？"

王动悠然道："你说他糊涂时他偏偏聪明得很，你说他聪明时他反而糊涂了。"

这也是结论。

第九章

菩萨和臭虫

01

钱是男人不可缺少的,女人也是。

钱能惹祸,女人惹的祸更多。

除此之外,钱还有一样和女人相同的地方:

来得容易,去得一定也快。

郭大路一向认为自己是个很有原则的人,无论做什么事都有原则。

他吃鸭子的原则是:"有肉的时候,绝不啃骨头;有皮的时候,绝不吃肉。"

现在鸭子的皮都已被剥光了,剥了皮的鸭子看着就像是个五十岁的女人被剥光了衣服,忽然变得说不出的臃肿可笑。

柚子却像是二十岁的女人,皮剥得愈干净,就愈好看。

很少人能从鸭子身上联想到女人,郭大路能。

酒已喝下他肚子,钱已装进他口袋的时候,无论从任何东西上,他都能立刻联想到女人。

现在酒已喝完,珠宝也已分成四份。

郭大路眨眨眼，忽然道："你们有什么打算？"

什么打算？谁也没有打算。

燕七瞪着他，道："莫非你有什么打算？"

郭大路眼睛盯着只剥了皮的鸭子，道："大家都已经憋了很久，今天当然都应该去活动活动，否则骨头只怕都要生锈了。"

燕七道："我们的骨头不像你，一有了几个钱就会发痒。"

郭大路叹了口气，又笑了，道："就算我是贱骨头，反正我想去活动活动。"

燕七道："你是不是想单独活动？"

郭大路道："嗯。"

燕七冷笑，道："我就知道有些人只有穷的时候才要朋友，一有了钱，花样就来了。"

郭大路瞪眼道："你难道没有单独活动过？"

燕七扭过头，道："你要走，就走吧，又没有人拉住你。"

郭大路站起来，又坐下，笑道："我只不过想单独活动个一天半天，明天晚上我们再见面。"

没有人理他。

郭大路搓着手，又道："麦老广既已被抓去，这里就连家好馆子都没有了，我知道县城里有家奎元馆，酒菜都不错，好在县城也不远，明天我们就在那里见面如何？……我请客。"

还是没有人理他。

郭大路急了，道："难道我连单独活动一天都不行吗？"

王动这才翻了个白眼，道："谁说不行？"

郭大路道："那么明天你去不去？"

王动道："你难道就不能把酒菜从奎元馆买回来请我么？"

郭大路道："求求你，不要这么懒行不行？你也该去买几件新衣服换换了，这套衣服再穿下去，连你的人都要发霉了。"

王动忽然站起来，慢慢地往外走。

郭大路道："你要到哪里去？"

王动道："到麦老广的床上去。"

郭大路道："去干什么？"

王动叹了口气，道："到床上去还能干什么？当然是去睡觉，你到床上去难道是干别的事么？"

郭大路笑了，他的确是想干别的事去，而且的确是在床上。

他站起来，笑道："你在这里睡一觉也好，反正明天要到县城去，也省得再回家还要来回地跑。能少走一段路也是好的。"

王动道："答对了。"

郭大路瞟了燕七一眼，道："你明天是不是也跟王老大一起去？"

林太平点头，燕七却淡淡道："我今天就跟你一起去。"

郭大路怔了怔，道："可是……我……"

燕七也瞪起了眼，道："你怎么样？难道一有了钱，就真的连朋友都不要了？"

郭大路一路走，一路叹着气。

燕七用眼角瞟着他，道："你怎么回事？有什么地方不舒服。"

郭大路苦着脸，道："好像吃坏了，肚子有点不舒服。"

燕七冷冷道："我看你难过的地方恐怕不是肚子吧。"

他忽然笑了笑道："其实你什么地方难过，我早就清楚得很。"

郭大路道："你清楚？"

燕七眼珠子转动，道："有经验的都知道一句话，叫'单嫖双赌'，我怎么会不清楚。"

郭大路怔了半天，只有笑了笑，苦笑着道："你以为我撇开你们，是想一个人溜去找女人?"

燕七道:"你难道没有这意思?"

郭大路不说话了。

燕七悠然道:"其实这也不是什么丢人的事,男人有了钱,哪个不想找女人?"

郭大路立即接着问道:"你难道也有这意思?"

燕七也不说话了。

燕七道:"老实说,跟着你,就因为要你带我去,我知道你在这方面一定很有经验,是不是?"

郭大路"嗯"了一声,忽然咳嗽起来。

燕七道:"像你这样又风流、又潇洒的花花公子,当然一定知道在什么地方才能找到最好的女人。"

他用眼角瞟着郭大路,又道:"大家既然是朋友,你总不能不指点我一条明路吧。"

郭大路的脸好像已有点发红,喃喃道:"当然,当然……"

燕七道:"那么我们现在该怎么走呢?"

郭大路道:"当然是……先到城里去再说。"

燕七又笑了笑,道:"其实你本该把王老大他们也一起找来的,让他们也好开开眼界,我真不懂你为什么要瞒着他们。"

郭大路一点也不想瞒别人,他本觉得找女人并不是什么丢人的事。

找不到女人才丢人。

他瞒着别人,只因为他根本不知道在什么地方才找得到女人。

他根本还没有找过,就因为还没找过,所以才想找,所以才想得这么厉害。

县城好像很快就到了。

一进城，燕七就问道："现在我们该怎么走呢，往哪条路走？"

十步之内，必有芳草。

郭大路干咳了几声道："往哪条路上走都一样。"

燕七道："都一样？"

郭大路道："哪条路上都有女人。"

燕七笑道："我也知道每条路上都有女人，但女人却有很多种，问题是哪条路上才有你要找的那种女人？"

郭大路擦了擦汗，忽然间计从心上来，指着旁边一家茶馆，道："你先到那里去等着，我去替你找来。"

燕七眨着眼，道："我为什么要在这里等，难道不能我们一起去吗？"

郭大路正色道："这你就不懂了，这种地方都很秘密，愈秘密的地方愈精彩。但若看到陌生人，她们就不肯了。"

燕七叹了口气，道："好吧，反正你是识途老马，我什么都得听你的。"

看着燕七走进茶馆，郭大路才松了口气。

谁知燕七又回过头，大声道："我在这里等你，你可不能溜呀！"

郭大路也大声道："我当然不会溜的。"

他的确不想溜，只不过想先将行情打听清楚，好教燕七佩服他。

"像我这样又风流、又潇洒的花花公子，若连这种地方都找不到，岂非要叫燕七笑掉大牙，而且至少要笑上个三五年。"

他用最快的速度转过这条街，前面的一条街好像还是和那条一模一样：有茶馆，有店铺，有男人，当然也有女人。

"但哪个才是我要找的那种女人呢？"他看来看去，哪个都不像，每个女人好像都很正经。

"干这种事的人,脸上又不会挂着招牌的。"

郭大路站在路旁,发了半天怔,自己鼓励自己,安慰自己:"只要有钱,还怕找不到女人?"

他准备先去买套风光的衣服再说。人要衣装,佛要金装。穿得风光些,至少先占了三分便宜。

奇怪的是,买衣服的铺子好像也不太容易找。

他好不容易才找到一家,忽然看到有个人在里面选衣服,竟是燕七。

"这小子居然没有在茶馆里等我。"

只听燕七在里面笑着道:"要最好看的衣服,价钱贵点没关系,今天我与佳人有约,要穿得气派些。"

郭大路皱起了眉头:"难道这小子反而先找到路了么?"

看到燕七满脸春风的样子,郭大路不禁又好气,又好笑。

"既然你不仁,我又何妨不义,现在你总不能说我溜了吧。"

他决定连衣服都不换,决定撇开燕七了。

"姐儿爱的是俏,鸨儿爱的是钞,我既俏又有钱,换不换衣服又何妨?"

这条街上也有茶馆,一个人手提着鸟笼,施施然从茶馆里走了出来。

这人年纪并不大,但两眼无光,脸色发青,一脸疲劳过度的样子,而且任何人都能看得出他是干什么疲劳过度的。

郭大路忽然走过去,抱抱拳,笑道:"我姓郭,我知道你不认得我,我也不认得你,但现在我们已经认得了。"

他做事喜欢用直接的法子。

幸好这人也是在外面混的,怔了怔之后,也笑了,道:"郭朋友有何见教？"

郭大路道："人不风流枉少年，这句话你想必也有同感。"

这人道："原来郭兄是想风流风流。"

郭大路道："正有此意，只恨找不着入天台的路而已。"

这人笑道："郭兄找到我，可真是找对人了。但要风流，就得有钱，没有钱是要被人打出来的。"

郭大路被人打了出来。

他忽然发现姐儿并不爱俏。

姐儿爱的也是钞。

郭大路并不是个好欺负的人，绝不肯随随便便挨人打的。可是他又怎么能跟这种女人对打呢？

他膀子上被人咬了两口，头上也被打出了个包，现在他一只手摸着头上的这个包，一只手还在摸着口袋。

口袋是空的，比他的肚子还空。他明明将那份珠宝放在这口袋里的，现在却已不见了。

早上吃的鸭皮，现在都已消化得干干净净，酒也早就变成了汗。

等到天黑时，汗都流干了。

郭大路找了个破庙，坐在神案前，望着那泥菩萨发怔。泥菩萨好像也正望着他发怔。

他本来已计划得很好，准备先舒舒服服地吃一顿，再舒舒服服地洗个澡，他甚至已想象到一双玉手替他擦背时的旖旎风光。

可是现在呢？

现在替他擦背的是只臭虫，也许还不止一只，他坐着的蒲团就好像是臭虫的大本营，好像全世界的臭虫都已集中到这里，正一队一队地钻入他衣服，准备在他背上开饭。

郭大路一巴掌打下去，只恨不得一巴掌将自己打死算了。

"我这人难道是天生的穷命？就不能有一天不挨饿的？"

他忽然又想到了朋友的好处。

"我为什么要一个人单独行动？为什么要撇开燕七呢？"

想到他们现在一定在大吃大喝，他更饿得几乎连臭虫都吞得下去。

"一个人的确不该撇开他的朋友，无论想干什么，也得跟朋友在一起，除了朋友外，世上还有什么值得珍惜的呢？"

郭大路忽然变得又珍惜友情，又多愁善感起来——无论谁又穷又饿的时候，他都会变成这样子的。

幸好明天又要和他们见面了，但他只希望时间过得愈快愈好。

"我这么样想他们，他们说不定早已忘了我，王动一定早已呼呼大睡，燕七说不定正在跟他的佳人打情骂俏。"

想到这里，郭大路又不禁长长叹了口气，忽然发现自己实在是个很重友情的人，觉得自己对朋友，总比朋友对他好。

于是他又觉得安慰，安慰中又带着点伤感。

这种心情使他暂时忘记了别的。

他忽然迷迷糊糊地睡着了。

02

第二天早上，郭大路一醒来就决定先到奎元馆去等他的朋友。

他决定先大吃一顿，等他的朋友来付钞。

他决定选最好的吃，来补偿补偿这一夜受的罪。

他只觉得每个人都应该好好补偿补偿他,因为他几乎已忘了自己是为什么受的罪,为什么吃的苦。

这也许因为他的头已饿得发晕,昏昏迷迷中,他好像觉得自己这一切都是为了朋友而牺牲的。

他很同情自己。

只可惜奎元馆的老板并不这么想。非但没有开门,连窗子都没有开。

郭大路当然不会怪自己来得太早,只怪这些人太懒,为什么到现在还不开门,难道存心跟他过不去?

一个饿得发晕的人,通常都不太讲理的。

他正想去敲门,后面忽然有个人拍了拍他肩头,道:"早。"

燕七穿着身崭新的衣服,满面春风地站在那里,一副吃得饱、睡得足的样子。

郭大路一肚子没好气,嘟着嘴道:"现在还早?太阳都晒到屁股上了。"

燕七笑道:"春宵一刻值千金,你为什么不躺在美人膝上多晒晒太阳呢?"

郭大路道:"那里臭虫太多。"

燕七道:"臭虫?美人窝里怎么会有臭虫?"

郭大路也发觉自己说漏嘴了,咳嗽了两声,嘿嘿笑道:"并不是真的臭虫,只不过她那双手老是在我身上爬来爬去,比臭虫还讨厌。"

燕七眨了眨眼,摇头叹息道:"最难消受美人恩。你真是有福不会享,我想找个臭虫在我身上爬爬还找不到哩。"

郭大路道:"哈哈,哈哈。"

他也想笑得开心些,但声音却偏偏像是从驴脖子里发出来的,好像有只脚踩着了驴脖子。

燕七上上下下地瞧着他，道："你是不是肚子又不舒服了？一定又吃得太饱。"

郭大路道："嗯。"

燕七吃吃笑道："那位姑娘既然对你这样好，一定亲自下厨房，特别弄了不少好东西给你吃，好让你补补元气。"

郭大路冷冷瞟了他一眼，道："想不到你忽然也变得很有经验了。"

燕七又叹了口气，道："我怎么有你这么好的福气呢。"

郭大路道："你昨天晚上到哪里去了？"

燕七道："你还好意思问我，我在茶馆里等得发昏，连你的鬼影子都没等着，只好一个人孤魂野鬼般到处乱逛，差点连睡觉的地方都找不到。"

"原来这小子也会装蒜。"

郭大路恨得牙痒痒的，偏偏又不能拆穿他的把戏，只好嘿嘿笑道："谁叫你没耐心多等等的？害得我一个人要应付好几个大姑娘，简直烦得我要命。"

燕七摇着头，不停地唉声叹气，好像后悔得要命。

郭大路又有点开心了，接道："其实你也用不着难受，下次总还有机会的。尤其其中有个小姑娘，不但长得漂亮，对人更温柔体贴，你心里想要什么，用不着开口，她已经替你准备得好好的。"

燕七听得眼睛发直，道："这么样说来，她简直是位救苦救难的泥菩萨。"

郭大路怔了怔道："泥菩萨？哪里来的泥菩萨？"

他忽然想起昨天庙里的那泥菩萨。

燕七笑道："我的意思是女菩萨，专门救男人的女菩萨。"

郭大路这才松了口气——做过贼的人，心总是比较虚的。

燕七道:"今天早上那女菩萨替你做了些什么好东西吃?"

郭大路咽了口口水,淡淡道:"也没什么好吃的,只不过是些燕窝啰,鸡汤啰,面啰,包子啰,火腿啰,蛋啰……"

他简直恨不得把自己心里想吃的东西全说出来,虽然没吃到,至少也解解馋。

只可惜他实在说不下去了,因为再说下去,他口水立刻就要流下来。

燕七叹道:"看来你非但艳福齐天,口福也真不错,我却已经快饿死了,非要找个地方吃东西去不可……"

他话还没有说完,郭大路已抢着道:"到哪里去吃?我陪你去。"

燕七道:"不必了,你既然已吃饱,我怎么好意思叫你陪我?"

郭大路又急又气,已经忍不住快将老实话说出来了,幸好就在这时,奎元馆的门忽然开了一线,一个人从里面探出头来,眼睛半闭,仿佛终年都睡不醒,一脸懒洋洋的样子,斜眼瞄着他们,淡淡道:"小店就有东西吃,客官为什么要舍近求远?"

燕七和郭大路全都笑了。

王动!

郭大路失笑道:"你这人做事倒真是神出鬼没,究竟是什么时候来的?什么时候做了'奎元馆'的伙计?"

王动淡淡道:"难得被郭大少请次客,若是睡过了头,错过机会,岂非冤枉得很?倒不如索性头一天晚上就赶来,睡在这里等,也免得走路。"

燕七笑道:"好主意,王老大做事果然是十拿九稳,能请到这么诚心诚意的客人,做主人的也一定感动得很。"

郭大路满肚子苦水吐也吐不出,只有嘿嘿地干笑,喃喃道:"我实在感动得很,简直他妈的感动极了。"

王动道:"现在还没到你感动的时候,等我们吃起来,那才真要你感动哩。"

燕七笑道:"不错,非他妈的要他感动得眼泪直流不可。"

奎元馆地方不小,有楼上楼下两层,楼下也有十七八张桌子。

晚上桌子就都拼在一起,店里的伙计就在桌子上打铺。

店里一共有七个伙计,现在正一个个睡眼惺忪地爬起来,纷纷招呼着王动,显得既殷勤又亲切。

"王大哥等的人已经来了么?"

"还不快起来招呼王大哥的客人!"

郭大路眼睛发直,真想问问王动,什么时候又做了这些人的大哥?

他忽然发觉王动这人做事不但神出鬼没,而且交朋友也有两手,他自己就永远没法子跟饭铺的伙计交上朋友。

燕七已忍不住问道:"这地方你以前常来么?"

王动道:"这还是第一次。"

燕七的眼睛也直了,心里也实在佩服得很,一天晚上就能够将饭铺里的伙计弄得这么服帖,可真不是件容易事。

王动道:"你们要吃什么,说吧,我这就叫他们去起火。"

燕七道:"给我来碗炖鸡面,煮三个蛋下去,再煎两个排骨,有熏鱼和肴肉也来两块。"

王动道:"我也照样来一份好了,郭大少呢?"

郭大路又咽了口口水,道:"我……"

他的话还没有说出口,燕七已抢着道:"他不要,他已吃得快胀死了。"

郭大路又急又气又恨,恨得牙痒痒的,手也痒痒的,恨不得把拳头塞到这多事婆的嘴里去。

燕七眼珠子直转,好像在偷偷笑,忽又问道:"林太平呢?来了没有?"

王动道:"也来了,还在楼上睡大觉。"

燕七笑道:"看不出他睡觉的本事倒也不小。"

楼上非但没有人,连个鬼影子都没有。

屋角里有几张桌子拼在一起,桌上的确铺着被,但被窝却是空的。

燕七道:"他的人呢?"

王动也在发怔,道:"我刚刚下楼的时候,他明明还睡在这里的,怎么一下子人就不见了?"

燕七道:"你没看到他下楼?"

王动摇摇头,眼睛盯着扇窗子。

燕七笑道:"看来这人做事也有点神出鬼没,又不要他付账,他溜什么?"

他眼睛也随着王动向那扇窗子看过去。

楼上一共有八扇窗子,只有这扇窗子是开着的。

燕七又道:"刚才这扇窗子是不是开着的?"

王动道:"没有,我不喜欢开着窗子睡觉,我怕着凉。"他悄悄地走向窗口。

窗下就是奎元馆的后门,后门对着条小河,河上有条小桥。

河水虽然又脏又臭,小桥虽然又破又旧,但现在太阳刚升起,淡淡的阳光照着河水,河水上的晨雾还未消散,微微的风吹着河畔的垂柳,风中隐隐传来鸡啼声,看起来倒真还有几分诗情画意。

煞风景的是,桥对面正有个背着孩子的妇人蹲在河畔洗马桶。

燕七皱了皱眉，又皱了皱鼻子，大声道："这位大嫂，刚才有个人从这扇窗户里下去，你瞧见了没有？"

妇人抬起头，瞪了他一眼，又低下头，喃喃道："大清早的，这人莫非撞见鬼了么？"

燕七碰了一鼻子灰，只有苦笑着喃喃道："这小子到哪里去了？莫非掉在河里淹死了么？"

郭大路肚子愈来愈空，虚火上升，正想找个人出出气，板着脸道："淹死一个少一个，就怕他淹不死。"

王动眼角瞟着他，道："这人今天早上怎么这么大的火气，难道昨天晚上还没有把火气放出去？"

燕七吃吃笑道："人家昨天晚上又有臭虫，又有女菩萨，就算有天大的火，也该出得干干净净。"

王动道："女菩萨？臭虫？难道昨天晚上他睡在破庙里的？那就不如到这里来睡桌子了。"

郭大路的脸一下子就涨得通红，幸好这时伙计已端着两碗面上楼。

好大的两碗面，还外带两大碟熏鱼排骨。一阵阵香味随着热气往郭大路鼻子里钻，你叫郭大路怎么还受得了？

郭大路忽然集中注意，全心全意地盯着桌子下面，就好像桌子下面正有几个小妖怪在演戏。

燕七和王动嘴里虽在吃着面，眼睛也不由自主随着他向桌子下瞧了过去。

郭大路就趁着这机会，飞快地伸出手，往最大的一块排骨上抄了过去。

谁知他的手刚摸到排骨，一双筷子突然凭空飞过去，"啵"地，在他手背上重重地敲了一下。

燕七正在斜眼瞟着他，带着笑道："刚吃了十七八样东西，还想偷人家的肉吃，难道真是饿死鬼投胎？"

这小子当真是天生的一双贼眼。

郭大路涨红着脸，讪讪地缩回了手，喃喃道："狗咬吕洞宾，好心替他赶苍蝇，他反而要咬我一口。"

燕七道："这么冷的天，哪来的苍蝇？"

王动道："苍蝇虽没有，至少臭虫有几个。"

这两人今天也不知犯了什么毛病，时时刻刻都在找郭大路的麻烦，随时随地都在跟他作对。

郭大路只好不理不睬，一个人发了半天怔，忽然笑道："你们知不知道我在想什么？"

没有人说话，因为嘴里都塞满了肉。

郭大路只好自己接着道："我在想，这碗面的味道一定不错。"

燕七喝口面汤把肉送下肚，才笑道："答对了，我们真还很少吃到这么好吃的面。"

郭大路道："你知不知道这碗面为什么特别味道不同？"

燕七眨眨眼，道："为什么？"

郭大路悠然道："因为这碗面是用河里的水煮的，洗马桶的水味道当然特别不同了。"

燕七居然不动声色，反而笑嘻嘻道："就算是洗脚水煮的面，也比饿着肚子没有面吃好。"

郭大路怔了半晌，忽然跳起来，张开双手，大叫道："我也要吃，非吃不可——谁再不让我吃，我就要拼命了。"

03

林太平坐着在发怔。

他已回来了很久，发了半天怔，好像在等着别人问他："怎么会忽然失踪？到哪里去了？干什么去了？"

偏偏没有人问他，就好像他根本没有离开过似的。

林太平只有自己说出来，他先看了郭大路一眼，才缓缓道："我刚才看到了一个人，你们永远都想不到是谁。"

郭大路果然沉不住气了，问道："那个人我认不认得？"

林太平道："就算不认得，至少总见过。"

郭大路道："究竟是谁？"

林太平道："我也不知道他是谁，因为我也不认得他。"

郭大路又怔住了，苦笑着道："这人说的究竟是哪一国的话？你们谁能听得懂他在说什么？"

林太平也不理他，接着又道："我虽不认得他的人，却认得他那身衣服。"

郭大路忍不住又问道："什么衣服？"

林太平道："黑衣服。"

郭大路笑了，道："穿黑衣服的人满街都是，我随便从哪里都能找到几十个。"

林太平道："除了他的衣服外，我还认得他的那柄剑。"

郭大路这才听出点名堂来了，立刻追问道："什么样的剑？"

林太平道："一尺七寸长的剑，却配着四尺长的剑鞘。"

郭大路吐出口气，道："你什么时候看到他的？"

林太平道:"你们来的时候。"

郭大路忽然笑了,道:"你认为这件事很奇怪?"

林太平道:"你认为不奇怪?"

郭大路道:"他本来就是要到县城里来交差的,你若没有在这里看到他,那才奇怪。"

林太平道:"他本来应该将金狮子、棍子、凤栖梧和那批贼赃都交到衙门里去,是不是?"

郭大路道:"是。"

林太平道:"但衙门里却没有听说过这件事,这两天根本没有人押犯人来。"

郭大路这才觉得有点吃惊道:"你怎么知道的?"

林太平道:"我已经到衙门里去打听过了。"

郭大路想了想,道:"也许他准备将犯人押到别的地方去。"

林太平道:"没有犯人。"

郭大路皱眉道:"没有犯人是什么意思?"

林太平道:"没有犯人的意思,就是金狮子、棍子、凤栖梧,已经全不见了,那批贼赃也不见了,我一直追踪到他落脚的地方,那地方只有他一个人。"

郭大路怔住了。

燕七和王动也怔住了。

林太平将郭大路面前的酒一饮而尽,淡淡道:"现在你认为这件事奇怪不奇怪?"

郭大路道:"奇怪。"

第十章

杀人与被杀

01

桌子已拉开,棉被已收走。

奎元馆客人上座的时候已经快到了。但现在楼上却还是只有他们四个人。四个人动也不动地坐在那里,就像是四个木头人。

会喝酒的木头人。

壶里的酒就像是退潮般消失了下去,大家你一杯,我一杯,自己倒,自己喝,谁也不去招呼别人。

然后燕七、王动、郭大路就像是约好了似的,同时大笑了起来。

他们就算是白痴,现在也知道这次又上了别人个大当。

那黑衣人根本就不是官差,也不是什么提督老爷派来调查金狮子和棍子的密探,他也是黑吃黑。

被人骗得这么惨,本是很恼火的事。

但他们却认为很可笑。

燕七指着郭大路,笑道:"王老大说得一点也不错,该聪明的时候你反而糊涂了;不但糊涂,而且笨;不但笨,而且笨得要命。"

郭大路也指着他,笑道:"你呢?你也并不比我聪明多少。"

林太平一直在旁边静静地看着他们,等他们笑声停下来,才问道:"你们笑完了没有?"

郭大路喘着气,道:"还没有笑完,只不过已没力气再笑。"

林太平道:"你们认为这件事很可笑?"

王动忽然翻了翻白眼道:"不笑怎么办?哭么?"

这就是他们做人的哲学。

他们会笑,敢笑,也懂得笑。

笑不但可以令人欢愉,也可以增加你对人生的信心和勇气。

"笑的人有福了,因为生命是属于他们的。"

林太平看着却笑不出。

郭大路道:"你为什么不跟我们一样笑?"

林太平道:"若是笑就能解决问题,我一定比你们笑得还厉害。"

郭大路道:"笑就算不能解决问题,至少总不会增加烦恼。"

他又笑了笑,接着道:"何况,你若学会了用笑去面对人生,渐渐就会发觉人生本没有什么真正不能解决的问题。"

林太平道:"无论你笑得多开心,还是一样被人骗。"

郭大路道:"你不笑还是一样被骗了,既然已被骗,为什么不笑?"

林太平不说话了。

郭大路道:"你究竟有什么问题?"

燕七道:"你为什么对这件事如此关心?"

林太平沉默了半晌,道:"因为那人就是真的南宫丑。"

燕七道:"你怎么知道?"

林太平道:"我就是知道。"

郭大路道:"南宫丑和你又有什么关系?"

林太平道:"没有关系——就因为没有关系,所以我才要……"

郭大路道:"要怎么样?"

林太平道:"要杀了他。"

郭大路看看燕七,又看看王动,道:"你们听见他说的话没有?"

王动一动也不动。

燕七点点头。

郭大路道:"这孩子说他要杀人。"

王动还是不动。

燕七又点点头。

郭大路慢慢地回过头,看着林太平。

林太平脸上一点表情也没有。

郭大路道:"你刚才已看见他?"

林太平道:"是。"

郭大路忽然笑了,道:"那么你刚才为什么不杀了他?"

林太平脸上还是一点表情也没有,他脸上就像是戴上了个面具。

铁青色的面具,看起来几乎已有点可怕。

他一字字道:"我已经杀了他。"

壶里又添满了酒,因为王动吩咐过:"看到我们的酒壶空了,就来加满。"

奎元馆里的伙计对王动很服帖。

每个人都瞪大了眼睛,望着酒壶。

郭大路忽然笑了笑,道:"酒不是用眼睛喝的。"

燕七道:"我的嘴很忙。"

郭大路道:"忙什么?"

燕七道:"忙着把想说的话吞回肚子里去。"

客人已渐渐来了,这里已不是说话的地方。

郭大路端起酒杯,又放下,道:"郭大少难得请次客……"

燕七道:"这次便宜了你,我们走吧。"

林太平第一个站了起来,王动居然也站了起来。

郭大路的手已伸到他面前。

王动看看他,道:"你想干什么?想要我替你看手相?"

郭大路勉强笑了笑,道:"不必看了,我是天生的穷命;最要命的是,只要我一想请客,袋子里就算有钱也会飞走。"

王动道:"你想问我借钱付账?"

郭大路干咳了几声,道:"你知道,我昨天晚上干的是件很费钱的事。"

王动本来想笑的,但看了林太平一眼,却叹了口气,道:"你找错人了。"

郭大路愕然道:"你的钱也花光了?"

王动道:"嗯。"

郭大路道:"你……你怎么花的?"

王动道:"我昨天晚上干的也是件很费钱的事。"

郭大路道:"你在干什么?"

王动道:"世上只有一件事比找女人更费钱,那就是赌。"

郭大路道:"你输光了?输给了谁?"

王动道:"这饭铺里的伙计。"

郭大路怔了半晌,忍不住笑了,道:"难怪他们对你这么服帖,饭铺里的伙计对冤大头总是特别服帖的,何况,你若把钱输给我,我也一样服帖你。"

王动道:"冤大头不止我一个。"

郭大路道:"还有谁?"

王动看看林太平,又看看燕七。

郭大路跳起来,道:"难道你们的钱都输光了?"

没有人出声，沉默就是答复。

郭大路又一屁股坐了下去，苦笑道："如此说来，这些伙计岂非全发了财？"

王动道："他们也发不了财——他们迟早也会输给别人的。"

郭大路慢慢地点着头，喃喃道："不错，来得容易去得快，怎么来的怎么去。"

王动道："但我们对人类总算也有点贡献。"

郭大路道："什么贡献？"

王动道："钱流通得愈快，市面愈繁荣，人类就是这样进步的。"

郭大路想了想，苦笑道："你说的话好像总有点道理。"

王动道："所以你也不必难受。"

郭大路道："我难受什么？我又没有输……"

王动道："抱歉的是我们把你的钱也一齐输了。"

郭大路怔住。

王动道："破庙里的泥菩萨陪人睡觉，也不会收钱的。"

郭大路的眼睛慢慢地变圆了，道："你们知道？……你们早就串通好了的？……偷我的小偷就是……"

他手指忽然直戳到燕七的鼻子上，大叫道："就是你。"

燕七道："答对了。"

郭大路一把揪住他衣襟，咬着牙道："你为什么做这种事？"

燕七不说话，脸却似有点发红。

王动淡淡道："他也是为你好，他不想朋友得花柳病。"

郭大路的手慢慢放开，一屁股又坐到椅子上，手摸着头，喃喃道："天呀……天呀，你怎么会让我交到这种好朋友的？"

他忽又跳起来，咬着牙道："你们既然知道四个人都已囊空如洗，为什么还要在这里大吃大喝？"

王动道:"为了要让你高兴。"

郭大路忍不住叫了起来,道:"让我高兴?"

王动道:"一个人请客的时候,总是特别高兴的,是不是?"

郭大路双手抱头,道:"是是是,我真高兴,真他妈的高兴得不如死了算了。"

一个伙计忽然走过来,道:"王大哥不必为付账的事发愁,这里的账已算清了。"

郭大路叹了口气,道:"想不到这里总算有个良心好的人。"

这伙计脸红了红,笑道:"我本来的确想替王大哥结账,只可惜有人抢着先把账会了。"

王动道:"是谁?"

这伙计道:"就是坐在那边角上的那位客人。"

他回过身,想指给他们看,又怔住。

那边角上的桌子上还摆着酒菜,人却已不见了。

郭大路走在最后面,走了几步,又回过头,拍了拍那送客下楼的伙计肩膀,道:"我有件事想问问你。"

这伙计道:"请说。"

郭大路道:"你赢了这么多钱,准备怎么花呢?"

这伙计道:"我不准备花它。"

郭大路瞪着他,就好像忽然看到个圣人似的。

这伙计忽又笑了笑,道:"我准备用它做本钱,再去赢多些,最近我手气不错。"

郭大路还在瞪着他,忽然大笑,笑得弯下腰,差点从楼上滚下去。

他大笑着拍这伙计的肩,道:"好主意,好主意,就要这样,人类才会进步，我代表天下的人感激你。"

这伙计还想问："感激我什么？"

郭大路却已走下了楼。

这伙计叹了口气，摇着头，喃喃道："看来这些人不但是冤大头，而且还是疯子。"

以前有个很聪明的人说过一句很聪明的话："被人当作冤大头和疯子，其实也是件很有趣的事，甚至比被人当作英雄圣贤更有趣。"

那伙计并不是聪明人，当然没听过这句话，就算听过，也不会懂。

这句话中的道理，本就很少有人能听得懂的。

世上有两种人。

一种人做的事永远是规规矩矩、顺理成章，他们做的事无论谁都能猜得出，都能想得通。

另一种人做事却不同了，他们专喜欢做些神出鬼没的事，非但别人想不通他们在做什么，也许连他们自己都想不通。

王动就是这种人。

林太平也是。

但世上却还有样东西比这种人更神出鬼没。

那就是钱。

你不想要钱的时候，它往往会无缘无故、莫名其妙地来了。

你最需要它的时候，却往往连它的影子都看不到。

02

杀人是什么滋味？

很少人知道。

一万个人中，也许只有一个是杀过人的。

有人说："不管杀人是什么滋味，至少总比被人杀好。"

说这种话的人，他自己一定没有杀过人。

也有人说："杀人的滋味比死还可怕。"

说这种话的人，就算自己没有杀过人，至少已经很接近了。

"你有没有杀过人？"

"你怎么杀他的？"

"你为什么要杀他？"

林太平一直在等着他们问他这三句话。

他们没有问。

王动、燕七、郭大路，三个人又好像约好了，连一句话都没有问。

一路上三个人根本没有开过口。

县城距离那山城并不远，但是不说话的时候就显得很远了。

郭大路嘴里有一搭没一搭地哼着小调，曲调也许已流传很久，歌词却一定是他自己编的。

除了他之外，没有人能编得出这种歌词来。

"来的时候威风，去的时候稀松。来的时候坐车，去的时候乘风。来的时候当当响，去的时候已成空。来的时候……"

燕七忽然道:"你在唱什么?"

郭大路道:"这叫'来去歌',来来去去,一来一去,去的不来,来的不去。"

燕七忽地跟着他的调子唱道:"放的不通,通的不放,放放通通,一通一放。"

郭大路道:"放什么?"

燕七道:"狗屁。这叫放狗屁。"

郭大路板着脸道:"你们用不着臭我,以前有人求我唱,我还懒得唱哩。"

王动点点头,道:"我知道那些是什么人。"

燕七眨眨眼,道:"是什么人?"

王动道:"聋子。"

郭大路想板起脸,自己却忍不住笑了。

林太平忽然冷笑,道:"聋子至少比那些装聋作哑的人好。"

郭大路眨眨眼,道:"谁装聋作哑?"

林太平道:"你,你,你。"

他用手指往他们三个人脸上一个个点了过去,接道:"你们心里明明有话要问,为什么还不问出来?"

王动道:"不是不问,是不必问。"

林太平道:"为什么不必问?"

王动道:"那种人活着不嫌多,死了也不嫌少。"

郭大路道:"对,对,那种人死一个少一个,愈少愈好。"

他拍了拍林太平的肩,笑着道:"你既然没有杀错人,我们又何必问呢?"

林太平咬着牙,忽又道:"你们杀过人没有?"

郭大路看看王动,王动看看燕七。

燕七苦笑道："我只被人杀过。"

林太平忽然纵身向路旁掠了过去，刚落到树后，哭声已传了出来。

燕七看看郭大路，郭大路看看王动。

王动道："他以前没有杀过人。"

郭大路点点头，道："这是他第一次杀人。"

燕七叹了口气，道："原来杀人的滋味比被杀还难受。"

王动道："南宫丑发现他在后面跟踪，一定以为他已发现了黑吃黑的秘密，所以就先向他出手，想杀了他灭口。"

郭大路道："谁知想杀人的，反而被杀了。"

燕七道："林太平的武功好像比我们强得多，比南宫丑也强得多。"

郭大路叹道："这就叫作'人不可貌相，海水不可斗量'。我刚看到他的时候，还以为他连只鸡都抓不住。"

哭声还没有停。

燕七道："想杀人的未必杀得了人，他虽然杀了人，却不想杀人的。"

郭大路道："我们去劝劝他好不好？"

王动道："不好。"

郭大路道："为什么？"

王动道："哭虽然没有笑好，但一个人偶尔能大哭一场也不错。"

郭大路叹道："我还是宁可笑，一个人要笑的时候，至少用不着躲在树后头。"

燕七也叹了口气，道："而且你无论怎么笑都不必怕人家来看热闹。"

你愈怕别人看热闹，愈有人来看热闹。

现在还没有天黑，路上的人还很多，有的人已停下脚，直着脖子往这边瞧，有的人甚至已走了过来。

郭大路擦了擦汗，苦笑着悄悄道："我只希望别人莫要怀疑他是被我们欺负哭的。"

没有人"怀疑"。

每个人简直都已确定了。

看到这些人的眼色，燕七也不禁擦了擦汗，道："你赶快想法子把他劝走好不好？"

郭大路苦笑道："我没那么大本事，我最多也不过只能挖个洞。"

燕七道："挖个洞干什么？"

郭大路道："好钻到洞里去，也免得被人家这么样死盯着。"

燕七叹道："你最好挖个大点的。"

郭大路恨恨道："你们若是少输些，若是没有输光，我们至少还能雇辆车，让他坐在车里去哭个痛快。"

这句话刚说完，居然真的就有辆很漂亮的马车驶了过来，而且就停在他们面前。

燕七瞟了王动一眼，悄悄道："我们最后那一把的确不该赌的，既然已输定了，就不该想翻本。"

王动淡淡道："赌钱的人若不想翻本，靠赌吃饭的人早就全都饿死，你总不至于想看人饿死吧。"

那马车的车夫忽然跳下车，走到他们面前，赔着笑道："哪位是郭大爷？"

郭大路道："谁找我？找我干什么？"

车夫躬身道："请郭大爷上车。"

郭大路道："我不喜欢坐车，我喜欢走路。"

车夫赔笑道："这辆车是郭大爷的朋友特地雇来的，车钱早已付过

了。"

郭大路怔了怔，道："谁雇的？"

车夫笑道："那是郭大爷的朋友，郭大爷不认得，小人怎么会认得？"

郭大路想了想，忽然点点头，道："我想起他是谁了，他是我的干儿子。"

一坐上车，林太平就不哭了，只是坐在那里呆呆地发怔。

郭大路也在发怔。

燕七忍不住问道："你真有干儿子？"

郭大路苦笑道："我有个见鬼的干儿子。我就算想做人家的干儿子，人家也嫌我太穷，哪有人肯做我的干儿子？"

燕七皱眉道："那么雇车的人是谁呢？"

郭大路道："八成就是那个在奎元馆替我们会账的人。"

燕七道："你瞧见那人没有？"

郭大路叹道："那时别人不看我，已经谢天谢地了，我怎么还敢去看别人？"

一个人要付账，口袋里却没钱的时候，的确连头都抬不起来的。

燕七道："你呢？"

他没有问林太平，问的是王动。

林太平那时当然也没有心情去注意别人。

王动笑了笑，道："那时我只顾着看郭大少脸上的表情，我从来也没有看过他那么可爱。"

郭大路瞪了他一眼，道："我只恨没有看到你把钱输光时的样子，你那时脸上的表情一定也很可爱。"

于是燕七也开始发怔，他自己也没看见替他们付账的是谁。

王动道:"那车夫找的是郭大少,那人一定是郭大少的朋友。"

郭大路叹了口气,道:"我可没有那么阔的朋友,我的朋友中,最阔的就是你。"

王动道:"我很阔?"

郭大路道:"你至少还有栋房子,虽然是人厌鬼不爱的房子,但房子总归是房子。"

王动淡淡道:"你若喜欢,我就送给你吧。"

郭大路道:"我不要。"

王动道:"为什么不要?"

郭大路笑道:"我现在身无长物,囊空如洗,乐得无牵挂,不像你们,还要为别的事担心。"

燕七道:"王老大还有栋房子可担心,我有什么好担心的?"

郭大路上上下下瞟了他一眼,笑道:"你至少还有身新衣裳,做事的时候就免不了要担心会不会把衣服弄脏,坐下来的时候免不了要看看地上有没有泥巴,怎及得我这样自由自在。"

燕七凝视着他,道:"这世上真的没有一个你关心的人?没有一样你关心的事?"

郭大路忽然不说话了,眉目中间似乎露出了一丝悲伤之色。

燕七忽然发现这人也许并不像表面看起来那么开心,说不定也有些伤心事,只不过他一直隐藏得很好,从不让别人知道。

他只让别人知道他的快乐,分享他的快乐。从不愿别人来分担他的痛苦和忧郁。

燕七看着他,一双眸子忽然变得分外明亮。

他和郭大路相处得愈久,愈觉得郭大路确实是个很可爱的人。

也不知过了多久,王动忽然长长叹息了一声,道:"快到了,快到家了。"

他叹息声中充满了欢愉满足之意。

往窗外望出去，已可看到那小小的山坡。

郭大路也忍不住长长叹了口气，道："看来无论是金窝银窝，也比不上你那狗窝。"

王动瞪眼道："我的狗窝？"

郭大路笑了，道："我们的狗窝。"

03

黄昏。

夕阳满山。

半枯的秋草在夕阳下看着宛如黄金，遍地的黄金；石板砌成的小径斜向前方伸展，宛如黄金堆中的一串白玉。

风在吹，鸟在啼，秋虫在低语，混合成一种比音乐还美妙的声音，它美妙得宛如情人的耳畔低语。

满山弥漫着花的香气、草的香气、风的香气。甚至连夕阳都仿佛被染上了芬芳，芬芳得宛如情人鬓边的柔发。

人生原来竟如此芬芳，如此美妙。

郭大路长长叹了口气，大笑道："我现在才知道穷原来也是件很开心的事。"

燕七道："开心？"

郭大路说道："有钱人有几个能享受到这样的美景？能呼吸到这样的香气？他们只能闻得到铜臭气。"

燕七也笑了。

郭大路忽然发觉他的笑容如夕阳般灿烂，忍不住笑道："我现在才发现你一点也不丑,只不过有时的确太脏了些。"

燕七这次居然没有反唇相讥,反而垂下了头。他本来并不是这么好欺负的人,是什么令他改变了的?

是这夕阳?是这柔风?还是郭大路这明朗的笑脸?

王动忽然道:"有钱也并不是坏事。"

郭大路道:"穷呢?"

王动道:"穷也不坏。"

郭大路道:"什么才坏?"

王动道:"什么都不坏,坏不坏只看你这个人懂不懂得享受人生。"

郭大路仔细咀嚼着他这句话,心中忽然充满了温暖、幸福和满足。

他满足,只因他能活着。

他活着,就能享受人生——如此美妙的人生。

所以,朋友们,你绝不要为有钱而烦恼,更不要为穷而烦恼。

只要你懂得享受人生,你就算没有白活。

那么有天你就算死了,也会死得很开心。

因为你活得也比别人开心。

马车不能上山,他们就走上山。

他们走得很慢。

因为他们知道无论走得多慢,总还是会走到的。

天已渐渐黑了。

他们也绝不担心。

因为他们知道天很快还会亮的。

所以他们心中充满了欢愉，就连林太平眼睛都明亮了起来。

他们终于看到了王动那栋房子，虽然是栋又旧又破的房子，但在这夕阳朦胧的黄昏时看来，也美丽得有似宫殿。

每个人都有座宫殿，他的宫殿就在他心里。

奇怪的是，有些人却偏偏找不到。

王动尖锐的面容也变得柔和起来，忽然笑了笑，问道："你们猜猜，我回去后，第一件事想干什么？"

郭大路和燕七同时抢着道："上床睡觉。"

王动道："答对了。"

但人生中时时常也会发生意外的。

他们还没有走到那栋屋子，忽然看到窗子里亮起了灯光。

开始时是对着门的那扇窗子。

然后每扇窗子都接着有灯光亮起。

灯光明亮。

他们又怔住。

燕七道："屋子里有人。"

郭大路道："会不会有朋友来看你？"

王动道："本来是有的，自从我将最后一张椅子卖掉了后，朋友就忽然全都不见了。"

他淡淡地笑了笑，接着道："他们也许全都和我一样懒，怕来了之后没地方坐。"

这淡淡的笑容，正象征着他对人生了解得多么深刻。

所以他对任何人都没有很大的要求。

他给的时候，从没有想到要收回来——这也许就是他为什么活得比别人快乐的原因之一。

燕七皱眉道:"那么,是谁点的灯呢?"

郭大路笑道:"我们何必猜?只要进去看看,岂非就知道了?"

这本来也是种很正确的态度,但这次却错了。

他们进去看了,还是不知道。

第十一章

来路不明的书生

屋子里没有人。

灯就像是自己燃着的。

崭新的铜灯,亮得像黄金。

崭新的铜灯摆在崭新的梨花木桌上,崭新的桌子摆在崭新的波斯地毡上,铜灯旁边还有鲜花……

什么都有。

只要是你能在一间屋子里看到的东西,这屋子里就样样俱全。

这里就像是出现了奇迹。

唯一还没有改变的,就是王动的那张大床。

但床上也换了崭新的被褥,被上还绣着花朵。

郭大路站在门口,看得眼珠子都快掉了下来,喃喃道:"我们是不是走错了地方?"

燕七苦笑道:"没有走错,别的地方绝没有这么大的床。"

郭大路叹道:"看来这地方真像是有神仙来照顾过了,不知道是不是女神仙?"

燕七道:"看来王老大一定也和董永一样,是个孝子,感动了天上的仙子。"

郭大路道:"仙子说不定是来找我的,我也是个孝子。"

燕七道:"你是个傻子。"

他们嘴里虽这么样说,心里却都已明白,一定有个人将这些东西送来,这人也许就是那在奎元馆替他们付账的人。

他们这么说,只不过是在掩饰心里的惊疑和不安。

因为他们猜不出这人是谁,更猜不出这人为什么要做这些事。

王动慢慢地走到床边,慢慢地脱下鞋子,很快地躺了下来。

他无论做什么事时,都慢条斯理,一点也不着急,只有躺下去时,却快得很,快得要命。

郭大路皱眉道:"你就这样睡了么?"

王动打了个呵欠,呵欠就算他的回答。

郭大路道:"你知不知道这些东西是谁送来的?"

王动道:"不知道。我只知道累了就要睡觉。"

这些东西是仙女送来的也好,是恶鬼送来的也好,他都不管。就算天下所有的仙女和恶鬼全都来了,也不能叫他不睡觉。

他只要一闭上眼睛,好像就立刻能睡得着。

郭大路叹了口气,道:"我倒还真佩服他。"

燕七咬着嘴唇,道:"我到后面的院子去看看,也许人在那里。"

后面的院子里还有排屋子,就是那天酸梅汤他们住的地方。

前面这排屋子除了正厅和花厅外,还有七八间房,除了王动睡的这间外,还有三间屋子里也摆着很舒服的床。

郭大路喃喃道:"他居然还知道我们有四人住在这里,想得倒真周到。"

突听燕七在后面院子里大叫道:"你们快来看看,这里有个……有个……"

有个什么东西,他竟好像说不出来。

郭大路第一个冲出去,林太平也在后面跟着。

院子里已打扫得干净，居然还不知从哪里移来几竿修竹，一丛菊花，燕七正站在菊花丛中，看着样东西发呆。

他看着的赫然是口棺材。

崭新的棺材。

棺材头上仿佛刻着一行字，仔细一看，上面刻的赫然竟是"南宫丑之柩"。

林太平突然全身冰冷，连嘴唇上的血色都褪得干干净净。

郭大路心里也有点发毛，忍不住问道："你在什么地方杀他的？"

林太平道："就……就在外面。"

郭大路道："什么地方外面？"

林太平道："他住的屋子外面。"

郭大路道："你杀了他后，有没有把他的尸体埋起来？"

林太平咬着嘴唇，摇摇头。

郭大路叹道："你倒真是管杀不管埋。"

林太平的样子就好像又要哭出来了。

燕七道："无论谁第一次杀人的时候，都难免心慌意乱，杀人之后只怕连看都不敢再看一眼，哪里顾得了别的。"

郭大路道："你这倒好像是经验之谈。"

燕七道："你莫忘了，我虽然没有杀过人，至少被人杀过。"

郭大路叹了口气，道："你杀他的时候，旁边还有没有别的人？"

林太平又摇摇头。

郭大路道："若没有别人，是谁把他尸身装进棺材里的？这棺材又是谁送来的？"

他忽然笑了笑，又道："总不会是他自己跳进棺材，再将棺材送来的吧。"

郭大路有个毛病，无论什么时候都忍不住要开开玩笑。

他自己也知道玩笑开得并不妙。

林太平的脸色变得更惨，咬着嘴唇，讷讷道："我……我本不是……"

这句话还没有说完，棺材里忽然"咚"的一响。

接着，又是"咚"的一响。

燕七和郭大路的脸色也不禁变了。

"莫非棺材里的死人已还魂？"

郭大路拍了拍林太平的肩，勉强笑道："用不着害怕，他活着时我们都不怕，死了怕什么？"

燕七道："既然不怕，就索性打开棺材，让他出来吧。"

他好像真的要去将棺材打开。

郭大路忍不住道："等一等。"

燕七道："你不是不怕的吗？"

郭大路道："我当然不怕，只不过……只不过……"

"咚，咚咚！"这次棺材里竟一连串地响了起来，而且声音比刚才更大，真的好像死人急着要出来。

胆子小的人，此刻只怕早已被吓得落荒而逃了。

林太平忽然道："让我来开这口棺材，他反正是来找我的。"

郭大路道："你不能去，还是让我来。"

他嘴里说着话，人已跳了过去。

其实他心里也很怕，也许比别人还怕得厉害，这若是他自己的事，说不定他早已溜之大吉。

但林太平是他的朋友，只要是朋友的事，他就算怕得要命也会硬着头皮挺上去。

燕七瞧着他，目光又变得很温柔，忽然道："你不怕被鬼抓去？"

郭大路道:"谁说我不怕的?"

他嘴里在说"怕",手已将棺材盖掀起。

"嗖"地,一样活生生的东西从棺材里蹿了出来。

郭大路就算真的胆大包天,也忍不住叫了出来。

从棺材里跳出来的这样东西也在叫,"汪汪汪"地叫。

是条狗,黑狗,活生生的黑狗。

郭大路怔在那里,擦着汗,想笑,却笑不出口,过了很久,才长长吐出口气,苦笑着道:"这玩笑实在开得不高明,只有白痴才会开这种玩笑。"

燕七道:"他绝不是白痴,也绝不是在开玩笑。"

郭大路道:"不是玩笑,是什么?"

燕七道:"这人不但知道林太平杀了南宫丑,而且还知道林太平住在这里。"

郭大路叹道:"他知道的事确实不少,可是他为什么要这样做?"

燕七也叹了口气,道:"也许他另有用意,也许他只不过吃饱了饭没事做而已;不管是为了什么,他既然已做了就绝不会停止。"

郭大路道:"你认为他一定还要再做些别的事?"

燕七点点头,道:"所以我们只要能沉住气,就一定能等得到他的。"

他也拍了拍林太平的肩,笑道:"所以我们现在还是去睡吧,放着那么舒服的床,不睡才真的是白痴。"

只听王动的声音远远从屋子里传出来,道:"答对了。"

第二天早上郭大路是被一串铃声吵醒的。

他醒的时候,铃声还在"叮叮当当"地响,好像是从花厅那边传过来的。

每个人起床时火气总比平时大些,尤其是被人吵醒的时候。

这就叫作"下床气"。

郭大路忍不住吼了起来,道:"是谁在穷摇那鬼铃铛?手痒么?"

他叫的时候,好像听到王动也在叫。

铃声却还是不停。

郭大路跳起来,赤着脚冲出去,喃喃地道:"一定是燕七那小子,他的手好像随时随地都会痒。"

只听一人笑道:"我的手痒时只想打人,却绝不摇铃。"

燕七也出来了,身上的衣服居然已穿得整整齐齐。

这人就好像每天都是穿着衣服睡觉的。

郭大路揉了揉眼睛,苦笑了一下,又皱着眉说道:"总不会是林太平吧,除非他真的是被鬼迷住了。"

铃声还在响。

这时他们听得很清楚,的确是从花厅里传出来的。

两个人对望了一眼,同时冲了进去。

林太平的确在花厅里,但摇铃的却不是他。

他只不过站在那里发怔,摇铃的是条猫。

黑猫。

一个铃铛用绳子吊在花架下,绳子的另一头就绑在这黑猫的脚上。

黑猫不停地跳,铃铛不停地响。

花厅中的桌子上摆着一大桌的东西,都是吃的东西,有鸡,有鸭,有包子,有馒头,还有一大坛酒。

黑猫摇铃,原来是叫他们来吃早饭。

郭大路忍不住又揉揉眼睛,道:"我的眼睛有毛病么?"

燕七道:"你的眼睛只有在看到女人时,才会有毛病。"

郭大路苦笑道:"也许这是条女黑猫。"

燕七道:"是公的。"

郭大路道:"你怎么知道?"

燕七道:"因为它看来并不喜欢你。"

郭大路眨眨眼,道:"就算是母的,也不会喜欢我,喜欢的一定是王老大。"

这次轮到燕七不懂了,忍不住问道:"为什么?"

郭大路道:"母猫都喜欢懒猫。"

突听王动的声音在后面道:"我看这条猫一定是母的。"

这次郭大路和燕七都不懂了,几乎同时问道:"为什么?"

王动道:"因为它会做饭。"

猫当然不会做饭。

郭大路撕下条鸡腿,塞进嘴里,又拿出来,道:"鸡还是热的。"

燕七道:"包子也是热的。"

郭大路道:"看来这些东西送来还不久。"

燕七道:"答对了。"

郭大路道:"是谁送来的呢?难道也是那个在奎元馆替我们付钱的人?"

燕七道:"又答对了。"

郭大路道:"他为什么要这样拍我们的马屁,难道真是我干儿子?"

燕七道:"咪咪……咪咪……"

郭大路道:"你几时变成一条猫了,我可听不懂猫说的话。"

燕七"扑哧"一笑,道:"我是在跟你的干儿子说话。"

他将每样东西都撕了一点,放在盘子上,那黑猫已跳了过来,燕七轻轻抚着它脖子上的毛,道:"这些东西都是你送来的,你自己先尝点吧。"

郭大路也笑了,道:"这人好孝顺,看来倒好像是这条猫的干儿子。"

其实他当然也知道燕七这样做是为了要试试这些东西里有没有毒。

燕七做事好像总是特别细心,看起来却偏偏又不像是个细心的人。

细心的人没有那么脏的,他简直就从来不洗澡。

食物中没有毒,郭大路的鸡腿已下了肚。

燕七道:"看来这人对我们倒没有什么恶意,只不过有点毛病而已。"

郭大路道:"不是有点毛病,是有很多毛病,毛病不大的人,怎么会做这种事?"

他吞下个包子,忽又道:"这人一定是个女的。"

燕七道:"你怎么知道?"

郭大路道:"只有女人才会做这疯疯癫癫的事。"

燕七咬着嘴唇,居然也点了点头,才说道:"她这么样做,说不定是因为看上了你,要讨好你,因为……"

郭大路笑了,忍不住问道:"因为什么?因为我很有男子气,还是因为我长得俊?"

燕七道:"都不是。"

郭大路道:"是因为什么呢?"

燕七淡淡道:"只不过因为她是个疯疯癫癫的女人,也只有疯疯癫癫的女人才会爱上你。"

郭大路想板起脸,却又忍不住笑了,道:"疯女人至少总比没有女人好。"

窗外阳光普照大地,在这种天气里,别人无论说什么他都不会生气,尤其不会对燕七生气。

他喜欢燕七。

他渐渐觉得自己在这堆朋友中最喜欢的就是燕七。

奇怪的是,燕七却偏偏好像处处都要跟他作对,随时随地都要找机会臭臭他。

更奇怪的是,燕七愈臭他,他愈喜欢燕七。

王动总是在旁边看着他们臭来臭去,他看着他们的时候,眼睛里总是有种很特别的笑意。

郭大路的手刚将包子送到嘴里去,就去拿酒杯。

燕七瞪了他一眼,道:"酒鬼,你难道就不能等到天黑再喝酒吗?"

郭大路笑了笑,居然将酒杯放下来,喃喃地道:"谁说我要喝酒,我只不过是想用酒来漱漱口而已。"

就在这时,他们忽然听到外面有人在曼声长吟:"远上寒山石径斜,白云深处有人家。停车坐爱枫林晚,霜叶红于二月花……好一片风光呀,好一处所在。"

郭大路又笑笑,道:"来了个酸丁。"

王动道:"不是一个,是三个。"

郭大路道:"你怎么知道?"

王动还没有说话,外面果然有另一人的声音道:"公子既然喜欢这里,咱们不如就在这里歇下吧,我走得腿都酸了。"

又有一人道:"不知道这家的主人是谁?肯不肯让我们进去坐坐?"

这两人的声音听来还是孩子，但孩子也是人，来的果然是三个人。

郭大路叹了口气，道："好灵的耳朵，虽然只不过是条懒猫，耳朵还是比人灵。"

"咪"的一声，那黑猫已蹿了出去。

猫的耳朵果然特别灵，连王动自己都不禁笑了。

只听那位公子道："高门掩而不闭，灵奴已来迎客，看来这家主人不但好客，而且，还必定风雅得很……风雅得很。"

郭大路忍不住笑道："风雅虽未必，好客却倒是真的。"

他第一个迎了出去。

旭日新鲜得像刚出炉的馒头，令人看了不由自主从心底升出一种温暖之意。

在这么好的天气里，无论谁都会变得分外友善的。

郭大路脸上带着友善的微笑，望着门外的三个人。

两个垂髫童子，一个背着个书箱，一个挑着担子，站在他们主人身后，两张小脸被晒得好像是个熟透了的苹果。

他们的主人是个文质彬彬的书生，年纪并不太大，长得非常英俊，而且风度翩翩，温文有礼。

这么样三个人，无论谁看到都不会讨厌的。

郭大路笑道："你们是游山来的？倒真的选对了天气。"

书生长揖，道："小可无端冒昧，打扰了主人清趣，恕罪恕罪。"

郭大路道："也不是主人，是客人，所以我才知道这里的主人好客。"

书生笑道："却不知主人在何处？是否能容小可一见？"

郭大路道："这里的主人虽好客，却有点病。"

书生道:"不知主人有何清恙?小可对岐黄之道倒略知一二。"

郭大路笑道:"他的病你只怕是治不好的,他得的是懒病。你若想见他,只好自己进去。"

书生微笑道:"既然如此,就恭敬不如从命了。"

他走路也很斯文,简直有点弱不禁风的样子,但那两个垂髫童子身上背的书箱和担子却好像不太轻。

挑担子的一个走在最后面,一路走,担子里一路叮叮地响。

郭大路摸了摸他的头,道:"你这担子里装的是什么呀?重不重?"

这孩子眼睛眨眨,道:"不太重,只不过是些酒瓶子,茅台酒都是用瓶子装的。我们公子最爱喝酒,还喜欢作诗,我不会作诗,我只会喝酒。"

郭大路笑了,问道:"你也会喝酒?你多大年纪了呀?"

这孩子道:"十四了,明年就十五。我叫钓诗,他叫扫俗,我们家公子姓何,人可何,我们是从大名府来的。因为我们的主人喜欢游山玩水,所以我们成年难得在家里。"

郭大路每问一句话,这孩子至少要回答七八句。

郭大路愈看愈觉得这孩子有趣,故意逗着他,又问道:"你为什么叫钓诗呢?诗又不是鱼,怎么能钓得起来?"

钓诗撇了撇嘴,好像有点看不起他,道:"这典故你都不懂吗?因为酒的别名又叫作'钓诗钩',我总是替公子背酒,所以叫钓诗;因为读书能扫掉人肚子里的俗气,所以他叫作扫俗。"

他上上下下瞧了郭大路几眼,又道:"你大概没有念过什么书吧?"

郭大路大笑,道:"好孩子,果然是强将手下无弱兵,不但能喝酒,还很有学问。"

他大笑着又道："我书虽念得不多，酒却喝得不少，你想不想跟我喝几杯？"

钩诗道："你酒量若真的好，为什么不敢跟我们公子喝酒去？"

郭大路这才发现那何公子早已进了花厅，已开始和王动他们寒暄起来，从窗口看进去，可以看到王动和林太平对他也很有好感。

燕七却有点心不在焉的样子，不时扭过头往窗子外面看。

郭大路一看到他，他就站了起来，一面背对着别人向郭大路悄悄打了个手势，一面往外边走。

他走出花厅时，郭大路迎了上去，道："你找我有事？"

燕七白了他一眼，道："你为什么好像总是长不大似的？跟孩子聊得反而特别起劲。"

郭大路笑道："那孩子的一张嘴比大人还能说会道，有时你若跟孩子们聊聊，就会发现自己也好像变得年轻起来。"

燕七没有说话，却沿着长廊，慢慢地向后院走了过去。

郭大路也只好跟着他走，忍不住问道："你有话要跟我说？"

燕七又走了段路，才忽然回头，道："你看这位何公子怎么样？"

郭大路道："看来他倒是个很风雅的人，而且据说还很能喝酒。"

燕七沉吟道："你想他会不会就是那……"

郭大路眼睛一亮，抢着道："就是那在奎元馆替我们付账的人？"

燕七点点头，道："你想可不可能？"

郭大路道："嗯，我本来没有想到这点，现在愈想愈有可能。"

燕七道："这地方又没有什么名胜风景，游山的人怎么会游到这里来？而且迟不来，早不来，恰巧在今天早上来。"

郭大路道："世上凑巧的事本来很多，但这件事的确太巧了些。"

燕七道："你以前有没有见过他？"

郭大路道："没有。"

燕七道:"你再想想。"

郭大路道:"用不着再想,这样的人我若见过,一定不会忘记。"

燕七咬着嘴唇,道:"看王老大和林太平的样子,好像也不认得他。"

郭大路道:"他叫什么名字?"

燕七说道:"他自己说他叫何雅风,但也可能是假名。"

郭大路道:"他为什么要用假名字?难道你认为他对我们有恶意?"

燕七道:"到目前为止,倒看不出有什么恶意。"

郭大路道:"非但没有恶意,简直可以说对我们太好了,好得已不像话。"

燕七道:"就因为他对我们太好,所以我才更觉得怀疑——一个人若是对别人好得过了分,多少总有些目的。"

郭大路忽然笑了笑。

燕七道:"你笑什么?"

郭大路道:"我在想,一个人'做人'实在很难,你若对别人太好,别人会怀疑你有目的;你若对别人太坏,别人又会说你是混蛋。"

燕七瞪了他一眼,道:"我就知道你一定会帮着他说话的。"

郭大路道:"为什么?"

燕七道:"因为他也能喝酒,酒鬼总认为一个人只要能喝酒,就绝不会是坏人。"

郭大路笑道:"这倒是实话,喝酒痛快的人,心地总比较直爽些,你绝不会看到喝醉酒的人,还在打主意害人的。"

燕七道:"他并没有醉。"

郭大路道:"快醉了——我现在就打算进去把他灌醉。"

他笑了笑,又道:"只要他一喝醉,就不怕他不说实话。"

燕七忽然也笑了笑。

郭大路道:"你笑什么?"

燕七道:"我在想,你这人至少还有样别人比不上的长处。"

郭大路笑道:"我的长处至少有三百多种,却不知你说的是哪一种?"

燕七道:"你随时随地都能把握住机会。"

郭大路道:"什么机会?"

燕七道:"喝酒的机会。"

郭大路弄错了一件事——人清醒时有很多种,所以喝醉了时也并不完全一样,并不是都像他自己那样,只要一喝醉,就把心里的话全说出来。

有的人喝醉了喜欢吹牛,喜欢胡说八道,连他自己都不知道在说什么,等到清醒时早已忘得干干净净。

还有的人喝醉了根本不说话。

这种人喝醉了也许会痛哭流涕,也许哈哈大笑,也许会倒头大睡,但却绝不说话。

他们哭的时候如丧考妣,而且愈哭愈伤心,哭到后来,就好像世上只剩下了他这么样一个可怜人。

你就算跪下来求他,立刻给他两百万,他反而会哭得更伤心。

等他清醒时,再问他为什么要哭,他自己一定也莫名其妙。

他们笑的时候,就好像天上忽然掉下了满地的金元宝,而且除了他之外,别人都捡不到。

就算他的家已被烧光了,他还是要笑。你就算"噼噼啪啪"给他十几个大耳光,他也许笑得更起劲。

他们只要一睡着,那就更惨,就算全世界的人都来踢他一脚,也踢不醒，就算把他丢到河里，他还是照睡不误的。

何雅风恰巧就是这种人。

开始的时候，他好像还能喝，而且喝得很快，不停地把酒一杯又一杯往嘴里倒，但忽然间，你刚眨了眨眼，他已经睡着了。

他一睡着，郭大路就笑。

燕七恨恨道："你也喝醉了么？"

郭大路道："我醉？你看，我有没有一点喝醉的样子？"

燕七道："没有一点，有八九点。"

郭大路道："你错了，我现在清醒得简直就像孔夫子一样。"

燕七道："你笑得却像是土狗。"

郭大路道："我只不过笑他，还没开始，他已经被我灌醉了。"

燕七道："你还记不记得为什么要灌他酒？"

郭大路道："当然记得，我本来是想要叫他说实话的。"

燕七道："他说了吗？"

郭大路道："说了。"

燕七道："说了？说了什么？"

郭大路道："他说，他若对我们有恶意，就不会喝醉，醉得像死猪一样。"

燕七上上下下地看着他，摇着头道："有时我真看不透你，究竟是喝醉了？还是很清醒？"

郭大路嘻嘻地笑，看着王动。

王动道："你看我干什么？"

郭大路笑道："我在等着你说话，现在岂非已轮到你说话了。"

王动道："你要我说什么？"

郭大路道："说我清醒的时候也醉，醉的时候反而清醒。"

王动也忍不住笑了，这的确是他说话的口气。

郭大路道："我答对了么？"

王动笑道："答对了。"

后院那排屋子里，也摆了两张床。

这两张床好像就是为喝醉了的客人准备的。

何雅风就像是个死人般被抬到这张床上。

郭大路笑道："他今天来，还是算来对了时候，若是前两天来，就只好睡地板。"

王动道："我只望他这一觉能睡到明天天亮。"

郭大路道："为什么？"

王动道："免得我们去当东西。"

郭大路道："为什么要当东西？"

王动道："请客人吃晚饭。"

郭大路笑道："也许我们用不着当东西，只等着猫儿摇铃就行了。"

燕七道："你认为晚饭还会有人送来？"

郭大路道："嗯。"

燕七忍不住笑道："你简直好像已经吃定他了。"

郭大路大笑道："一点也不错，我已经准备吃他一辈子，要他养我的老。"

他声音说得特别高，好像故意要让那人听到。

那人是不是一直躲在暗中偷看着他们？

那人是不是何雅风？是不是喝醉了？

醉得快的人，往往醒得也快。

还没到黄昏，那两个孩子忽然从后院跑到前面来，恭恭敬敬地站在他们面前，恭恭敬敬地送上了份请帖。

钓诗道："我们家公子说今晨叨扰了各位，晚上就该他回请，务必请各位赏光。"

郭大路看了王动一眼，挤了挤眼睛。

王动喃喃道："看来用不着等猫摇铃了。"

钓诗没听见他在说什么，就算听见，也听不懂，忍不住问道："王大爷在说什么？"

郭大路不等王动开口，已抢着道："他说我们一定赏光。"

燕七叹了口气，摇摇头，道："这人的脸皮倒真不薄。"

钓诗忽然眨眨眼，又问："这位大爷在说什么？"

郭大路又抢着道："他说我们马上就去。"

第十二章

郭大路的拳头

01

钓诗笑道:"既然如此,我们就得回去准备了。"

郭大路道:"快去,愈快愈好。"

钓诗恭恭敬敬地行了个礼,忽然也向扫俗挤了挤眼睛,悄悄道:"拿来。"

扫俗瞪了他一眼,哼道:"你急什么,算你赢了就是。"

这次郭大路忍不住问道:"你说什么?"

钓诗抢着道:"他什么也没有说。"

他拉着扫俗就想溜,扫俗看起来却比较老实,而且好像很着急,红着脸道:"我跟他打赌,输给他一吊钱,他逼着问我要。"

郭大路道:"怎么输的?"

扫俗道:"我生怕各位不肯赏光,他却说……"

他眼睛瞟着郭大路,忽然摇摇头,道:"他说的话,我不敢说。"

郭大路道:"你只管放心说,绝对没有人怪你。"

扫俗眼珠子直转,道:"若是有人怪我呢?"

郭大路道:"那也没关系,我保护你。"

扫俗这才笑道:"他说,就算别人不好意思,大爷你也一定会去的。因为这些人里面，就数大爷你的脸皮最厚。"

他话刚说完，已拉着钓诗溜之大吉。过了很久，还可以听到他们在吃吃地笑。

郭大路又好气，又好笑，喃喃道："原来这小鬼也不老实，居然会绕着圈子骂人。"

燕七忍不住笑道："其实他这也不能算骂人，只不过在说实话而已。"

王动道："其实他也不能算是脸皮厚，只不过是人穷志短……"

燕七接着道："而且是饿死鬼投胎。"

郭大路也不生气，悠然道："好，我又穷，又饿，又厚脸皮，你们都是君子。"

他忽然冷笑了两声，道："但若不是我这个厚脸皮，你们这些伪君子，今天晚上就要上当铺、出洋相。"

燕七道："人家到底是客人，你怎么好意思去吃人家的？"

郭大路冷冷道："他到底还是个人，吃他至少总比吃猫的好；一个人若连猫送来的东西都吃得不亦乐乎，还有什么脸摆架子？"

王动道："谁摆架子？我只不过想要他把酒菜送到这里来而已。"

02

菜不多，酒倒真不少。

菜虽然不多，却很精致，摆在一格格的食盒里，连颜色都配得很好，就是看看都令人觉得很舒服。

何雅风道："这些菜虽是昨夜就已做好了的，但小弟终年在外走动，对保存食物的法子，倒可算是略有心得，可以保证绝不致变味。只不过以路菜敬客,实嫌太简慢了些。"

郭大路忽然笑道:"你昨天晚上就准备了这么多菜,难道算准了今天晚上要请客?"

钓诗正在斟酒,抢着道:"我们家公子最好客,一路上无论遇着什么人,都会拉着他喝两杯,所以无论到哪里,酒菜都准备得很充足。"

郭大路向他挤了挤眼睛,悄悄笑道:"这么样看来,脸皮厚的人并不是只有我一个。"

何雅风道:"郭兄在说什么?"

郭大路道:"我在说他……"

钓诗忽然大声咳嗽。

郭大路笑道:"他酒倒得太慢了,我简直已有些迫不及待。"

他第一个举起酒杯,嗅了嗅,大笑道:"好酒,我借花献佛,先敬主人一杯。"

他刚想喝,何雅风已按住了他的手,笑道:"郭兄先等一等,这第一杯水酒,应该我敬四位,四位一齐……"

忽然间,一条黑狗、一只黑猫,同时从外面蹿了进来,蹿上了桌子,刚斟满的几杯酒就一齐被撞翻。

何雅风脸色变了变,突然出手。

他一双手看起来又白净、又秀气,就好像一辈子没有碰过脏东西,连酒瓶子倒了,都不会去扶一扶。

这只猫和这条狗却好像刚从泥里打过滚出来的。

可是他一出手,就抓住了它们的脖子,一只手一个,将它们拎了起来,正准备往外面甩。

他刚往外甩,忽然又有两双手伸过来,轻轻地接了过去。

郭大路接住了那条黑猫,燕七接住了黑狗。

郭大路抚着猫脖子笑道:"你来干什么?莫非要和何公子抢着做主

人么？"

燕七拍着狗头道："你来干什么？莫非也和郭先生一样，急着要喝酒？"

何雅风锁着眉，勉强笑道："这么脏的小畜生，两位为何还抱在身上？"

郭大路道："我喜欢猫，尤其是好请客的猫。"

燕七笑道："我喜欢狗，尤其是好喝酒的狗。"

酒倒翻在桌子上的时候，这条狗的确伸出舌头来舔了舔。

王动忽然道："只可惜这不是金毛狮子狗。"

林太平挟起块油鸡，又放下，道："只可惜这不是烤鸭。"

何雅风声色不动，微笑道："四位说的话，小弟为何总是听不懂？"

郭大路笑道："也许我们都在说醉话。"

燕七抱着的狗突然惨吠了一声，从他怀中跳起来，"砰"地，落在桌子上，就像是忽然被人割断了脖子，连叫都叫不出了。

本来鲜蹦活跳的一条狗，突然就变成了条死狗。

燕七看看死狗，又抬起头看看郭大路，道："你瞧见了么，这就是急着要喝酒的榜样。"

郭大路也在看着死狗，又抬起头看看何雅风，道："我们都不是广东人，阁下为何要请我们吃狗肉？"

王动看看何雅风，脸上一点表情也没有，淡淡道："听说黑狗的肉最滋补。"

林太平冷笑道："也许这并不是黑狗，只不过穿了身黑衣服。"

何雅风居然还是声色不动，慢慢地站起来，拍了拍身上的酒渍道："各位少坐，在下去换套衣服，去去就来。"

郭大路看着王动，道："他说他去去就来。"

王动道:"我听见了。"

郭大路道:"你相信?"

王动道:"相信。"

郭大路道:"为什么?"

王动道:"因为他根本不到别地方去,他就在这帘子后换衣服。"

何雅风静静地看着他们,再也不说别的话,看了很久,缓缓转身,提起了后面椅上的箱子,走入帘后。

帘子是锦缎做的,就挂在这小客厅中间。

别的人瞪着帘子,郭大路却看着钓诗。

钓诗的小脸也已发白。

郭大路忽又向他挤了挤眼睛,笑道:"你们为什么不去换衣服?"

钓诗嗫嚅着道:"我……我没有带衣服来。"

郭大路笑道:"这里没有衣服换,难道不会回家去换?"

钓诗立刻喜动颜色,拉起扫俗的手,拔腿就跑。

燕七笑了笑,道:"看来这人的脸皮虽厚,心倒不黑。"

他看着郭大路时,目中充满了温柔之意,但等他回过头时,目光立刻变得冰冷,脸色也立刻变得冰冷。

何雅风已从帘子后走了出来。

他果然换了身衣服。

一身黑衣服。

黑衣服、黑靴、脸上蒙着黑巾,连身后背着的一柄剑,剑鞘都是乌黑色的。

一柄四尺七寸长的剑。

林太平变色道:"原来是你,你没有死。"

黑衣人冷冷道:"只因你还不懂得杀人,也不会杀人。"

林太平脸上阵青阵红。

他的确还不会杀人，杀了人后就已心慌意乱，也不去看看那人是否真的死了。

黑衣人道："你若会杀人，就算我真的死了，你也该在我身上多戳几刀。"

林太平咬着牙道："我已学会了。"

黑衣人道："学不会的，不会杀人的人，永远都学不会。杀人也得要有天分。"

燕七忽然道："这么样说来，阁下莫非很有杀人的天分？"

黑衣人道："还过得去。"

燕七笑了笑，淡淡道："阁下若真有杀人的天分，我们现在就已经全都死了。"

黑衣人沉思了半晌，道："你们还活着，真该谢谢那条狗。"

燕七看着郭大路，道："我发现了一样事。"

郭大路道："什么事？"

燕七道："他至少很有杀狗的天分，因为他至少杀了条狗。"

郭大路眨眨眼，道："我也发现了一件事。"

燕七道："什么事？"

郭大路道："他不是南宫丑。"

燕七道："为什么？"

郭大路道："因为他不丑。"

王动忽然道："名字叫南宫丑，人并不一定就会很丑。"

郭大路笑道："不错，就好像名字叫王动的人，并不一定喜欢动。"

王动道："答对了。"

郭大路道："但他脸上也没有刀疤。"

江湖中很多人都知道，南宫丑虽侥幸自疯狂十字剑下逃了性命，脸上却还是被划了个大十字，所以从不愿以真面目见人。

　　王动道："谁看过南宫丑脸上有刀疤？"

　　郭大路道："至少我没有看见过。"

　　王动道："他既然从不以真面目见人，谁能看到他的脸？"

　　郭大路笑道："不错，也许他刀疤在屁股上。"

　　黑衣人一直在冷冷地看着他们，此刻忽然道："你们只说对了一样事。"

　　郭大路道："哪样？"

　　黑衣人道："我不杀人，只杀狗。"

　　郭大路笑道："原来你也很坦白。"

　　黑衣人道："我刚才杀了一条，你是第二条。"

　　夜很静，正是个标准的"月黑风高杀人夜"。

　　除了他们外，这山上活人本就不多——今天晚上也许又要少一个。

　　也许少四个。

　　院子有树，风在吹，树在动。

　　黑衣人却没有动。

　　他静静地站在那里，仿佛已经和这杀人之夜融为一体。

　　无论谁都不能不承认，他的确是个"杀人"的人。

　　他身上的确像是带着种杀气。

　　剑还未出鞘，杀气却已出鞘。

　　郭大路还在屋里慢慢地脱衣服。

　　黑衣人就在外面等着，仿佛一点也不着急。

　　郭大路忽然笑道："这人倒很有耐心。"

王动道:"要杀人,就要有耐心。"

郭大路道:"耐心杀不了人。"

王动道:"你故意想要他着急,他不急,你就急了,你一急,他就有机会杀你。"

郭大路笑了笑,道:"所以我也不急。"

燕七一直在看着他,忽然道:"你非但不必急,也不必一个人出去。"

郭大路道:"我虽然是厚脸皮,却不是胆小鬼。"

燕七道:"对付这种人,我们本不必讲什么江湖道义。"

郭大路道:"你想四个打一个?"

燕七道:"为什么不行?"

郭大路叹了口气,道:"我倒也很想那么样做,只可惜我是个男人。"

燕七垂下头,道:"可是你……你有没有把握对付他?"

郭大路道:"没有。"

燕七道:"那么你……"

郭大路打断了他的话,笑道:"有把握要去,没有把握也要去,就等于有钱要喝酒,没有钱也要喝酒。"

王动笑笑道:"这比喻虽然狗屁不通,却说明了一件事。"

燕七道:"什么事?"

王动道:"有些事本就是非做不可的。"

林太平忽然道:"好,你去,他若杀了你,我替你报仇。"

郭大路笑了,拍了拍他的肩,笑道:"你虽然是个混蛋,但至少很够义气。"

燕七忽又拉住他的手,悄悄道:"站得离他远些,他的剑并不长。"

郭大路笑道:"你放心,我不会上当的。"

他走了出去。

燕七叹了口气,道:"我真不懂,有些人为什么总是硬要充英雄。"

王动淡淡道:"也许他本来就是英雄——有些人天生就是英雄。"

林太平叹道:"不错,无论他是酒鬼也好,是混蛋也好,但却的的确确是个英雄,不折不扣的大英雄。"

燕七叹息着喃喃道:"可惜英雄大多都死得早。"

郭大路也站在院子里,果然站得离黑衣人很远。

黑衣人道:"你的剑呢?"

郭大路笑笑,道:"我的剑已送进当铺了。"

黑衣人冷笑道:"你敢以空手对我?是不是还怕死得不够快?"

郭大路又笑笑,道:"既然要死,就不如死得快些,也免得活着穷受罪,受穷罪。"

黑衣人道:"好,我成全你。"

说到"好"字,他已反手拔剑。

他的手刚触及剑柄,郭大路已冲了过去。

燕七的心几乎跳出了腔子。

郭大路难道真的想快点死?明知对方用的是短剑,为什么还要送上门去?

剑光一闪,剑已出鞘。

不是短剑,是长剑。

剑光如漫天长虹,亮得令人眼花。

只可惜郭大路已冲入他怀里,已看不到这柄剑,看不到这剑光。

他的眼睛也没有花。

他虽然没有看到黑衣人的剑,却看到了黑衣人的弱点。

他看得很清楚。

"砰"地,黑衣人身子飞出。

他身子向后飞出,剑光却向前飞出,身子撞上后面的墙,长剑钉入了前面的树。

他一倒下去就不再动。

郭大路站在那里,看着自己的拳头,仿佛觉得很惊讶、很奇怪。

他自己仿佛也没有想到自己一拳就能将对方打倒。

别人也没有想到。

燕七更没有想到,他怔了半天,才冲出去,又惊奇,又欢喜,又带着几分惶恐,笑着道:"我叫你离他远些,你为什么偏偏要冲过去?"

郭大路笑了,道:"也许因为我是个傻子。"

他的笑看起来真有点傻兮兮的。

可是他当然一点也不傻——你认为他傻的时候,他却偏偏会变得很聪明,而且比大多数人都聪明得多。

燕七笑道:"谁说你傻了,只不过,我实在不懂,你怎么看出他这次用的不是短剑?"

郭大路笑笑道:"我根本没有看出来,我是猜出来的。"

燕七怔了怔,道:"若是猜错了呢?"

郭大路道:"我不会猜错。"

燕七道:"为什么?"

郭大路笑嘻嘻道:"因为我的运气好。"

燕七怔了半晌,忽也笑了,大笑道:"你虽然不傻,但却也不老实,一点都不老实。"

郭大路的确不老实。

因为他会装傻。

他当然已看出黑衣人这次用的不是短剑。

因为这次黑衣人的剑柄在左肩,却用右手去拔剑,拔剑的时候,胸腹向后收缩,力量全都放在前面。

所以他胸膛和小腹之间就有了弱点。

郭大路看出了这弱点。

他一拳就打在这弱点上。

只要能看得准,能判断正确,一拳就够了,用不着第二拳。

高手相争,最有效的就是这第一拳。

这一拳,你若不能打倒别人,自己也许就会被人打倒。

胜与负的分别,往往只不过在一线之间,也往往只不过在一念之间。

燕七忽又道:"我还有件事不懂。"

郭大路道:"哦?"

燕七道:"他的手比剑短得多,为什么一伸手就能将剑拔出来?"

郭大路想了想,笑道:"我也不懂。"

王动道:"我懂。"

他走过来,手里拿着的就是黑衣人的剑鞘。

燕七接过剑鞘,看了看,笑道:"我也懂了。"

无论谁只要看过这剑鞘,都会懂的。

剑鞘里本有两柄剑,一柄长,一柄短。这点燕七也已想到。

他却未想到这剑鞘根本不是真正的剑鞘,只不过是个夹子。

剑并不是从上面"拔"出来的,而是从旁边"挥"出来的。

燕七笑道:"这就好像鸡蛋一样。"

郭大路怔了怔,道:"像鸡蛋?"

燕七道:"你知不知道要用什么法子才能把鸡蛋站在桌子上?"

郭大路道:"不知道。"

燕七笑道:"呆子,你只要把鸡蛋大的那一头敲破,这鸡蛋岂非就能站住了?"

郭大路笑道:"你真是个天才,这法子你怎么想得到的。"

世上有些事的确就像鸡蛋一样。

你认为很复杂的事,其实却往往很简单。

有些人也和鸡蛋一样。

无论多没用的人,你只要打破他的头,他就能自己站起来了。

03

院子里多了个坟。

狗坟。

燕七亲手将那黑狗装入棺材,黯然叹息着道:"你从棺材里来,现在又往棺材里去了,早知如此,你又何必来。"

郭大路苦笑道:"它若不来,我们就要往棺材里去了。"

林太平叹道:"它来的时候,我还踢了它一脚,谁知道它却救了我们的命。"

王动道:"狗不像人,狗不记仇,只记得住别人的恩惠。"

郭大路道:"不错,你只要给狗吃过一块骨头,它下次见了你,一定会摇尾巴;但有些忘恩负义的人,你无论给过他多少好处,他回过头来反而会咬你一口,所以……"

林太平接着道："所以狗比人还讲义气，至少比某些人讲义气。"

郭大路道："所以我们应该替它立个碑。"

林太平道："碑上写什么呢？"

郭大路道："义犬之墓。"

燕七摇摇头，道："义犬两个字还不够，你莫忘记，它也是我们的救命恩人……"

王动道："碑不妨后立，祭文却不可不先读。"

郭大路道："你会作祭文？"

王动点点头，忽然站起来，朗声道："棺中一狗，恩朋义友。你若不来，我们已走。初一十五，香花奠酒。呜呼哀哉……尚飨。"

猪不能太肥，人不能太聪明。

肥猪总是先挨宰，人若要活得愉快些，也得带几分傻气，做几件傻事。

那并不表示他们就是傻子。

他们当然知道猫自己不会做饭，狗也不会自己将自己装进棺材里。

这只猫和这条狗一定有个主人。这人是谁呢？

燕七道："这人将棺材送来的时候，一定已知道南宫丑并没有死。"

郭大路道："不错，他送这口棺材来，就是要告诉我们南宫丑没有死。"

燕七点点头道："他早已知道了南宫丑的阴谋。"

郭大路道："可是他为什么不对我们说明白呢？"

燕七道："因为他还不想跟我们见面。"

林太平道："为什么？他既然没有恶意，做事为什么要这样鬼鬼祟祟的？"

郭大路道："我看这人一定是个女人。"

燕七道："怎见得？"

郭大路道："只有女人才会做这些鬼鬼祟祟、莫名其妙的事。"

燕七板着脸道："女人就算做这种事，那也只因为男人更莫名其妙。"

郭大路笑道："莫忘记你也是男人。"

燕七道："莫忘记你也是女人生出来的。"

王动看着燕七，忽然道："男人天生就看不起女人，女人也天生就看不起男人，这本是天经地义的事，几千百年前如此，几千百年后一定还是这样，所以……"

燕七道："所以怎么样？"

王动道："所以这种事本没有什么好争辩的，我不懂你们为什么总是对这问题特别有兴趣。"

他叹了口气，接着道："我们的问题本来已够多了，现在又多了一个。"

郭大路道："多了个什么问题？"

王动道："南宫丑。"

南宫丑并没有死，因为没有人愿意杀他。

他们谁都不愿意杀人，尤其不愿杀一个已被打倒的人。南宫丑至少有件事没有说错："有些人天生就不会杀人，而且永远都学不会的。"

郭大路道："不错，他的确是个问题。"

林太平道："他不是已经被我们关起来了吗？"

郭大路道："是的。"

林太平道："你怕他会逃走？"

郭大路道："他逃不了。"

一个人若已被绑得像只粽子，谁都休想能逃得了。

林太平道："既然逃不了，还有什么问题？"

郭大路道："问题就在这里，他既然逃不了，我们就得看着他，是不是？"

林太平点点头。

郭大路苦笑道："我们连自己都快养不活了，怎么养得起别人？"

林太平终于明白了，皱着眉道："我们不如放了他吧。"

郭大路道："这种人也放不得。"

林太平道："那么我们难道要养他一辈子？"

郭大路道："所以这才是问题。"

燕七忽然道："我们可以要他自己养自己。"

郭大路眼睛立刻就亮了起来，道："不错，他比我们有钱得多。"

燕七道："至少他刚从凤栖梧身上捞了一票。"

郭大路站了起来，道："我这就去问他，将那些珠宝藏在什么地方了？"

燕七道："你问得出？"

郭大路笑道："我虽不是夹棍，但也有我的法子。"

燕七失笑道："看来这个人已从夹棍那里学会了几套。"

第十三章

男人和猫

01

后园有间柴房。

柴房好像并不是堆柴的,而是关人的,无论哪家人抓住了强盗,一定都会将他关在柴房里。

这柴房里有蜘蛛,有老鼠,有狗屎猫尿,有破锅破碗,有用剩下的煤屑……几乎什么都有,就是没有柴,连一根柴都没有。

也没有人。

被绑得跟粽子一样的南宫丑,也不见了。

地上只剩下一堆绳子。

郭大路发了半天怔,拾起根断绳子看了看道:"这是被刀割断的。"

燕七道:"而且是把快刀。"

只有快刀割断的绳子,切口才会如此整齐。

林太平皱眉道:"这么样说来,他并不是自己逃走的,一定有人来救他。"

郭大路笑道:"我实在想不到连这种人也会有朋友。"

燕七道:"会不会是那两个小鬼?"

郭大路道:"不会,他们既没有这么大本事,也没有这么大胆子,而且……"

他忽又笑笑,道:"小孩子有点地方,就跟女人一样。"

燕七道:"哪点?"

郭大路道:"小孩子都不会很讲义气……他们根本不懂。"

燕七瞪了他一眼,林太平已抢着道:"会不会是金毛狮子狗?"

郭大路道:"你怎么想起他的?"

林太平道:"我那天并没有看到金毛狮子狗,也许南宫丑已将他放了,也许他们根本就是串通好了的。"

郭大路摇摇头,道:"南宫丑这种人就算什么事都做得出,但至少有一件事是绝不会做的。"

林太平道:"哪件事?"

郭大路道:"他绝不会留着别人跟他分赃。"

他笑了笑,又解释道:"桌上若有三碗饭,他就算吃不下,也不会留下一碗来分给别人,他就算胀死也全都要吃下去。"

林太平道:"你认为棍子和金毛狮子狗都已被他杀了?"

郭大路点点头,道:"我饿了。"

这句话和他们现在谈论着的事完全没有关系,连一点关系都没有。

你简直无法想象一个人会在这种时候忽然说出这句话来。

林太平看着他,眼睛张得很大。王动和燕七也在看着他,好像都想研究这个人,构造是不是和别人不同?

郭大路笑笑,又道:"我说到三碗饭的时候,就已发觉饿了;说到吃的时候,就已想到我们至少已有大半天没吃东西。"

王动道:"你说到什么的时候,就会想到什么?"

郭大路道:"好像是的。"

王动道:"你说到狗屎的时候,难道就会想到……"

他的话还没有说完,郭大路忽然转身跑了出去。

往厕所那边跑了过去。

王动看着,看得眼睛发直,好像已看呆了。

燕七长长叹了口气,又忍不住笑道:"这人实在是个天才。"

林太平笑道:"这样的天才,世上也许还不多。"

燕七道:"非但不多,恐怕只有这么样一个。"

王动终于也叹了口气,道:"幸好只有一个。"

这也是结论。

像郭大路这种人若是多有几个,这世界也许就会变得更快乐。

02

动物中和人最亲近的,也许就是猫和狗。有些人喜欢养狗,有些人认为养猫和养狗并没有什么分别。

其实它们很有分别。

猫不像狗一样,不喜欢出去溜达,不喜欢在外面乱跑。

猫喜欢耽在家里,最多是耽在火炉旁。

猫喜欢吃鱼,尤其喜欢吃鱼头。

猫也喜欢躺在人的怀里,喜欢人轻轻摸它的脖子和耳朵。

你每天若是按时喂它,常常将它抱在怀里,轻轻地抚摸它,它一定就会很喜欢你,做你的好朋友。

但你千万莫要以为它只喜欢你一个人,只属于你一个人。

猫绝不像狗那么忠实,你盘子里若没有鱼的时候,它往往就会溜到别人家里去，而且很快就会变成那个人的朋友。

你下次见着它的时候，它也许已不认得你，已将你忘了。

猫看着当然没有狗那么凶，却比狗残忍得多，它捉住只老鼠的时候，就算肚子很饿，也绝不会将这老鼠一口吞下去。

它一定要先将这老鼠耍得晕头转向，才慢慢享受。

猫的"手脚"很软，走起路来一点声音也没有，但你若惹了它，它那软软的"手"里就会突然露出尖锐的爪子来，抓得你头破血流。

猫若不像狗，像什么呢？

你有没有看过女人？有没有看过女人吃鱼？有没有看过女人躺在丈夫和情人怀里的时候？

你知不知道有很多男人的脸上是被谁抓破的？

你知不知道有些男人为什么会自杀？会发疯？

那么我问你：猫像什么？

你若说猫像女人，你就错了。

其实，猫并不像女人，只不过有很多女人的确很像猫。

03

这只猫是黑的，油光水滑，黑得发亮。

郭大路正在仔细研究着这只猫。

一个饿得发昏的人，是绝没有兴趣研究猫的。一个饿得发昏的人，根本就没有兴趣研究任何东西。

郭大路当然已吃饱了。就像昨天早上一样，饭菜又摆在桌子上的时候，他们就听见这只猫在摇铃。

郭大路忽然道："这只猫吃得很饱。而且一直都吃得很饱，常常挨饿的猫，绝不会长得像这个样子。"

燕七笑了，问道："你研究了半天，就在研究这件事？"

郭大路理也不理他，又道："假如说这些家具、这些酒菜和那口棺材都是个叫好好先生的人送来的，那么这只猫一定也是他养的，所以……"

燕七道："所以怎么样？"

郭大路道："所以那好好先生家里一定很舒服、很阔气，否则这只猫就绝不会被养得这么肥、这么壮。"

燕七眨眨眼，道："那又怎么样呢？"

郭大路道："我若是猫，有个这么阔气的主人，就绝对不肯跟别人走的。"

燕七道："所以……"

郭大路道："所以我们若将这只猫放了，它一定很快就会回到主人那里去。"

燕七眼睛亮了，道："那么你还抱着它干什么？"

郭大路拍了拍猫的脖子，笑道："猫兄猫兄，你若能带我们找到你的主人，我一定天天请你吃鱼头。"

他放开手，把猫送出门。

谁知这只猫"咪呜"一声，又跳到他身上来了，而且伸出舌头轻轻舔他的手。

燕七笑道："看来这条猫一定是母的，而且已经看上了你。"

郭大路拎起猫的脖子，放下。

猫还是围着他打转。

郭大路皱眉道："你为什么还不走？难道不想你的主人？他对你一向不错呀。"

王动忽然笑了笑，道："猫的记性虽然不好，脑筋却很清楚。"

郭大路道:"脑筋清楚?"

王动道:"它既然知道这里有鱼吃,为什么还要跑到别的地方去?"

郭大路道:"但我又不是它的主人,它为什么要缠住我?"

王动道:"你刚才喂它吃过一条鱼,是不是?"

郭大路点点头。

王动道:"谁喂它吃鱼,谁就是它的主人。"

郭大路叹了口气,喃喃地道:"看来这的确是条母猫。"

林太平忽然道:"这里若没有鱼吃呢?"

王动道:"那么它也许就会回去了。"

林太平笑道:"我只希望这条猫也认得路的。"

猫的确认得路。

它若在外面找不到东西吃,无论它在哪里,都一定很快就能找得到路回家。

下午。

从早上到下午,都没有东西吃,无论是人是猫,都会饿得受不了的。

现在郭大路就算还想抱着这条猫,猫也不肯让他抱了。

它一溜烟蹿了出去。

郭大路在后面跟着。

燕七跟着郭大路,林太平跟着燕七。

王动道:"你们最好不要跟得太近。"

林太平道:"你呢?"

王动没有说话,只叹了口气,仿佛觉得林太平这句话问得很愚蠢。

他躺了下去。

山坡的左面是一大片荒坟,就算在清明时节,这里也很少有人来扫墓的。埋葬在这里的人,活着时就并不受人注意,死了后更是很快就被人遗忘。

穷人的亲戚朋友本不多,何况是个死了的穷人。

郭大路时常觉得很感慨,每次到这里来都会觉得有很多感慨。

但现在却没有时间来让他感慨。

那条猫跑得很快。

它很快地蹿入坟场,又蹿出去,远远看来,就像是一股黑烟。

无论谁要追上一条猫,都不是件很容易的事,你除了专心去追它之外,根本就没工夫去想别的事。

追女人的时候也一样。

也许就因为没工夫去想,所以才会去追。

若是仔细想想,也许就会立刻回头了。

坟场旁边,有片树林。

树林里有间小木屋。

这是枣林,木屋就是用枣木板搭成的,郭大路以前也曾到这枣林里来逛过,却没有看到这小木屋。

木屋好像是这两天才搭成的。

猫蹿入树林,忽然不见了。却有一阵阵香气从木屋里传出来。

是红烧肉的味道。

郭大路耸了耸鼻子,脸上露出微笑。

木屋里生着火,火上炖着肉。

一个老头子蹲在地上扇火,一个老太婆正在往锅里倒酱。

还有个头发长长的女人，一直蹲在旁边不停地催他们。

这只猫蹿进屋子，就蹿入她怀里。

她显然就是这只猫的主人。

郭大路终于找到了他要找的人。他追到门口的时候，她刚好回过头。

两个人目光相遇，都吃了一惊。

然后郭大路就叫了起来："酸梅汤，原来是你？"

04

红烧肉炖烂，切得四四方方的，每块至少有四两。

郭大路恰好能一口吃一块。

猫伏在酸梅汤脚下，懒洋洋的；这是条很随和的猫，并不一定要吃鱼，并不反对红烧肉。

无论是人是猫，肚子饿的时候，都不会反对红烧肉的。

吃下七八块肉，郭大路才叹了口气，道："我简直连做梦也没有想到会是你。"

酸梅汤抿着嘴笑了。

郭大路道："你做事总是这么样神秘兮兮的么？"

酸梅汤垂下头，笑道："我本来是想自己送去的，可是我怕你们不肯收。"

燕七冷冷道："你根本不必送这些东西来的。"

酸梅汤道："你们帮了我很多忙，我总不能不表示一点心意。"

郭大路道："但这些东西还是不能收。"

酸梅汤道："为什么？"

郭大路道："因为……因为你是女人。"

酸梅汤道："女人也是人。"

郭大路瞟了燕七一眼，笑道："她说话的口气倒跟你差不多。"

燕七板着脸，道："男人送这么多东西来，我们也一样不能收。"

郭大路接着道："何况，我们已吃了你好几顿，已经不太好意思了。"

酸梅汤眨眨眼，道："那么，就算我把这些东西存在你们这里好了。"

王动道："那就要租金。"

酸梅汤道："我付。"

王动道："还要保管费。"

酸梅汤道："我也付。"

王动道："每天十两银子。"

酸梅汤道："好。"

王动道："要先付，不能欠账。"

酸梅汤笑道："我先付十天行不行？"

她真的拿出了一百两银子。

王动没有动，只是盯着这一大锭银子看，好像看得出了神。

郭大路他们却在盯着王动。

他们忽然开始觉得王动这人很莫名其妙，很岂有此理。

别人好心好意地送酒给他喝，送饭给他吃，送椅子给他坐，送床给他睡，还把他的破屋子修饰一新。

他却要收人家的租金，而且还要先付。

"这人他妈的简直是个活混蛋。"

郭大路瞪着他，几乎已忍不住要骂了出来。

王动的眼睛已经从银子上移开，瞪着酸梅汤，忽然道："你有病。"

酸梅汤怔了怔，道："有病？"

王动道："不但有病，而且病很重。"

酸梅汤笑道："我吃又吃得下，睡又睡得着，怎么会有病呢？"

王动道："也许你这病就是吃多了胀出来的。"

他脸上毫无表情，又道："你花钱买了这么多东西，又费了很多事送到这里来，却还心甘情愿地付我租金，一个人若是没有病，怎么会做这种事？"

郭大路笑了。

他也开始觉得酸梅汤的确有病，而且还的确病得很重。

酸梅汤眼珠子在打转，道："我若说这么样做只不过因为觉得欠了你们的情，你们信不信？"

王动看了看郭大路，道："你信不信？"

郭大路道："不信。"

王动道："若连他都不信，只怕天下就没有别的人会信了。"

酸梅汤叹了口气道："所以我也没有这么样说。"

郭大路道："你准备怎么样说？"

酸梅汤眼珠子不停地转，咬着嘴唇，道："一个男人若是看上了一个女人，想要娶她，是不是就会做出很多莫名其妙的事来？"

王动道："是。"

男人为了一个他已爱上了的女人，简直什么事都做得出的。

酸梅汤道："女人也一样。"

王动道："一样？怎么一样？"

酸梅汤道："一个女人，若是看上了一个男人，想要嫁给他，也一样会做出很多莫名其妙的事来的。"

她的脸忽然红了，垂着头道："我……我今年已经十八了。"

十八岁的女孩子，通常都会想到一件事。

嫁人。

十八岁的女孩子，有哪个不怀春？

这本是很正常的事。

郭大路又笑了，道："你没有病，男大当婚，女大当嫁，谁也不能说你有病。"

他挺了挺胸，又道："却不知你看上的人是谁？"

燕七瞪了他一眼，冷冷道："当然是你。"

郭大路笑道："那倒不一定。"

他嘴里虽说"不一定"，脸上的表情却已是十拿九稳了。

像他这样的男人，就算打锣都找不到的。

酸梅汤的确正在看着他，但却摇了摇头，抿着嘴笑道："也许是你，也许不是你，我现在还不能说。"

郭大路道："为什么？"

酸梅汤道："因为现在还没有到时候。"

郭大路道："几时才到时候？"

酸梅汤眼波流动，又低着头，道："我总要先看看他是不是真的很好，这是我的终身大事，我总不能不特别小心。"

郭大路道："你现在还看不出？"

酸梅汤道："我……我还想再等等，再看看。"

燕七冷冷道："我看你还是快点看吧，有人已经快急死了。"

郭大路笑道："没关系，你慢慢地看，好人总是好人，愈看愈好的。"

酸梅汤嫣然道："我看出来之后，一定第一个告诉你。"

燕七忽然站起来，扭头走了出去。

郭大路道："你为什么要走呢？大家一起聊聊天不好吗？"

燕七道:"有什么好聊的?"

郭大路道:"你难道没有话说?"

燕七道:"我只有一句话说。"

他头也不回,冷冷地接着道:"现在的女孩子,脸皮的确愈来愈厚了。"

郭大路看着燕七走出去,才摇了摇头,笑道:"这人的脾气虽然有点怪,但却是个好人。酸姑娘,你千万不能生他的气。"

酸梅汤嫣然道:"我不姓酸,我姓梅。"

郭大路道:"梅花的梅?"

酸梅汤点点头,道:"我叫梅汝男。"

郭大路笑道:"又是梅花,又是兰花,简直可以开花店了。"

酸梅汤笑道:"不是兰花的兰,是男人的男。"

郭大路道:"梅汝男,这名字倒有点怪。"

梅汝男道:"先父替我取这名字的意思,就是告诉我,你要像个男人,不能扭扭捏捏的,想做什么事就去做,想说什么就说出来。"

王动忽然道:"令尊九泉之下有灵,一定会觉得很高兴。"

梅汝男道:"为什么?"

王动道:"因为你的确没有辜负他的期望。"

梅汝男的脸红了,道:"你……你认为我做事真的很像男人?"

王动道:"你是女人?"

梅汝男忍不住笑了。

郭大路也笑道:"你做事的确比很多男人还像男人,譬如说……"

他将声音压得很低很低,悄悄道:"我们那朋友燕七,有时就很像女人,不但有点娘娘腔,而且常常会无缘无故地发脾气。"

梅汝男道:"你认为女人常会无缘无故地生气?"

郭大路只笑,不说话。

梅汝男道:"女人也跟男人一样,若是生气,一定有缘故的,只不过男人不知道而已。"

她笑了笑,接着道:"其实男人并不如他们自己想的那么聪明。"

郭大路想说话,却又忍住。

他决心不跟她争辩,要争辩也等她说出她看上的是哪个人之后再争辩。

那到时他就会告诉她,男人至少总比她想象中聪明得多。

到那时她一定就会相信了。

郭大路面上露出了笑容,好像已想象到那时候的旖旎风光,酸梅汤正躺在他的怀里,告诉他"那个人"就是他。

"那时她就会知道究竟是谁聪明了。"

郭大路笑得几乎连嘴都合不起来。

林太平也在笑。

他是不是也在想着同样的事呢?

一个人若不会自我陶醉,也许就不能算是个真正的男人。

也许根本不能算是个人。

人之所以比畜生强,也许就因为人会自我陶醉,畜生不会。

梅汝男忽又道:"其实一个男人能有点娘娘腔也不错。"

郭大路道:"为什么?"

梅汝男道:"那种人至少不会很野蛮、很粗鲁,而且一定比较温柔体贴。"

郭大路忽然站了起来,一扭一扭地走出去,忽又回头,问王动道:"你看我是不是也有点娘娘腔呢?"

王动道:"你是男人?"

郭大路大笑,道:"我本来以为是的,现在连自己也有点弄不清

了。"

05

　　月亮。月亮很亮。

　　圆圆的月亮挂在树梢。

　　燕七一个人坐在树下，痴痴地发着怔。

　　郭大路忽然也走过来，坐在他旁边。

　　燕七皱了皱眉，瞪起了眼睛，道："你来干什么？"

　　郭大路道："来聊聊。"

　　燕七板着脸，道："你跟我有什么好聊的，你为什么不去找那位梅姑娘？"

　　郭大路摸摸下巴，道："你好像不太喜欢她。"

　　燕七道："喜欢她的人已经够多了，用不着我再去凑数。"

　　郭大路没有说话。

　　燕七横了他一眼，道："今天下午，你们好像聊得很开心嘛。"

　　郭大路道："嗯。"

　　燕七道："既然聊得那么开心，何必来找我？"

　　郭大路忽然笑了，道："你在吃醋。"

　　燕七的脸好像红了红，道："吃醋？我吃谁的醋？"

　　郭大路笑道："你知道她喜欢的人一定是我，你却很喜欢他，所以……"

　　燕七不等他的话说完，站起来就要走。

　　郭大路拉住他的手，他用力甩开，郭大路又拉住，道："我是来找你谈正经事的。"

燕七皱着眉，道："正经事？你嘴里还说得出什么正经事？"

郭大路道："你好像说过，这附近有个姓梅的人家，有个大少爷叫'石人'梅汝甲。"

燕七道："我说过。"

第十四章

南宫丑的秘密

郭大路道:"你想,梅汝男会不会是梅汝甲的妹妹呢?"

燕七道:"是不是都和我没关系。"

郭大路道:"梅家是不是和凤栖梧有仇?"

燕七道:"不清楚。"

郭大路道:"我想一定是的,所以,梅汝男才会用计除掉凤栖梧,可是她和南宫丑是不是也有仇?南宫丑是不是她救走的?她将南宫丑救走,是不是为了那批珠宝?"

燕七道:"你为什么不问她自己去?"

郭大路叹了口气,道:"她自己既然没有说,我问也问不出的。"

燕七冷笑道:"我看你是不敢问。"

郭大路道:"不敢?"

燕七道:"你怕得罪她,怕她生气,所以……"

他忽然闭上嘴,脸拉得更长。

郭大路回过头,就看到梅汝男走过来。

她脸上带着甜笑,眼睛又大又亮,笑道:"那些事你们本来就该问我的,我怎么会生气?"

燕七板着脸,冷冷道:"我们刚才说的话,你全听见了?"

梅汝男低下头,道:"我不是故意想来偷听的,我是来告诉你们,晚饭已准备好了。"

燕七道："来得倒真巧。"

他本已站了起来,现在又扭头就走。梅汝男看着他走远,才叹了口气苦笑道："我又没有得罪他,他为什么一看见我就走?"

郭大路笑道："也许因为他很喜欢你。"

梅汝男眨了眨眼,道："喜欢我?为什么反而躲着我呢?"

郭大路道："也许就因为他已看出你喜欢的人不是他。"

梅汝男低着头,过了很久,忽然笑了。

郭大路道："你笑什么?"

梅汝男抿着嘴笑道："我笑你们男人,总是该问的话不问,该说的话不说。"

郭大路道："我想问你的那些事,你……"

梅汝男打断了他的话,拉起他的手,笑道："走,我们吃饭去,那些事吃完饭我再告诉你。"

郭大路道："现在为什么不告诉我?"

梅汝男道："我怕你听了吃不下饭去。"

她拉着郭大路的手走进屋子,拉得很紧,坐下来后好像还舍不得放开。

王动在盯着她的手,林太平也在盯着她的手,燕七想故意装作看不见,却还是忍不住偷偷瞟了几眼。

郭大路心里真是说不出的舒服,所以这顿饭吃得特别多。

他抹嘴的时候,梅汝男忽然道："你们猜的都没有错,我是梅汝甲的妹妹,我们家的确跟凤栖梧有仇,只可惜一直找不着他,所以才想出这法子。"

她笑了笑,接着道："我们早已算准棍子和金毛狮子狗一定能将凤栖梧从窝里掏出来,他们是官差,找人自然比我们方便得多。"

说到这里，她忽然叹了口气，才接着道："直到这里为止，你们都还没有猜错。"

郭大路道："以后呢？"

梅汝男道："以后的事，你们就全都猜错了。"

郭大路怔了怔，道："我们猜错了哪些事？"

梅汝男道："第一，那黑衣人并不是南宫丑。"

郭大路道："不是南宫丑是谁？"

梅汝男咬着嘴唇，过了很久才下定决心，道："是我哥哥。"

这句话说出来，大家都吃了一惊，郭大路简直忍不住要叫了起来。

林太平也不禁失声道："你哥哥？他为什么要做那种事呢？"

梅汝男垂下头，道："江湖中人都以为我们梅家是武林世家，一定是家财万贯，因为我们家的排场一向都很大，江湖上的朋友只要找到我们，我们从没有让他们失望过。"

她神情变得很凄凉，黯然道："其实自从先父去世之后，我们家早已变得外强中干，非但没法子接济别人，连自己的日子都过得很艰苦，所以……"

王动道："所以你们不但想要凤栖梧的命，还想要他的钱。"

梅汝男点点头，道："不错，我们计划本是双管齐下，我到这里来作案的时候，我哥哥早已找到棍子和金毛狮子狗，而且做了他们的保镖。"

郭大路道："像棍子和金毛狮子狗那么精明的人，怎么会随随便便相信他就是南宫丑？怎么会随随便便就用他做保镖呢？"

梅汝男道："第一，因为他们根本也没有见过南宫丑；第二，因为我哥哥身上带着样南宫丑的信物；第三，因为他们根本想不到会有人冒充南宫丑。"

郭大路道："第四，因为你们的运气不错。但是你哥哥身上怎么会有南宫丑的信物？"

梅汝男道："因为他是我哥哥的朋友。"

郭大路叹了口气，苦笑道："看来你哥哥倒也是个天才，居然能交到这种朋友。"

梅汝男的脸红了红，道："他本来就喜欢交朋友，而且喜欢帮人家的忙，江湖中得过他好处的人也不知有多少。就因为他朋友太多、太慷慨，所以我们家才会一天比一天穷。"

郭大路笑道："不错，守财奴就永远不会缺钱用，早知他是这么样的一个人，我那拳就该打得轻点的。"

梅汝男的脸沉了下来，缓缓道："我还要告诉你两件事。"

郭大路道："你说。"

梅汝男道："第一，我不喜欢别人在我面前侮辱我哥哥；第二，若非他用的兵器不顺手，挨揍的不是他，是你。"

"石人"梅汝甲用的兵刃是石器，这点郭大路也听说过。郭大路只好笑笑，道："却不知那真的南宫丑武功如何？"

梅汝男淡淡道："你遇见的若真是南宫丑，现在也许就不会坐在这里了。"

郭大路道："不坐在这里在哪里？"

梅汝男道："躺着，就算没有躺在棺材里，至少也躺在床上。"

郭大路大笑，只不过笑得多少已有点不自然了。

幸好梅汝男已接着道："我们的计划从头到尾都进行得很顺利，直到……"

她看了林太平一眼，林太平道："直到我无意中看到了他。"

梅汝男叹了口气，道："我真希望那天你们没有到城里去，没有看到他。"

林太平道："他生怕我们还要追查他的秘密，所以想来把我们杀了灭口。"

梅汝男凄然道："他是我们梅家的独生子，绝不能让我们梅家几百年的声名毁在他手上。"

王动叹道："所以他宁可承认自己是南宫丑，也不肯说出自己真实的身份来。他宁可死，也不能丢人，是么？"

梅汝男点点头，眼圈儿红了。

王动忽然长叹了口气，道："做一个武林世家的独生子，的确有很多不足为外人道的痛苦。"

郭大路道："世上也许只有一种人比他更痛苦。"

王动道："哪种人？"

郭大路道："他的妹妹。"

梅汝男瞟了他一眼，似笑非笑，似怨非怨，看起来真是说不出的动人。

林太平痴痴地看着她，忽然道："那口棺材是你送来的？"

梅汝男道："嗯。"

林太平道："你为的是什么？"

梅汝男叹道："我知道你杀了人之后，心里一定很难受，送那口空棺材来，为的就是告诉你，你杀的人并没有死。"

林太平的样子更痴了，喃喃道："无论如何，我总该谢谢你。"

郭大路看了看他，又看了看梅汝男，也叹了口气，道："你真该谢谢他，他对你真不错。"

燕七一直没有开口，忽然冷冷道："但棺材上还是写着南宫丑的名字。"

梅汝男道："无论如何，我总不能出卖我哥哥。"

她眼圈儿更红了，接着道："我虽然知道他做得不对，但也只能在暗中阻止……"

燕七道:"所以你一直不敢露面。"

梅汝男黯然道:"我不敢露面,也不能露面。但我还是尽我所有的力量来讨好你们,只希望你们能看在我的面上原谅他。"

燕七道:"他的人呢?"

梅汝男道:"回家了。"

燕七道:"是你把他救走的?"

梅汝男道:"当然是我,他是我嫡亲的哥哥,我总不能看着他受苦……"

她忽然抬起头,道:"假如你们还不肯原谅他,也不必再去找他,可以来找我,我愿意承当一切过错。"

林太平忽然站了起来,大声道:"无论别人怎么说,我总认为你没有错。"

郭大路道:"谁说她错了,谁就是混蛋。"

王动道:"我只能说她简直不是个人。"

林太平立刻红了脸,连脖子都粗了,瞪眼道:"你说她不是人?"

王动叹道:"她的确不是人,因为像她这么样有勇气的人,我还没见过。"

郭大路拍手道:"一点也不错,这些话她本来根本不必告诉我们的,但她却一点也没有隐瞒,这种勇气谁能比得上?"

燕七道:"你也比不上?"

郭大路叹道:"若换了我,我倒真未必敢将这种事当面说出来。"

燕七忽然笑了笑,道:"你现在总该知道,女人并没有你想象中那么差劲吧?"

郭大路道:"非但不差劲,简直伟大。"

梅汝男眼圈又红了,道:"你们……你们真的都不怪我?"

郭大路道:"怪你?谁敢怪你?我们简直应该跪下来跟你磕头。"

王动道："若不是你，我们就算没有被毒死，也饿死了。"

梅汝男垂下头，道："其实我哥哥也并不是……"

郭大路抢着道："你也用不着为他解释，我们也不怪他。"

梅汝男道："真的？"

郭大路道："我若是他说不定也会这么样做的。"

王动道："我做得也许比他更凶。"

郭大路道："我只担心你哥哥，他以后若知道你在跟他捣蛋，一定会气得要命。"

梅汝男苦笑道："他现在就已知道。"

郭大路怔了怔，道："他知道后怎么样？"

梅汝男道："气得要命。"

郭大路道："你怎么办？"

梅汝男道："我就溜了。"

郭大路皱眉道："但你迟早要回去的，那是你的家。"

梅汝男又垂下头，不说话了。

王动忽然笑了笑，道："她若回去，当然一定要受罪，但是她却可以不回去。"

郭大路道："为什么？"

王动微笑着，道："一个女孩子嫁了人之后，就可以不必回娘家。"

郭大路恍然，失笑道："不错，她若出了嫁，就不是梅家的人了，她哥哥就再也管不着她。"

王动道："所以她就不能不赶快出嫁。"

郭大路道："嫁给谁呢？"

王动悠然道："当然是嫁给她喜欢的人，也许是我，也许是你。"

郭大路忽然怔住了。

他忽然发现梅汝男在偷偷地笑。

梅汝男一直垂着头，红着脸，静静地坐在那里，好像很难受、很伤心的样子，但嘴角却已情不自禁露出了微笑。她笑得就像是只刚偷来了八只鸡的小狐狸。

郭大路终于恍然大悟，原来这四个大男人全都上了她的当了。

在这种情况下，无论她喜欢的人是谁，看起来都已非娶她不可。

这小狐狸已在不知不觉中将他们全都套住，套住了他们的脖子，现在只要她的手一提，就有个人要被她吊起来，吊一辈子。

"看来女人的确要比男人想象中聪明得多。"

只不过她想吊的人究竟是谁呢？

王动还在笑，笑得也像是只狐狸，老狐狸。

他好像已知道自己绝不会被吊起来的。

他好像还知道一些郭大路不知道的事，忽又笑了笑，道："我们这些人虽然并不是什么大英雄、大豪杰，但也绝不是忘恩负义的胆小鬼，对不对？"

林太平道："对。"

王动道："所以梅姑娘若是有什么困难，我们就一定要想法子替她解决，对不对？"

林太平道："对。"

他又是第一个抢着说话的。

郭大路看着他，暗中叹了口气："到底是年轻人，随时随地都会热情过度，别人刚准备好绳子，他就抢着往自己头上套。"

他这口气还没有完全叹出来，就发觉王动在瞪着他，道："你呢？你说对不对？"

郭大路想说不对也不行，只恨不得找个鸡蛋塞到王动嘴里去，燕七忽然道:"根本就不必问他,若论起怜香惜玉、见义勇为这种事,天下还有谁比得上郭先生?"

王动点点头,好像被燕七说到心里去了,正色道:"这话倒真的一点也不假,但是你呢?"

燕七笑笑,淡淡道:"只要王老大一句话,我还有什么问题?"

王动长长吐出口气,展颜笑道:"梅姑娘,我们说的话,你全听到了么?"

梅汝男低着头,从鼻子里"嗯"了一声,轻得就好像蚊子叫。

王动道:"那么你若有什么困难,为什么还不说出来呢?"

梅汝男头垂得更低,一副可怜巴巴的样子,轻轻道:"我不好意思说。"

王动道:"你只管说。"

梅汝男脸也红了,显得又可怜,又难为情的样子,费了半天劲,才断断续续地说道:"我哥发现我这么做的时候,简直气得要发疯,一直逼着我,问我为什么要做这种事,为什么帮着外人害自己的哥哥?"

王动道:"你怎么说?"

梅汝男的脸更红,道:"我想不出别的话说,只好说……只好说……只好说……"

她好像忽然抽了筋,说来说去都只有这三个字。

郭大路实在受不了,忍不住道:"说什么?"

梅汝男用力咬了咬嘴唇,像是下了很大的决心,红着脸道:"我只好说,我帮的也不是外人。他就问,不是外人是什么人,我就只好说是……是……"

郭大路又忍不住问道:"是什么?"

梅汝男道:"我只好说是他的妹夫,因为我已和这人定亲。"

说完了这句话,她好像全身都软了,差点跌到桌子底下去。

郭大路也差点掉到桌子底下去。

王动眨着眼，道："你哥哥听了你这话，又怎么说呢？"

梅汝男道："他听了这话，气才算平了些，但却又警告我，假如我在骗他，他就要把我活活打死，又逼着我带……带回家去。"

王动道："带什么回去？"

梅汝男咬着嘴唇道："带人……"

王动道："带什么人？"

梅汝男道："妹……妹夫……"

王动道："谁的妹夫？"

梅汝男道："我……我哥哥的妹夫。"

说完了这句话，她好像整个人又全都软了。

郭大路的人也软了。

王动又长长吐出口气，好像到现在才总算弄清楚她的意思。

事实上，要弄清楚一个女孩子说的话，也的确不太容易。

王动笑道："看来现在已只剩下一个问题了。"

林太平道："什么问题？"

王动道："我们这四个人，谁是梅姑娘哥哥的妹夫呢？他是不是肯跟梅姑娘回去？"

林太平道："谁会不肯？难道他忍心看着梅姑娘被她哥哥活活打死？"

王动道："万一有人不肯呢？"

林太平道："那么他简直就不能算是我们的朋友，对这种不是朋友的朋友，我们就用不着客气了。"

王动抚掌道："不错，就算有人不肯去，另外的三个人也得逼着他去，你们赞成不赞成？"

林太平道："赞成。"

王动眼角瞟着郭大路道:"你呢?"

燕七忽又冷冷道:"这句话你也不该问的,你难道将郭先生看成了忘恩负义的人?"

王动笑道:"那就好极了,现在所有的问题都已解决,梅姑娘,你还等什么呢?"

梅汝男却偏偏还要让他们再等等。女人好像天生就喜欢让男人着急。

她眼珠子不停地转,在这四个人脸上转来转去。

郭大路只希望这双眼珠子不要停在他脸上。

其实他一点也不讨厌这位"酸梅汤",今天早上她来的时候,若说她喜欢的是别人,不是他,他一定会气得要命。

但喜欢是一回事,娶她做老婆又是另一回事了。

被逼着娶她做老婆,更是件完全不同的事,就好像他虽然喜欢喝酒,但也不愿被人捏着鼻子,拿酒往他嘴里灌的。

他只望这位酸梅汤的眼睛有毛病,看上的不是他,是别人。

酸梅汤的眼睛却偏偏一点毛病也没有,而且在盯着他。

不但在盯着他,而且还在笑,笑得很甜,很迷人。

无论谁知道自己已钓上条大鱼的时候,都会笑得很甜的。

郭大路也想对她笑笑,却实在笑不出。

他心里在叹气:"算我倒霉,谁叫我长得比别人帅呢!"

梅汝男忽然道:"我答应过,我决定的时候,一定第一个告诉你。"

郭大路喃喃道:"其实你也用不着对我太守信,女孩子答应人的事,常常都会忘的。"

梅汝男嫣然道:"我没有忘记。你跟我出来,我告诉你。"

她忽然站起来走出去,脚步轻盈得就像是燕子。

一只刚捉住七八条大毛虫的燕子。

第十五章

苦 差

01

她走到门口还转回头向郭大路招了招手。她的手又白又嫩。

你的脖子假如已被一双手扼住,无论这双手多么白,多么嫩,那滋味也是一样不太好受的。

郭大路只好站起来,看看燕七。

燕七没有看他。

郭大路看看王动。

王动在喝酒,酒杯挡住了他的眼睛。

郭大路看看林太平。

林太平在发怔。

郭大路咬咬牙,恨恨道:"我祖宗一定积了德,否则怎会交到你们这种好朋友呢?"

只听梅汝男在门外道:"你在说什么?为什么还不出来?"

郭大路叹了口气,道:"我什么也没有说,我在放屁。"

他总算走了出去。看他那愁眉苦脸、垂头丧气的样子,就好像被人押着上法场似的。

过了半天,林太平忽然叹了口气,喃喃道:"想不到这人原来也会装蒜的，心里明明喜欢得要命，却偏偏要装出这种愁眉苦脸的样子，叫人看着生气。"

他口气好像有点酸溜溜的，肚子里的酒好像全都变成了醋。

王动笑了，道："你弄错了一样事。"

林太平道："什么事？"

王动道："他心里并不喜欢。"

林太平道："不喜欢？梅姑娘难道还配不上他？"

王动道："配不配得上是一回事，喜不喜欢又是另外一回事。"

林太平道："你怎么知道他不喜欢？"

王动道："因为他还没有变成呆子，也没有变成哑巴。"

林太平眨眨眼，他听不懂。

王动也知道他听不懂，所以又解释道："有个很聪明的人说过一句很有道理的话，他说，无论多聪明的人，若是真的喜欢上一个女人，他在她面前也一定会变得呆头呆脑的，甚至连话都说不出来。"

他有意无意间向燕七看了看，笑道："但他在梅姑娘面前，说的话还是比别人多……"

燕七打断了他的话，冷冷道："这只因有的人天生就是多嘴婆。"

王动笑笑，不说话了。

没有人愿意做多嘴婆——平时也没有人会认为他是多嘴婆，但今天他却好像有点变了，说的话至少比平时多好几倍。

林太平就在奇怪：这人今天为什么变得如此多嘴？这些话究竟是说给谁听的？

林太平只知道一件事：若没有特别的原因，王动连嘴都懒得动。

02

月光很美。

也许很少有人会注意到,但冬天的月光并不一定就不如春天的月光那么动人,冬天的月光也一样能打动少女的心。

圆圆的月亮挂在树梢,梅汝男就站在树下。月光照着她的脸,她的眼睛。

她的眼睛比月光更美。

就连郭大路也不能不承认,她的确是个很好看的女孩子,尤其是她的身材,郭大路几乎从来也没有见过身材这么好的女人。

她好像比郭大路第一次看到她的时候更漂亮了,这也许是因为她的衣服,也许是因为她的笑。

她今天穿的不再是粗布衣服,窄窄的腰身,长长的裙子,衬得她的腰更细,风姿更迷人。

她又在看着郭大路笑,笑得更甜。

郭大路本来最欣赏她的笑,现在却几乎连看都不敢去看一眼。

女孩子的笑就像是她们的衣服首饰、胭脂花粉一样,全都是她们用来诱男人上钩的饵。聪明的男人最好连看都不要看。

郭大路那天若已懂得这道理,今天又怎会惹上这么多麻烦?

他暗中叹了口气,慢吞吞地走过去,忽然道:"你哥哥真的酒量很好?"

梅汝男笑道:"假的,他平常根本很少喝酒。"

郭大路苦笑道:"那就更麻烦了。"

梅汝男道:"有什么麻烦?"

郭大路笑道:"我本来还想一见面就先想法子把他灌醉的,免得他想起昨天的事,故意找我的麻烦。"

梅汝男嫣然道:"你若怕他找你麻烦,不妨躲着他些,等过几天他的气平了后,再去见他。"

郭大路道:"你不是急着要我回去见他吗?"

梅汝男眼睛忽然瞪得很大,瞪着他,道:"你以为……你以为……"

她忽然笑了,笑得弯了腰。

郭大路怔住,眼睛也已发直,也在瞪着她,讷讷道:"不是我……"

梅汝男笑得连话都说不出了,只能不停地摇头。

郭大路忍不住道:"不是我是谁?"

梅汝男好不容易停住笑,喘口气道:"是燕七。"

郭大路叫了起来,道:"燕七?……你看上的人是燕七?"

梅汝男点点头。

郭大路这才真的怔住了。

其实他根本就不想跟梅汝男成亲,根本就不想跟任何人成亲。

梅汝男看上的既然不是他,他本该大大地松口气,觉得很开心才对。

但也不知为了什么,现在他忽然又觉得难受、很失望,甚至有点酸溜溜。过了很久,才将这口酸气吐出来,摇着头,喃喃道:"我实在不懂,你怎么会看上他的?"

梅汝男眼波流动,笑道:"我觉得他很好,样样都好。"

郭大路道:"连不洗澡那样也好?"

梅汝男道:"有个性的男人,在没有成亲的时候,常常都不修边幅的,但等到有个妻子照顾他的时候,他就会变了。"

她眼睛发着光,就像做梦似的,痴痴地笑着道:"老实说,我从小就喜欢这种不拘小节的男人,这种人才真的有男子气。那种成天打扮得油头粉脸的男人,我一看就要吐。"

郭大路看着她的眼睛,忽然觉得这双眼睛简直一点也不美,简直就好像瞎子的眼睛一样。

梅汝男道:"我也知道他总是在躲着我,好像很讨厌我,其实真正有性格的男人都是这样子的。那种一见了女人就像苍蝇见了血的男人,我更讨厌。"

郭大路的脸好像有点发热,干咳了几声,道:"这么样说来,你是真的很喜欢他?"

梅汝男道:"你连一点也看不出?"

郭大路叹了口气,苦笑道:"我只觉得你好像跟我特别亲热。"

梅汝男嫣然道:"那不过是我故意逗他生气的。"

郭大路道:"你既然喜欢他,为什么反而要逗他生气?"

梅汝男道:"就因为我喜欢他,所以才要逗他生气,这道理你也不懂?"

郭大路苦笑道:"这么样看来,一个男人还是莫要被女人看上的好。若是永远都没有女人看上他,他活得反而开心些。"

梅汝男眨着眼,道:"你现在很开心么?"

郭大路道:"当然很开心,简直开心极了。"

郭大路走进来的时候,就算瞎子也能看得出他一点也不开心。

假如他出去的时候看起来像是个被押上法场的囚犯,那么他现在这样子看起来简直就像是个死人。也许只不过比死人多了口气而已。

一大口又酸又苦的冤气。

屋子里的情况几乎还是和他刚才离开时完全一样,王动还是在喝酒，林太平还是直发怔，燕七还是故意装作看不见他。

郭大路把王动手里的酒杯抢了过来，大声道："你今天怎么回事？变成了个酒坛子吗？"

王动笑笑，道："好朋友的喜酒当然要多喝几杯，你难道舍不得？"

郭大路本来也想笑笑的，却笑不出来，用眼角瞟着燕七，道："这里倒的确有个新郎官，但却不是我。"

王动好像并不觉得意外，只淡淡地问道："不是你是谁？"

郭大路没有回答。

他已转过身，瞪大了眼睛，看着燕七。

燕七忍不住道："你看什么？"

郭大路道："看你。"

燕七冷笑道："我有什么好看的？你只怕看错了人吧。"

郭大路叹了口气，道："我正是想找出你这人究竟有什么好看的地方，会有人看上你。"

燕七皱了皱眉，道："谁看上了我？"

郭大路道："新娘子。"

燕七开始有点吃惊了，道："新娘子跟我又有什么关系？"

郭大路总算笑了笑，道："新娘子若是跟新郎官没有关系，跟谁有关系？"

燕七的眼睛也瞪了起来，道："谁是新郎官？"

郭大路道："你。"

燕七呆住了。

开始时他显得很吃惊，后来忽然变得很欢喜，终于忍不住笑了出来，就好像面前忽然掉下个大元宝似的。

郭大路眨眨眼，道："原来你也很喜欢她。"

燕七不说话，直笑。

郭大路道："你若是不喜欢她，为什么笑得这么开心？"

燕七不回答，反问道："她的人呢？"

郭大路淡淡道："正在院子里等新郎官，你最好不要让她等得太着急。"

燕七没有让她等，郭大路的话还没有说完，他已跳起来，冲了出去。

郭大路看着他，慢慢地摇着头，喃喃道："看来新郎官比新娘子还急。"

王动忽然笑道："你是不是很不服气？"

郭大路瞪了他一眼，冷冷道："我只不过觉得有点奇怪。"

王动道："有什么好奇怪的？"

郭大路道："我只奇怪，为什么每个女人的眼睛都有毛病。"

王动道："你认为梅姑娘不该看上燕七的？你认为他很丑？"

郭大路想了想，道："其实他也不能叫作太丑，至少他的眼睛并不丑。"

其实，燕七的眼睛非但不丑，而且很好看，尤其是在眼睛带着笑意的时候，看起来就像是春风中清澈的湖水。

王动道："他的鼻子很丑吗？"

郭大路又想了想，道："也不算是很丑，只不过笑起来的时候就像个肉包子。"

燕七笑的时候，鼻子总是要先轻轻地皱起来，但那非但不像个包子，而且反显得很俏皮，很好看。

王动道："他的嘴很丑？"

郭大路忽然笑了，道："我很少看到他的嘴。"

王动道："为什么？"

郭大路笑道："他的嘴好像比金毛狮子狗的嘴还要小。"

王动道："小嘴很难看？"

郭大路只好摇摇头，因为他并不是个会昧着良心说话的人。

王动道："他什么地方难看？"

郭大路想了很久，忽然发觉燕七从头到脚实在都长得很好。

就连他那双脏兮兮的手，都比别人长得秀气些。

郭大路只好叹了口气，道："他若时常洗洗澡，也许并不是个很难看的人。"

王动忽又笑了，道："他若真的洗了个澡，你也许会吓一跳。"

郭大路也笑了，道："我倒真希望他什么时候能让我吓一跳。"

王动道："你既然也觉得他不错，那么梅姑娘看上他，又有什么不对呢？"

郭大路叹道："对，对极了。"

他忽然听到院子里发出一声尖叫。

是梅汝男在叫，叫得就像一个被人踩到尾巴的猫。

郭大路站起来，像是想出去看看，却又坐下，摇着头笑道："我知道新郎官都很急，却还是没有想到燕七会急得这么厉害。"

他这句话刚说完，就看到燕七走了进来。

一个人走了进来。

郭大路道："新娘子呢？"

燕七道："没有新娘子。"

郭大路道："有新郎官，就有新娘子。"

燕七道："也没有新郎官。"

郭大路看着他，忽又笑了，道："新娘子是不是已经被新郎官吓跑了？"

他忽然发现燕七脸上有三条长长的指甲印，就好像是被猫抓的。

燕七却一点也不在意，反而好像很愉快，眨着眼，笑道："她的确已经走了，但却不是被我吓走的。"

郭大路道："不是？你没有动手动脚，她为什么会叫？"

燕七笑笑，道："我若真的动手动脚，她还会走吗？"

郭大路只有承认："不会。"

因为他也知道，一个女人若是喜欢了一个男人时，就怕他不动手动脚。

"可是她为什么要走呢？"

燕七道："因为，她忽然改变了主意，不想嫁给我了。"

郭大路愕然道："她改变了主意？怎么会的？"

燕七道："因为……因为我对她说了一句话。"

郭大路摇头道："我不信，一个女人若已打定了主意要嫁给你，你就算说三千六百句话，她也不会改变主意的。"

他又笑着道："你几时看过有人肯让已钓上手的鱼溜走的？"

燕七笑道："也许她忽然发现这条鱼刺太多，也许她根本不喜欢吃鱼。"

郭大路道："天下没有不喜欢吃鱼的猫。"

燕七道："她不是猫。"

郭大路看着他的脸，笑道："若不是猫，怎么会抓人呢？"

郭大路当然知道女人不但也会抓人，而且抓起人来比猫还凶。

猫抓人总还有个理由，女人却不同。

她高兴抓你就抓你。

郭大路只有一件事想不通："你究竟是用什么法子，让她改变主意的？"

燕七道："我什么法子也没有，只不过说了一句话而已。"

郭大路道:"说的是什么话?"

燕七道:"那是我的事,你为什么一定要问?"

郭大路道:"因为我也想学学。"

燕七道:"为什么要学?"

郭大路笑道:"只要是男人,谁不想学?"

燕七道:"那我更不能告诉你了。"

郭大路道:"为什么?"

燕七笑了笑,道:"因为那是我的秘密,若被你学会,我还有什么戏唱?"

郭大路叹了口气,喃喃道:"我还以为你是我朋友哩,谁知你连……"

王动忽然打断了他的话,道:"朋友之间难道就不能有秘密?"

郭大路道:"那也要看是什么样的秘密。"

王动道:"秘密就是秘密,所有的秘密都一样。"

郭大路道:"这么样说来,你也有秘密?"

王动点点头,道:"你呢?你难道没有?"

郭大路想了想,终于勉强点了点头。

王动道:"别人若要问你的秘密,你肯不肯说?"

郭大路又想了想,终于勉强摇了摇头。

王动道:"那么你就也不能问别人的。"

他躺了下去。

他躺下去的时候,就表示谈话已结束。

03

只有正确的结论才能使谈话结束。
王动的结论通常都很正确。
每个人都有秘密。
每个人都有权保留自己的秘密,这是他的自由。

第十六章

郭大路的秘密

01

秘密是什么呢?

秘密就是你唯一可以独自享受的东西。

它也许能令你快乐,也许令你痛苦,它无论是什么,都是完全属于你的。

它若是痛苦,你只有独自承当;若是快乐,你也不能让人分享。

连最好的朋友也不能。

因为假如有第二个人知道你的秘密,那就不能算是秘密了。

有些秘密的确是种享受。

当你刚吃了顿好饭,洗了个热水澡,身上穿着件宽大的旧衣服,一个人坐在舒服的椅子上,面对着窗外满天夕阳的时候,你忽然想起秘密,心里就会不由自主泛起种温暖之意……

你的秘密假如是这一种,就不妨永远保留着它,否则就不如快些说出来吧。

02

郭大路坐在檐下，已坐了很久。

只要还有一样别的事可做，他就不会坐在这里。

有的人宁可到处乱逛，看别人在路上走来走去，看野狗在墙角打架，也不肯关在屋子里。

郭大路就是这种人。

但现在他唯一能做的事，就是坐在这里发怔。

檐下结着一根根的冰柱，有长有短，也不知有多少根。

郭大路却知道，一共有六十三根，二十六根比较长，三十七根比较短。

因为他已数过十七八次。

天气实在太冷，街上非但看不到人，连野狗都不知躲到哪里去了。

他活了二十多年，过了二十多个冬天，但却想不起有哪一天比这几天更冷。

一个人真正倒霉的时候，好像连天气都特别要跟他作对。

他常常都很倒霉，但却也从来没有像现在这样倒霉过。

倒霉就像是种传染病，一个人真的倒霉了，跟他在一起的人也绝不会走运的。

所以他并不是一个人坐在这里。

燕七、王动、林太平，也都坐在这里，也都正发着怔。

林太平忽然问道："你们猜这里一共有多少根冰柱？"

燕七道："六十三根。"

王动道:"二十六根长,三十七根短。"

郭大路忍不住笑了,道:"原来你们也数过。"

燕七道:"我已数过四十遍。"

王动道:"我只数过三遍,因为我舍不得多数。"

郭大路道:"舍不得?"

王动道:"因为我要留着慢慢地数。"

郭大路想笑,却已笑不出来。

这话虽然很可笑,但却又多么可怜。

郭大路忽然站起来,转过身,看着屋子中央的一张桌子。

紫檀木的桌子,镶着整块的大理石。

郭大路喃喃道:"不知道我现在还有没有力气将这桌子抬到娘舅家去?"

王动道:"你没有。"

郭大路眨眨眼,道:"要不要我来试试?"

王动道:"你根本不必试。"

郭大路道:"为什么?"

王动道:"我也知道你当然能抬得起一张空桌子,但桌上若压着很重的东西,那就不同了。"

郭大路道:"这桌上什么也没有呀。"

王动道:"有。"

郭大路道:"有什么?"

王动道:"面子!而且不是我一个人的面子,是我们大家的面子。"

他淡淡地接着道:"我们不但收了人家的租金,还收了人家的保管费,现在若将人家的东西拿去当了,以后还有脸见人么?"

郭大路叹了口气,苦笑道:"不错,这桌子我的确抬不起来。"

王动道："世上最重的东西就是面子，所以这张桌子只有一种人能抬得起来。"

郭大路道："哪种人？"

王动道："不要脸的人。"

林太平叹了口气，道："那种人通常都是吃得很饱的。"

燕七道："猪通常也都吃得很饱的。"

林太平笑了，道："所以一个人若要顾全自己的面子，有时不得不亏待自己的肚子，面子毕竟比肚子重要得多。"

燕七道："因为人不是猪，只有猪才会认为肚子比面子重要。"

林太平道："所以有人宁可饿死，也不愿做丢人的事。"

王动道："但我们并没有饿死，是不是？"

林太平道："是。"

王动道："我们虽然已有好几天都没有吃饱，但总算已挨到现在。"

郭大路挺胸，道："谁也不能不承认，我们的骨头确比大多数人都硬些。"

王动道："只要我们肯挨下去，总有一天能挨到转机的。"

郭大路展颜笑道："不错，冬天既已来了，春天还会远吗？"

王动道："只要我们能挨到那一天，我们还是一样可以抬起头来见人，因为我们既没有对不起别人也没有对不起自己。"

林太平迟疑着，终于忍不住道："我们能挨得过去吗？"

郭大路抢着道："当然能。"

他走过去揽住林太平的肩，笑道："因为我们虽然什么都没有了，但至少还有朋友。"

林太平看着他，心里忽然泛起一阵温暖之意。

他忽然觉得自己已有足够的勇气。

无论多么大的困难，无论多么冷的天气，他都已不在乎。

他忽然跑了出去。

一直到晚上，他才回来，手里多了个纸包。

他举起这纸包，笑道："你们猜，我带了什么东西回来？"

郭大路眨眨眼，道："难道是馒头？"

林太平笑道："答对了。"

纸包里果然是馒头。

四个大馒头，每个馒头里居然还夹着块大肥肉。

郭大路欢呼道："林太平万岁！"

他拿起个馒头，又笑道："我实在佩服，现在就算杀了我，我也变不出半个馒头来。"

燕七盯着林太平，道："这些馒头当然不是变出来的？"

林太平笑了笑，道："也许是天上掉下来的。"

他拿了个馒头给王动。

王动摇摇头，道："我不吃。"

林太平道："为什么？"

王动叹了口气，道："因为我不忍吃你的衣服。"

郭大路刚咬了口馒头，已怔住。

他这才发现林太平身上的衣服已少了一件——最厚的一件。

林太平穿的衣服本就不多。

现在他嘴唇已冻得发白，但嘴角却带着很愉快的笑容，道："不错，我的确将衣服当了，换了这四个馒头。因为我很饿，一个人很饿的时候，将自己的衣服拿去当，总没有人能说他不对吧。"

王动道："那么，你就该吃完了再回来，也免得我们……"

林太平打断了他的话，道："我没有一个人躲着偷偷地吃，只因我很自私。"

王动道:"自私?"

林太平道:"因为我觉得四人在一起吃,比我一个躲着吃开心得多。"

这就是朋友。

他们有福能同享,有难也能同当。

一个人若有了这种朋友,穷一点算得了什么,冷一点又算得了什么?

郭大路慢慢地嚼着馒头,忽然笑道:"老实说,我这一辈子从来也没吃过这么好吃的东西。"

林太平笑道:"你说的话不老实,这只不过是个冷馒头。"

郭大路道:"虽然是个冷馒头,但就算有人要用全世界的大鱼大肉来换我这冷馒头,我也不肯换的。"

林太平的眼圈忽然好像有些红了,抓住郭大路的手,道:"听了你这句话,我也觉得这馒头好吃多了。"

有些话的确就像是种神奇的符咒,不但能令冷馒头变成美味,令冬天变得温暖,也能令枯燥的人生变得多姿多彩。

你若也想学会说这种话,就要先学会用真诚对待你的朋友。

郭大路忽然叹了口气,道:"只可惜我这件衣服太破。"

林太平道:"破衣服并不丢人。"

郭大路叹道:"只可惜那活剥皮绝不会这么想,否则……"

燕七笑笑,道:"否则你早就脱下来去换酒了,对不对?"

郭大路苦笑道:"答对了。"

燕七忽然站起来往外走。

郭大路道:"用不着去试,你的衣服比我的还破。"

燕七不理他，很快地走出去，又很快就回来了。

回来的时候，提着壶水。

燕七道："寒夜客来茶当酒，茶既然可以当酒，水为什么不能？"

郭大路失笑道："想不到你倒很风雅。"

燕七笑道："一个人穷得要命的时候，想不风雅也不行。"

这就是他们对人生的态度。

有酒的时候，他们喝得比谁都多；没有酒的时候，他们水也一样喝。

他们喝酒的时候很开心，喝水也一样开心。

所以他们活得比别人快乐。

但喝酒和喝水至少总有一种分别。

酒愈喝愈热，水愈喝愈冷。

尤其是在这种天气里喝冷水。

郭大路忽然站起来，开始翻跟斗。

燕七笑道："你干什么？"

郭大路道："我有经验，动一动就会热起来的，你们为什么不学学我？"

燕七摇摇头，道："因为我也有经验，动得快，饿得也快。"

郭大路笑道："你想得太多了，只要现在不冷，又何必……"

这句话他没有说完。

他忽然看到有样东西从他面前掉了下来。

一样黄澄澄的东西。黄澄澄的金子。

金子并不是从天上掉下来的，而是从郭大路怀里掉下来的。

他正开始翻第六个跟斗，正在头朝下，脚朝上的时候，这金子就从他怀里掉了下来。"当"地，掉在他面前。

金子掉在地上，会发出"当"的一声，就表示这金子很重。

这的确是根很粗的金链子，上面还有个金鸡心。

这金鸡心至少比真的鸡心大一倍。

一个穷得好几天没吃饭的人，身上居然会掉出这么多金子来，简直是件令人无法相信的事。

但王动他们却无法不相信，因为他们三个人都看得很清楚。

他们只希望自己没有看见。

他们实在不愿意相信这是真的。

林太平连自己的衣裳都拿去当了，郭大路身上却还藏着条这么粗的金链子。

一个身上藏着金链子的人，居然还在朋友面前装穷，居然还装得那么像。

这算是什么朋友？

他们实在不愿相信郭大路会是这样的朋友。

王动突然打了个呵欠，喃喃道："一个人吃饱了，为什么总是想睡觉呢？"

他去睡了，从郭大路面前走过去，好像既没有看见这条金链子，也没有看见郭大路这个人。

林太平打了个呵欠，喃喃道："这么冷的天气，还有什么地方比被窝里好？"

他也去睡了，也好像什么都没有看见。

只有燕七还坐在那里，坐在那里发怔。

又过了很久，郭大路的脚才慢慢地从上面落下来，慢慢地把身子站直。

他身子好像已难再站得直。

没有星，没有月，只有一盏灯。

一盏很小的灯，因为剩下的灯油也已不多。

但这条金链子在灯下看着还是亮得很。

郭大路低着头，看看这条金链子，喃喃道："奇怪，为什么金子无论在多暗的地方，看起来都会发亮呢？"

燕七淡淡道："也许这就是金子的好处，否则为什么会有那么多人将金子看得比朋友还重？"

郭大路又怔了半天，忽然抬起头，道："你为什么不去睡？"

燕七道："我还在等。"

郭大路道："等什么？"

燕七道："等着听你说……"

郭大路大声道："我没有什么好说的，你们若把我看成这种人，我就是这种人。"

燕七凝视着他，过了很久很久，才慢慢地站了起来，慢慢地走出去。

郭大路没有看他。

外面的风好大，好冷。

灯已将枯，忽然间，也不知从哪里卷出了阵冷风，吹熄了灯。

但金链子还在发着光。

郭大路垂着头，看着这条金链子，又不知过了多久，他才慢慢地弯下腰，拾起了这金链子。

他捧着这金链子，捧在掌心。

他眼泪突然泉涌而出，一粒粒滴在掌心。

冰冷的金链子，火热的眼泪。

他忽然跪下去，终于哭了起来，尽量不让自己哭出声音。

因为他不愿别人听到他的哭声。

这是他的秘密,也是他一生最大的痛苦,他不愿别人知道这秘密,也不愿别人分担他的痛苦。

所以没有人知道他痛苦得多么深,多么强烈。

那虽然已经是很久很久以前的事了,但现在他只要一想到,还是会心碎。

他知道自己终生要背负着痛苦,至死都无法解脱。

刚才的事也令他痛苦。

他本来宁死也不愿失去这些朋友。

但他并没有解释,因为他知道他们不会原谅他,因为连他自己都无法原谅他自己。

也许世上有一种真正的痛苦,那就是不能向别人说的痛苦。

"不能说……我怎么能说?……"

"我怎么还有脸留在这里?"

外面的风更大,更冷。

他咬紧牙,悄悄擦干眼泪,站起来,外面的世界无论多冷酷无情,他都已准备独自去承受。

他做错了事,就自己承当,既不肯解释,也不肯告饶。

就算在朋友面前也不肯。

可是上天知道,他实在将朋友看得比自己的生命还要重。

"朋友们,再见吧,总有一天,你们会了解我的。到那一天,我们还是朋友,可是现在……"

他眼泪又在往下流。

就在他伸手去擦眼泪的时候,他看到了燕七。

不但看到了燕七,也看到了王动和林太平。

他们不知什么时候又走进了这屋子,静静地站在那里,静静地看着他。

他看不到他们脸上的表情,只看到他们三双发亮的眼睛。

他也希望他们莫要看到他的脸,看到他脸上的泪痕。

他轻轻咳嗽了几声,道:"你们不是已睡了吗?"

林太平道:"我们睡不着。"

郭大路勉强笑了笑,道:"睡不着也该躺在被窝里,在这种天气,世上还有什么地方比被窝里更好?"

王动道:"有。"

燕七道:"这里就比被窝里好。"

郭大路道:"这里有哪点好?"

王动道:"只有一点。"

03

燕七道:"这里有朋友,被窝里没有。"

郭大路忽然觉得一阵热意从心里冲上来,似已将喉头塞住。

过了很久,他才能说得出话来。

他垂下头道:"这里也没有朋友,我已不配做你们的朋友。"

王动道:"谁说的?"

燕七道:"我没有说。"

林太平道:"我也没有说。"

王动道:"我们到这里来,只想说一句话。"

郭大路握紧了拳,道:"你……你说。"

王动道:"我们了解你,也相信你,所以无论发生了什么事,你都是我们的朋友。"

这就是朋友。

他们能分享你的快乐，也能分担你的痛苦。

你若有困难，他们愿意帮助。

你若有危险，他们愿意为你挺身而出。

就算你真的做错了什么事，他们也能谅解。

在这种朋友面前，你还有什么秘密不能说的？

04

外面的风还是很冷，很大。

屋子里还是很黑暗。

但此时此刻，他们所能感受到的，却只有温暖和光明。因为他们知道自己有朋友，有了真心的朋友。

有朋友的地方就有温暖，就有光明。

"无论发生了什么事，你都是我们的朋友。"

郭大路的血在沸腾。

他本来宁死也不愿在别人面前流泪，但现在眼泪已又流出。

他本来宁死也不愿说出自己心里的痛苦和秘密，但现在却愿意说出。

没有别的人能令他这么做，只有朋友。

他终于说出了他的秘密。

郭大路的家乡有很多美丽的女孩子，最美的一个叫朱珠。

他爱上了朱珠，朱珠也爱他。

他全心全意地对待朱珠，他对她说，愿意将自己的生命和一切都献给她。

他不像别的男人，只是说说就算了。

他真的这么样做。

朱珠很穷，等到郭大路的双亲去世时她就不穷了。

因为他知道她是属于他的，她也说过，她整个人都属于他的。

为了让她信任他，为了让她快乐，他愿意做任何的事。

然后他就发现了一样事。

朱珠并不爱他。

就像很多别的女人一样，她说的话，只不过说说而已。

她答应嫁给他，除了他之外，谁都不嫁。

他们甚至已决定了婚期。

可是在他们婚期的前一天，她已先嫁了，嫁给了别人。

她出卖了郭大路所给她的一切，跟着那人私奔了。

这条金链子就是她给他的定情之物。

也是她给他的唯一的一样东西。

没有人开口，谁也不知道该说什么。

还是郭大路自己先打破了沉默。他忽然笑笑，道："你们永远猜不到她是跟谁跑了的。"

林太平道："谁？"

郭大路道："我的马夫。"

他大笑，接着道："我将她当作天下最高贵的人，简直将她当作仙女，但她却跟我最看不起的马夫私奔了，你们说，这可笑不可笑？"

不可笑。

没有人觉得这种事可笑。

只有郭大路一个人一直不停地笑，因为他生怕自己一不笑就会哭。

他一直不停地笑了很久，忽然又道："这件事的确给了我个很好的教训。"

林太平道："什么教训？"

他也并不是真的想问，只不过忽然觉得不应该让郭大路一个人说话。

他觉得自己应该表示自己非常关心。

郭大路道："这教训就是——男人绝不能太尊重女人，你若太尊重她，她就会认为你是呆子，认为你不值一文。"

燕七忽然道："你错了。"

郭大路道："谁说我错了？"

燕七道："她这么样做，并不是因为你尊敬她——一个女人若能做出这种事来，只有一个原因。"

郭大路道："什么原因？"

燕七道："那只因她天生是个坏女人。"

郭大路沉默了很久，终于慢慢地点了点头，苦笑道："所以我并不怪她，只怪自己，只怪自己看错了人。"

王动忽然道："这种想法也不对。"

郭大路道："不对？"

王动道："你一直为这件事难受，只因你一直在往最坏的地方去想，总觉得她是在欺骗你，总觉得自己被人家甩了。"

郭大路道："本来难道不是这样子？"

王动道："你至少应该往别的地方想想。"

郭大路道："我应该怎么想？"

王动道："想想好的那一面。"

郭大路苦笑道:"我想不出。"

王动道:"你有没有亲眼看到她和那个马夫做出什么事?"

郭大路道:"没有。"

王动道:"那么你又怎么能断定她是和那马夫私奔的?"

郭大路怔了怔,道:"我……并不是我一个这么想,每个人都这么想。"

王动道:"别人怎么想,你就怎么想?别人若认为你应该去吃屎,你去不去?"

郭大路说不出话了。

王动道:"每个人都有偏见。那些人根本就不了解她,对她的看法怎么会正确?何况,就算是很好的朋友,有时也常常会发生误会。"

他笑了笑,慢慢地接着道:"譬如说,刚才那件事,我们就很可能误会你,认为你是个小气鬼,认为你不够朋友。"

郭大路道:"但她的确是和那马夫在同一天突然失踪的。"

王动道:"那也许只不过是巧合。"

郭大路道:"天下哪有这么巧的事?"

王动道:"有。不但有,而且常常有。"

郭大路道:"那么他们为什么要突然走了呢?"

王动道:"那马夫也许因为觉得做这种事没出息,所以想到别的地方去另谋发展。"

郭大路道:"朱珠呢?她又有什么理由要走?我甚至连花轿都已准备好了。"

王动道:"怎么不可能有别的理由?那天晚上,也许突然发生了什么你不知道的变化,逼得她非走不可;也许她根本身不由主,是被人绑架走的。"

林太平忽然道:"也许她一直都很想向你解释,却一直没有机会。"

燕七叹了口气，道："世上极痛苦的事，也许是明知道别人对自己有了误会，自己明明受了冤枉却无法解释。"

林太平道："更痛苦的是，别人根本就不给他机会解释。"

王动道："最痛苦的是，有些事根本就是不能对别人解释的，譬如说……"

郭大路长叹道："譬如说刚才那件事，我本来就不愿解释的，刚才你们来的时候我若已走了，你们说不定就会对我一直误会下去。"

王动道："不错，现在你已想通了么？"

郭大路点点头。

王动道："一件事往往有很多面，你若肯往好的那面去想，才能活得快乐。"

燕七道："只可惜有的人偏偏不肯，偏偏要往最坏的地方去想，偏偏要钻牛角尖。"

王动道："这种人非但愚蠢，而且简直是自己在找自己的麻烦，自己在虐待自己。我想你总不会是这种人吧？"

郭大路笑了，大声道："谁说我是这种人，我打扁他的鼻子。"

所以你心里要有什么令你痛苦的秘密，最好能在朋友面前说出来。

因为真正的朋友非但能分享你的快乐，也能化解你的痛苦。

郭大路忽然觉得舒服多了，愉快多了。

因为他已没有秘密。

因为他已能看到事情光明的一面。

夜深梦回时，他就算再想到这种事，也不再痛苦，最多只不过会有种淡淡的忧郁。

淡淡的忧郁有时甚至是种享受。

05

"你们虽然分别了,说不定反能活得更快乐些。"

"她说不定也找到很好的归宿,至于你……若没有发生这变化,你现在说不定每天都在抱孩子、换尿布,而且说不定每天为了柴米油盐吵架。"

"但现在你们都可以互相怀念,怀念那些甜蜜的往事,怀念对方的好处,以后若能再相见,就会觉得更快乐。"

"以后就算不能相见也无妨,因为你至少已有了段温馨的回忆,让你坐在炉边烤火时,能有件令你温暖的事想想。"

"每个人都有自己的命运,你既不能勉强,也不必勉强。"

"所以你根本没有什么事好痛苦的。"

——这就是王动他们对这件事最后的结论。

从此以后,他们谁也没有再提起这件事,也没有再提起那金链子。

因为他们了解郭大路的感情,了解这金链子在他心里的价值。

有些东西的价值,往往是别人无法衡量的。

王动还躺在床上,忽然听到郭大路在外面喊:"娘舅来了。"

郭大路没有娘舅。

"娘舅"的意思就是那当铺的老板"活剥皮"。

活剥皮当然并不姓活,事实上也不太剥皮,他最多也不过刮刮你身上的油水而已——当然刮得相当彻底。

奇怪的是,愈想刮人油水的人,愈长不胖。

他看起来就像是只风干了的野兔子,总是驼着背,眯着眼睛,说话的时候总是用眼角看着你，好像随时随地都在打量着你身上的东西可以值多少银子。

王动他们虽然常常去拜访他，但他还是第一次到这里来。

所以王动总算也勉强起了床。

像活剥皮这种人，若肯爬半个多时辰的山，去"拜访"一个人的时候，通常都只有一种理由。

那理由通常都和黄鼠狼去拜访鸡差不多。

王动走进客厅的时候，郭大路正在笑着问："是哪阵风把你吹来的，难道你想来买王动的这栋房子？"

他知道王动至少用过二十几种法子，想将这房子卖出去，只可惜看来他就算白送给别人，别人都不要。

活剥皮的头摇得就像随时都会从脖子上掉下来，干笑着道："这么大的房子，我怎么买得起？自从遇见你们之后，我简直连老本都快赔光了，不卖房子已经很幸运了。"

郭大路道："假如他肯便宜卖呢？"

活剥皮道："我买来干什么？"

郭大路道："你可以再转让别人，也可以自己住进来。"

活剥皮道："没有毛病的人，谁肯住进这种地方来？"

郭大路还想再兜兜生意，活剥皮忽又道："你们现在是不是很缺钱用？"

王动笑道："我们哪天不缺钱用？"

活剥皮道："那你们想不想平白赚五百两银子？"

当然想。

但无论谁都知道活剥皮的银子绝不会是容易赚的，从老虎头上拔根毛也许反倒容易些。瓷公鸡身上根本就没有毛可拔。

只不过五百两银子的诱惑实在太大。

郭大路眨眨眼，道："你说的是五百两？"

活剥皮道："整整五百两。"

郭大路上上下下打量了他几眼，道："你是不是喝醉了？"

活剥皮道："我清醒得很，只要你们答应，我现在就可以先付一半定金。"

他一向很信任这些人，因为他知道这些人虽然一文不名，但说出来的话却重逾千金。

郭大路叹了口气，道："这银子要怎么样才能赚得到呢？"

活剥皮道："很容易，只要你们跟我到县城里去走一趟，银子就到手了。"

郭大路道："走一趟？怎么走法？"

活剥皮道："当然是用两条腿走。"

郭大路走了两步，道："就这么样走？"

活剥皮道："嗯。"

郭大路道："然后呢？"

活剥皮道："然后你们就可以带着五百两银子走回来。"

郭大路道："没有别的事了？"

活剥皮道："没有。"

郭大路看看王动，笑道："走一趟就能赚五百两银子，这种事你听说过没有？"

王动道："没有。"

活剥皮道："有很多事你们都没有听说过，但却并不是假的。"

王动道："你赔本也不是假的。"

活剥皮叹了口气，道："最近生意的确愈来愈难做了，当的人多，赎的人少，断了当的东西又卖不出去，我要的利钱又少。"

王动点点头，显得很同情的样子。

郭大路却忍不住问道："既然是赔本的生意，你为什么还要做呢？"

活剥皮叹道："那也是没法子，唉，谁叫我当初选了这一行呢？"

王动道："所以那五百两银子你还是留着自己慢慢用吧。"

活剥皮抢着道："那不同，那是我自己愿意让你们赚的。"

王动淡淡地道："你的钱来得并不容易，我们只走一趟，就要你五百两，这种事我们怎么好意思做呢。"

活剥皮苍白的脸好像有点发红，干咳着道："那有什么不好意思？何况，我要你们陪我走这一趟，当然也有用意的。"

王动道："什么用意？"

活剥皮又干咳了几声，勉强地笑道："你可以放心，反正不会要你们去当强盗，也不会要你们去杀人。"

王动道："你也可以放心，反正我不去。"

活剥皮愕然道："五百两银子你不想要？"

王动道："不想。"

活剥皮道："为什么？"

王动道："没有原因。"

活剥皮怔了半晌，忽又笑道："你一个人不去也没关系，我还是……"

燕七忽然道："他不是一个人。"

活剥皮道："你也不去？"

燕七道："我也不去，而且也没有原因，不去就是不去。"

林太平笑道："我本来还以为只有我一个人不肯去，谁知大家都一样。"

活剥皮急了，大声道："我的银子难道不好？你们难道没拿过？"

王动淡淡道："我们若要你的银子，自然会拿东西去当的。"

活剥皮道:"我不要你们的东西,只要你们跟我走一趟,就给你们五百两银子,你们反而不肯?"

王动道:"是的。"

活剥皮好像要跳了起来,大声道:"你们究竟有什么毛病?……我看你们迟早有一天会要饿死的……像你们这种人若是不穷,那才真是怪事。"

王动他们的确有点毛病。

他们的确可穷死、饿死,但来路不明的钱,他们绝不肯要的。

拿东西去当并不丢人,他们几乎什么东西都当过。

但他们只当东西,不当人。

他们宁可将自己的裤子都拿去当,但却一定要保住自己的尊严和良心。

他们只做自己愿意做,而且觉得应该做的事。

06

每个人都要上厕所的,而且每天至少要上七八次。

这种事既不脏,也不滑稽,只不过是件很正常、很普通,而且非做不可的事,所以根本已不值得在我们的故事中提起。

假如有人要将这种事写出来,那么一个十万字的故事,至少可以写成二十万字。

但这种事有时却又不能不提,譬如说,现在——

王动的确是刚上过厕所出来,他每天起床后第一件事就是上厕所。

他回到客厅里的时候,发现燕七和林太平的神情好像都有点特别,好像心里都有话要说,却又不想说。

所以王动也不问,他一向很沉得住气,而且知道在这种情况下,你如果想问,就不如等他们自己说出来。

燕七果然沉不住气,忽然道:"你为什么不问?"

王动道:"问什么?"

燕七道:"你没有看到这里少了一个人?"

王动点点头,道:"好像是少了一个。"

少了的一个是郭大路。

燕七道:"你为什么不问他到哪里去了?"

王动笑笑,道:"他到哪里去都没关系,但你如果一定要我问,我问问也没关系。"

他慢慢地坐下来,四面看了看,才问道:"小郭到哪里去了?"

燕七突然冷笑了一声,道:"你永远猜不到的。"

王动道:"就因为猜不到,所以才要问。"

燕七咬着嘴唇,道:"去追活剥皮。活剥皮一走,他就追了出去。"

王动这才有点奇怪,皱皱眉道:"去追活剥皮干什么?"

燕七闭着嘴,脸色有点发青。王动看着他,喃喃道:"难道他为五百两银子,就肯去做活剥皮的跟班?"

他摇了摇头,道:"这种事我绝不信,小郭绝不是这种人。"

燕七冷冷道:"这种事我也不愿意相信,但却不能不相信。"

王动道:"为什么?"

第十七章

误 会

01

燕七道："因为我亲眼看到的。"

王动道："看到什么？"

燕七道："看到他跟活剥皮嘀咕了半天，活剥皮拿出了锭银子给他，他就跟活剥皮走了。"

王动怔了怔，道："你没有追过去问？"

燕七冷笑道："我追去干什么？我又不想做活剥皮的跟班。"

林太平忽然叹了口气，道："假如只不过是做跟班，跟着他到城里去走一趟，倒也没什么关系，但我看这件事绝不会如此简单。"

当然不会如此简单。

假如活剥皮真的只不过想找个跟班，为了五钱银子就肯做他跟班的人满街都是，他又何必一定到这里来找他们？

林太平接着道："活剥皮自己也说过，他这样做必定另有用意，我看他绝不会干什么好事。"

燕七道："能让活剥皮这种人心甘情愿拿出五百两银子来的，只有一种事。"

林太平道："哪种事？"

燕七道:"赚五千两银子的事。"

林太平道:"不错,若非一本万利的事,他绝不肯掏腰包拿出五百两银子来。"

燕七道:"真正能一本万利的,也只有一种事。"

林太平道:"哪种事?"

燕七道:"见不得人的事。"

林太平道:"不错,我看他不是去偷,就是去骗,又生怕别人发觉后对他不客气,所以才来找我们做他的保镖。"

他叹了口气,接着道:"这道理郭大路难道想不到么?"

燕七冷笑道:"连你都能想得到,他怎么会想不到,他又不比别人笨。"

王动一直在注意着他脸上的表情,此刻忽然道:"你若认为他不该去,为什么不拦着他?"

燕七冷冷道:"一个人若是自己想往泥坑跳,别人就算想拉,也拉不住的。"

王动道:"所以你就眼看着他跳下去?"

燕七咬着嘴唇,道:"我……我……"

他忽然转身冲了出去,眼睛尖的人,就能看到他冲出去的时候已经泪汪汪,好像气得快哭出来了。

王动的眼睛很尖。

他一个人坐在那里,发了半天怔,忽然叹了口气,喃喃道:"爱之深,责之切。看来这句话倒真是一点也不错。"

林太平道:"你在说什么?"

王动笑笑,道:"我在说,到现在我还是不信小郭会做这种事,你呢?"

林太平迟疑着,道:"我……我也不太相信。"

王动道:"你至少总是还有点怀疑,是不是?"

林太平道:"是的。"

王动道:"但燕七却一点也不怀疑,已认定了小郭会做那种事,你可知道为了什么?"

林太平想了想,道:"我也有点奇怪,他和小郭的交情本来好像特别好。"

王动又叹了口气,道:"就因为交情特别好,所以才如此。"

林太平又想了想,道:"为什么呢?我不懂。"

王动道:"朱珠忽然失踪,我们都想到可能有别的原因,但小郭却想不到,所以就往最坏的地方去想,那又是为了什么呢?"

林太平道:"因为他对朱珠用情太深,所以……"

王动道:"所以脑筋就不清楚了,对不对?"

林太平道:"对。"

爱情可以令人盲目,这道理大多数人都知道。

王动道:"你若对一个人用情很深,那么你对他的判断就不会正确。因为,你平时只能看到他的好处,但只要一有了个小小的变化和打击,你就立刻会自责自怨,患得患失,所以就忍不住要往最坏的地方去想。"

林太平忽然笑了笑,道:"你的意思我懂,只不过这比喻却好像不太恰当。"

王动道:"哦?"

林太平笑道:"你怎么能拿朱珠和小郭的事来比?小郭对朱珠的情感,怎会跟燕七对小郭的情感一样?"

王动也笑了。

他好像已发觉自己说错了话,又好像觉得自己话说得太多。

所以他就不说话了。

只不过他还在笑，而且笑得很特别。

直等看到燕七从院子里往外走的时候，他才开口，道："你想出去？"

燕七眼睛还是红红的，勉强笑道："今天天气好了些，我想出去打打猎。"

林太平站起来，笑道："我也去，今天再不出去打猎，只怕就真的饿死了。"

王动笑笑，道："小郭身上既然有了银子，就绝不会让我们饿死，你为什么不等他回来？"

燕七立刻沉下了脸："我为什么要等他回来？"

王动道："就算为了我，行不行？"

燕七低下头，站在院子里。

天虽已放晴，风却还是冷得刺骨。

燕七却仿佛一点也不觉得冷，站在那里呆了很久，才冷笑道："他若不回来呢？"

王动又笑笑，道："他若不回来，我就请你们吃狗肉。"

林太平忍不住道："这种天气，到哪里找狗去？"

王动道："用不着找，这里就有一条。"

林太平道："狗在哪里？"

王动指着自己的鼻子，道："这里。"

林太平眨眨眼，忍住笑道："你是狗？"

王动道："不但是狗，而且是条土狗。"

林太平终于忍不住笑了。

王动却不笑，淡淡接着道："一个人若连自己的朋友是哪种人都分不出，不是土狗是什么？"

02

王动不是土狗。

郭大路很快就回来了,而且大包小包地带了一大堆东西回来。

小包里是肉,大包里是馒头,最小包里是花生米。

既然有花生米,当然不会没有酒。

没有花生米也不能没有酒。

郭大路笑道:"我现在已开始有点怀念麦老广了,自从他一走,这里就好像再也找不出一个卤菜做得好的人。"

王动道:"至少还有一个。"

郭大路道:"谁?"

王动道:"你——假如你开家饭馆子,生意一定不错。"

郭大路笑道:"这倒是好主意,只可惜还有一样不对……"

王动道:"哪样?"

郭大路道:"我那饭铺生意再好,开不了三天也会关门。"

王动道:"为什么?"

郭大路笑道:"就算我自己没有把自己吃垮,你们也会来把我吃垮的。"

燕七突然冷笑道:"放心,我绝不会去吃你的。"

郭大路本来还在笑,但看到他冷冰冰的脸色,不禁怔了怔道:"你在生气?我又有什么地方得罪了你?"

燕七道:"你自己心里明白。"

郭大路苦笑道:"我明白什么?——我一点也不明白。"

燕七也不理他,忽然走到王动面前,道:"你虽然不是土狗,但这里却有条走狗！土狗还没关系，走狗我却受不了。"

郭大路瞪大了眼睛，道："谁是走狗？"

燕七还是不理他，冷笑着往外走。

郭大路眼珠子一转，好像忽然明白了，赶过去拦住了他，道："你以为我做了活剥皮的走狗？你以为这些东西是我用他给我的定金买来的？"

燕七冷冷道："这些东西难道是天上掉下来的、地上长出来的不成？"

郭大路看着他，过了很久，忽然长长叹了口气，喃喃地道："好，好……你说我是走狗，我就是走狗……你受不了我，我走。"

他慢慢地走出去，走过王动面前。

王动站起来，像是想拦住他，却又坐了下去。

郭大路走到院子里，抬起头，树上的积雪一片片被风吹下来，撒得他满身都是。

他站着不动。

雪在他脸上融化，沿着他面颊流下。

他站着不动，他本来是想走远些的，但忽然间走不动了。

燕七没有往院子里看，他也许什么都已看不见。

他的眼睛又红了，突然跺了跺脚，往另一扇门冲过去。

王动的手却已伸过来，拦住了他，道："你先看看这是什么？"

他手上有样东西，是张花花绿绿的纸。

燕七当然知道是什么，这样的纸他身上也有好几张。

"这是当票。"

王动道："你再看清楚些，当的是什么？"

当票上的字就和医生开的药方一样，简直就像是鬼画符，若非很有经验的人，连一个字都休想认得出。

燕七很有经验，活剥皮的当票他已看过很多。

"破旧金链子一条，破旧金鸡心一枚，共重七两九钱，押纹银五十两。"

明明是全新的东西，一到了当铺里，也会变得又破又旧。

天下的当铺都是这规矩，大家也见怪不怪，但金链子居然也有"破旧"的，就未免有点太说不过去了。

燕七几乎想笑，只可惜实在笑不出。

他就好像被人打了一耳光，整个人都怔住了。

王动淡淡笑道："当票是我刚才从小郭身上摸出来的，我早就告诉过你们，我若是改行做小偷，现在早就发财了。"

他叹了口气，喃喃道："只可惜我实在懒得动。"

燕七也没有动，但眼泪却已慢慢地从面颊上流了下来……

"就算是最好的朋友，有时也会发生误会的。"所以你假如跟你的朋友有了误会，一定要给个机会让他解释。

"一件事往往有很多面，你若总是往坏的那面去想，就是自己在虐待自己。"所以你就算遇着打击也该看开些，想法子去找那光明的一面。

谁也没有权虐待别人，也不该虐待自己。

这就是王动的结论。

王动的结论通常都很正确。

正确的结论每个人最好记在心里。

03

　　世上本没有绝对好的事,也没有绝对坏的。

　　失败虽不好,但"失败为成功之母"。

　　成功虽好,但往往却会令人变得骄傲、自大,那么失败又会跟着来了。

　　你交一个朋友,当然希望跟他成为很亲近的朋友。

　　朋友能亲近当然很好,但太亲近了,就容易互相轻视,也当然会发生误会。

　　误会虽不好,但若能解释得清楚,彼此间就反而会了解得更多,情感也会变得更深一层。

04

　　无论如何,被人冤枉的滋味总是不太好受的。

　　假如说世上还有比被人冤枉了一次更难受的事,那就是一连被人冤枉了两次。

　　燕七也被人冤枉过,他很明白郭大路此刻的心情。

　　他自己心里比郭大路更难受。

　　除了难受外,还有种说不出的滋味,除了他自己外,谁也不知道是什么滋味,只想好好地去大哭一场。

　　他已有很久没有好好地哭过,因为一个男子汉,是不应该那么哭的。

　　唉,要做一个男子汉,可实在不容易。

他当然知道现在应该去找郭大路，但去了之后说什么呢？

有些话他不愿说，有些话他不能说，有些话他甚至不敢说。

他心里正乱糟糟的，不知道该如何是好，忽然看到一只手伸出来，手上拿着一杯酒。

他听到有人在对他说："你喝下这杯酒，我们就讲和好不好？"

他的心一跳，抬起头，就看到了郭大路。

郭大路脸上并没有生气的表情，也没有痛苦之色，还是像平时一样，笑嘻嘻地看着他。

这副嬉皮笑脸、吊儿郎当的样子，燕七平时本来有点看不惯。

他总觉得一个人有时应该正经些、规矩些。

但现在也不知为了什么，他忽然觉得这样子非但一点也不讨厌，而且可爱极了。

他甚至希望郭大路永远都是这样子，永远不要板起脸来。

因为他忽然发觉这才是他真正喜欢的郭大路，永远无忧无虑，开开心心的；别人就算得罪了他，他也不在乎。

郭大路笑道："肯不肯讲和？"

燕七低下头，道："你……你不生气了？"

郭大路道："本来是很生气的，但后来想了想，非但不生气，反而很开心。"

燕七道："开心？"

郭大路道："你若不关心我，我就算做了乌龟王八蛋，和你一点关系都没有，你也用不着生气的。就因为你是我的好朋友，所以才会对我发脾气。"

燕七道："可是……我本不该冤枉你的，我本来应该信得过你。"

郭大路笑道："你冤枉我也没关系，揍我两拳也没关系，只要是我的好朋友，随便干什么都没关系。"

燕七笑了。

他笑的时候，鼻子先轻轻皱了起来，眼睛里先有了笑意。

他脸上还带着泪痕，本来又黑又脏的一张脸，眼泪流过的地方，就出现了几条雪白的泪痕，就像是满天乌云中的阳光。

郭大路看着他，仿佛看呆了。

燕七又垂下头，道："你死盯着我干什么？"

郭大路笑了笑，又叹了口气，道："我在想，酸梅汤的眼光真不错，你若肯洗洗脸，一定是个很漂亮的小伙子，也许比我还漂亮得多。"

燕七想板起脸，却还是忍不住"扑哧"一笑，接过了酒杯。

王动看着林太平，林太平看着王动，两个人也全都笑了。

林太平笑道："我早上本来不喜欢喝酒，但今天却真想喝个大醉。"

人生难得几回醉。

遇着这种事，若还不醉，要等到什么时候才醉？

郭大路忽又叹了口气，道："只可惜今天我不能陪你醉。"

林太平道："为什么？"

郭大路道："因为，今天我还有事，还得下山去一趟。"

这小子身上一有了钱，就在家里耽不住了。

燕七咬了咬嘴唇，道："下山去干什么？"

郭大路眨眨眼，道："我跟一个人有约会。"

燕七的脸色好像变了变，悄悄别过脸，道："跟谁有约会？"

郭大路道："活剥皮。"

燕七的眼睛立刻又亮了，却故意板着脸，道："你跟他约好了？"

郭大路道："他没有约我，我却要去找他。"

燕七道："找他干什么？"

郭大路道："他肯出五百两银子，一定没存什么好主意，所以我要去看看,看他究竟想要剥谁的皮。"

05

雪开始融化,积雪的山路上满是泥泞。

但燕七一点也不在乎,他的脚踩在泥泞中,就好像踩在云端上。

因为郭大路就走在他身旁,他甚至可以感觉到郭大路的呼吸。

郭大路忽然笑了笑,道:"今天,我又发现了一件事。"

燕七道:"哦?"

郭大路道:"我发现王老大实在了解我,天下只怕再也找不出第二个人能这么了解我的。"

燕七点点头,幽幽道:"他的确最能了解别人,不但是你,所有的人他都了解。"

郭大路道:"但最同情我的人却是林太平,我看得出来。"

燕七迟疑着,终于忍不住问道:"我呢?"

郭大路道:"你既不了解我,也不同情我;你不但对我最凶,而且好像随时随地都在跟我斗嘴、斗气……"

燕七垂下了头。

郭大路忽又笑了笑,接着道:"但也不知为了什么,我还是觉得对我最好的也是你。"

燕七嫣然一笑,脸已仿佛有点发红,又过了很久,才轻轻道:"你呢?"

郭大路道:"有时我对你简直气得要命,譬如说今天,王老大若那样对我,我也许反而不会那么样生气,也许立刻就会对他解释,可是你……"

燕七道:"你只对我生气?"

郭大路叹道:"那也只因为我对你特别好。"

燕七眨眨眼,忽然笑道:"有多好?"

郭大路沉吟着,道:"究竟有多好,连我也说不出来。"

燕七道:"说不出来就是假的。"

郭大路道:"但我却可以打个比喻。"

燕七道:"什么比喻?"

郭大路道:"为了王老大,我会将所有的衣服都当光,只穿着条底裤回来。"

他笑笑,接着道:"但为了你,我可以将这条底裤都拿去当了。"

燕七嫣然笑道:"谁要你那条破底裤。"

说完了这句话,他的脸又红了,郭大路的底裤破不破,他怎么知道?

幸好他的脸又脏又黑,就算脸红时也看不出。

可是他眼睛里那种表情,那种温柔甜美的笑意,带着些羞涩发娇的笑意,若有人还看不出,那人不但是呆子,简直就是个瞎了眼的呆子。

郭大路看着他的眼睛,忽又笑道:"我还有个比喻。"

燕七道:"你说。"

郭大路笑道:"我虽已发誓不成亲,但你若是女的,我一定要娶你做老婆。"

燕七道:"谁做你的老婆,那才是倒了八辈子穷霉了。"

他声音好像已有点不大对,忽然加快脚步,走到前面去。

郭大路并没有追上去,只是看着他的背影,仿佛已看得出神。

这时天色忽然开朗,一线金黄色的阳光,破云直照了下来,照着大地,照着燕七,也照着郭大路。

这阳光就像是特地为他们照射的。

第十八章

剥谁的皮

01

活剥皮的当铺叫"利源当铺"。

利源当铺就在麦老广烧腊店的对面。

现在麦老广的招牌已卸了下来,有几个人正在粉刷店面。

想到麦老广,郭大路和燕七心里不禁有很多感慨。

他们毕竟在这里有许多快乐的时候。

他们并不是多愁善感的人,却常常容易被很多事所感动。

利源当铺门口,停着辆马车。

当铺的门还没有开,今天好像不准备做生意了。

郭大路和燕七交换了个眼色,刚走过旁边的小巷里,就看到活剥皮缩着脑袋从小门里走出来,眼睛鬼鬼祟祟地四下打量着,怀里紧紧抱着个包袱。看到四下没人,就立刻跳上了马车。

马车的门立刻关紧,连车窗的帘子都放了下来。

当铺里又慢吞吞地走出了个老太婆,手里提着桶垃圾。

郭大路当然认得这老太婆,她并不是活剥皮的老婆,只不过是替他烧饭打杂的。因为太老,所以除了吃饭外,活剥皮连一文工钱都不给她,但要她做事的时候,却又拿她当个小伙子。

郭大路常常觉得奇怪，这老太婆怎么肯替活剥皮做下去的。

替活剥皮这种人做事，若是万一有个三长两短，也许连口棺材都没有。

只听活剥皮在车里大声道："把门关上，千万不要放任何人进去，我明天早上才回来。"

于是赶车的一扬鞭子，马车就直奔大路。

郭大路和燕七突然从弄堂里冲出来，一边一个，跳上了车辕。

窗子立刻开了，活剥皮探出了头，显得很吃惊的样子，等看到是他们时更吃惊，道："你们想干什么？"

郭大路笑道："没什么，只不过想搭你的便车到城里去。"

活剥皮立刻摇头，道："不行，我这辆车说好了不搭人的。"

郭大路笑嘻嘻道："不行也得行，我们既然已上了车，你难道还能把我们推下去？"

燕七也笑道："反正你本来就想请我们陪你去走一趟的。"

活剥皮道："我找的不是你们……"

他好像忽然发觉自己说错了话，立刻闭上了嘴。

燕七道："不是我们？你难道改变了主意？"

活剥皮脸色已有点发白，忽又笑道："你们要搭车也行，只不过要出车钱。车钱一共是三钱银子，刚好一人出一钱。"

他左手一拿到银子，右手立刻开了车门。

活剥皮这样的人也有种好处，你只要有钱给他，他总能让你觉得每分钱都花得不冤枉。

他甚至将比较好的两个位子让了出来。

郭大路既已上了车，就开始打另外的主意了。

活剥皮手里还是紧紧搂着那包袱。

郭大路忽然道："燕七，我们打个赌好不好？"

燕七道:"好,赌什么?"

郭大路道:"我赌他这包袱里面有个老鼠,你信不信?"

燕七道:"不信。"

郭大路道:"好,我跟你赌十两银子。"

活剥皮忽又笑了,道:"你们不必赌了,我知道你们只不过想看看我这包袱,是不是?"

郭大路笑道:"好像是有点这意思。"

活剥皮道:"要看也行,看一看十两银子。"

郭大路倒真想不到他答应得这么容易,他本来以为这包袱里一定有什么见不得人的东西。

活剥皮左手一拿到银子,右手立刻就解开了包袱。

包袱里只不过是几件旧衣服。

郭大路看看燕七,燕七看看郭大路,两个人只有苦笑。

活剥皮笑道:"你们现在已觉得这十两银子花得太冤了吧?只可惜现在已收不回去了。"

他脸上带着得意的笑意,正想将包袱扎上。

燕七忽然道:"这包袱里有件衣服好像是林太平的,是不是?"

活剥皮干咳了两声,道:"好像是吧,他反正已当给了我。"

燕七道:"当票还没有过期,他随时都可以赎回来,你怎么能带走?"

活剥皮渐渐已有点笑不出了,道:"他要赎的时候,我自然有衣服给他。"

郭大路道:"这件衣服他当了多少银子?"

活剥皮道:"一两五钱。"

郭大路道:"好,我现在就替他赎出来。"

活剥皮道:"不行。"

郭大路道："有钱也不行？"

活剥皮道："有钱还得有当票，这是开当铺的规矩，你有没有带当票来？"

郭大路又看看燕七，两个人都不说话了，但心里却更奇怪。

活剥皮将林太平的衣服带到城里去干什么？

这衣服质料虽不错，却已很旧了，他为什么要紧紧地抱着，就好像将它当宝贝似的。

马车一进城，活剥皮就道："地头已到了，你们下车吧。"

燕七道："你不是要我们陪你逛逛吗？"

活剥皮道："现在已用不着，亲生子不如手边钱，能省一个总是省一个的好。"

燕七道："我们假如肯免费呢？"

活剥皮笑道："免费更不行了，只有现金交易的生意，才是靠得住的生意，免费的事总是有点麻烦的。"

燕七叹了口气，道："那么我们就下车吧。"

活剥皮道："不送不送。"

燕七他们刚下车，他就立刻"砰"地关上车门。

郭大路看着马车往前走，也叹了口气，道："这人真是老奸巨猾，我实在看不出他在打些什么鬼主意。"

燕七沉吟着，道："他刚才说漏了嘴，说要找的不是我们，你听见没有？"

郭大路点点头。

燕七道："难道他要找的只是林太平一个人，我们都只不过是陪衬？"

郭大路道："他找林太平干什么？"

燕七道："我总觉林太平这人好像也有秘密。"

郭大路沉吟了半晌，忽然道："你看他会不会女扮男装的？"

燕七瞪了他一眼，道："我看你这人只怕听说书听得太多了，天下哪有这么新鲜的事？"

郭大路也不说话了。

直到马车转过街，两人突然同时加快脚步，追了过去。

他们到底还是不肯死心。

马车在一家很大的客栈门口停下。

活剥皮这种人居然舍得住这种客栈，岂非又是件怪事。

幸好这时天色已暗了下来。冬天的晚上总是来得特别早。

他们绕到这家客栈后面。翻墙掠了进去。

任何人都不会永远倒霉的，这次他们的运气就特别好，刚落在树梢，就看到活剥皮走入后面跨院里的一排厢房里。

还是冷得很，院子里看不见人影。

他们从树梢掠过去，只三五个起落，就已掠上了那排厢房的屋顶。

两人忽然都发觉对方的轻功很不错，就好像天生是做这种事的材料。

两人心里都打定主意，以后一定要想法子问问对方，这份轻功是怎么练出来的。

他们好像都忽然变得很想知道对方的秘密。

02

屋檐上也结着冰柱，窗子自然关得很紧。

幸好屋子里生着火，所以就得将上面的小窗子打开透透气。

从这小窗子里望进去，正好将屋子里的情况看得清清楚楚。

屋子里除了活剥皮外，另外还有两个穿着很华丽、派头很大的人，脸色阴阴沉沉的，就好像全世界的人都欠了他们的钱没还。

燕七一眼就看出这两人非但武功不弱，而且一定是老江湖了，其中有个人，脸上还带着条长长的刀疤，使得他看起来更可怕。

另一个人脸上虽没有刀疤，但手臂却断了一条，一只空空的袖子扎在腰带上，腰带上还斜插着一柄弯刀。

这样子的弯刀江湖中并不多见，只剩下一条手臂的人，还能用这种弯刀，手底下显然很有两下子。

而且，若不是经常出生入死的人，身上也不会带着这么重的伤。

经常出生入死的人还能活到现在，派头还能这么大，就一定不是好惹的，郭大路想不通活剥皮怎会和这种人有交易。

活剥皮已将包袱解开，将林太平那件衣服挑了出来，送到两人面前的桌子上，脸上带着得意的表情，就好像在献宝似的。

林太平这件破衣服究竟是什么宝贝？

刀疤大汉拿起衣服来，仔仔细细看了一遍，又交给那独臂人。

在他翻衣服的时候，郭大路也看到衣服的衬里上好像绣着样东西，却看不清楚绣的是字，还是花。

独臂人也将这衣角翻开看了看，慢慢地点点头，道："不错，是他的衣服。"

活剥皮笑道："当然不会错的，在下做生意一向可靠。"

独臂人道："他的人在哪里？"

活剥皮没有说话，却伸出了手。

独臂人道："你现在就要？"

活剥皮笑道："开当铺的人都是现货交易，两位想必也知道的。"

独臂人冷冷道："好，给他。"

刀疤大汉立刻从下面提起个包袱，放到桌上时"砰"地一响。

好重的包袱。

"能令活剥皮先贴出五百两银子的,只有一件事,就是赚五千两银子的事。"

燕七的话显然没有说错,包袱里的银子至少也有五千两。

郭大路看了燕七一眼,心里总算明白了。

这两人一定在找林太平,而且找得很急,竟不惜出五千两银子的悬赏。

活剥皮早已知道这件事,但直等看到林太平的衣服时,才发现林太平是他们要找的人。

所以他就要林太平陪他到城里来走一趟,好将林太平当面交给这两个人。能亲自将人送来,赏银自然更多了。

但林太平究竟做了什么事,值得别人花这么大的价钱来找他呢?

一看到银子,活剥皮忽然变得可爱极了,笑得连眼睛都已看不见。

刀疤大汉道:"他在哪里,你现在总可以说了吧?"

无论林太平做了什么事,他既然要躲这两人,就不能让这两人找到他。

郭大路已准备从窗子里冲进去了。

谁知就在这时,活剥皮脸上的笑容忽然僵住。

他眼睛直勾勾地瞪着门口,张大了嘴,却说不出话来,那表情就好像突然被人塞了满嘴泥巴。

郭大路顺着他目光看过去,也立刻吃了一惊。

门口也不知何时走进了一个人。

这人只不过是个很普通的老太婆,并没有什么令人吃惊的地方,但郭大路却做梦也想不到会在此时此地看到她。

他刚才明明还看到她提着桶垃圾,站在利源当铺门口的。

然后他们就坐着马车到这里来,一路上并没有停留,这老太婆是怎么来的,难道是飞来的吗?

活剥皮更像是见了鬼似的,嘎声道:"你……你来干什么?"

老太婆手里捧着盖碗,慢吞吞地走进来,摇着头,叹着气道:"你吃药的时候已到了,为什么总是忘记呢?我特地替你送来,快喝下去吧。"

活剥皮接过盖碗,只听得盖子在碗上咯咯作响。

他不但手在发抖,连冷汗都流了出来。

独臂人和刀疤大汉脸上还是一点表情也没有,一直冷冷地看着这老太婆,此刻突然同时出手,两道乌光向这盖碗上飞射而出。

他们的出手都不慢。

谁知乌光刚飞到老太婆面前,就忽然不见了。

这老太婆明明连动都没动。

刀疤大汉脸色也有点变了。

独臂人却还是面无表情,冷笑道:"想不到阁下原来是位高人,好,好极了。"

老太婆忽然笑了笑,道:"不好,一点也不好。"

独臂人道:"有什么不好?"

老太婆道:"有什么好?你们遇见我,就要倒霉了,还有什么好?"

独臂人霍然长身而起,厉声道:"你究竟是什么人?敢来管我们的闲事?"

老太婆道:"谁管你们的事?你们的事还不配我来管,请我管我也不管,跪下来求我,我也不会管。"

老太婆说话,总是有点唠唠叨叨的。

独臂人道:"那么你来干什么?"

老太婆道:"我来要他吃药。快吃,吃完了药就该睡觉了。"

活剥皮愁眉苦脸,捏着鼻子将药吃了下去。

老太婆道:"好,回去睡觉吧。"

她就像拉儿子似的,拉着活剥皮就往外走。

突然间刀光一闪,独臂人已凌空飞起,一柄雪亮的弯刀当头劈了下来。

敢凌空出手的人,刀法自然不弱。

但刀光只一闪,就不见了。

一柄雪亮的弯刀,忽然断成了两截,"当"地,掉在地上。

掉在独臂人身边。

独臂人不知为了什么,已跪在地上,跪在这老太婆面前,满头大汗,仿佛用力想站起来,但用尽全身力气还是站不起来。

老太婆叹了口气,喃喃道:"我早就说过,你们的事就算跪下来求我,我也不管的,这人居然没有听见,难道耳朵比我还聋么?"

她唠唠叨叨地说着话,蹒跚着走了出去。

活剥皮乖乖地跟在后面,连大气都不敢出。

刀疤大汉也已满头是汗,忽然道:"前辈,请等一等。"

老太婆道:"还等什么?难道你也想来跟我磕个头不成?"

刀疤大汉道:"前辈既然已伸手来管这件事,在下也没什么话好说,只盼前辈能留下个名号,在下等回去也好向主人交代。"

老太婆道:"你想问我的名字?"

刀疤大汉道:"正想请教。"

老太婆道:"你还不配知道我的名字,我说了你也不会知道。"

她忽又接着道:"但你却可以回去告诉你那主人,就说有个老朋友劝他,小孩子怪可怜的,最好莫要逼得太紧,否则连别人都会看不惯。"

她慢慢地走出门。

刀疤大汉立刻追出来,追到门口,似乎还想问她什么。

但门外连个人影都没有,这老太婆和活剥皮都已忽然不见了。

03

这烧饭的老太婆原来是位绝顶的高手,武功已高得别人连做梦都想不到。

难怪那天金狮子和棍子到当铺去搜查,回来时态度那么恭敬,他们若不是吃了这老太婆的哑巴亏,就是已看出她是谁了。

郭大路和燕七现在总算已明白。

但他们却有件事更想不通,两人对望了一眼,同时向后掠出。

后面有棵树,大树。

树上没有叶子,只有积雪。

燕七只好蹲在树丫上,郭大路却一屁股坐了下去,然后就像是挨了一刀似的跳了起来。

雪冷得像刀。

燕七叹了口气,摇摇头道:"你坐下去的时候,难道从来也不看看屁股下面是什么?"

郭大路苦笑道:"我没注意,我在想心事。"

树枝很粗,他也在燕七身旁蹲了下来,道:"我在想那老太婆,她明明是位很了不起的武林高手,为什么要在活剥皮的当铺当老妈子?"

燕七沉吟着,道:"也许她和凤栖梧一样,在躲避别人的追踪。"

郭大路道:"这理由乍一听好像很充足,仔细一想,却有很多地方说不通。"

燕七道："哦？"

郭大路道："世界这么大，有很多地方都可以躲避别人的追踪，尤其是像她这样的高手，为什么要去做别人的老妈子，听别人的指挥，受别人的气？"

他一面摇头，又接着道："就算她要做人家的老妈子，也应该找个像样一点的人，找个像样一点的地方，为什么偏偏选上活剥皮？"

燕七道："你想不通？"

郭大路道："实在想不通。"

燕七道："你想不通的事，别人当然也一定想不通了。"

郭大路笑笑，道："若连我也想不到，能想通的人只怕很少。"

燕七道："也许她就是要人家想不通呢？"

郭大路道："但想不通的事还有很多。"

燕七道："你说来听听。"

郭大路道："看她的武功，天下只怕很少有人能是她的对手。"

燕七也叹了口气，道："她武功的确很高，我非但没有看过武功这么高的人，简直连听都没有听说过。"

郭大路道："所以我认为她根本就用不着怕别人，根本就用不着躲。"

燕七道："莫忘记，强中更有强中手，一山还有一山高。"

郭大路道："这只不过是句已老掉牙的俗话。"

燕七道："老掉牙的话，往往就是最有道理的话，愈老愈有道理。"

第十九章

林太平的秘密

01

郭大路道:"假如她真的在躲避别人的追踪,行动至少应该秘密些,但我们每次去当铺的时候,都看到她里里外外地走进走出,一点也没有不敢见人的样子。"

燕七道:"那时你看不看得出她是个怎样的人?"

郭大路道:"看不出。"

燕七道:"别人既然看不出她是谁,她为什么不敢见人?"

郭大路道:"你认为她也和凤栖梧一样,易容改扮过?"

燕七道:"江湖中会易容改扮的人,并不止凤栖梧一个。"

郭大路道:"那么,金狮子和棍子为什么一眼就看出她是谁了呢?"

燕七道:"你怎么知道他们看出来了?"

郭大路道:"他们若没有看出来,对活剥皮为什么会前倨后恭?"

燕七眨眨眼,道:"那么依你看来,这究竟是怎么回事?"

郭大路道:"依我看,她和活剥皮一定有点特别的关系,也许是活剥皮的老朋友,也许是活剥皮的亲戚,你说有没有道理?"

燕七道:"有道理。"

郭大路笑道:"想不到你居然也承认我有道理。"

燕七忽然也笑了，道："因为我的看法本来也是这样的。"

郭大路怔了怔，道："你的看法既然早就跟我一样，刚才为什么要跟我抬杠？"

燕七道："因为我天生就喜欢跟你抬杠。"

郭大路瞪着眼看了他半天，道："假如我说这雪是白的呢？"

燕七道："我就说是黑的。"

无论你多聪明，多能干，但有时还是会突然遇见个克星，无论你有多大的本事，一遇见他就完全使不出来了。

燕七好像就是郭大路的克星。

郭大路硬是对他没法子。

过了半晌，他忽又笑了笑，道："至少有一件事你总不能不承认的。"

燕七道："什么事？"

郭大路笑道："活剥皮这次连一个人的皮都没有剥到。"

燕七道："你又错了。"

郭大路苦笑道："我又错了？"

燕七道："活剥皮这次总算剥了一个人的皮。"

郭大路道："剥了谁的皮？"

燕七道："他自己的。"

02

林太平究竟是什么人？

为什么有人肯花好几千两银子来找他？

找他干什么？

郭大路道："你看这些人为什么要找林太平呢？"

这次他好像已学乖了，自己居然没有发表意见。

燕七沉吟着，道："你若肯花五六千两银子去找一个人，为的会是什么呢？"

郭大路笑道："我根本就不会做这种事。"

燕七瞟了他一眼，道："假如我忽然失踪了，若要你花五千两银子来找我，你肯不肯？"

郭大路想也不想，立刻道："当然肯。为了你，就算叫我拿脑袋去当都没关系。"

燕七的眼睛亮了。

一个人的眼睛只有在非常快乐、非常得意时才会亮起来的。

郭大路道："因为我们是好朋友，所以我才肯。但林太平却绝不是那两人的好朋友，他根本就不会交这种朋友。"

燕七点点头，道："假如有人杀了我，你是不是也肯花五千两银子找他呢？"

郭大路道："当然肯，我就算拼了老命，也要找到那人替你报仇。"

他忽又摇着头，道："但林太平却绝没有杀过人，他以为自己杀了南宫丑之后那种痛苦的样子，绝不是装出来的。"

燕七道："假如有人抢了你五万两银子，要你花五千两银子找他，你当然也愿意的。"

郭大路道："但林太平来的时候身上连一分银子也没有，何况他根本也不像那种人。"

燕七笑了笑，道："现在不是我在找你抬杠，是你在找我抬杠了。"

郭大路也笑了，道："因为我知道你心里也一定不会真的这么想。"

燕七叹了口气，苦笑道："老实说，我根本就想不出他们找林太平为的是什么？"

郭大路笑道："虽然想不出却问得出的，莫忘记我已从棍子那里学会了很多种问话的法子。"

屋子里的灯还亮着，既没有看到有人进去，也没有看到有人出来。

他们正想去问个明白，窗子忽然开了。

一人正站在窗口招手。

他们正弄不清这人是在向谁招手的时候，这人已笑道："树上一定很冷，两位为什么不进来烤烤火呢？"

火很旺。

坐在火旁的确比蹲在树上舒服多了。

刚才在窗口向他们招手的人，现在也已坐了下来。

这人既不是那脸上有刀疤的大汉，也不是那看着很凶恶的独臂人。

这人刚才根本就不在这屋子里。

刚才在这屋子里的人，现在已不知到什么地方去了。郭大路既没有看见他们走出来，也没有看见这个人走进去。

郭大路只有一点值得安慰的地方。

这人从头到脚,无论从哪里看都比刚才那两人顺眼得多。

最重要的是,这人是个女人。

03

每个人都有自己一套独特的法子来将女人分成好几等,好几类。

无论你用哪种法子来分,她都可以算是第一等的女人。

她虽然已不太年轻,但看起来还是很美,很有风韵。

世上的确有种女人可以令你根本就不会注意她的年纪。

她就是这种女人。

美丽的女人大多都很高傲,很不讲理,只有很少数的例外。

她就是例外。

奇怪的是,像这么样一个女人,怎么会忽然在这屋子出现呢?

她和刚才那两个人有什么关系?和这件事又有什么关系?

郭大路当然想问,却一直没有机会。

他每次要问的时候,都发现自己先已被人问——这么样一个女人在问你话的时候,你当然只有先回答。

"我姓卫。"她微笑着道,"你们两位呢?"

她的笑容让人根本没法子拒绝回答她的话。

郭大路抢着道:"我姓郭。他姓燕,燕子的燕。"

燕七瞪了他一眼,卫夫人已笑道:"林太平的朋友我都认得,怎么一直没有见过你们两位?"

郭大路又想抢着回答,忽然发现燕七的眼睛正在瞪着他。

他只好低下头去咳嗽。

燕七的眼睛这才转过来,看着卫夫人,淡淡道:"你怎么知道我们是林太平的朋友？"

卫夫人道："两位冒着风雪从老远的地方赶到这里来，又冒着风雪在外面等了那么久，当然不会是为了那当铺老板。"

燕七道："为什么不会？"

卫夫人嫣然道："龙交龙，凤交凤，耗子交的朋友会打洞。什么人交什么样的朋友，这点我至少还能看得出来。"

燕七眨眨眼，道："这么样说来，你当然也认得林太平？"

卫夫人点点头。

燕七笑了笑，道："其实这句话我根本就不该问的，你连他的朋友都完全认得，当然也跟他很熟了。"

卫夫人微笑道："的确可以算很熟。"

燕七道："下次你见到他的时候，不妨替我们问声好，就说我们很想念他。"

卫夫人道："我也很想见他一面，所以特地来请教你们两位。"

燕七道："请教什么？"

卫夫人道："我想请两位告诉我，他这两天在什么地方？"

燕七好像很惊讶，道："你跟他比我们熟得多，怎么会不知道他在什么地方？"

卫夫人笑了笑，道："无论多熟的朋友，也常常会很久不见面的。"

燕七叹了口气，道："我还想请你带我们去看看他哩。"

卫夫人道："你们也不知道他在哪里？"

燕七道："若连你都不知道，我们怎么会知道？他的朋友我们连一个都不认得。"

他忽然站起来，拱拱手，道："时候不早，我们也该告辞了。"

卫夫人淡淡笑道："两位要走了么，不送不送。"

她居然也一点阻拦的意思都没有，就这样看着他们走了出去。

刚走出这客栈，郭大路就忍不住道："我真佩服你，你真有一手。"

燕七道："哪一手？"

郭大路道："你说起假话来，简直就跟真的完全一样。"

燕七瞪了他一眼，道："我也很佩服你。"

郭大路道："佩服我什么？"

燕七冷冷道："像你这样的人，倒也很少有，只要一见到好看的女人你立刻就将生辰八字都忘了，简直恨不得把家谱都背出来。"

郭大路笑了，道："那只因我看她并不像是个坏人嘛。"

燕七冷笑道："坏人脸上难道还挂着招牌么？"

郭大路道："她若真的有恶意，怎么会随随便便就让我们走？"

燕七冷笑道："不让我们走又能怎么样？难道她还有本事把我们留下来？"

郭大路叹了口气，道："你若以为她是个普通女人，你就错了。"

燕七道："哦？"

郭大路道："我们的一举一动，她好像都知道得清清楚楚，就凭这点，我就敢断定她绝不是个普通人。"

燕七道："她知道些什么？"

郭大路道："她知道我们是从外地来的，知道我们躲在树上……"

他声音突然停住，悄悄道："你看看后面那药店门口。"

燕七道："我用不着看。"

郭大路道："你已发现有人在盯着我们的梢？"

燕七冷笑着点了点头。

他们已转入一条比较偏僻的街道，这条街上的店铺关门比较早，本已没什么人行走。

药店也早就打烊了，却有个身材很矮小的黑衣人，站在门口的柱子后面，还不时伸出半边脸向他们偷看。

郭大路道："这人是不是一直在后面跟我们？"

燕七道："一走出那客栈，我就已发现他了。所以我才故意转到这条街上来。"

他冷笑着接道："现在你总该知道，那位卫夫人为什么随随便便就让我们走了吧？"

郭大路道："难道她早已知道我们跟林太平住在一起，所以，才故意让我们走，再叫人在外面跟踪？"

燕七道："嗯。"

郭大路叹了口气，道："她算盘打得倒不错，只可惜未免将我们估计得太低了些。"

燕七冷冷地道："难道你还以为她将你看得很了不起？"

郭大路道："我虽然没有什么了不起，但别人要想盯我的梢，倒还不太容易。"

燕七道："哦？"

郭大路眨眨眼，笑道："想盯我梢的人，至少也得先喝喝西北风。"

街上只有家店还没有打烊。

无论哪条街上，打烊最晚的，一定是饭铺酒馆。

燕七忍不住笑道："我看你恐怕并不是想请别人喝西北风，只不过是自己想喝酒了吧。"

郭大路笑道："我喝酒，他喝西北风，反正大家都有的喝。"

郭大路喝酒有个毛病。

不喝得烂醉如泥，他绝不走；不喝得囊空如洗，他也绝不走。

天下假如只有一个人能治他这种病，那人就是燕七。

金链子当了五十两，分了一半给王动，郭大路这次居然没有将剩下来的一半完全喝光。

而且他走出小酒铺的时候，居然还相当清醒，还能看得见人。

那黑衣人果然还在那药铺门口的柱子后面喝西北风。

郭大路叹了口气，道："我应该让他多喝点的，他好像还没有喝够。"

燕七道："但你却已喝够。再喝下去，就连三岁小孩子都能盯得住你了。"

郭大路瞪眼道："谁说的，我就算用一条腿跑，他也休想追得上我，你信不信？"

燕七道："我只相信一件事。"

郭大路道："哪样事？"

燕七道："他就算能够追得上你，你也可以将他吹走。"

郭大路道："吹走？怎么样吹法？"

燕七道："就像你吹牛那样吹法。"

郭大路什么话也没有说，忽然捧起了一条腿，往前面一跳。

这一跳居然跳出两丈。

燕七叹了口气，摇着头，喃喃道："这人为什么总像是永远都长不大的。"

天是黑的，路是白的。

路其实并不白，白的是积雪。

郭大路看看两旁积雪的枯树飞一般往后面跑。

树其实并没有跑，是他在跑，用两条腿跑。他并不是怕甩不脱后面那盯梢的黑衣人，而是怕自己赶不上燕七。

燕七施展起轻功的时候，真像是变成了一只燕子。

郭大路已开始在喘气。

燕七这才渐渐慢了下来，用眼角瞟着他，笑道："你不行了吗？"

郭大路长长吐出口气，苦笑道："我吃得比你多，块头比你大，当然跑不过你。"

燕七道："马吃起来也很凶，块头也很大，但跑起来还是快得很。"

郭大路道："我不是马，我只有两条腿。"

燕七笑道："你不是说就算用一条腿跑，别人也休想追得上你吗？"

郭大路道："我说的不是你。"

燕七目光闪动，道："你以为别人就不行？"

郭大路道："当然。"

燕七忽然叹了口气，道："你为什么不回头去看看呢？"

郭大路一回头就怔住。

路是白的，人是黑的。

刚才躲在药店门口柱子后面的黑衣人，现在居然又追到这里来了。

郭大路怔了半晌，道："想不到这小子居然也跑得很快。"

燕七道："莫说你只用一条腿，看来就算用三条腿跑，他也照样能追得上你。你信不信？"

郭大路道："我信。"

燕七看着他，目中充满了笑意。

他的确是个很可爱的人，最可爱的地方就是他肯承认自己的毛病。

所以他无论有多少毛病，都还是个很可爱的人。

燕七道："我们既然甩不掉他，就不能回去。"

郭大路道："不错。"

燕七道："不回去到哪里去呢？"

郭大路道:"没地方去。"

他眨了眨眼,忽又笑道:"你还记不记得你自己刚才说的什么话?"

燕七道:"我说了什么?"

郭大路道:"你说,他就真能追上我,我也可以把他吹走。"

燕七笑道:"你真有这么大的本事?"

郭大路道:"当然。"

燕七也眨了眨眼,道:"你想用什么吹?"

郭大路道:"用拳头。"

他忽然转身,向黑衣人走了过去。

黑衣人站在路中央,看着他。

"这小子倒沉得住气。"

郭大路也沉住了气,慢慢地走过去,心里正盘算着,是先动嘴巴,还是先动拳头?

谁知那黑衣人忽然沉不住气了,扭头就跑。

郭大路也立刻沉不住气了,拔脚就追。

他忽然发觉这黑衣人的轻功绝不在燕七之下,他就算长着三条腿也追不着,只有大叫道:"朋友,你等一等,我有话说。"

那黑衣人偏偏不等,反而跑得更快。

郭大路火了,大声道:"你难道是个聋子?"

黑衣人忽然回头笑了笑,道:"不错,我聋得很厉害,你说的话我连一个字都听不见。"

他好像存心要气气郭大路。

无论谁存心要让郭大路生气都很容易,他本来就容易生气。

一生气就非追上不可。

本来是这黑衣人在盯他的梢,现在反而他在盯这黑衣人了。

燕七也只有陪着他追。

路旁有片积雪的枯林，枯林里居然还有灯光。

黑衣人身形在树林里一闪，忽然不见了。

灯光还亮着。

灯光是从一栋屋子里照出来的，黑衣人想必已进入了这屋子。

郭大路咬着牙，恨恨道："你在外面等着，我进去看看。"

燕七没有说话，也没有拉住他。

郭大路若是真的想做一件事，那就根本没有人能拉得住。

就算他要去跳河，燕七也只有陪他跳。

亮着灯的那间屋子，门居然是开着的，灯光从门里照出来。

郭大路冲过去，刚冲到门口，又怔住了。

屋子里生着一盆火，火盆旁坐着一个人。

火烧得很旺，人长得真美。

卫夫人。

她看到郭大路，连一点惊奇的样子都没有，微笑着，道："外面一定很冷，两位为什么不进来烤烤火？"

她好像一直在等着他们似的。

04

除了她之外，屋子里还有一个人。

一个黑衣人。

郭大路一看见这黑衣人，火气又上来了，忍不住冲了进去，大声叫道："你为什么一直在后面盯着我？"

黑衣人眨了眨眼，道："是我在盯你？还是你在盯我？"

他的眼睛居然很亮。

郭大路道："当然是你在盯我。"

黑衣人笑道："你知不知道这是什么地方？"

郭大路道："不知道。"

黑衣人道："那么我告诉你，这是我的家。"

郭大路道："你的家？"

黑衣人笑道："若是我在盯你，怎么会盯到我自己的家里来了？"

郭大路又怔住。

他忽然发觉，这黑衣人不但眼睛很亮，而且笑得也很甜。

这黑衣人原来是个穿着黑衣服的女人，而且最多也只不过十六七岁。

郭大路就算有很多道理，也全都说不出来了。

卫夫人笑道："两位既然来了，请坐请坐。"

火盆旁还有两张椅子。

燕七坐下来，忽然笑道："你好像早就知道我们要来，早就在等着我们了。"

卫夫人微笑道："你们要走，我拉不住，你们要来，我也挡不住的。"

燕七道："我们现在若又要走了呢？"

卫夫人道："我还是只有一句话。"

燕七道："什么话？"

卫夫人道："不送不送。"

燕七道："但你还是会要这位小妹妹在后面盯我们的梢。"

黑衣少女瞪眼道："谁要盯你们的梢，那条路你们能走，我为什么不能走？你们随随便便就可以往我家里闯，我难道就不能跟你们走一条路？"

燕七冷笑道："原来你只不过凑巧跟我们同路。"

黑衣少女道："一点也不错。"

燕七道："这倒真的很巧。"

卫夫人淡淡笑道："等你年纪再大些时，就会发现天下凑巧的事本来就很多。"

燕七道："这么样看来，你已打定主意，要从我们身上找到林太平了。"

卫夫人笑道："那就得看你们是不是知道他在哪里了。"

燕七道："我们若是知道呢？"

卫夫人微笑道："只要你们知道，我迟早也会知道的。"

燕七忽然向郭大路眨眨眼，道："一个人的腿若是被绳子捆住，还能不能盯梢？"

郭大路道："好像不能了。"

燕七笑道："答对了。"

他袖中忽然飞出条绳子，向黑衣少女的腿上缠了过去。

这条绳子就像蛇一样，又快又准，而且还好像长着眼睛似的。

只要他绳子出手，就很少有人能躲得开。

黑衣少女根本没有躲，因为绳子已到了她手里。

她的手慢慢地伸了出来，绳子的去势虽很快，但也不知为了什么，绳子忽然间就已被她抓住。

燕七用力一拉，想把绳子拉回来。

卫夫人并没有用力，但也不知为了什么，绳子却已到了她手里。

燕七的脸色变了，只有他才知道这是怎么回事，他只觉绳子上有股很奇怪的力量传了过来，震得他半个身子到现在还在发麻。

他从来不相信世上真有这么可怕的内功。

现在他相信了。

卫夫人微笑道："其实你就算真将她两条腿都捆起来，也没有用的。"

燕七沉默了半晌，长长叹了口气，道："的确没有用。"

卫夫人道："至少应该先捆上我的腿。"

燕七道："不错。"

卫夫人笑道："但我可以保证，世上绝没有一个人能捆住我的腿。"

燕七道："我绝对相信。"

他忽又笑了笑，道："但，我也可以向你保证一件事。"

卫夫人道："什么事？"

燕七道："我虽然捆不住你们的腿，却可以捆住另外一个人的腿；我只要捆住这人的腿，你们就算有天大的本事，也休想追出林太平的下落。"

卫夫人笑道："你打算捆住谁的腿呢？"

燕七道："我自己的。"

无论多没用的人，至少都能将自己的腿捆住，这也是件毫无疑问的事。

燕七捆住了自己的腿。

他身上的绳子还真不少。他好像很喜欢用绳子做武器。

卫夫人也怔住了，怔了半晌，才展颜笑道："不错，这倒的确是个好主意，连我都不能不承认这是个好主意。"

燕七道："过奖过奖。"

卫夫人道："你若将自己捆在这里，我的确没法子追出林太平的下落来。"

郭大路道："我用不着捆自己的腿，他的腿就跟我的腿一样。"

卫夫人道："这么样看来，你也决心不走了。"

郭大路道："好像是的。"

卫夫人道："我本来也已准备将你们用绳子捆起来，逼你们说出林太平的下落。你们不说，就不放你们走的。"

她居然也叹了口气，苦笑道："谁知你们竟自己捆起了自己。"

郭大路笑道："这就叫先下手为强。"

卫夫人道："只可惜后下手的也未必遭殃，遭殃的也还是你们自己。"

郭大路道："哦？"

卫夫人道："你们总不能在这里耽一辈子吧？"

郭大路笑道："那倒也说不定。"

他四面看了看，又笑道："这里又暖和又舒服，至少比我们住的那破屋子舒服多了。"

卫夫人目光闪动，道："你们住的是个破屋子？"

郭大路道："你用不着套我的口风，天下的破屋子很多，你若想一间间地去找，找到你进棺材里也找不完的。"

卫夫人又叹了口气，道："我只不过觉得有点奇怪而已。"

郭大路道："你奇怪什么？"

卫夫人道："林太平从小就娇生惯养，怎么会在一间破屋子耽得下去呢？"

郭大路道："因为我们那破屋子里，有样东西是别的地方找不到的。"

卫夫人道："你们那里有什么？"

郭大路道："朋友。"

只要有朋友，再穷再破的屋子都没关系。

因为只要有朋友的地方,就有温暖,就有快乐。

没有朋友的地方就算遍地堆满黄金,在他们看来,也只不过是座用黄金建成的牢狱。

卫夫人沉默了很久,才又轻轻叹息了一声,道:"看来你们虽然有点儿奇怪,倒都是很够朋友的人。"

郭大路道:"我们至少总不会出卖朋友。"

卫夫人问道:"无论等到什么时候,都不会出卖朋友?"

郭大路点点头。

卫夫人又笑了,悠然道:"好,我倒要看看,你们能等到几时?"

第二十章

黑暗的地狱

01

天亮了。

桌上摆满了很多点心,每种都很好吃。

吃,不但是种享受,也是种艺术。

卫夫人很懂得这种享受,也很懂得这种艺术。

她吃得很慢,也吃得很美。

无论她在吃什么的时候,都会令人觉得她吃的东西非常美味。

何况这些点心本来就全都是美味。

吃起来是美味,嗅起来也一定很香。

郭大路已忍不住开始在悄悄地咽口水。酒意一退,肚子就好像饿得特别快。

饿着肚子看别人大吃大喝,这种滋味有时简直比什么刑罚都难受。

郭大路忽然大声道:"主人独个儿大吃大喝,却让客人饿着肚子在旁边看着,这好像不是待客之道。"

卫夫人点点头,道:"这的确不是待客之道,但你们是我的客人么?"

郭大路想了想，叹息着苦笑道："不是。"

卫夫人道："你们想不想做我的客人呢？"

郭大路道："不想。"

卫夫人道："为什么？为了林太平？"

郭大路也长长叹了口气，道："谁叫他是我们的朋友呢。"

卫夫人笑了笑，道："你们虽然很够朋友，却也够笨的。"

郭大路道："哦？"

卫夫人道："直到现在，你们还没有问我为什么要找林太平。"

郭大路道："我们根本不必问。"

卫夫人道："为什么不必问？你们怎知道我找他是好意还是恶意？也许我找他只不过是为了要送点东西给他呢？"

郭大路道："我只知道一件事，他若不想见你，我们就不能让你找到他；无论你是好意还是恶意，都是一样的。"

卫夫人道："你怎么知道他不愿见我？"

郭大路道："因为你找他找得太急，很像不怀好意的样子，否则，你就该让我们回去告诉他，再叫他来找你。"

卫夫人笑道："看来你们还不太笨，只不过有一点笨而已。"

郭大路道："哦？"

卫夫人道："你们就算怕我在暗中追踪，不回去也就是了，还是可以到别的地方去的，又何必自己把自己捆在这里呢？"

郭大路想了想，看看燕七，道："她说的话好像有点道理，我们为什么还不走呢？"

卫夫人道："因为我现在已不让你们走了。"

郭大路道："你自己说过我们随时都可以走的。"

卫夫人道："我现在已改变了主意。"

她笑了笑，接着道："你知道，女人总是随时都会改变主意的。"

郭大路叹道："你若不是女人就好了。"

卫夫人道："有什么好？"

郭大路盯着她面前的烧卖和蒸饺，道："你若是男人，我至少可以厚着脸皮抢你的东西吃。"

卫夫人微笑道："你为什么不把我当作男人来试试看？"

郭大路又看看燕七，燕七眨了眨眼。

卫夫人又道："你们两个人不妨一起过来抢。"

燕七笑了笑，道："我的脸皮没有他厚，还是让他一个人动手吧。"

郭大路叹了口气，道："一个人饿得要命的时候，脸皮想不厚些也不行了。"

他身子突然掠起，向那张摆满了点心的桌子扑了过去。十指箕张，弯曲如鹰爪，用的居然是鹰爪功中一招极厉害的"飞鹰搏兔"。

用"飞鹰搏兔"这种招式来抢蒸饺，未免是件很可笑的事。

但一个人若是饿极了，再可笑的事也一样能做得出来的。

卫夫人笑道："你的鹰爪功倒不错。"

她嘴里轻描淡写地说着话，手里的筷子忽然轻轻往前面一点。

她用的是一双翡翠镶的筷子，这种筷子往往碰一碰就会断。

筷子在郭大路右手的中指上轻轻一点。

筷子没有断。

郭大路的人却像是断了，突然从半空中落了下来，眼看就要跌在摆满了点心的桌子上。

卫夫人手里的筷子忽然夹住了他的腰带，他整个人的重量都已落在这双一碰就断的筷子上。

筷子还是没有断。

卫夫人的手悬在空中，用筷子夹着他，就像是夹着个大虾米似的。

燕七看呆了。

卫夫人微笑道："这么大一个饺子，够你吃了。"

话未说完，郭大路的人已向燕七飞了过去。

燕七想去接，没有接住，两个人一撞，全都跌在地上。

过了很久，郭大路还没有爬起来，只是眼睁睁地看着卫夫人。

他好像也看呆了。

燕七忽然道："你知不知道她用的这一招叫什么功夫？"

郭大路摇摇头。

燕七道："你既然会鹰爪功，就应该知道其中有一招叫老鹰抓鸡。"

郭大路点点头。

燕七笑道："她这一招就是从'老鹰抓鸡'中变化来的，叫作'筷子夹鸡'。"

郭大路叹了口气，喃喃道："我究竟是鸡，还是饺子呢？"

燕七道："是鸡肉馅儿的饺子。"

郭大路也笑了，道："想不到你懂得的事倒还真不少。"

他身子突然又箭一般蹿了过去。

这一次，他没有向桌子上面伸手，却蹿入了桌子底下。

卫夫人正微笑着在听他们说话，好像正听得有趣的样子。

她既没有想到郭大路说着说着，会忽然又蹿了过来，更没有想到这人会往桌子底下蹿。

桌子底下又没有点心，这人到下面去干什么呢？想捡骨头么？

饺子又没有骨头呀。

卫夫人也不禁觉得有点奇怪，就在这时，桌上的点心突然凭空跳了起来。

郭大路的手在桌子底下一拍，桌上的点心就跳起了七八尺高。

燕七的手一挥，本来捆在他腿上的绳子突又长虹般飞出，长蛇般一卷，就有七八样点心被他卷了过去。

郭大路也已从桌子底下蹿出。

燕七一松手，点心掉下来四个，郭大路伸手接着了两三个，同时张大了嘴，一个软软的糯米烧卖正好不偏不倚掉在他嘴里。

这几下子虽然并不是什么了不起的武功，但却配合得又紧凑，又巧妙，简直令人叹为观止。

卫夫人居然也叹息了一声，说道："看了你们这两手功夫，我就算让你们吃点东西，也算值得的了。"

郭大路三口两口就将烧卖吞了下去，笑道："这人倒总算还有点良心。"

他开始吃第二个烧卖的时候，燕七也已吞下了个包子。

能吃得这包子可真不容易，所以嚼在嘴里滋味也像是特别好些。

燕七笑道："这包子真好吃，却不知是用什么做馅儿的？"

卫夫人微笑道："包子和烧卖都有两种馅儿。"

郭大路道："哪两种？"

卫夫人道："一种是虾仁鲜肉的。"

郭大路道："还有种是什么肉？"

卫夫人道："老鼠肉，毒老鼠。"

老鼠肉本来是可以吃的，但毒老鼠吃下去，却能要人的命。

郭大路吃下去的烧卖，好像已停在嗓子眼儿上，再也咽不下去。

他本来还想问问，他吃的烧卖是哪种馅儿，但现在却已用不着问了。

他忽然觉得四肢发软，脑袋发晕。

再看看燕七一张脸竟已变成死灰色，而且渐渐发黑。

卫夫人还在微笑。

郭大路正想冲过去，忽然觉得她像是已到了很远很远的地方，一张脸渐渐变得模糊不清，渐渐连看都看不见了。

他只觉得燕七已冲过来，抱住他，在他耳旁道："临死之前，我有个秘密要告诉你。"

郭大路道："什……什么秘密？"

燕七道："我……"

他还没有说出自己的秘密，就已倒下。

就算他说出，郭大路也听不见了。

人为财死，鸟为食亡。

这句话并不太对。

有的人并不太在乎财宝，绝不会为了钱拼命，却往往会为了好吃而死。

你是不是觉得这种死法很冤枉？

等你饿得发晕时，说不定也会觉得不如死了算了。

但他们为什么会挨饿呢？

朋友，当然是为了朋友。

"为朋友而死的人，是绝不会下地狱的。"

但朋友若都在地狱里，他们也许宁可下地狱，也不愿上天堂。

02

自古艰难唯一死。

死，的确可以算是最可怕的事了。

那意思就是你已完了，已完全消灭了，从此不再有希望，你的肉体很快就会腐烂，你的姓名也很快就会被人淡忘。

世上还有什么比死更可怕的呢？

死了若还得下地狱，那当然更可怕。

但地狱究竟是什么样子，谁也不知道。

那地方想必很黑暗，非常黑暗……

黑暗。

黑暗得让你非但看不见别人，也看不见自己。

郭大路连自己都看不见。

他只感觉到自己的眼睛已睁开了。

但自己究竟是在什么地方？究竟是不是还存在？他却完全不知道。

"不知道"的本身就是种恐惧——也许就是人类最大的恐惧。

人们恐惧死亡，岂非也正因为他根本不知道死亡究竟是什么样子的。

郭大路也不能不恐惧，几乎已恐惧得连动都不能够动。

恐惧本就是人类永远无法克服的感觉。

过了很久，郭大路才听到自己身旁仿佛有个人在呼吸。

但那究竟是不是人的呼吸声？他还是不知道。

在如此黑暗中，任何人都已无法再对自己有信心。

幸好他还能相信一件事：燕七活着时既然跟他在一起，就算死了也一定还是会跟他在一起。

有些朋友，好像永远都分不开的，无论死活都分不开。

所以郭大路壮起胆子，道："燕七……是不是你？"

又过了半晌，黑暗中才响起一个很虚弱的声响："是小郭吗？"

郭大路总算松了口气。

只要有朋友跟他在一起，无论死活都没关系了。

他身子开始往那边移动，终于摸到了一只手，一只冰冷的手。

郭大路道："这是不是你的手？"

手动了动，立刻将郭大路的手握紧。

然后听到燕七虚弱的声音道："这是什么地方？"

郭大路道："不知道。"

燕七道："我们是不是还活着？"

郭大路叹了口气，道："不知道。"

燕七也叹了口气，道："看来你活着时是个糊涂人，死了也是个糊涂鬼。"

郭大路却笑了，笑着道："看来你活着时要臭我，死了也要臭我。"

燕七没有说话，却将郭大路的手握得更紧。

他平时本是个很坚强的人，但现在却像是要倚赖着郭大路了。

也许他本就在倚赖着郭大路了，只不过平时一直在尽力控制着自己——个人只有到了真正恐惧的时候，才会将自己真正的情感流露出来。

郭大路沉默了半晌，忽又问道："你猜我现在最想知道什么？"

燕七道："想知道这里是什么地方？"

郭大路道："不对。"

燕七道："想知道我们究竟是不是还活着？"

郭大路道："也不对。"

燕七叹道："我现在没有心情猜你的心事，你自己说出来吧。"

第二十一章

千古艰难唯一死

郭大路说道:"我最想知道你的秘密。"

燕七道:"我?……我有什么秘密?"

郭大路道:"你临死前要告诉我的那样秘密。"

燕七的手忽然缩了回去,沉默了很久,才带着笑道:"到现在你还没有忘记?"

郭大路笑道:"无论死活都不会忘记。"

燕七又沉默了很久,才缓缓道:"可是现在我已不想把那件事告诉你了。"

郭大路道:"为什么?"

燕七道:"也没有为什么,只不过……只不过……"

他这句话还没有说完,前面那无边无际的黑暗中,忽然亮起了一点阴森森、碧磷磷的火光。

鬼火!

惨碧色的火光下,仿佛有个人影。

也许不是人影,是鬼影。

他看起来飘飘荡荡地站在那里,好像上不着天,下不着地。

郭大路忍不住喝道:"你是人?还是鬼?"

没有回答,这也不知是人还是鬼的影子,忽然又向前飘了过去。

无论他是人也好，是鬼也好，总是这无边黑暗中唯一的一点亮光。

只要有一点光，就比黑暗好。

郭大路沉声道："你还能不能走？"

燕七道："能。"

郭大路道："我们追过去好不好？"

燕七叹道："无论如何，我想总不会比现在这情况更坏的了。"

鬼火还在前面飘荡着，好像故意在等着他们。

郭大路已找着了燕七的手，再握紧，道："你拉着我，千万莫要放松，无论好歹，我们都要在一起。"

他们的力气还没有恢复，身子还有点麻痹。

但无论如何，他们总算已站了起来，跟着那点鬼火往前走。

前面是什么？

是天堂？还是地狱？

他们既不知道，也不在乎，因为他们总算还能手拉着手往前走。

等他们渐渐可以走得快一点的时候，前面那鬼火速度也加快了。

鬼火突然如流星般一闪，忽然消失。

四面又变得完全黑暗。

没有光，没有声音。

他们只能听得到自己心跳的声音，心跳得很快。

两个人都已感觉出对方的手心里在冒冷汗。

郭大路道："你用不着害怕，假如我们真的已死了，还有什么好害怕的？假如我们还没有死，就更不必害怕了。"

一个人叫别人莫要害怕的时候，他自己心里一定在害怕。

燕七道："我们是继续往前走？还是退回去？"

郭大路道："我们是往后退的人么？"

燕七道："好，不管好歹，我们先往前面闯一闯再说！"

两人的手握得更紧，大步向前冲出。

突听一声大喝，道："站住！"

喝声一响起，黑暗中突又闪起了七八点鬼火。

阴森森的火光飘飘荡荡地悬在半空。

他们已可以看到前面有张很大很大的公案。

案上有个笔筒，还堆着很多个本子，也不知是书？还是账簿？

一个人正坐在案后，翻着一本账簿。

他们还是看不清这人的面目，依稀只看出这人好像长着很长的胡子，头上还戴着顶古代的皇冠。

刚才那鬼影也在公案旁，还是上不着天，下不着地地吊在那里，手上好像拿着一块很大的木牌。

难道这就是拘魂牌？

难道这地方就是森罗殿？

上面坐的就是阎王？

他们不知道，谁也没有到过森罗殿，谁也没有看见过阎王。

但他们却已感觉到一种阴森森的鬼气，令人毛骨悚然。

上面坐的阎王居然说话了。

那声音也阴森森的带着鬼气，道："这两人阳寿未尽，为何来此？"

那鬼影子道："因为他们犯了罪。"

阎王道："犯的是何罪？"

鬼影子道："贪吃之罪。"

阎王道："罪在几等？"

鬼影子道："男人好吃，必定为盗；女人好吃，必定为娼。此罪列为七等，应打入第七层地狱，永世不得吃饱。"

郭大路突然大声道："说谎的罪更大，应该打入拔舌地狱……"

阎王一拍桌子，喝道："大胆，在这里也敢如此放肆？"

郭大路道："无论你是人也好，是鬼也好，只要冤枉了我，我都非放肆不可。"

阎王道："冤枉了你什么？"

郭大路大声说道："你若真的是阎王，自己就该知道。"

燕七忽也大声说道："你至少应该知道一件事。"

阎王道："什么事？"

燕七道："无论你是真阎王也好，假阎王也好，都休想能从我们嘴里打听出林太平的下落。"

这句话说出来，阎王好像反倒有点吃惊，过了半晌，才阴恻恻道："就算我是个假阎王，但你们却已真死了。"

燕七道："哦？"

阎王冷笑道："既已到了这里，你们难道还想活着回去？"

燕七道："想不想活着是一回事，说不说又是另外一回事了。"

阎王厉声道："你们难道宁死也不说？"

燕七道："不说就是不说。"

阎王冷笑道："好！"

这个字说出口，所有的火光突又消失，又变为一片黑暗。

郭大路拉着燕七就往前面冲。

他们同时冲过去，同时跌倒在地。

前面的公案已没有了，阎王也没有了，小鬼也没有了。

除了黑暗外，什么也没有了。

只有两个人。

这两人不是太聪明，就是太笨。

左面是石壁，右面也是石壁，前面是石壁，后面也是石壁。

比铁还硬的石壁。

他们终于发觉这地方已变成个石桶。

所以他们索性坐了下来。

过了很久，郭大路居然笑了笑，道："你也发现那阎王是假的了？"

燕七道："那阎王一定就是卫夫人。"

郭大路道："但卫夫人没有胡子。"

燕七道："胡子也是假的，什么都是假的。"

郭大路忽然大笑，道："这人倒也滑稽，居然想得出这种笨法子来，想要我们上当。"

燕七也笑道："简直滑稽得要命。"

他们虽然在笑，但笑的声音却难听得很，甚至比哭都难听。

因为这件事并不滑稽，一点也不滑稽。

这法子也不笨。

你若吃了个有毒的包子，忽然觉得四肢无力，又看到你朋友的脸已发黑，然后就晕死了过去；等你醒来的时候，就发现自己在这么样一个地方，看到了一个飘在半空的鬼影子，还看到了一位戴着皇冠、长着胡子的阎王，你会不会觉得这件事滑稽？

郭大路已笑不出了，忽然叹了口气，道："她做的事虽滑稽，说的话却不滑稽。"

燕七道："什么话？"

郭大路道："阎王虽是假的，我们却已等于真的死了。"

燕七道："你怕死？"

郭大路叹道："的确有点怕。"

忽然间，火光又一闪，照亮了一大堆黄澄澄闪着金光的东西。

金子。

世上很少有人能看到这么多金子。

黑暗中又响起了那阴恻恻的声音:"只要你们说出来,我不但立刻就放你们走,这些金子也全都是你们的了。"

郭大路突然跳起来,大声叫道:"不说,不说,不说。"

黑暗中发出了一声叹息,然后就又什么都看不见,什么都听不见了。

又过了很久,燕七忽然道:"原来你也不怕死。"

郭大路叹道:"怕是不太怕,只不过……我们虽然是为林太平死的,他却根本不知道,也许永远都不会知道。"

燕七道:"你无论为朋友做了什么,都是你自己的事,根本就不必想要朋友知道。"

郭大路笑了,道:"我本来还怕你觉得死得太冤枉,想不到你比我更够朋友。"

燕七沉默了半晌,反而叹了口气,道:"也许我并不是够朋友,只不过想得够明白而已。"

郭大路道:"明白什么?"

燕七道:"为了要找林太平,她好像已不惜牺牲任何代价。"

郭大路道:"好像是的。"

燕七道:"她若非跟林太平有很深的仇恨,怎么肯如此牺牲呢?"

郭大路道:"我只奇怪,林太平只不过是个小孩子,怎么会跟她这种人结下深仇大恨呢?"

燕七道:"想必是他上一代结下的仇怨,她为了要斩草除根,所以才非杀林太平不可。"

郭大路道:"有理。"

燕七道:"她既然知道我们是林太平的朋友,当然也不会放过我们。所以我们就算说出了林太平的下落，也是一样要死，也许死得更快。"

郭大路长叹了一口气，苦笑道："被你这么一说，我好像也觉得自己并没有自己说的那么够朋友了。"

燕七道："你也想到了这一点？"

郭大路道："但若非你提醒，我就已忘了。"

燕七道："怎么会忘？"

郭大路道："一件事你若故意不去想它，岂非就等于忘了一样？"

燕七道："为什么要故意不去想它呢？"

郭大路道："因为，那样我就会觉得自己真的很够朋友，等我死的时候，就会觉得自己比较伟大一点。"

燕七笑了，但笑声中却有些辛酸之意。

过了很久，才缓缓道："其实你本来就比别人伟大一点。"

郭大路好像要跳了起来，道："我伟大？你也觉得我伟大？"

燕七道："没有人天生就是英雄，英雄往往也是被逼出来的。大家虽然都明白这道理，却还是难免要自己骗骗自己。只有你……"

他叹息了一声，慢慢接着道："你不但敢承认，而且还敢说出来。"

郭大路道："这……这也许只不过因为我脸皮比别人厚。"

燕七道："这绝不是脸皮厚，是……"

郭大路道："是什么？"

燕七道："勇气！这就是勇气，很少人能有这种勇气。"

郭大路笑道："想不到你也有夸奖我的时候。是不是故意想安慰安慰我，让我觉得舒服些？"

燕七没有回答，只是紧紧握住了他的手。

冰冷的手好像已渐渐温暖了起来。

又过了很久，郭大路才缓缓道："其实我们认识并不久，但我总觉得你是我平生最好的朋友。其实王动也是我最好的朋友，但我对你还是和对他不同。"

燕七轻轻地问道："有什么不同？"

郭大路道："我也说不出来有什么不同，只不过……只不过王动若有什么对不起我的地方，我一定会原谅他；但你若对不起我，我反而很生气，气得要命。"

这种情感的确很微妙，也难怪他解释不出。

燕七的指尖好像在发抖，心里好像很激动，只可惜郭大路看不出他脸上的表情来，否则也许就会明白很多事了。

但不明白也很好。

那种缥缥缈缈、朦朦胧胧的感觉，有时反而更美、更奇妙。

只可惜他们能享受这种感觉的时候已不多了。

燕七忽然道："我还想知道一件事，却不知该不该问出来？"

郭大路道："你说。无论什么话，你都可以对我说的。"

燕七道："假如卫夫人真的肯放过我们，真的将那么多金子都送给我们，你是不是就会将林太平的下落告诉她？"

郭大路没有直接回答这句话，只是缓缓道："我只知道金子一定有用完的时候，人也一定有死的时候，但友情和道义却永远都存在的。"

他笑了笑，接着道："就因为世上还有这种东西存在，所以人才和畜生不同。"

燕七长长叹息了一声，道："我好像很少听到你说这种话，你一天到晚好像都是嬉皮笑脸的样子，想不到你也能说得出这种道理来。"

郭大路道："有些道理并不是要你用嘴说的。"

燕七道："你若不说，别人怎么知道你究竟是个怎么样的人呢？"

郭大路道："我根本就用不着别人知道，只要我的朋友知道，只要你知道，那就已足够了。"

他忽又笑道："但现在我也很想知道一件事。"

燕七道："是不是想知道我还没有告诉你的那样秘密？"

郭大路道："答对了。"

燕七道："你……你还没有忘记？"

郭大路笑道："我早就说过，无论死活，都不会忘记。"

燕七沉默了很久，幽幽道："其实我已有很多次都想要将这个秘密说出来了，却又怕说出后会后悔。"

郭大路道："后悔？谁后悔？"

燕七道："我。"

郭大路道："你为什么要后悔？"

燕七道："因为……因为我怕你知道这件事后，就不愿再跟我交朋友。"

郭大路用力握住了他的手，道："你放心，无论你是个怎么样的人，无论你以前做过什么事，我都永远是你的朋友。"

燕七道："真的？"

郭大路大声说道："我若有半句虚言，就叫我不得好……"

"死"字还没有说出口，燕七已掩住他的嘴，柔声道："好，我告诉你，我本是个……"

突然间，黑暗中又有一点灯光亮起，照着一样很奇怪的东西。

看起来像是个铁筒架在木架上，黑黝黝的，总有大海碗般粗细。

接着，卫夫人的声音又响起："你们认不认得这是什么？"

郭大路道："不认得。"

卫夫人笑道："看来你非但食古不化，而且孤陋寡闻。"

这句话刚说完，那铁筒里忽然发出天崩地裂般一声大震。

郭大路的耳朵都快被震聋了。

过了半天,郭大路才能张得开眼睛,只见四面烟硝弥漫,铁筒对面的石壁已被打开一个大洞。

卫夫人道:"现在你总该知道这是什么了吧?"

郭大路长长吐了口气,问道:"这难道就是大炮么?"

卫夫人笑道:"你总算变得聪明了些。"

炮口在移动,已对准了燕七和郭大路。

卫夫人道:"你想不想尝尝这大炮的滋味?"

郭大路道:"不想。"

卫夫人道:"那么你就赶快说出来吧。"

郭大路道:"不说。"

卫夫人悠然道:"也许,你还不知道这种大炮的厉害。"

郭大路道:"我知道。"

卫夫人道:"你知道什么?"

郭大路道:"听说若用这种炮去攻城,无论多坚固的城墙都挡不住。"

卫夫人笑道:"既然城墙都挡不住,你难道还能挡得住?"

郭大路忽然大笑,道:"这你就不懂了,我的脸皮本来就比城墙还厚。"

卫夫人怒道:"你真的不说?"

郭大路好像连话都懒得说了,只是转过了头,凝视着燕七。

燕七的目光温柔如水,但声音却坚决如钢。

他断然道:"算上昨天那次,我已经死过八次了,再死一次又何妨?"

"死",本是件最艰难、最可怕的事,但在他们嘴里说出来,却好像轻松得很。

郭大路忽然叹了口气,拉着燕七的手道:"我只有一件遗憾的事。"

燕七柔声道:"我明白,但那件事我无论死活都会告诉你。"

郭大路展颜笑道:"既然如此,我还有什么放不下的呢?"

卫夫人冷冷道:"好,那你们就死吧。"

炮口正对着燕七和郭大路。

"砰"地,又是天崩地裂般一声大震。

烟硝迷漫中,可以看到他们的人倒了下去,倒在一起……

有人说死很困难,有人说死很容易。

你说呢?

第二十二章

柳暗花明

01

对燕七说来,死的确很容易。他已经死了九次。

现在他居然又活了。

他觉得自己躺在一张柔软而舒服的床上,眼睛里看到的每样东西都很华丽、很精致,简直已不像是人间所有的。

他上次醒来的地方若是地狱,这地方一定就是天堂。

但若没有郭大路在一起,天堂又有什么意思?

郭大路呢?难道下了地狱?

燕七挣扎着爬起,就看到了郭大路。

他几乎不相信自己的眼睛。

屋里有张桌子,桌上摆满了酒食,郭大路正坐在那里大吃大喝。

他看到燕七才放下筷子,笑道:"我看你睡得正好,不想吵醒你,所以就先来享受了。好在这里的东西多得很,十个人也吃不完。"

燕七道:"是你带我到这里来的?"

郭大路道:"不是。"

燕七道:"这里是什么地方?"

郭大路道:"不知道!"

燕七瞪了他一眼，恨恨道："你知道什么？"

郭大路笑道："我只知道这里的厨子不错，酒也不错，你还等什么？"

他接着又笑道："不吃白不吃，这句话你还没有学会？"

燕七忍不住嫣然一笑，道："早就学会了。"

屋里不但有门，还有窗子。

窗外传来一阵阵梅花的香气。

燕七道："你有没有出去过？"

郭大路道："没有。"

燕七皱眉道："为什么不出去看看？"

郭大路笑道："顾得了嘴，就顾不得眼睛了，还是嘴比眼睛重要。"

燕七道："你至少应该先找到这里的主人才是。"

郭大路道："他反正会来找我们的，我们何必急着去找他。"

这句话刚说完，外面就响起了敲门声。

一个白衣如雪、明眸巧笑的小姑娘，手里托着两壶酒，盈盈走了进来，看着倒真有几分像是天上的仙子。

郭大路眼睛有点发直了，燕七瞪了他一眼，他才干咳了两声，将身子坐正，却还是忍不住笑道："我正愁酒不够，想不到酒已来了。"

白衣少女抿嘴笑道："你既已到了这里，无论想要什么，就有什么。"

燕七道："我们怎会到这里来的？"

白衣少女笑道："当然是这里的主人把你们救来的了。"

郭大路道："你就是这里的主人？"

白衣少女眨了眨眼，道："你看我像不像？"

郭大路道:"不像。"

白衣少女嫣然道:"我自己看也不像。"

郭大路道:"那么这里的主人是谁呢?我们认不认得他?"

白衣少女道:"我只知道他一定认得你。"

郭大路道:"为什么?"

白衣少女笑道:"因为,他说你一个人吃得比五个人都多,特地叫我多准备一点酒菜。他若不认得你,怎么会对你如此了解呢?"

郭大路大笑,道:"这么样看来,他不但认得我,还一定是我的好朋友。"

白衣少女眨着眼笑道:"请你喝酒的,都是你的好朋友?"

燕七冷冷道:"一点也不错。"

他不但脸色又变得很难看,而且连筷子都放了下来。

郭大路瞟了他一眼,也不敢多说话了。

白衣少女道:"等两位吃饱了,我就带两位去见这里的主人,他一直都在等着两位。"

燕七霍然站了起来,道:"我现在已经饱了。"

白衣少女眼波流动,嫣然道:"你怎么一看到我就饱了呢?"

燕七淡淡道:"因为你长得比一只蹄髈还可爱。"

梅花白雪,曲廊雕柱。

白衣少女板着脸在前面带路,既不说话也不笑了。

她的确很甜、很美,但的确稍微胖了一点。

"燕七居然拿她来比蹄髈,倒是亏他怎么想得出来的。"郭大路看着燕七,想笑,又不敢笑。

因为燕七的脸色还是不太好看。也不知为了什么,他好像讨厌女人,尤其讨厌跟郭大路开玩笑的女人。

"他以前一定也吃过女人的亏,上过女人的当。"

郭大路决定以后一定要设法开导开导他,告诉他女人并不是每个都讨厌的,其中偶尔也有几个比全部男人都可爱得多。

02

长廊已走尽。

尽头处珠帘低垂,他们刚走过去,就听到帘子里有人在笑道:"你们又来了么?请进请进。"

卫夫人!这赫然又是卫夫人的声音。

原来这里的主人还是她。

她下毒、扮鬼,甚至不惜将攻城的大炮都搬来对付他们,可是她现在又救了他们,而且还拿好酒好菜来招待他们。郭大路和燕七面面相觑,实在猜不透她究竟在打什么主意。

卫夫人的笑容还是那么高贵,那么动人。

她看着郭大路和燕七,带着微笑道:"你们也不必问我究竟在打什么主意,我的主意本就从没有别人能猜得到的。"

郭大路叹了口气,道:"这句话我相信。"

卫夫人道:"还有件事你不妨相信。"

郭大路道:"什么事?"

卫夫人又道:"你们现在已可走了,随时都可以走,无论到哪里去,我都绝不会派人跟踪你们的。"

郭大路怔了怔道:"你不想要我们的命了?"

卫夫人道:"不想。"

郭大路道："你也不想知道林太平的下落了？"

卫夫人道："至少目前已不想。"

郭大路道："你费了那么多事来对付我们，现在却随随便便就让我们走了？"

卫夫人道："不错。"

郭大路又叹了口气，道："这句话，我实在不能相信。"

卫夫人道："连我的话你都不信？"

郭大路道："我为什么一定要相信你？"

卫夫人道："你知道我是什么人？"

郭大路道："我知道你是个很有钱、很有地位，也很有本事的人，但这种人说的话通常都未必可靠。"

卫夫人凝视着他，忽然笑了笑，道："你们一定觉得我做的事很奇怪，但你们若真正知道我是什么人之后，就不会奇怪了。"

燕七忍不住问道："你究竟是什么人？"

卫夫人一个字一个字道："我就是林太平的母亲。"

这句话说出来，郭大路和燕七又大吃了一惊。

他们实在不敢相信，却又不能不相信。

卫夫人这一生中就算也曾说过谎，现在却绝不像是说谎的样子。

郭大路道："我就相信你真是林太平的母亲，但母亲又怎会不知儿子的下落呢？"

卫夫人轻轻地叹息了一声，黯然道："这就是做母亲的悲哀，儿子长大了之后，做的事往往就不是母亲所能了解的了。"

她忽又笑了笑，接着道："这也许只因为他已渐渐变成了个男人。"

郭大路忍不住问道："他究竟做了什么？"

卫夫人叹道："他什么也没有做，只不过从家里逃了出去。"

郭大路怔道:"从家里逃了出去?为什么要逃?"

卫夫人道:"他逃婚。"

郭大路愕然道:"逃婚?"

卫夫人苦笑道:"我看他年纪渐渐大了,就替他定了门亲事,谁知道他竟在婚礼的前一天晚上,偷偷地逃了出去。"

郭大路怔了半晌,忍不住笑了,道:"我明白了,他一定不喜欢那个女孩子。"

卫夫人道:"那女孩子他连见都没有见过。"

郭大路又不禁觉得奇怪,道:"既然没有见过,他怎么知道那女孩子好不好呢?"

卫夫人道:"他根本不知道。"

郭大路道:"既然不知道好不好,为什么要逃?"

卫夫人叹道:"只因那门亲事是我替他定下来的,所以他就不喜欢。"

郭大路又笑了,道:"老婆是自己的,本就该自己来选才对。你若肯先让他看看那女孩子,他也许就不会逃了。"

他神色突然变得很严肃,又道:"这并不是说他不孝顺你,但一个男人长大了之后,多多少少总该有一点自己的主意,否则他又怎么能算是男人。"

卫夫人慢慢地点了点头,道:"我本来也很生气,但后来想了想,反而觉得有点高兴。"

燕七忽然道:"你的确应该高兴,因为像他这么样有主见的男人,世上还不多。"

郭大路道:"现在虽然不多,但以后一定会慢慢多起来的。"

卫夫人展颜道:"所以我现在已改变主意,并不一定要逼他回去成亲了。"

她目光凝视着远方,慢慢地接着道:"我想一个男孩子在成长的时候,能一个人在外面闯荡闯荡,磨炼磨炼自己,对他这一生总是有好处的。"

郭大路叹了口气,苦笑道:"这些话你若早点说出来多好。"

卫夫人笑道:"我以前没有说出来,只因为我还有点不放心。"

郭大路道:"不放心什么?"

卫夫人道:"不放心他的朋友。"

郭大路道:"你那么样做只不过是在试探我们?"

卫夫人笑道:"你们既然是他的好朋友,想必也不会怪我的。"

郭大路道:"现在你放心了没有?"

卫夫人柔声道:"现在我已知道,他的朋友非但不惜为他挨饿、为他死,而且还能为他拒绝各种诱惑,在我看来,那比死还困难得多。"

她叹息着,又道:"他能交到这种朋友,真是他的运气,我还有什么不放心的。"

"孩子长大了,虽已不再属于母亲,但母亲总归是母亲。"

"所以他无论在哪里,永远都是你的儿子。"

做母亲的若能懂得这道理,她的悲哀就会变为欢愉。

03

小城还是那么朴实,那么宁静。有些地方是永远都不会变的,只有人在变,人心在变。

但有些人也是永远不会变的。看到郭大路和燕七回来,王动还是躺在床上,还是连动都不动。

郭大路却忍不住道:"六七天不见,你难道也没有一句话问我们?"

王动这才懒洋洋地打了个呵欠,道:"问什么?"

郭大路道:"你至少应该问问我们,这几天过得好不好。"

王动道:"我不必问。"

郭大路道:"为什么不必问?"

王动道:"你们只要能活着回来,就已经很不错了。"

燕七眨眨眼,道:"可是你至少总应该问问,活剥皮究竟剥谁的皮?"

王动道:"我也不必问。"

燕七道:"为什么?"

王动笑了笑,淡淡道:"像他那种人,除了剥他自己的皮之外,还能剥谁的皮?"

除了出手对付凤栖梧那次外,林太平无论做什么事都比别人慢半拍。无论吃饭也好,说话也好,走路也好,他总是慢吞吞的、不慌不忙的样子,就算火烧到眉毛,他好像也不会着急。

郭大路有时甚至觉得他像是个老头子。

他不像王动,他并不懒。他就是这种温吞水脾气。

郭大路和燕七回来已有老半天了,他才慢吞吞地走了进来,衣服已穿得整整齐齐,头发也梳得整整齐齐。

无论任何时候、任何地方,他的样子看起来总像是一枚刚剥开的硬壳果,又新鲜、又干净。

"这人随时随地都好像准备被皇帝召见似的。"

郭大路和燕七对望了一眼,都不禁笑了。

因为他们又想到了卫夫人。也只有卫夫人那样的母亲,才能生得出林太平这样的儿子。

"好树上是绝不会长出烂桃子来的。"

林太平看着他们，也不知道他们在笑什么，喃喃道："看样子你们这几天一定玩得很开心。"

郭大路笑道："开心极了。"

林太平道："你们知不知道活剥皮已失踪了，利源当铺已换了老板？"

郭大路道："不知道。"

林太平道："连这种大事都不知道，这两天你们究竟干什么去了？"

郭大路和燕七又对望了一眼，又笑了笑，他们早已有了决定，决定不对任何人说出他们这几天来的遭遇。

因为他们觉得林太平不知道这件事反而好，他们既不愿影响林太平的决定，也不想林太平对他们感激。

他们只希望林太平能自由自在地跟大家生活一段时候，那他一定就会变得更坚强、更成熟、更聪明。

这也正是卫夫人所希望的。

郭大路笑道："这两天我们也没干什么，只不过被人毒死过一次，见过一次阎王，又被大炮轰过一次，最后这人请我们大吃大喝了一顿，我们就回来了。"

林太平瞪着他，瞪了很久，忽然大笑，道："我知道你很会吹牛，但这次却未免吹得太过火了些，只怕连三岁的小孩子都不会相信。"

郭大路舒舒服服地躺下去，闭上眼睛，长长吐出口气，微笑道："这种事我就知道绝没有人会相信的。"

第二十三章

王动的秘密

01

每个人都有秘密。

王动是人。

所以王动也有秘密。

像王动这种人居然也会有秘密,也是件很难令人相信的事。

他从没有单独行动过,甚至连下床的时候都很少。

燕七本来也连做梦都不会想到他有秘密。

但第一个发现王动有秘密的人,就是燕七。

他是怎么发现的呢?

他第一次发现这秘密,是因为他看到了一样很奇怪的东西。

他看见了一只风筝。

风筝并不奇怪,但从这只风筝上,却引起了许许多多很奇怪、很惊人,甚至可以说是很可怕的事。

02

按季节来说,现在应该已经是春天了,但随便你左看右看,东看西看,还是看不到有一点春天的影子。

天气还是很冷,风还是很大,地上的积雪还有七八寸厚。

这一天难得竟有太阳。

王动、燕七、郭大路、林太平都在院子里晒太阳。

他们也像别的那些穷光蛋一样,从不愿意放弃晒太阳的机会。

在寒冷的冬天里,晒太阳已可算是穷人们有限的几种享受之一。

王动找了张最舒服的椅子,懒洋洋地半躺在屋檐下面。

林太平坐在旁边的石阶上,手捧着头,眼睛发直,不知道在想什么心事。

郭大路本来一直都很奇怪,这人年纪轻轻,为什么看起来总是心事重重的,心里好像藏着很多不足为外人道的秘密。

现在他已不觉得奇怪,他已知道林太平在想什么。

可是燕七的秘密呢?

郭大路忍不住又将燕七悄悄拉到一旁,道:"你那秘密现在总可以告诉我了吧?"

自从回来之后,这已是他第七十八次问燕七这句话了。

燕七的回答还是跟以前一样。

"等一等。"

郭大路道:"你要我等到什么时候?"

燕七道:"等到我想说的时候。"

郭大路着急道:"你难道一定要等到我快死的时候才肯说?"

燕七瞟了他一眼，眼神仿佛变得很奇怪，过了很久才幽幽道："你真不知道我要告诉你的秘密是什么？"

郭大路道："我若知道，又何必问你？"

燕七又看了很久，忽然"扑哧"一笑，摇着头道："王老大说得真不错，这人该糊涂的时候聪明，该聪明的时候，他却比谁都糊涂。"

郭大路道："我又不是你肚子里的蛔虫，怎知道你的秘密是什么？"

燕七忽又轻轻叹息了一声，道："也许你不知道反而好。"

郭大路道："有哪点好？"

燕七道："有哪点不好？我们现在这样子不是过得很开心么？"

郭大路道："我若知道后，难道就会变得不开心了么？"

燕七轻轻叹息着道："也许……也许那时我们就会变得天天要吵嘴，天天要怄气了。"

郭大路瞪着他，重重跺了跺脚，恨恨道："我真弄不懂你，你明明是个很痛快的人，但有时却简直比女人还别扭。"

燕七道："别扭的是你，不是我。"

郭大路道："我有什么别扭？"

燕七道："人家不愿意做的事，你为什么偏偏要人家做？"

郭大路道："人家是谁？"

燕七道："人家就是我。"

郭大路长长叹了口气，用手抱住头，喃喃道："明明是他，他却偏偏要说是人家。这人连说话的腔调都变得愈来愈像女人了，你说这怎么得了？"

燕七忽又嫣然一笑，故意改变了话题，道："你想活剥皮为什么会忽然走了呢？"

郭大路本来不想回答这句话的，但憋了半天，还是忍不住，道：

"不是他自己想走,是那老太婆逼着他走的。"

燕七道:"为什么?"

郭大路道:"因为那老太婆生怕我们追查她的身份来历。"

燕七道:"这么样看来,她的身份一定很秘密,和活剥皮之间的关系也一定很特别。"

郭大路道:"嗯!"

燕七道:"你为什么不去打听打听,他们躲到哪里去了呢?"

郭大路道:"我为什么要打听?"

燕七道:"去发掘他们的秘密呀。"

郭大路道:"我为什么要去发掘别人的秘密?有些秘密你随便用什么法子都发掘不出的,但等到了时候,你不用发掘也会知道。"

燕七又笑了笑,道:"你既然明白这道理,为什么还总是逼我说呢?"

郭大路瞪着他,忽然叹了口气,道:"因为我关心的不是那老太婆,因为我只关心你。"

燕七慢慢地转过头,仿佛故意避开郭大路的目光。

他刚转过头,就看到一只风筝。

一只大蜈蚣风筝,做得又精巧、又逼真,在蓝天白云间盘旋飞舞着,看着简直就像是活的。

燕七拍手笑道:"你看,那是什么?"

郭大路也看见了,也觉得很有趣,却故意板着脸道:"那只不过是个风筝而已,有什么好稀奇的,你难道连风筝都没有见过么?"

燕七道:"但在这种时候,怎么会有人放风筝?"

郭大路淡淡道:"只要人家高兴,随便什么时候都可以放风筝的。"

其实他当然也知道,现在还没有到放风筝的时候,就算有人要放，也一定放不高，甚至根本放不起来。

但这只风筝却放得很高、很直，放风筝的人显然是此中高手。

燕七道："你会不会做风筝？"

郭大路道："不会，我只会吃饭。"

燕七眨了眨眼，笑道："王老大一定会……王老大，我们也做个风筝放放好不好？"

他冲到王动面前，忽然怔住。

王动根本没有听见他在说什么，只是瞪大了眼睛，直勾勾地看着那只风筝，目中的神色非常奇特，好像是从来没看见过风筝似的。

看他脸上的神色，简直就好像拿这风筝当作个真的蜈蚣。

会吃人的蜈蚣。

燕七也怔住，因为他知道王动绝不是个容易被惊吓的人。

就算真的看到七八十条活生生的蜈蚣在面前爬来爬去，王动脸上的颜色也绝不会改变的。

但现在他的脸看起来却像是张白纸。

突然间，他眼角的肌肉跳了一下，就像是被针刺着似的。

燕七抬起头，就发觉天上又多了四只风筝。

一只是蛇，一只是蝎子，一只是老鹰。

最大的一只风筝却是四四方方的，黄色的风筝上，用朱笔弯弯曲曲地画着些谁也看不懂的符篆，就像是鬼画符。

王动突然站起来，踉踉跄跄地冲入屋里去，看起来就像是已支持不住，随时都会晕倒的样子。

郭大路也走过来了，脸上也带着诧异之色，道："王老大是怎么回事？"

燕七叹了口气，道："谁知道他是怎么回事，一看见这些风筝，他整个人就好像忽然变了。"

郭大路更奇怪，道："一看见风筝，他的样子就变了？"

燕七道："嗯。"

郭大路皱皱眉道："这些风筝难道有什么特别的地方？"

他抬起头，看着天上的风筝仔细研究了很久，还是连一点结果都没有研究出来。

谁也没法子研究出什么结果来。

风筝就是风筝，并没有什么不同。

郭大路道："我们不如进去问问王老大，问他这究竟是怎么回事？"

燕七摇摇头，叹道："问了也是白问，他绝不可能说的。"

郭大路道："但这些风筝……"

燕七打断了他的话，道："你有没有想到，问题并不在这些风筝上。"

郭大路道："你认为问题出在哪里？"

燕七道："放风筝的人。"

郭大路一拍巴掌，道："不错，王老大也许知道是谁在放风筝。"

燕七道："那些人也许是王老大以前结下的冤家对头。"

林太平一直在旁边听着，忽然道："我去看看，你们在这里等我的消息。"

这句话还未说完，他的人已掠出墙外。

他平时一举一动虽都是慢吞吞的，但真遇上事，他的动作比谁都快。

郭大路看了看燕七，道："我们为什么要在这里等他的消息？"

燕七不等他这句话说完，也已追了出去。

为了朋友的事，他们是谁也不肯落在别人后头的。

风筝放得很高，很直。

燕七打量着方向，道："看样子这些风筝是从坟场里放上去的。"

郭大路点点头，道："我小时候也常在坟场里放风筝的。"

"富贵山庄"距离坟场并不太远，他们很快就已赶到那里。

坟场里唯一的一个人就是林太平。

郭大路道："你看见了什么没有？"

林太平道："没有，连个鬼影子都没有看见。"

风筝是谁放上去的呢？

五个稻草人。

五个披麻戴孝的稻草人，一只手还提着根哭丧棒。

风筝的线，就系在稻草人的另一只手上。

稻草人当然不会放风筝。

稻草人也从不披麻戴孝的。

那些人为什么要这样故弄玄虚？

郭大路他们对望了一眼，已发觉这件事愈来愈不简单了。

燕七道："风筝刚放上去没多久，他们的人也许还没有走远。"

郭大路道："对，我们到四面去找找看。"

燕七道："他们想必有五个人，我们最好也不要落单。"

他们围着坟场绕了一圈，又看到山坡下的那间小木屋。

他们就是在这小木屋里找到酸梅汤的。

"放风筝的那些人会不会躲在这小木屋里？"

三个人心里不约而同都在这么想，郭大路已第一个冲了过去。

燕七失声道："小心。"

他的话刚出口，郭大路已踢开门闯了进去。

木屋还是那木屋，但木屋里却已完全变了样子。

酸梅汤在这里烧饭用的锅灶现在已全不见了，本来很脏乱的一间小木屋，现在居然已被打扫得干干净净，连一点灰尘都没有。

屋子正中，摆着张桌子。

桌子上摆着五双筷子，五只酒杯，还有五柄精光耀眼的小刀。

刀刃薄而锋利，刀身弯曲，形状很奇特。

除此之外，屋子里就再也没有别的。

郭大路刚拿起柄刀在看，燕七已赶了进来，跺脚道："你做事怎么还是这么粗心大意，随随便便就闯了进来，屋子里万一有人呢？你难道就不怕别人暗算你？"

郭大路笑道："我不怕。"

燕七道："你不怕，我怕。"

这句话刚说出口，他自己的脸忽然红了，红得厉害。

幸好别人都没有留意。

林太平本来也在研究着桌上的刀，此刻忽然道："这刀是割肉用的。"

郭大路道："你怎么知道？"

林太平道："我见过，塞外的胡人最喜欢用这种刀割肉。"

郭大路道："他们难道是来自塞外的胡人？"

林太平沉吟着，道："也有可能，只不过胡人只用刀，不用筷子。"

燕七目中忽然掠过一阵惊恐之意，道："这里只有刀，没有肉，他们准备割什么肉？"

郭大路笑道："总不会是准备割王动的肉吧。"

他虽然在笑着，但笑得已很不自然。

燕七好像忍不住激灵灵打了个寒噤，道："我们还是赶快回去吧，只留下王老大一个人在家里，我实在有点不放心。"

郭大路变色道："对，我们莫要中了别人调虎离山之计。"

一想到这里，三个人同时冲了出去。

他们用最快的速度掠过坟场，燕七突又停下来，失声道："不对。"

郭大路道："有什么不对？"

燕七脸色发白，道："那五个稻草人刚才好像就在这里的。"

郭大路忽然也忍不住激灵灵打了个寒噤。

那五个稻草人刚才的确是在这里的，但现在已不见了。

蓝天白云，真是难得的好天气。

但天上的风筝也不见了。

他们用最快的速度跑回去，到了门口，又怔住。

五个稻草人赫然在他们门口，还是披着麻，戴着孝，手里还是提着哭丧棒，只不过胸口上却多了张纸条子，上面还好像写着字。

很小的字，很难看得清。

风一吹，纸条子就被吹得簌簌直响，又好像是用针线缝在稻草人的麻衣上的。

林太平第一个赶到，伸手就去扯。

纸条子居然缝得很牢，他用了点力，才总算将它扯了下来。

就在这同一刹那间，稻草人手里提着的哭丧棒也突然弹起，向林太平的小腹下打了过去。

幸好林太平经验虽差，反应却不慢，凌空一个翻身，已将哭丧棒避开。

谁知哭丧棒弹起来时，棒头上还有一点乌光打了出来。

林太平只避开了哭丧棒，却没有避开哭丧棒的暗器。

他只觉右边胯骨上一麻，好像被蚊子叮了口似的。

等他落到地上时，人竟已站不住了。

眨眼间一条右腿已变得完全麻木，他身子也倒了下去。

郭大路变色道："毒针！"

他一共才说了两个字，这两个字说完，燕七已出手如风，将林太平右边胯骨上，四面的穴道全都点住，另一只手已自靴筒里抽出柄匕首。

刀光一闪，林太平的衣裳已被割开，再一闪，已将林太平伤口那块肉挖了出来，鲜血随着溅出。

郭大路眼睛都看直了。

他实在想不到燕七应变竟如此快，出手更快。

"我已死过七次。"

直到现在，郭大路才相信燕七这句话不假。

只有死过七次的人，才能有这么快的应变力，这么丰富的经验。

林太平已疼得冷汗都流了出来，但还是没有忘记手里的那纸条。

他咬紧牙根，喘息着道："看看这纸条上写的是什么？"

纸条上密密地写了行蝇头小字："你若不是王动，就是个替死鬼！"

风在吹。

稻草人被风吹得摇摇晃晃的，好像在对他们示威。

郭大路的火气忽然上来了，忽然一拳向那稻草人打了过去。

稻草人当然不会还手，也不会闪避。

郭大路一拳刚打上去，燕七已拦腰将他抱住，他这一拳虽然没有打实，还是打着了。

他拳头打在稻草人胸口上时，也好像被蚊子叮了一口。

他只觉拳头上痒痒的，还有点发麻，中指的骨节上已多了个黑点。

燕七的刀尖在这黑点上一挑,流出来的血也已变成黑的。

毒血,还带着种说不出的腥臭之气。

但燕七却不嫌臭,也不嫌脏,竟一口口地将毒血全都吮吸了出来。

郭大路连眼泪都几乎忍不住要流了出来。

他忽然发现燕七对他已并不完全是友情,而是一种比友情更深、比友情更亲密的感情。

但他也说不出这种感情是什么。

直到燕七站起来,他还是没有说话,连一个感激的字都没有说。

他心里的感激也不是任何字能说得出来的。

燕七长长吐出口气,轻轻道:"你现在觉得怎么样了?"

郭大路苦笑道:"我只觉得自己是个呆子,不折不扣的呆子。"

林太平一直在看着他们,忽然也长长叹了口气,道:"你的确是个呆子。"

他脸色已比刚才好看多了,但一条腿还是动也不能动。

燕七并没有替他吮出伤口里的毒血,可是他一点也不埋怨,更没有责怪之意,仿佛也觉得这是应该的。

难道他也已看出了什么?看出了一些只有郭大路看不出的秘密?

燕七的脸似又红了,很快地转过身,用刀尖挑开了稻草人身上的麻衣。

郭大路这才看到稻草上插满了尖针,针头在阳光下发着乌光,就连呆子也看得出每根针上的毒都足以要人的命。

刚才若不是燕七拉住他,他那一拳若是着着实实地打了上去,就算还能保住性命,这只手也算报销了。

林太平现在当然也已想到,纸条上的线连着哭丧棒的机簧,他一拉纸条,就将机簧发动。

这稻草人全身上下仿佛都埋伏着杀人的毒针。

郭大路长长叹了口气,苦笑道:"一个稻草人居然能将我们两个大活人打倒,这种事我若非自己遇见,无论谁说我也不会相信。"

林太平道:"稻草人已经这么厉害了,做这稻草人的人岂非更可怕?"

郭大路道:"若不是很可怕,王老大又怎会那么吃惊?"

燕七面色已又发白,道:"现在稻草人已来了,不知道他们自己来了没有?"

林太平失声道:"你们进去看看王老大,用不着管我,我的手还能动。"

郭大路什么也没有说,只是伸手将他架了起来。

燕七已冲了进去,高呼道:"王老大……王动!"

没有回应,没有声音。

王动已不见了。

床上的被褥凌乱,王动却不在床上,也不在屋子里。

郭大路他们前前后后都找遍,还是找不到他的人。

他们都很了解王动。

能叫王动从床上爬起来的事已不多,能叫他一个人出去的事更少。

"这里莫非已发生过什么事?王动莫非已……"

郭大路连想都不敢想。

林太平躺在王动的床上,苍白的脸又已急得发红,大声道:"我早就已告诉过你们,用不着管我,快去找王老大。"

郭大路也发急了,大声道:"当然要去找,但你叫我们到哪里去找?"

林太平怔住。

他看看燕七,燕七也在发怔。

现在他们已有两个人受了伤,但却连对方是谁都不知道。

这件事到现在为止,还是连一点头绪都没有。

现在他们只知道一点:这些人的确和王动有仇,而且仇必定极深。

但知道这点又有什么用?简直跟完全不知道没有什么两样。

就在这时,走廊上忽然响起一阵脚步声。

脚步声很轻,很慢。

郭大路他们几乎连心跳都已停止。

来的绝不是稻草人!

稻草人不会走路!

燕七向郭大路打了个眼色,两个人身子一闪,同时躲到门后。

脚步声愈来愈近,终于停在门外。

燕七手里的匕首已扬起。

门是虚掩着的,一只手在推门。

燕七手腕一翻,匕首闪电般挥了出去,划向这只手的脉门。

床上的林太平忽然大喝道:"住手!"

03

喝声一起,燕七的手立刻硬生生停住,刀锋距离推门这只手的腕脉还不及半寸。

但这只手还是很稳定,还是慢慢地把门推开。

这只手上的神经就像是铁铸的。

门推开，王动慢慢地走了进来，另一只手上提着一坛酒。

燕七手上的刀锋在闪着光。

林太平躺在床上，无论谁都可看出他受了伤。

但王动却好像什么都没看见，脸上还是一点表情也没有。这人全身上下的神经好像是铁铸的。

他慢慢地走了进来，慢慢地把酒放在桌子上。

第一个沉不住气的是郭大路，大声问道："你到哪里去了？"

王动淡淡地道："买酒去了。"

他回答得那么自然，好像这本是天下最合理的事。

"买酒去了"，这种时候他居然买酒去了。

郭大路看着他，简直有点哭笑不得。

王动一掌拍开了酒坛上的封泥，嗅了嗅，仿佛觉得很满意，嘴角这才露出一丝笑容，道："这酒还不错，来，大家都来喝两杯。"

郭大路忍不住道："现在我不想喝酒。"

王动道："不想喝也得喝，非喝不可。"

郭大路道："为什么？"

王动道："因为这是我替你们饯行的酒。"

郭大路失声道："饯行？为什么要替我们饯行？"

王动道："因为你们马上就要走了。"

郭大路跳了起来，道："谁说我们要走？"

王动道："我说的。"

燕七抢着道："但我们并不想走。"

王动沉下了脸，冷冷道："不想走也得走，你们难道想在我这里赖上一辈子？"

燕七看看郭大路，郭大路眨眨眼，忽然道："答对了，我们正是想在你这里赖上一辈子。"

王动铁青着脸，道："你们住在这里，付过房钱没有？"

郭大路道："没有。"

王动道："是不是我要你们搬进来的？"

郭大路道："不是，是我们自己来的。"

王动冷笑道："既然如此，你们凭什么赖着不走？"

燕七忽然道："好，走就走。"

他真的说走就走，只不过走过郭大路面前的时候，向郭大路挤了挤眼睛。

郭大路眼珠子一转，道："对，走就走，没什么了不起。"

他居然也说走就走，好像连片刻都耽不住了。

林太平怔了怔，道："你们连酒都不喝了吗？"

郭大路道："既然已被人赶了出去，还有什么脸喝酒。"

林太平看看王动。

王动脸上还是一点表情也没有，冷冷道："不喝就不喝，酒放在这里难道还会发霉么？"

林太平道："我留下来好不好？我走不动。"

王动板着脸道："走不动就爬出去。"

林太平怔了半晌，终于叹了口气，一拐一拐地跟着他们走了出去。

王动站在那里，冷冷地看着他们走出门，连动都不动。

过了半晌，只听"砰"的一声，也不知是谁将外面的大门重重地关了起来。

王动忽然捧起桌上的酒坛子，"咕嘟咕嘟"一口气喝了七八口才停下来，抹了抹嘴，喃喃道："好酒，这么样的好酒居然有人不喝，这些人不是呆子是什么？"

他望着手里的酒坛子，一双冷冰冰的眼睛忽然红了，就像是随时都可能有眼泪要流下来。

燕七头也不回地走到大门外，忽然停住。

郭大路走到他身旁，也忽然停住。

林太平跟出来，"砰"地，重重地关上门，瞪着他们道："想不到你们真的说走就走。"

郭大路看看燕七。

燕七什么话也不说，却在大门外的石阶上坐了下来，面对着那稻草人。

郭大路立刻也跟着坐了下来，也看着这稻草人，喃喃道："怪事年年有，今年特别多，稻草人不但会放风筝，还会杀人，你说奇怪不奇怪？"

林太平道："奇怪。"

他也坐了下来，一只手还是紧紧地按着伤口。

现在他总算也明白郭大路和燕七的意思了，所以也不再说什么。

也不知过了多久，才听到王动的脚步声慢慢地走出来，穿过院子，走到大门口，重重地插上了门闩。

突然间，门闩又拔了出来，大门霍然打开。

王动站在门口，张大了眼睛瞪着他们。

燕七、郭大路、林太平，三个人一排坐在门外，谁也没有回头。

王动忍不住大声道："你们为什么还不走？坐在这里干什么？"

三个人谁也不理他。

燕七只是瞟了郭大路一眼，道："我们坐在这里犯不犯法？"

郭大路道："不犯法。"

林太平道："连稻草人都能坐在这里，我们为什么不能？"

王动厉声道："这里是我的大门口，你们坐在这里，就挡住了我的路。"

燕七又瞟了郭大路一眼,道:"人家说我们挡住了他的路。"

郭大路道:"那么我们就坐开些。"

三个人一起站了起来,走到对面,又一排坐了下来,面对着大门。

燕七道:"我们坐在这里行不行?"

郭大路道:"为什么不行,这里既不是人家的屋子,也不挡路。"

林太平道:"而且高兴坐多久,就坐多久。"

王动瞪着他们。

他们却左顾右盼,就是不去看王动。

王动大声道:"你们坐在这里究竟想干什么?"

郭大路道:"什么也不干,只不过坐坐而已。"

燕七道:"我们高兴坐在哪里,就坐在哪里,谁也管不了。"

林太平道:"这里好凉快。"

燕七道:"又凉快,又舒服。"

郭大路道:"而且绝不会有人来找我们收租金。"

王动突然扭头走了进去,"砰"地,又将门重重地关了起来。

燕七看看郭大路,郭大路看看林太平,三个人一起笑了。

虽然笑了,但笑容中还是带着些忧郁之色。

太阳已下了山。

春天毕竟还来得没有这么早,白天还是很短。

太阳一下山,天色眼看就要暗了起来。

天色一暗,这里就会发生些什么事?谁都不知道,甚至连猜都不敢猜。

燕七悄悄拉起了郭大路的手,道:"你的伤怎么样了?"

郭大路道："不妨事，照样还是可以揍人。"

燕七这才转向林太平，道："你呢？"

林太平道："我的伤口已渐渐有点发痛。"

燕七吐了口气，道："那就不妨事了。"

被毒药暗器打中的伤口若已在发疼，就表示毒已拔尽。

郭大路却还是有点不放心，所以又问道："痛得厉不厉害？"

林太平笑了笑，道："还好，虽然不见得能跳墙，却也照样还是可以揍人。"

燕七道："你们饿不饿？"

郭大路道："饿得想把你吞下去。"

燕七也笑了，道："但你肚子饿的时候，也照样可以揍人的，对不对？"

郭大路笑道："答对了。"

天色果然暗了下来。

三个人神情看着已渐渐有点紧张。

但现在他们已有了准备，准备揍人。

郭大路握紧了拳头，瞪大了眼睛，道："现在真是——万事俱备，只欠东风。"

林太平忍不住问道："东风是什么？"

郭大路道："就是挨揍的人。"

就在这时，他已看见了一个人。

04

一个抱着酒坛子的人。

大门忽然又开了,王动抱着酒坛子走了出来。

这次他没有理他们,却在大门口的石阶上坐了下来。

四个人面对面地坐着,谁也不说话。

第一个憋不住的人当然还是郭大路。

他叹了口气,喃喃道:"我记得刚才好像有人要请我们喝酒的。"

王动既不搭腔,也不看他,忽然将酒坛子向他抛了过去。

你无论将什么东西抛向郭大路,他都可能接不住,但酒坛子——

抛过来的若是个酒坛子,就算睡着他也照样能够接住。

他一口气灌下了好几口,才递给燕七;燕七喝了几口,又传给林太平。

王动忽然道:"受了伤的人若还想喝酒,一定是活得不耐烦了。"

林太平道:"谁说我受了伤?我只不过被条小虫咬了一口而已。"

王动忍不住问道:"什么虫?"

林太平道:"小虫。"

王动忽然冲过去,将酒坛子抢了过来,铁青着脸,道:"你们究竟想在这里坐到什么时候?"

郭大路又憋不住了,大声道:"坐到有人来找你的时候。"

王动道:"谁说有人要来找我?"

郭大路道:"我说的。"

王动道:"你怎么知道?"

郭大路道:"这稻草人告诉我的。"

他用眼角瞟着王动，笑道："这稻草人不但会放风筝，还会说话，你说奇怪不奇怪？"

王动脸色突又变了，慢慢地退了回去坐到石阶上。

四下静得很，只有坛子里的酒在响。

燕七忽然道："坛子里的酒也在说话，你听见了没有？"

郭大路道："它在说什么？"

燕七道："他说有个人的手在抖，抖得它头都发晕了。"

王动霍然站起来，瞪着他。

他还是不看王动。

三个人东张西望什么地方都去看，就是不看王动。

突然间，一点火星飞了过来，射在第一个稻草人的身上。

"蓬"的一声，稻草人立刻燃烧了起来。

火光是惨碧色的，还带着一缕缕轻烟。

王动变色道："快退，退回屋里去。"

他挥手将酒坛子抛给了郭大路，转身抱起了林太平，人已冲进了大门。

王动终于动了。

他不动则已，一动起来就比谁都快。

郭大路也动了，先放下那坛酒再动。

因为他并没有向屋子里退，反而向火星射来的方向扑了过去。

他一扑过去，燕七自然也跟着。

王动大喝道："快退回来，那边去不得。"

郭大路没听见，就好像忽然变成了聋子。

他听不见，燕七就也听不见。

林太平叹了口气，道："这人就喜欢到去不得的地方去，你现在难道还不知道他的毛病？"

一栋房子假如被人称作"山庄",最低限度也得有几样最起码的条件:

这房子绝不会太小。

这房子就算没有盖在山上,至少也得盖在山麓下。

房子的大门外,大大小小总有片树林子。

"富贵山庄"虽然一点也不富贵,至少总还是个"山庄"。

所以门外也有片树林,刚才那点火星好像就是从树林里射出来的。

郭大路沉声道:"那点火星是从那树后面射出来的?"

燕七道:"我没看清楚,你呢?"

郭大路道:"我也没看清。"

天色本已很暗,树林里当然更暗,看不见人影,也听不见声音。

燕七道:"我看我们还是先回去跟王老大商量商量再说吧。"

郭大路道:"人家不跟我们商量,我们自己商量又有个屁用。"

他嘴里一说出脏话的时候,就表示他火气真的已上来了。

燕七道:"逢林莫入,你难道连江湖中的规矩都不懂?"

郭大路道:"我不懂。我本就不是老江湖,江湖中的那些破规矩我一样也不懂。"

他身子突然向前一扑,已冲入了树林。

暗林中仿佛有寒光闪动。

郭大路眼睛还没有看清楚,人已扑了过去。

然后他就看见了一把刀。

一把弯刀。

一把割肉的刀。

刀钉在树上，钉着一张纸条子。

纸条上当然有字，很小的字，就算在白天也未必能够看得清。

郭大路刚想伸手拔刀，手已被燕七拉住。

燕七的脸色苍白，瞪着眼道："你上了一次当还不够？还要上第二次？"

他又急又气，郭大路却笑了。

燕七道："你笑什么？"

郭大路道："我笑你。"

燕七忍不住道："你笑个屁。"

他嘴里有脏话骂出来的时候，就表示他实在已气得要命。

郭大路不笑了，正色道："他们就算还想让我上当，也应该换个新鲜的法子，怎么会还用那老一套，难道真拿我们当呆子。"

燕七板着脸道："你以为你不是呆子？"

郭大路叹了口气，苦笑道："好，你叫我不动手，我就不动手，但过去看看总还没关系吧。"

他真的背负着双手走了过去。

手不动，只用眼睛看看，的确好像不会有什么关系。

但纸条上的字实在太小，他不能不走得近些。

他终于已可隐约看出纸条上的字了："小心你的脚……"

他看清这五个字的时候，脚下一软，人已往下面掉了下去。

地上有个陷阱。

燕七失声道："小心……"

喝声中，他也已冲过去，拉住了郭大路的手。

郭大路手上一使劲，人已乘势跃起。

他轻功不弱，跳得很高。

只可惜跳得愈高，就愈糟糕。

只听树叶"哗啦啦"一响，树上忽然有一面大网罩了下来。

郭大路就算长有翅膀，就算真是只鸟，也难免要被罩住。

何况他身子已跃在半空，就好像是自己往这网子里跳一样，无论往哪边逃都来不及了。

非但他躲不开，燕七也躲不开。

眼见两个人都要被罩在网里，忽然间，一条黑影飞了过来，就好像是个炮弹似的，简直快得无法思议。

黑影从他们头上掠过，一伸手，就已将这面网捞住了。

这黑影并不是炮弹，是个人。

是林太平。

林太平伸手捞住了这面网，身子还是炮弹般往前飞，又飞出了两三丈，去势才缓了下来。

这时郭大路和燕七也已退了出去，只见林太平一只手抓着根横枝，一只手抓住那面大网，悬空吊在那里，还在不停地晃来晃去。

郭大路的心也还在跳，忍不住长长叹了口气，苦笑道："这次若不是你，我只怕就真的已自投罗网了。"

林太平笑了笑，道："也用不着谢我。"

郭大路道："不谢你谢谁？"

林太平道："谢你背后的人。"

郭大路转过头，才发现王动铁青着脸站在他身后。

林太平笑道："我早就说过我已经不能跳墙了。"

郭大路道："那么你刚才……"

林太平道："刚才是王老大用力把我掷过来的，否则我哪有这么快？"

世上的确没有那么快的人，若不是借了王动一掷之力，谁都不可能有这么快。

郭大路偷偷瞟了王动一眼，赔笑道："看来王老大的力气倒真不小。"

林太平道："但王老大却很佩服你。"

郭大路道："佩服我？"

林太平道："他的力气虽大，你的胆子更大。"

郭大路瞪了他一眼，道："你难道一定要像猴子一样，吊在树上说话？"

林太平笑道："我倒也早就想下去了，只可惜我的腿不听话。"

王动一直没有开口，燕七也没有。

两个人都在瞪着郭大路。

郭大路只有苦笑道："看来我今天非但连一件事都没有做对，连话都没有说对过一句。"

燕七这才叹了口气道："你这句话总算说对了。"

05

屋子里燃起了灯。

桌上除了灯之外，还有一张纸条、一把刀和一坛酒。

因为郭大路到最后还是忍不住要将这把刀从树上拔下来，当然更忘不了将那坛酒也带回来。

这人长得虽不像牛，却实在有点牛脾气。

他居然还很得意，笑着道："我早就说过拔刀没关系的，早就知道他们这次要换个新鲜的法子，这法子是不是新鲜得很？"

燕七冷冷道："新鲜极了，比网里的鱼还新鲜。"

他拿起了桌上的刀，接着又道："我现在才知道这把刀是准备割什么肉的了。"

郭大路眨眨眼,道:"是不是割鱼肉?"

燕七道:"你总算又说对了一句。"

郭大路道:"那么我不如索性就做条醉鱼吧。"

他捧起酒坛子,嘴里还喃喃道:"醉虾既然是江南的美味,醉鱼的滋味想必也不错。"

但他的酒还没有喝到嘴,王动突然又将酒坛子抢了过去。

郭大路怔了怔,道:"你几时也变成了个和我一样的酒鬼了?"

王动道:"这酒喝不得。"

郭大路道:"刚才还喝得,现在为什么喝不得?"

王动道:"因为刚才是刚才,现在是现在。"

燕七眼珠子转了转,道:"你刚才将这坛酒放在哪里的?"

郭大路道:"门口。"

燕七道:"刚才我们都在树林里,门口是不是没有人?"

郭大路道:"是的。"

燕七道:"所以这酒现在已喝不得。"

郭大路道:"难道就在刚才那一会儿工夫里,已有人在这酒里下了毒?"

燕七道:"刚才那一会儿工夫,已足够在八十坛酒里下毒了。"

郭大路失笑道:"你们也未免将那些人说得太可怕了,难道他们真的是无孔不入,连一点害人的机会都不会错过么?"

王动也不说话,忽然走到门外,将手里的酒坛重重往地上一砸。

坛子粉碎,酒流得满地都是。

郭大路叹了口气,喃喃道:"真可惜,好……"

他声音忽然停顿,人也突然怔住。

一条很小很小的蛇,正从碎裂的酒坛子里慢慢地爬了出来。

这条蛇小得出奇，但愈小的蛇愈毒。

郭大路脸色也变了，忍不住又长长叹了口气，喃喃道："看来这些人倒真是无孔不入。"

燕七突然失声道："无孔不入赤链蛇。"

他吃惊地看着王动，又道："是不是无孔不入赤链蛇？"

王动铁青着脸，慢慢地转回身，走回屋子里，在灯畔坐下。

这次他居然没有躺到床上去。

燕七又追了过来，追问道："是不是他？……究竟是不是他？"

王动又沉默了很久，终于慢慢地点了点头。

燕七长长吐出口气，一步步往后退，忽然间躺了下去。

这次是他躺到床上去了。

郭大路也追了过来，追问道："无孔不入赤链蛇是什么玩意儿？"

燕七道："是个人。"

他不但人已像是软了，连说话都变得有气无力的样子。

郭大路道："是个什么样的人？你认得他？"

燕七苦笑道："我若认得他，还能活到现在才是怪事。"

他忽又跳起，冲到王动面前，道："可是你一定认得他。"

王动又沉默了很久，忽然笑了笑，道："我现在还活着。"

燕七叹道："认得他的人居然还能活着，可真不容易。"

王动脸上的笑容渐渐消失，终于长叹了一声："的确不容易。"

郭大路几乎要叫了起来，道："你们说的究竟是人？还是蛇？"

燕七道："人。"

郭大路道："这人的名字叫赤链蛇？"

燕七道："而且无孔不入，那意思就是说，你只要有一点点疏忽，他就能毒死你。"

郭大路道："一点点疏忽？任何人都难免有一点点疏忽的。"

燕七叹了口气，道："所以他若要毒死你，你只有一条路可走。"

郭大路道："哪条路？"

燕七道："被他毒死。"

郭大路也不禁倒抽了口凉气，道："刚才那些害人的花样，就全都是他玩出来的？"

燕七道："这人下毒的功夫虽然已可算是天下第一，但别的本事却不大怎么样。"

郭大路松了口气，道："那我就放心多了。"

燕七道："只可惜除了他之外，还有别人。"

郭大路道："还有谁？"

燕七道："千手千眼蜈蚣神。"

郭大路道："千手千眼？"

燕七道："那意思就是说，这人收发暗器时，就好像有一千只手，一千只眼睛一样，据说他全身上下都是暗器，连鼻子都能发出暗器来。"

郭大路瞟了王动一眼，忽然笑道："好极了，我只要一见到这人的面，就先行打扁他的鼻子再说。"

燕七眨眨眼，道："但你若见到救苦救难红娘子，只怕就舍不得打了。"

郭大路道："救苦救难红娘子？这名字听起来倒像是个大好人。"

燕七道："她的确是个好人，知道世人大多在苦难中，所以一心想要叫他们早点超生。"

郭大路叹息道："这么样听来，她又不像是个好人了。"

燕七道："你就算从八百万个人里面，也挑不出这么样一个好人来。"

郭大路道："她又有什么特别本事？"

燕七板着脸，冷冷道："她的本事，你最好不要知道。"

郭大路眨眨眼道："她是不是个很漂亮的女人？"

燕七道："就算是，现在也已是个老太婆了，很漂亮的老太婆。"

郭大路道："她已有七八十岁？"

燕七道："那倒没有。"

郭大路道："五六十？"

燕七道："好像还不到。"

郭大路道："四十上下？"

燕七道："只怕差不多。"

郭大路笑道："那正是狼虎之年，怎么能算老太婆呢？"

燕七瞪了他一眼，道："她年纪大小，和你又有什么关系？你开心什么？"

郭大路道："我几时开心了？"

燕七道："不开心为什么笑得就像是条土狗？"

郭大路道："因为我本来就是条土狗。"

燕七又瞪了他一眼，自己也忍不住笑了。

郭大路立刻又乘机问道："听你这么说，她的本事一定是专门用来对付男人的。"

燕七又板起了脸，道："我也不知道她究竟有什么本事，只知道男人死在她手上的，可真不少。"

林太平一直靠在旁边的椅子上养神，忽然道："那些稻草人是不是她做的？"

燕七道："不是。"

林太平道："不是她是谁？"

燕七道："一见送终催命符。"

林太平皱了皱眉，道："催命符？"

燕七道:"这人不但有一肚子鬼主意,而且还有双巧手,易容改扮、消息机关、精巧暗器、奇门兵刃,可说是样样精通。"

郭大路目光闪动,喃喃道:"我明白了。"

燕七道:"你明白了什么?"

郭大路道:"一条蛇、一只蜈蚣、一只蝎子、一道催命符,现在只差一只老鹰了。"

林太平忽又道:"刚才我跟王老大进入树林的时候,好像看到一条人影,从那渔网落下的树梢上飞了起来。"

燕七道:"渔网本就不会自己从树上落下来的,树上当然有人。"

郭大路道:"那人到哪里去了?"

林太平苦笑道:"那时我已被王老大用力掷了出去,怎么还能顾得了别人?何况,那人的轻功又很高,简直就像是只老鹰一样。"

燕七道:"一飞冲天鹰中王!"

郭大路一拍巴掌,道:"五个风筝,五个人,现在总算全了。"

燕七道:"这五个人中,不但轻功要算鹰中王最高,据说武功也是他最高。"

郭大路道:"以我看,这五人中最难对付的,还是那救苦救难的红娘子。"

林太平道:"为什么?"

郭大路道:"因为我们都是男人。"

燕七冷冷道:"男人若不好色,她便有天大的本事也使不出来的。"

郭大路长叹道:"但天下的男人,又有几个真不好色呢?"

王动一直沉着脸,坐在那里,连动都没有动。

能不动的时候,他绝不会动的。

燕七搬了张凳子，在他对面坐了下来，道："你看到了那些风筝，也就知道他们是来找你麻烦的了？"

06

郭大路也搬了张凳子过来，道："所以你要赶我们走，因为你知道这五个人无论到了哪里，都会将那地方搞得一塌糊涂。"

燕七道："你不愿将我们也扯入了那摊子一塌糊涂的浑水里去，所以才要赶我们走。"

郭大路道："但你却不知道我们早已在那摊子浑水里了。"

燕七道："从认得你的那一天开始，我们已经在里面了。"

郭大路道："因为我们是朋友。"

燕七道："所以你无论在什么地方，我们也一定在那里。"

郭大路道："所以你现在才想赶我们走，已经太迟了。"

王动看着他们，一直没有说话。

他知道自己现在已经用不着再说什么。

他生怕自己一开口就会有热泪夺眶而出。

朋友！

这两个字是多么简单，却又多么高贵。

王动捏紧双手，一字字道："你们的确都是我的朋友。"

这句话就已足够。

你只要真正懂得这句话的意义，就已什么都不必再说。

燕七笑了，林太平也笑了。

郭大路紧紧握起王动的手，他们只要能听到这句话，也已足够。

他们既没有问起这五人怎会和王动结的仇，也没问这麻烦是从哪里来。

王动不说，他们就不问。

现在他们唯一的问题就是："怎么样将这麻烦打发走？"

燕七道："我一看到那五只风筝，就知道有麻烦来了。"

王动道："那风筝本是种警告。"

燕七道："他们既然要找你的麻烦，为什么还要警告你，让你防备？"

王动道："因为他们不想要我死得太快。"

他脸色发青，慢慢地接道："因为他们知道一个人在等死时的那种恐惧，比死还痛苦得多。"

燕七叹了口气，道："看来这麻烦当真不小。"

王动道："的确不小。"

郭大路忽然笑了笑，道："只可惜他们还是算错了一点。"

燕七道："哦？"

郭大路道："他们虽然有五个人，我们也有四个，我们为什么要恐惧？为什么要痛苦？"

燕七道："但他们至少总比我们占了一点优势。"

郭大路道："哦。"

燕七道："明枪易躲，暗箭难防，这句话你难道不懂？"

郭大路道："我懂，可是我不怕。"

燕七瞪着他，道："你怕什么？"

郭大路道："怕你。"

燕七忍不住嫣然一笑，却又立刻板起了脸，扭转了头。其实他当然也懂得郭大路的意思，因为他自己也一样。像他们这种人，就只怕别人对他们好，只怕被别人感动。

你若能真的感动他们，就算要他们将脑袋切下来给你，他们也不会皱一皱眉头的。

郭大路道："兵来将挡，水来土掩，这种人也没有什么了不起，除了鬼鬼祟祟地在暗中害人外，我看他们的功夫也有限得很。"

他接着又道："现在的问题只不过是，他们是什么时候来呢？"

王动道："不知道。"

郭大路道："你也不知道？"

王动道："我只知道他们若还没有送我的终，就绝不会走。"

郭大路又笑了笑，道："现在是谁送谁的终，还难说得很。"

这就是郭大路可爱的地方。

他永远都那么自信，那么乐观。

这种人就算明知天要塌下来，也不会发愁的，因为他认为一个人只要有信心，无论什么困难都可解决。

他不但自己有信心，同时也将这信心给了别人。

王动的脸色也渐渐开朗了起来，忽然道："他们虽然占了一点优势，但我也有法子对付他们。"

郭大路抢着问道："什么法子？"

王动道："睡觉。"

郭大路怔了怔，失笑道："这种法子大概也只有你想得出来。"

王动反问道："这法子有什么不好？这就叫以逸待劳。"

郭大路拍手道："对，要睡现在就睡，养足了精神好对付他们。"

燕七道："要睡也得分班睡。"

郭大路道："不错，我跟你防守上半夜，到三更时再叫王老大和林太平起来。"

林太平忽然道："这样子不行，还是我跟你一班的好。"

郭大路道："为什么？"

林太平瞟了燕七一眼,道:"你们两个人的话太多,聊得高兴起来,只怕连别人进了屋子,都不知道。"

燕七忽然走了出去,因为他的脸好像忽然又有点发红了。

郭大路道:"还是我跟燕七一班的好,两个人谈谈说说,才不会睡觉。"

他嘴里说着话,已跟了出去。

无论别人说什么,他还是非跟燕七一班不可。

这两人身上就好像有根线连着的。

林太平看着他们走出去,忽然笑了,喃喃道:"我有时真奇怪,小郭为什么会这么笨。"

王动也在笑,微笑着道:"你放心,他绝不会再笨很久的。"

林太平道:"其实我倒希望他再多笨些时候。"

王动道:"为什么?"

林太平笑道:"因为我觉得他们这样子实在很有意思。"

07

客厅里很暗。

燕七走进客厅,坐了下来。

郭大路也走进客厅,坐了下来。

星光照进窗子,照着燕七的脸,照着燕七的眼睛。

他的眼睛好亮。

郭大路在旁边看着,忽然笑道:"你知不知道你的眼睛有时看来也很像女人。"

燕七板着脸,道:"我还有什么地方像女人?"

郭大路道:"笑起来的时候也有点像。"

燕七冷冷道:"我既然很像女人,你为什么还要老跟着我呢?"

郭大路笑道:"你若真是个女人,我就更要跟着你了。"

燕七忽然扭过头,站了起来,找着火石,点起了桌上的灯。

他好像有点不敢和郭大路单独坐在黑暗里。

灯光亮起,将他的影子照在窗户上。

郭大路忽然一把将他拉了过来,好像要抱住他的样子。

燕七失声道:"你……你干什么?"

郭大路道:"你若站在那里,岂非刚好做那千手千眼大蜈蚣的活靶子?"

他眼珠子一转,眼睛忽然亮了起来,喃喃道:"这倒也是个好主意。"

燕七瞪了他一眼,道:"你还会有什么好主意?"

郭大路道:"那大蜈蚣既然喜欢用暗器伤人,我们不如就索性替他找几个活靶子来。"

燕七皱眉道:"你想找谁做他的活靶子?"

郭大路道:"稻草人。"

他接着又道:"我们去把那些稻草人搬进来,坐在这里,从窗户外面看来,又有谁能看得出它们是不是活人?"

燕七皱着的眉头展开了。

郭大路道:"那大蜈蚣只要看到窗户上的人影,就一定会手痒的。"

燕七道:"然后呢?"

郭大路道:"我们在外面等着,只要他的手一痒,我们就有法子对付他了。"

燕七沉吟着,淡淡道:"你以为这主意很好?"

郭大路道:"就算不好,也得试试,我们总不能一直在这里等着死,总得想法子把他们引出来。"

燕七道:"莫忘了那些稻草人也一样会伤人的。"

郭大路道:"无论如何,稻草人总是死的,总比活人好对付些。"

燕七叹了口气,道:"好吧,这次我就听你的,看看你这笨主意行不行得通。"

郭大路笑道:"笨主意至少总比没有主意好些。"

稻草人的影子映在窗户上,从外面看来,的确和真人差不多。

因为这些稻草人不但穿着衣服,还戴着帽子。

夜已很深,风吹在身上就好像刀割。

郭大路和燕七虽然躲在屋子下避风的地方,还是冷得要发抖。

燕七忽然道:"现在要是有点酒喝喝,就不会这么冷了。"

郭大路笑道:"想不到你也有想喝酒的时候。"

燕七叹道:"这就叫'近墨者黑'。一个人若是天天跟酒鬼在一起,迟早要变成个酒鬼的。"

郭大路笑道:"所以你迟早也总会有不讨厌女人的时候。"

燕七忽又板起脸,不再说话。

过了半晌,郭大路又道:"我总想不通,像王老大这种人,怎么会和那些大蜈蚣、赤链蛇结下仇来的?而且仇恨竟如此之深。"

燕七冷冷道:"想不通最好就不要想。"

郭大路道:"你难道不觉得奇怪?"

燕七道:"不觉得。"

郭大路道:"为什么?"

燕七道:"因为我从来不想探听别人的秘密,尤其是朋友的秘密。"

郭大路只好不作声了。

过了很久，突然听到"咕"的一声。

燕七动容道："是什么东西在响？"

郭大路叹了口气，苦笑道："是我的肚子。"

他实在饿得要命。

又过了很久，突然又听到"咯"的一声。

郭大路道："这次又是什么在响？"

燕七咬着嘴唇，道："是我的牙齿。"

他已冷得连牙齿都在打战。

郭大路道："你既然怕冷，为什么不靠过来一点？"

燕七道："嘘——"

郭大路道："这是什么意思？"

燕七道："就是叫你莫要出声的意思，你的嘴若老是不停，那大蜈蚣怎会现身。"

郭大路果然不敢出声了。

他什么都不怕，也不怕那些人来，只怕他们不来。

这样子等下去，实在叫人受不了。

最令人受不了的是，谁也不知那些人什么时候会出现，也许要等上好几天，也许就在这一刹那间。

郭大路正想将手里提着的渔网盖到燕七身上去。

这渔网又轻又软，但却非常结实，也不知道是什么做的，林太平将它带了回来，郭大路就准备用它来对付那大蜈蚣。准备以牙还牙，以眼还眼。

渔网虽轻，但燕七心里却充满温暖之意。

突然间，一条人影箭一般自墙外蹿了进来，凌空一个翻身，满天寒光闪动，已有三四十件暗器暴雨般射入了窗户。

这人来得好快。

暗器更快。

郭大路和燕七竟都未看出他这些暗器是怎么射出来的。

暗器射出，这人脚尖点地，立刻又腾身而起，准备蹿上屋脊。

他的人刚掠起，突然发现一面大网已当头罩了上来，他的人正往上蹿，看来就好像是他自己在自投罗网一样。

他大惊之下，还想挣脱，但这渔网已像蛛丝般缠在他身上。

郭大路高兴得忍不住大叫起来，叫道："看你还能往哪里逃？"

燕七已蹿过去，一脚往这人腰畔的"血海"穴上踢了过去。

谁知就在这时，网中又有十几点寒光暴雨射了出来。

这次轮到郭大路和燕七大吃一惊了。

也就在这同一刹那间，墙外忽然有一只钩子飞进来，钩住了渔网。

钩子上当然还带着条绳子。

绳子当然有只手拉着。

手一抡，渔网就被拉了起来。

渔网被拉起的时候，郭大路已向燕七扑了过去。

他和燕七虽然同时吃了一惊，但暗器却并不是同时射向他们两个人的。

所有的暗器全都向燕七射了过去。

所以郭大路比燕七更惊、更急。

他心里虽然没有想到该怎么办，人却已向燕七扑了过去，扑在燕七身上。

两个人一起滚到地上。

郭大路觉得身上一阵刺痛，突然间，全身都已完全麻木。

连知觉都已麻木。

他既未看到渔网被拉起,也未看到网中的人翻身跃起。

昏迷中,他只听见了两声呼叫,一声惊呼,一声惨呼。

但他已分不清惊呼是谁发出来的,惨呼又是谁发出来的了。

他只知道自己绝没有叫出来。

因为他的牙咬得很紧。

有的人平时也许会大喊大叫,但在真正痛苦时,却连哼都不会哼一声。

郭大路就是这种人。

有的人看到朋友的危险时,就会忘了自己的危险。

郭大路也正是这种人。

只要他一冲动起来,他就根本不顾自己的死活。

08

惊呼声仿佛已渐渐遥远,渐渐听不见了。

这是什么声音呢?

是不是有人在啜泣?

郭大路张开眼睛,就看到燕七脸上的泪珠。

燕七看到他张开眼睛,却又忍不住失声而呼,大喜道:"他醒过来了。"

旁边立刻有人接着道:"好人不长命,祸害遗千年,我早就知道他一定死不了的。"

这是王动的声音。

他声音本总是冷冷淡淡,但现在却好像有点发抖。

然后郭大路才看到他的脸。

他那张冷冷淡淡的脸，现在居然也充满了兴奋和激动。

郭大路笑道："你们难道以为我已经死了么？"

他的确是在笑，但笑的样子却像是在哭。

因为他一笑全身就发疼。

燕七悄悄擦干了眼泪，道："你好好地躺着，不准走，也不准说话。"

郭大路道："是。"

燕七道："连一个字都不准说。"

郭大路点点头。

燕七道："也不准点头，连动都不准动。"

郭大路果然一动都不动了，眼睛还是张得很大，凝视着燕七。

燕七轻轻地叹了口气："你身下中了一根丧门钉、一根袖箭，还加上两根毒针，这条命简直是捡回来的，所以你就该特别爱惜才是。"

说着说着，他眼圈又红了。

王动也叹了口气，道："你不准他说话，他也许更难受。"

郭大路道："答对了。"

燕七瞪了他一眼，道："看来我真该将这人的嘴缝起来才对。"

郭大路道："我不说话的时候才会觉得痛。"

燕七道："没有这回事。"

郭大路道："有。"

他想笑，又忍住，慢慢地接着道："因为我只要一说话，就什么痛苦都忘了。"

燕七看着他，那眼色也不知是怜惜？是埋怨？还是另外有种说也说不出、猜也猜不透的情感？

他的脸却是苍白的，就好像窗纸的颜色一样。

窗纸已白，天已亮了。

这一夜虽然过得很艰苦，但总算已过去。

郭大路忍不住又问道："那大蜈蚣呢？"

燕七道："现在已变成了死蜈蚣。"

郭大路听到的那声惨呼，正是他发出来的。

但百足之虫，死而不僵，所以郭大路又追问道："是不是真的死了？完全死了？"

燕七没有回答，回答的人是林太平。

林太平道："我保证他死得又干净、又彻底。"

郭大路道："是你杀了他的？"

林太平摇摇头，道："是燕七。"

他忽然笑了笑，道："你是不是没有想到他在那种情况下还能替你报仇？"

郭大路的确想不到，那时他自己明明是压在燕七身上的。他想问燕七，但燕七却已又扭转了头。

林太平道："我也没有想到，但我却看见那大蜈蚣刚跳起来，就有一把刀刺入他的咽喉，也看到了地上的血。"

郭大路道："地上只有血？他的人呢？"

林太平道："走了，带着刀走的。"

郭大路道："死人还能走？"

林太平道："因为这死人还剩下一口气，最多也只不过剩下一口气而已。"

郭大路憋在心里的一口气也吐出来了，展颜道："看来我们倒还没有吃亏。"

林太平道："不错，现在我们正好是四个对他们四个。"

郭大路苦笑道："只可惜我最多已只能算半个。"

王动忽然道："他们也只不过剩下三个而已。"

林太平道:"红娘子、赤链蛇、催命符。"

郭大路道:"莫忘了还有个一飞冲天鹰中王。"

王动道:"我忘不了的。"他神色忽然变得很奇怪,目光似乎在看着很遥远的地方。

郭大路道:"红娘子、赤链蛇、催命符,再加上鹰中王,岂非正是四个?"

王动道:"三个。"

郭大路道:"三个加一个,为什么还是三个?"

王动眼睛里空空洞洞的,也不知在看着什么,脸上恍恍惚惚的,也不知在想着什么。

过了很久,他才一字字地缓缓道:"因为我就是一飞冲天鹰中王。"

没有人问王动的过去,因为他们都很能尊重别人的秘密。

王动不说,他们绝不问。王动的秘密是王动自己说出来的。

09

王动并不是天生就不喜欢动的。

他小时候非但喜欢动,而且还喜欢得要命,动得厉害。

六岁的时候,他就会爬树。

他爬过各式各样的树,所以也从各式各样的树上摔下来过。

用各式各样不同的姿势摔下来过。

最惨的一次,是脑袋先着地,那次他一个脑袋几乎摔成了两个。

等到他开始可以像猴子似的用脚尖吊在树上的时候,他才不再爬树。

因为爬树已变成好像睡在被窝里一样安全,已连一点刺激都没有了。

从那时候开始,他父母每天都要出动全家的佣人去找他。

那时他们家道虽已中落,但佣人还是有好几个。每次他们把他找回来的时候,都已精疲力竭,好像用手指头一点就会倒下。

但他却还鲜蹦活跳的,比刚出水的虾子还生猛得多。

到后来谁也不愿意去找他了。

宁可砍八百斤柴也不愿去找他。

宁可卷铺盖也不愿去找他。

所以他的父母也只有放弃这念头,随便他高兴在外面玩多久,就玩多久。

幸好他每隔三两天总还回来一次。

回来洗澡、吃饭、换衣服。

回来要零用钱。

因为那时他还只有十三四岁,还觉得向父母要钱是件天经地义的事。

等他再长大一点,觉得自己已应该独立的时候,他父母就难再见到他的人了,老先生和老太太也不知在暗中发过多少誓:

"下次等他一回来,就用条铁链子把他锁住,用棍子打断他的两条腿,看他还能不能到外面去野去。"

但等他下次回来的时候,看到他又脏又饿、面黄肌瘦的样子,老先生的心又软了,最多也只不过把他叫到书房里去训一顿。

老太太更早已赶着下厨房去炖鸡汤,老先生的训话还没有结束,鸡腿已经塞在儿子嘴里了。

世上也许只有独生子的父母们,才能了解他们这种心情。

做儿女的人是永远不会懂的。

王动也不例外。

他只懂得，男子汉长大了之后，就应该到外面去闯天下。

所以他就开始到外面去闯天下。

那时他才十七岁。

就和天下大多数十七八岁的少年一样，王动刚离开家的时候，心里只有充满了兴奋，充满了大志。

但等到挨过两天饿之后，就渐渐会开始想家了。

然后他就会觉得心里很空虚，很寂寞。

他就会拼命想去结交新的朋友——当然最好是个红粉知己。

有哪个十七八的小伙子，心里不在渴望着爱情，幻想着爱情呢？

等他寂寞得要命的时候，那救苦救难的红娘子就出来了。

她了解他的雄心，也了解他的苦闷。

她安慰他，鼓励他——鼓励他去做各种事。

"男子汉若在世上，什么事都应该去尝试尝试。"

在他说来，她说的话就是圣旨。

"一个人活着，就要有钱，有名，因为人活着本就是为了享受。"

那时他还不知道，人生中除了享受之外，还有许多更有意义的事。

所以为了成名，他不惜做各种事。

他成名了。

他二十还不到，就已变成了赫赫有名的"一飞冲天鹰中王"。

成名的确是件很愉快的事。

他糊里糊涂地做了很多事，糊里糊涂地成了名。

他身上穿的是最华贵的衣裳，喝的是三两银子一斤的酒。

他已懂得挑剔裁缝的手工。

鱼翅若是炖得还差一分火候,他立刻就会摔到厨子脸上去。

他不但已懂得享受,而且享受得真不错。

他本已应该很满意。

但也不知为了什么,他忽然又有了痛苦,有了烦恼,而且比以前还烦恼得多。

他本来一沾上枕头就睡得很甜,但现在却时常睡不着了。

睡不着的时候,他就会问自己:"我做的这些事是不是应该做的?"

"我交的这些朋友,是不是真的好朋友?"

"一个人除了自己享受之外,是不是还应该想想别的事?"

他忽又开始想家,想他的父母。

世上手艺最好的厨子,也炖不出母亲亲手炖的那种鸡汤。

那种恭维奉承的话,也渐渐变得没有父亲的训话好听了。

就连红娘子的甜言蜜语,听起来也没有以前那么令他动心。

这些还都不算很重要。

最重要的是,他忽然想做一个正正当当的人。

一个晚上能够安安心心睡觉的人。

所以他开始计划,脱离这种生活,脱离这种朋友。

他当然也知道他们绝不会放他走的。

第一,因为他们还需要他。

第二,因为他知道的秘密太多。

唯一幸运的是,在他们面前,他始终没有提起过他的家,他的父母。

这也不知道是他怕父母丢了他的人,还是怕他自己丢了父母的人。

他的父母并不是什么了不起的大人物。

他的朋友们,也没有问过他的家庭背景,只问过他:"你武功是怎么练出来的?"

他的武功,是他小时候在外面野的时候学来的——一个很神秘的老人,每天都在暗林中等着他,逼着他苦练。

他始终不知道这老人是谁,也不知道他传授的武功究竟有多高。

直到他第一次打架的时候才知道。

这是他的奇遇。又奇怪,又神秘。

所以他从未在别人面前提起,因为说出了也没有人相信。

有时连他自己都不太相信。

读客文化将出版以下古龙经典作品

《小李飞刀：多情剑客无情剑》

《小李飞刀2：边城浪子》

《小李飞刀3：九月鹰飞》

《小李飞刀4：天涯·明月·刀》

《陆小凤传奇：金鹏王朝》

《陆小凤传奇2：绣花大盗》

《陆小凤传奇3：决战前后》

《陆小凤传奇4：银钩赌坊》

《陆小凤传奇5：幽灵山庄》

《陆小凤传奇6：凤舞九天》

《陆小凤传奇7：剑神一笑》

《楚留香新传：借尸还魂》

《楚留香新传2：蝙蝠传奇》

《楚留香新传3：桃花传奇》

《楚留香新传4：新月传奇·午夜兰花》

《七种武器：长生剑·孔雀翎》

《七种武器2：碧玉刀·多情环》

《七种武器3：离别钩·霸王枪》

《七种武器4：愤怒的小马·七杀手》

《萧十一郎》

《火并萧十一郎》

《绝代双骄》

《欢乐英雄》

《三少爷的剑》

《流星·蝴蝶·剑》

《武林外史》

《白玉老虎》

《圆月弯刀》

《大人物》

《绝不低头》

《碧血洗银枪》

《彩环曲》

《苍穹神剑》

《大地飞鹰》

《风铃中的刀声》

《护花铃》

《剑毒梅香》

《剑客行》

《猎鹰·赌局》

《名剑风流》

《飘香剑雨》

《七星龙王》

《失魂引》

《血鹦鹉》

《英雄无泪》

《游侠录》

《月异星邪》

激发个人成长

多年以来,千千万万有经验的读者,都会定期查看熊猫君家的最新书目,挑选满足自己成长需求的新书。

读客图书以"激发个人成长"为使命,在以下三个方面为您精选优质图书:

1. 精神成长

熊猫君家精彩绝伦的小说文库和人文类图书,帮助你成为永远充满梦想、勇气和爱的人!

2. 知识结构成长

熊猫君家的历史类、社科类图书,帮助你了解从宇宙诞生、文明演变直至今日世界之形成的方方面面。

3. 工作技能成长

熊猫君家的经管类、家教类图书,指引你更好地工作、更有效率地生活,减少人生中的烦恼。

每一本读客图书都轻松好读,精彩绝伦,充满无穷阅读乐趣!

认准读客熊猫

读客所有图书,在书脊、腰封、封底和前后勒口都有"读客熊猫"标志。

两步帮你快速找到读客图书

1. 找读客熊猫君

2. 找黑白格子

马上扫二维码,关注"**熊猫君**"
和千万读者一起成长吧!

古龙诞辰80周年
纪念手册

目　录

一、关于"武侠"——古龙 / 01

二、古龙生平及著作简编 / 28

三、古龙妙语辑录——进入古龙世界的捷径 / 31

一、关于"武侠"——古龙

听说倪匡准备写《中国武侠小说史》,对一个写武侠小说的人说来,这实在是件非常值得欢喜兴奋的事。

武侠小说之由来已久,武侠小说之不被重视,由来也已久,现在终于有人挺身而出,为这种小说作一个有系统的纪录,使它日后也能在小说的历史中占一席地。这件工作的本身,已无疑是武侠小说历史中的一大盛事;只要是写武侠小说的人,都应该来共襄盛举。

所以我也不免见猎心喜,只可惜我既没有倪匡兄那么大的魄力,也没有那么大的本事。我只不过像是个献曝的野人,想把我对武侠小说的一点点心得和感想写出来,既不能算正式的纪录,更不能算严肃的评论。

假如它还能引起读者诸君一点点兴趣,为倪匡兄的工作作一点铺路的工作,我就已心满意足了。

01

关于武侠小说的源起,一向有很多种不同的说法——自太史公的《游侠列传》开始,中国就有了武侠小说——这当然是其中最堂皇的一种,但接受这种说法的人并不多。

因为武侠小说是传奇的,如果一定将它和太史公那种严肃的传记相提并论,就未免有点自欺欺人了。

在唐人的小说记事中,才有些故事和武侠小说比较接近。

《唐人说荟》卷五,张鹭的《耳目记》中,就有段故事是非常传奇、非常"武侠"的:

> 隋末,深州诸葛昂,性豪侠,渤海高瓒闻而造之,为设鸡肫而已,瓒小其用。明日大设,屈昂数十人,烹猪羊等长八尺,薄饼阔丈余,裹馅粗如庭柱,盘作酒碗行巡,自作金刚舞以送之。
>
> 昂至后日屈瓒,屈客数百人,大设,车行酒,马行炙,挫碓斩脍,硙轹蒜齑,唱夜叉歌,狮子舞。
>
> 瓒明日设,烹一双子十余岁,呈其头颅手足,座客皆攫喉而吐之。
>
> 昂后日报设,先令美妾行酒,妾无故笑,昂叱下。须臾蒸此妾坐银盘,仍饰以脂粉,衣以绫罗,遂擘腿肉以啖,瓒诸人皆掩目。昂于奶房间撮肥肉食之,尽饱而止。
>
> 瓒羞之,夜遁而去。

这段故事描写诸葛昂和高瓒的豪野残酷,已令人不可思议,这种描写的手法,也已经和现代武侠小说中比较残酷的描写接近。

但这故事却是片断的,它的形式和小说还是有段很大的距离。

当时,民间的小说、传奇、评话、银字儿中,也有很多故事是非常"武侠"的。譬如说,盗盒的红线、昆仑奴、妙手空空儿、虬髯客,这些人物,就几乎已经和现代武侠小说中的人物互无分别。

武侠小说中,最主要的武器是剑,关于剑术的描写,从唐时开始,就有很多比现代武侠小说中的描写更神奇。

红线和大李将军的剑术,已被渲染得几近神话。但有关公孙大娘的传说,却无疑是有根据的,绝非空中楼阁。

杜甫的《观公孙大娘弟子舞剑器行》,其中对公孙大娘和她弟子李十二娘剑术的描写,就是非常生动而传神的。

"昔有佳人公孙氏,一舞剑器动四方。观者如山色沮丧,天地为之久低昂。霍如羿射九日落,矫如群帝骖龙翔。来如雷霆收震怒,罢如江海凝清光……"

杜甫是个诗人,诗人的描写,虽不免近于夸张,可是以杜甫的性格和他的写作习惯看来,他纵然夸张,也不会太离谱。

何况,号称"草圣"的唐代大书法家张旭,也曾自言:"始吾闻公主与担夫争路,而得笔法之意,后见公孙氏舞剑器,而得其神。"

由此可见,公孙大娘不但实有其人,她的剑术,也必定是非常可观的——剑器虽然不是剑,是舞,但是舞剑也必然可以算是剑术的一种,只可惜后人看不到而已。

那么,以此类推,武侠小说中有关武功的描写,也并非全无根据,至少它并不像一些"文艺界的卫道者"所说的那么荒谬。

这些古老的传说和记载,点点滴滴,都是武侠小说的起源,再经过民间的评话、弹词和说书的改变,才渐渐演变成现在的这种形式。

《彭公案》《施公案》《七侠五义》《小五义》和《三侠剑》等,就都是根据"说书"而写成的,已可算是我们这一代人所能接触到的最早的一批武侠小说。

《七侠五义》本来并没有七侠而是"四侠五义",后来经过一代文学大师俞曲园(樾)先生的增订修改,加上黑妖狐智化、小诸葛沈仲元、小侠艾虎,才变为现在这种版本,而风行至今。所以严格说来,俞曲园也是我们这些"写武侠小说的"的前辈。

张杰鑫的《三侠剑》是比较后期的作品,所以它的形式和现在的武侠小说最接近。

这本小说中最主要的一个人物,本来应该是"金镖胜英",他的"迎门三不过,甩头一字"和"鱼鳞紫金刀",都是"天下扬名"的武器,但他却并不是个可以令人热血沸腾的英雄人物。

他太谨慎,太怕事,而且有点老奸巨猾,他掌门弟子黄三太的性格也一样。比起来,伤在黄三太镖下的山东窦尔墩,就比他们有豪气得多,但窦尔墩后来却偏偏又被黄三太的儿子黄天霸击败了。

胜英、黄三太、黄天霸,本是一脉相承的英雄,但却又偏偏都不是真正的典型英雄人物。

胜英是"剑客"艾莲迟的第四个徒弟,但武功比起他的师兄弟来,却差得很多,非但比不上他的大师兄"镇三山,辖五岳,赶浪无丝鬼见愁,大头鬼王"夏侯商元,就算跟他的五师弟"飞天玉虎"蒋伯芳、六师弟"海底捞月"叶潜龙比起来,也望尘莫及。

所以我以前一直想不通,张杰鑫为什么要将他书中的英雄写成这么样一个人,直到现在我才了解,他当时这么样写,是有他的苦衷的。

在清末那种社会环境,根本就不鼓励人们做英雄,老成持重的君子,才是一般人认为应该受到表扬的。

武侠小说也和别的小说一样,要受到社会习惯的影响,所以从一本武侠小说中,也不难看出作者当时的时代背景。

张杰鑫的这本《三侠剑》,非但结构散漫,人物也太多,并不能算是本成功的小说，因为这本小说，本来就不是有计划地写出来的，而是别人根据他的"说书"笔录的。叫座的说书，应听众和书场老板的要求，欲罢不能，只有漫无限制地延长下去，到后来当然难免会变得尾大不掉，甚至无法收场。

我特别提出这本书来，就因为后来所有的武侠小说，几乎全都犯了这种通病，人物和故事的发展，常常都会脱离主线很远。最显著的两个例子，就是平江不肖生的《江湖奇侠传》和还珠楼主的《蜀山剑侠传》。

02

平江不肖生和还珠楼主都是才气纵横、博闻强记的天才作家，他们的作品都是海阔天空、任意所之、雄奇瑰丽、变化莫测的。

平江不肖生向恺然，和三湘奇侠柳森严是同一时代的人物，他的《江湖奇侠传》据说就是根据柳森严的传说再加以渲染写成的，书中的主角——"金罗汉"吕宣良的弟子柳迟，就是柳森严的化身。

但后来故事的发展，已完全脱离了这条主线，前面写的绝顶高手，到后来竟变成了不堪一击的人物。很多人看这本书，都是看了一半兴趣就降低了，正如有些人看"红楼"只看前八十回，看"三国"看到死诸葛吓走活司马后就罢手一样。

因为后面的一段，看了实在有点叫人泄气，但前面的一段，却是非常精彩的，甚至可以说百看不厌，所以《江湖奇侠传》不但在当时可以轰动，而且在武侠小说中，也可算是本不朽的名著。

这种只有一半精彩的名著，例子并不少，《格列佛游记》和《镜花缘》也是这样的——最妙的是，这两本书本身也有很多相像的地方，前面的一半,都是假借一些幻想中的王国,来讽刺当时社会中的病态,和人性中可悲可笑的一面。

《格列佛游记》中,有大人国和小人国;《镜花缘》中,也有君子国和女儿国。这种奇妙的偶合,实在是非常有趣的。由此可见,东方人和西方人的思想哲学,在基本上并没有太大的分歧,只可惜后世的读者,往往只接受书中趣味的吸引,而忽略了其中的寓意。

《蜀山剑侠传》的结构虽然也很散漫,趣味却是一致的,每一个人物的性格,都绝对能前后呼应,每一个人的来历和武功,都交代得非常清楚,而且层次分明。若单以武侠小说而论,这本书无疑是要比《江湖奇侠传》成功。

除了写人物生动突出外,书中写景,也是一绝,写古代的居室之美,服用器皿之精,饮食之讲究,更没有任何一本武侠小说能比得上。看这本书的时候,无异同时也看了一本非常有趣的食谱和游记。

我一向认为武侠小说的趣味,本该是多方面的。多方面的趣味,只有在武侠小说中,才能同时并存。

——侦探推理小说中没有武侠,武侠小说中却能有侦探推理;言情文艺小说中没有武侠,武侠小说中却能有文艺言情。

这正是武侠小说一种非常奇怪的特性,像《蜀山剑侠传》的写法,正好能将这种特性完全发挥。

所以这种写作的方式,一直在武侠小说中占有非常重要的地位,还珠楼主李寿民也因此而成为承先启后、开宗立派的一代大师。

除了"蜀山"之外,还珠楼主的著作有《柳湖侠隐》《长眉真人传》《峨嵋七矮》《云海争奇记》《兵书峡》《青门十四侠》《青城十九侠》《蛮荒侠隐》《黑森林》《黑蚂蚁》《力》等,其中大多数都和"蜀山"有很密切的关系。

这些书,几乎没有一部是真正完整结束的,因为他写的局面实在太大，所以很难收拾残局，直到现在为止，还是有很多武侠小说会犯同样的毛病。

但是和还珠楼主同一时代的作者中，却有一个人从未受到他的影响，这人就是王度庐。

03

王度庐的作品，不但风格清新，自成一派，而且写情细腻，结构严密，每一部书都非常完整。

他的名著《鹤惊昆仑》《宝剑金钗》《剑气珠光》《卧虎藏龙》《铁骑银瓶》，虽然是同一系统的故事，但每一个故事都是独立的，都结束得非常巧妙。

他也是第一个将写文艺小说的笔法，带到武侠小说中来的人。

和他同时的名家，还有郑证因、朱贞木、白羽。除了这几人外，写《胜字旗》的还素楼主，写《碧血鸳鸯》的徐春羽，虽然也拥有很多读者，但比起他们来，就未免稍逊一筹了。

郑证因是我最早崇拜的一位武侠小说作家，他的文字简洁，写侠林中事令人如身历其境，写技击更是专家，几乎能将每一招、每一式都写得极生动逼真，所以有很多人都认为他本身也必定精于技击。

他是位多产作家，写的书通常都很短，所以显得很干净利落，其中最长的一部是《鹰爪王》，最有名的一部也是《鹰爪王》。他的写作路线，仿效的人虽不多，但是他书中的技击招式和帮会规模，却至今还被人在采用，所以他无疑也具有一派宗主的身份。

如果将当时的武侠小说分为五大派，还珠楼主、王度庐、郑证因、朱贞木、白羽，就是五大门派的掌门人。

朱贞木的《七杀碑》《罗刹夫人》《彦魔岛》《龙冈恩仇记》……

白羽的《十二金钱镖》《毒砂掌》《狮林三鸟》……

每一本都是曾经轰动一时的名著，都曾经令我废寝忘食，一看就是一个通宵。

除此之外，还有两部书虽然不太为人所知，却是我最偏爱的。

那就是白羽和于芳合著的《神弹乾坤手》和《四剑震江湖》。

我一直不知道于芳是个怎么样的人，为什么只写了这样短短的两部书，就不再有作品问世了。

事实上，这些名家的作品都不太多，而且在二十年前，就已几乎不再有新作问世，所以在四十和五十年代之间的一段时候，可以算是武侠小说最消沉的一段时候。

在这段时期中，只出了一位抄袭的"名家"，将还珠楼主书中的《黑摩勒》和《女侠夜明珠》，抄成了一部很畅销的武侠小说。

直到五十年代开始后，才有个人出来"复兴"了武侠小说，为武侠小说开创了一个新的局面，使得武侠小说又蓬勃发展了二十年。

在这二十年中名家辈出，作品之丰富和写作技巧的变化，都已到达一个新的高峰，比起还珠楼主他们的时代，尤有过之。

开创这个局面的人，就是金庸。

04

  我本不愿讨论当代的武侠小说作者，但金庸却可以例外。

  因为他对这一代武侠小说的影响力，是没有人能比得上的，近十八年来的武侠小说，无论谁的作品，多多少少都难免受到他的影响。

  他融合了各家各派之长，其中不仅是武侠小说，还融会了中国古典文学和现代西洋文学，才形成了他自己的独特风格，简洁、干净、生动！

  他的小说结构严密，局面虽大，但却能首尾呼应，其中的人物更栩栩如生，呼之欲出。

  尤其是杨过。

  杨过无疑是所有武侠小说中，最可爱的几个人的其中之一。

  杨过、小龙女、郭襄间的感情，也无疑可以算是武侠小说中最动人的爱情故事之一。

  最重要的是他创造了这一代武侠小说的风格，几乎很少有人能突破。

  可是在他初期作品中，还是有别人的影子。

  在《书剑恩仇录》中，描写"奔雷手"文泰来逃到大侠周仲英的家，藏在枯井里，被周仲英无知的幼子，为了一架望远镜出卖，周仲英知道这件事后，竟忍痛杀了他的独生子。

  这故事几乎就是法国文豪梅里美最著名的一篇短篇小说的化身，只不过将金表改成了望远镜而已。

  但这绝不影响金庸先生的创造力，因为他已将这故事完全和他自己的创造联成一体，看起来是一气呵成的。看到《书剑恩仇录》中的这一段故事，几乎比看梅里美《尼尔的美神》故事集中的原著，更能令人感动。

看到《倚天屠龙记》中，写张无忌的父母和金毛狮王在极边冰岛上的故事，我也看到了另一位伟大作家——杰克·伦敦的影子。

金毛狮王的性格，几乎就是"海狼"。

但是这种模仿却是无可非议的。

因为他已将"海狼"完全吸收溶化，已令人只能看见金毛狮王，看不见海狼。

武侠小说最大的优点，就是能包罗万象，兼收并蓄——你可以在武侠小说中写"爱情文艺"，却不能在"文艺"小说中写武侠。

每个人在写作时，都难免会受到别人影响的。"天下文章一大抄"，这句话虽然说得有点过火，却也并不是完全没有道理。

一个作家的创造力固然可贵，但联想力、模仿力，也同样重要。

我自己在开始武侠小说时，就几乎是在拼命模仿金庸先生。写了十年后，在写《名剑风流》《绝代双骄》时，还是在模仿金庸先生。

我相信武侠小说作家中，和我同样情况的人并不少。

这一点金庸先生也无疑是值得骄傲的。

金庸先生所创造的武侠小说风格虽然至今还是足以吸引千千万万的读者，但武侠小说还是已到了要求新、求变的时候。

因为武侠小说已写得太多，读者们也已看得太多了。

有很多读者看了一部书的前两本，就已经可以预测到结局。

最妙的是，越奇诡的故事，读者越能猜到结局。

因为同样"奇诡"的故事已被写过无数次了，易容、毒药、诈死、最善良的女人就是女魔头——这些圈套，都已很难令读者上钩。

所以情节的诡奇变化，已不能再算是武侠小说中最大的吸引力。

人性的冲突才是永远有吸引力的。

武侠小说中已不该再写神，写魔头，已应该开始写人，活生生的人！有血有肉的人！

武侠小说中的主角应该有人的优点，也应该有人的缺点，更应该有人的感情。

写《包法利夫人》的大文豪福楼拜曾经夸下一句海口。

他说：

"十九世纪后将再无小说。"

因为他觉得所有的故事情节，所有的情感变化，都已被十九世纪的那些伟大作家们写尽了。

可是他错了。

他忽略了一点。

纵然是同样的故事情节，如果从不同的角度去看，写出来的小说就是完全不同的。

人类的观念和看法，本来就在永远不停地改变，随着时代改变。

武侠小说写的虽然是古代的事，也未尝不可注入作家自己新的观念。

因为小说本来就是虚构的。

写小说不是写历史传记。写小说最大的目的，就是要吸引读者、感动读者。

武侠小说的情节若已无法再变化，为什么不能改变一下，写写人类的情感、人性的冲突，由情感的冲突中，制造高潮和动作。

05

　　武侠小说中当然不能没有动作，但描写动作的方式，是不是也应该改变了呢？

　　——这道人一剑削出，但见剑光点点，剑花错落，霎眼间就已击出七招，正是武当"两仪剑法"中的精华，变化之奇幻曼妙，简直无法形容。

　　……

　　这大汉怒喝一声，跨出半步，出手如电，一把就将对方的长剑夺过，轻轻一拗，一柄百炼精钢制成的长剑，竟被他生生拗为两段。

　　……

　　这少女剑走轻灵，身随剑走，剑随身游，霎眼之间，对方只觉得四面八方都是她的剑影，也不知哪一剑是实，哪一剑是虚？

　　……

　　这书生曼声长吟："劝君更进一杯酒，西出阳关无故人。"掌中剑随着朗吟声斜斜削出，诗句中那种高远清妙、凄凉萧疏之意，竟已完全融入这一剑中。

　　……

　　郑证因派的正宗技击描写，"平沙落雁""立鸟划沙""黑虎偷心""拨草寻蛇"；还珠楼主派的奇秘魔力、裸裎魔女……这些，固然已经有些落伍，可是我前面所写的那些"动作"，读者们也已看过多少遍了呢？

　　应该怎么样来写动作，的确也是武侠小说的一大难题。

　　我总认为"动作"并不一定就是"打"。

小说中的动作和电影不同，电影画面的动作，可以给人一种鲜明生猛的刺激，但小说中描写的动作没有这种力量了。

小说中动作的描写，应该是简短而有力的、虎虎有生气的、不落俗套的。

小说中动作的描写，应该先制造冲突，情感的冲突、事件的冲突，让各种冲突堆积成一个高潮。

然后再制造气氛，紧张的气氛、肃杀的气氛。

用气氛来烘托出动作的刺激。

武侠小说毕竟不是国术指导。

武侠小说也不是教你如何去打人、杀人的。

血和暴力，虽然永远有它的吸引力，但是太多的血和暴力，就会令人反胃了。

几乎所有的小说中，都免不了要有爱情故事。

爱情本来就是人类情感中最基本的一种，也是最早的一种，远比仇恨还要早。

我们甚至可以说，没有爱情，就没有人类。

几乎所有伟大的爱情故事中都充满了波折、误会、困难和危机，令读者为故事中相爱的人焦急流泪。

罗密欧与朱丽叶、梁山伯与祝英台、抱着桥柱而死的尾生……他们的困难虽能解决，但最后还是因为"误会"而死。

席格尔《爱情故事》中的男女主角，他们的爱情几乎可以说是完全顺利的，任何困难都没有能阻扰他们的爱情。

最后的结局却还是悲剧。

好像有很多人都认为爱情故事一定要是悲剧，才更能感人。

在武侠小说中，王度庐的小说正是这一类故事的典型。

尤其是《宝剑金钗》中的李慕白和俞秀莲，他们虽然彼此相爱很深，但却永远未能结合，有很多次他们眼见已将结合了，到最后却又分手。

因为李慕白心里总认为俞秀莲的未婚夫"小孟"是为他而死的，他若娶了俞秀莲，就不够义气，就对不起朋友。

这就是他们唯一不能结合的原因。

我却认为这原因太牵强了。

不但我认为如此，就连故事中的江南鹤、史胖子、德啸峰，连俞秀莲的师兄杨铁枪，也都认为这理由根本就不能成为理由。

可惜李慕白是个非常固执的人，无论别人怎么劝他，无论俞秀莲怎么样对他表示爱慕之意，到了最后关头，他还是用慧剑斩断了情丝。

有很多人也许会因此认为李慕白是条有血性、够义气的硬汉。

我却认为这是李慕白性格中最不可爱的一点。

我认为他提不起，放不下，不但辜负了俞秀莲的深情，也辜负了朋友们的好意。

他甚至连"小孟"都对不起，因为小孟临死时，是要他好好照顾俞秀莲的，因为小孟知道俞秀莲对李慕白的感情。

可是他却让俞秀莲痛苦了一生。

以现代心理学的观点看来，李慕白简直可以说是个有心理变态的人。

因为他的家庭不幸，从小父母双亡，他的叔父对他也不好，他从小就没有得到过爱，所以他畏惧爱，畏惧负起家庭的责任。

所以只要有女孩子爱他，他总是要逃避，总是不敢挺起胸膛来接受。

他对俞秀莲如此，对那可怜的风尘女子织娘也一样。

说得偏激些，他简直是个不折不扣的自怜狂。

这故事虽然无疑是成功的，不但能感动读者，而且能深入人心，我却不喜欢这故事。

我总认为人世间悲惨不幸的事已够多，我们为什么不能让读者多笑一笑？为什么还要他们流泪？

杨过和小龙女就不同了，他们的爱情虽然经过了无数波折和考验，但他们的爱心始终不变。

杨过爱小龙女是不顾一切、没有条件的，既不管小龙女的出身和年纪，也不管她是否被人玷污，他爱她，就是爱她，从不退缩，从不逃避。

我觉得这才是真正的男子汉大丈夫。

假如小龙女因为自觉身子已被人玷污，又觉得自己年纪比杨过大，所以配不上杨过，因此而将杨过让给了郭襄，而且对他们说："你们才是真正相配的，你们在一起才能得到幸福。"

假如故事真是这样的结局，我一定会气得吐血。

有些人也许会认为这故事的传奇性太浓，太不实际，但我却认为爱情故事本来就应该是充满幻想和"罗曼蒂克"的。

就因为我自己从小就不喜欢结局悲惨的故事，所以我写的故事，大多数都有很圆满的结局。

有人说：悲惨的情操比喜剧高。

我一向反对这种说法，我总希望能为别人制造些快乐，总希望能提高别人对生命的信心和爱心。

假如每个人都能对生命充满了热爱，这世界岂非会变得美丽得多？

有一次去花莲，有人介绍了一位朋友给我，他居然是我的读者。

他是个很诚实、很老实的人，这种人通常都吃过别人的亏，上过别人的当，他也不例外。

一夜在微醺之后，他告诉我，有一阵他也曾很消沉，甚至想死，但看了我的小说后，他忽又发现生命还是值得珍惜的。

我听了他的话，心里的愉快真像得到了最荣誉的勋章一样。

在我早期的小说《孤星传》里，我曾写过一个很荒唐的故事。

一个男孩子和一个女孩子，在他们去捉蝴蝶的时候，他们的家忽然被毁灭，等他们带着美丽的蝴蝶回去时，他们的父母亲人都已惨死，他们的家已变成一片废墟。

他们的年纪还小，但世界上却已没有他们可以依靠的人。

他们只有靠自己。

从此那男孩子就用尽一切力量，来照顾那女孩子，他吃尽了各种苦，受尽了饥寒的折磨，有了吃的和穿的，他总是先让给他的小情人。

在这种情况下，他的发育当然不能健全。

到后来他们终于遇到救星，有两位世外高人分别收容了他们。

男孩子跟着一个住在塔上的孤独老人走了，收容那女孩子的，却是位声名很显赫的女侠。

他们虽然暂时分别，但他们知道迟早总有再相聚的一天。

所以他们拼命努力，都练成了一身很高深的武功。

男孩子练的武功属于阴柔一类的，而且大部分时候都耽在那孤塔上，再加上他发育时所受到的折磨，他长大了后，当然是个很矮小的人。

那女子练的功夫却是健康的，发育也非常健全。

等他们历尽千辛万苦，重新相聚的时候，他们的满怀热望忽然像冰一样被冻住了。

那男孩子站在女孩子面前，简直就像是个侏儒。

这种结局本来充满对人生的讽刺，本来应该是个很尖酸的悲剧。

但是我不肯。

我还是让他们两人结合了，而且是江湖中最受人羡慕、最受人尊敬的一对恩爱夫妻。

因为他们的爱情并没有因任何事改变，所以值得受人尊敬。

这悲剧竟变成了喜剧。

丘吉尔是个伟人，也是个很乐观的人，他说过一句发人深省的话：

"不幸的遭遇，常能使人逃避更大的不幸。"

只要你能抱着这种看法，生命中就没有什么事能打击你了。

失败虽然不好，但成功却往往是从失败中得来的。

06

但人生中的确有很多悲剧存在,所以任何作者都不能避免要写悲剧。

《萧十一郎》就是个悲剧。

一对武林中最受人尊敬的夫妻,妻子竟然爱上了个声名狼藉的大盗。

在当时的社会中,这无疑是个悲剧。

有很多写作的朋友在谈论这故事时,都说萧十一郎最后应该为沈璧君而死的,这样才能让读者留下一个虽辛酸却美丽的回忆,这样的格调才高。

我还是不愿意。

在最后,我还是为这对恋人留下了一条路,还是为他们留下了希望。

阿飞的故事也是悲剧。

他爱上了一个最不值得他爱的女人,而她根本不爱他。

在这种情况下,悲剧的结局是无法避免的。

但阿飞却并没有因此而倒下去,他反而因此而领悟了真正的人生和爱情。

他并没有被悲哀击倒,反而从悲哀中得到了力量。

这就是《多情剑客无情剑》和《铁胆大侠魂》的真正主题。

但是这概念并不是我创造的,我是从毛姆的《人性枷锁》中偷来的。

模仿绝不是抄袭。

我相信无论任何人在写作时,都免不了要受到别人的影响。

《米兰夫人》虽然是在德芬·杜·莫里哀的阴影下写成的,但谁也不能否认它还是一部伟大的杰作。

在某一个时期的琼瑶作品中，几乎到处都可以看到《蝴蝶梦》和《呼啸山庄》。

《蓝与黑》这名字，也绝不是抄袭《红与黑》的，因为它有自己的思想和意念。

你若被一个人的作品所吸引所感动，在你写作时往往就会不由自主地模仿它。

我写《流星·蝴蝶·剑》时，受到《教父》的影响最大。

《教父》这部书已被马龙·白兰度拍成一部非常轰动的电影，《流星·蝴蝶·剑》中的老伯，就是"教父"这个人的影子。

他是"黑手党"的首领，顽强得像是块石头，却又狡猾如狐狸。

他虽然作恶，却又慷慨好义，正直无私。

他从不怨天尤人，因为他热爱生命，对他的家人和朋友都充满爱心。

我看到这么一个人物时，写作时就无论如何也丢不开他的影子。

但我却不承认这是抄袭。

假如我能将在别人杰作中看到的那些伟大人物全都介绍到武侠小说中来，就算被人侮骂讥笑，我也是心甘情愿的。

武侠小说中，现在最需要的，就是一些伟大的人、可爱的人，绝不是那些不近人情的神。

无论写哪种小说，都要写得有血有肉，但却绝不是那种被剑刺出来的血，被刀割下来的肉，更不是那种"血肉横飞""血肉模糊"的血肉。

我说的血肉，是活生生的，是活生生的有血有肉的人。

我说的血，是热血，就算要流出来，也要流得有价值。

铁中棠、李寻欢、郭大路……都不是喜欢流血的人。

但是他们宁可自己流血，也不愿别人为他们流泪。

他们的满腔热血，随时都可以为别人流出来，只要他们认为他们做的事有价值。

他们随时可以为了他们真心所爱的人而牺牲自己。

他们的心里只有爱,没有仇恨。

这是我写过的人物中,我自己最喜欢的三个人。

但他们是人,不是神。

因为他们也有人的缺点,有时也受不了打击,他们也会痛苦、悲哀、恐惧。

他们都是顶天立地的男子汉,但他们的性格却是完全不同的。

铁中棠沉默寡言,忍辱负重,就算受了别人的冤屈和委屈,也从无怨言,他为别人所作的牺牲,那个人从来不会知道。

这种人的眼泪是往肚子里流的,这种人就算被人打落牙齿,也会和着血吞下肚子里去。

但郭大路却不同了。

郭大路是个大叫大跳、大哭大笑的人。

他要哭的时候就大哭,要笑的时候就大笑,朋友对不起他时,他会指着这个人的鼻子大骂,但一分钟之后,他又会当掉裤子请这个人喝酒。

他喜欢夸张,喜欢享受,喜欢花钱。他从不想死,但若要他出卖朋友,他宁可割下自己的脑袋来也绝不答应。

他有点轻佻,有点好色,但若真正爱上一个女人时,无论什么事都不能令他改变。

李寻欢的性格比较接近铁中棠,却比铁中棠更成熟,更能了解人生。

因为他经历的苦难太多,心里的痛苦也隐藏得太久。

他看来仿佛很消极,很厌倦,其实他对人类还是充满了热爱。

对全人类都充满了热爱,并不仅是对他的情人,他的朋友。

所以他才能活下去。

他平生唯一折磨过的人,就是他自己。

李寻欢和铁中棠、郭大路还有几点不同的地方。

他并不是个健康的人，用现代的医药名词来说，他有肺结核，常常会不停地咳嗽，有时甚至会咳出血来。

在所有的武侠小说主角中，他也许是身体最不健康的人。

但他的心理却是绝对健康的，他的意志坚强如钢铁，控制力也很少有人能比得上。

他避世、逃名，无论做了什么事，都不愿让别人知道。

可是在他活着时，就已成为一个传奇人物。

见过他的人并不多，没有听过他名字的人却很少，尤其是他的刀。

小李飞刀。

他的刀从不随便出手，但只要一出手，就绝不会落空。

我一向很少写太神奇的武功，小李飞刀却是绝对神奇的。

我从未描写过这种刀的形状和长短，也从未描写过它是如何出手，如何练成的。

我只写过他常常以雕刻来使自己的手稳定，别的事我都留给读者自己去想象。

武侠小说中的武功，本来就是全部凭想象创造出来的。

事实上，他的刀也只能想象，无论谁都无法描写出来。

因为他的刀本来就是个象征，象征着光明和正义的力量。

所以上官金虹的武功虽然比他好，最后还是死在他的飞刀下。

因为正义必将战胜邪恶。

黑暗的时间无论多么长，光明总是迟早会来的。

所以他的刀既不是兵器，也不是暗器，而是一种可以令人心振奋的力量。

人们只要看到小李飞刀的出现，就知道强权必将被消灭，正义必将伸张。

这就是我写"小李飞刀"的真正用意。

07

武侠小说中,出现过各式各样奇妙的武器。

刀枪剑戟、斧钺钩叉、鞭锏锤抓、链子枪、流星锤、方便铲、跨虎篮、盘龙棍、弧形剑、三节棍、降魔刀、判官笔、分水镢、峨嵋刺、白蜡大杆子……

刀之中又有单刀、双刀、鬼头刀、九环刀、戒刀、金背砍山刀……

这些武器的种类已够多,但作者们有时还是喜欢为他书中的主角创造出一种独门的奇特武器,有的甚至可以作七八种不同的武器使用,甚至还可以在危急时射出暗器和迷药来。

但武器是死的,人却是活的。

一件武器是否能令读者觉得神奇刺激,主要还是得看使用它的是什么人。

在我的记忆中,印象最深的有几种。

张杰鑫的《三侠剑》中,"飞天玉虎"蒋伯芳用的亮银盘龙棍。

这条棍的本身,并没有什么奇特的地方,绝对比不上"金镖"胜英用的鱼鳞紫金刀,更比不上"海底捞月"叶潜龙用的削铁如泥的宝剑,也比不上"混海金鳌"孟金龙用的降魔杵。

就因为使用它的人是"飞天玉虎"蒋伯芳,所以才让我留下了极深刻的印象。

二十年前我看这本小说时,只要一看到蒋伯芳亮出他的盘龙棍,我的心就会跳。

"鹰爪王"的手是种武器,铁脚板的脚也是种武器,倪匡最喜欢为他电影故事中的主角创造新招式、新武器，每一种都能让人留下很深刻的印象。

他丰富的想象力好像永远都用不完的。

但是武侠小说最常见的武器，还是刀和剑。

尤其是剑。

正派的大侠们，用的好像大多数是剑。

一尘道长的剑，李慕白的剑，黑摩勒的剑，上官瑾的剑，展昭的剑，金蛇郎君的剑，红花会中无尘道长的剑，"蜀山"中三英二云的剑……

这些都是令人难忘的。

但武功到了极峰时，就不必再用任何武器了，因为他"飞花摘叶，已可伤人"，任何东西到了他手里，都可以变成武器。

因为他的剑已由有形，变为无形。

所以武侠小说中的绝顶高手，通常都是宽袍大袖，身无寸铁的。

这也是种很有趣的现象。

好像从来都没有怀疑过，一个人的血肉之躯，是不是能比得上杀人的利器？

暗器也是杀人的利器。

有很多人都认为，暗器是雕虫小技，既不够光明正大，也算不了什么本事，所以真正的英雄好汉，是不该用暗器的。

其实暗器也是武器的一种。

你若仔细想一想，就会发现现代的武器其实就是暗器。

手枪和神箭又有什么分别？机关枪岂非就是古时的连珠弩箭？

练暗器也跟练刀练剑一样，也是要花苦功夫的，练暗器有时甚至比练别的武器还要困难些。

苦练暗器的人，不但要有一双锐利的眼睛，还要有一双稳定的手。

只要你不在背后用暗器伤人，暗器就是完全不可非议的。

武侠小说中令人难忘的暗器也很多。

俞三绝的"十二金钱镖"、"弹指神通"的毒砂、柳家父女的铁莲子……

这些虽不是白羽所创造的暗器,但是他的确描写得很好。

王度庐的小说中,描写的玉娇龙的小弩箭,也跟她的人一样,骄纵、泼辣,绝不给人留余地。

他已将玉娇龙的性格和她的暗器融为一体,这种描写无疑是非常成功的。

《书剑恩仇录》中的"千手如来"赵半山,是武侠小说中暗器最犀利、心肠却最慈最软的人。

《七侠五义》中的"白眉毛"徐良也一样,他的全身上下都是暗器,无论在任何情况、任何角度下,都可以发出暗器来。

"金镖"胜英的甩头一字、迎门三不过,孟金龙的飞抓,上官瑾的铁胆,郑证因写的子母金梭,出手双绝……

这些都是描写得很成功的暗器。

但在武侠小说中被写得最多的,还是四川"唐门"的毒药暗器。

四川是不是真的有"唐门"这一家人,谁也不能确定。

但我相信有很多人都跟我自己一样,几乎都已相信他的存在。

因为这一家人和他们的毒药暗器,几乎在每一个武侠小说作家的作品中都出现过,几乎已和少林、武当这些门派同样真实。

假如它只不过是凭空创造出来的,那么这创造实在太成功了。

只可惜现在谁也记不得究竟是哪一位作者先写出这一家人来的。

在《名剑风流》中,我曾将这一家人制造暗器的方法加以现代化,就好像现在的间谍小说中,制造秘密武器一样。

我写的时候自己觉得很愉快、很得意,因为我认为唐家既能以他的暗器在武林中独树一帜,那么这种暗器当然是与众不同的,制造它的方法当然应该要保密。

但现在我的观念已改变了。

唐家暗器的可怕，也许并不在于暗器的本身，而在于他们发暗器的手法。

暗器也是死的，人才是活的。

一张平凡的弓，一支平凡的箭，到了养由基手里，就变成神奇了。

所以现在我已将写作的重点，完全放在"人"的身上。

各式各样的人，男人、女人。

无论谁都不能否认，这世界上绝不能没有女人。

"永恒的女性，引导人类上升。"

所以连武侠小说中也不能没有女人。

女人也跟男人一样，有好的，有坏的，有可爱的，也有可恨的。

俞秀莲是个典型的北方大姑娘，豪爽、坦白、明朗，但她也是个典型的旧式女性。

所以她虽然深爱着李慕白，却不敢采取主动来争取自己的幸福。

她虽然很刚强，但心里有委屈和痛苦时，也只有默默地忍受。

若是我写这故事，结局也许就完全不同了。

我一定会写她跟定了李慕白，李慕白走到哪里，她就跟到哪里，因为她爱他，爱得很深。

这种写法当然不如王度庐的写法感人，我自己也知道。

但我还是会这么样写的。

因为我实在不忍让这么一个可爱的女人，痛苦孤独一生。

王度庐写玉娇龙，虽然骄纵、任性，但始终还是不敢，也不愿意光明正大地嫁给罗小虎。

因为她总觉得自己是个千金小姐，罗小虎是个强盗，总认为罗小虎配不上她，世俗的礼教和看法，已在她心里生了根。

俞秀莲不能嫁李慕白，是被动的，玉娇龙不能嫁罗小虎，却是她自己主动的。

所以我不喜欢玉娇龙。

所以我写沈璧君，她虽然温柔、顺从，但到了最后关头，她还是宁愿牺牲一切，去跟着萧十一郎。

我总认为女人也有争取自己幸福的权利。

这种观念在那种时代当然是离经叛道，当然是行不通的。

但又有谁能否认，当时那种时代里，没有这种女人？

《铁胆大侠魂》中的孙小红，《绝代双骄》中的苏樱，《大人物》中的田思思……就都是在这种观念下写成的。

她们敢爱，也敢恨，敢去争取自己的幸福，但她们的本性，并没有失去女性的温柔和妩媚，她们仍然还是个女人。

女人就应该是个女人。

这一点看法我和张彻先生完全相同，我的小说中是完全以男人为中心的。

在很小的时候，我就不喜欢看那种将女人写得比男人还要厉害的武侠小说。

我不喜欢《罗刹夫人》，就因为朱贞木将罗刹夫人写得太厉害了，沐天澜在她面前，简直就像是个只会吮手指的孩子。

这并不是因为我看不起女人——我从来也不敢看不起女人，英雄如楚之霸王项羽，在虞姬面前也服帖得很。

但虞姬若也像项羽一样，叱咤风云，跃马横枪于千军万马之中，那么她就不是个可爱的女人了。

女人可以令男人降服的，应该是她的智慧、体贴和温柔，绝不该是她的刀剑。

我尊敬聪明温柔的女人，就和我尊敬正直侠义的男人一样。

"侠"和"义"本来是分不开的，只可惜有些人将"武"写得太多，

"侠义"却写得太少。男人间那种肝胆相照、至死与共的义气,有时甚至比爱情更伟大、更感人!

王度庐写李慕白和俞秀莲之间的感情固然写得好,写李慕白与德啸峰之间的义气写得更好。

德啸峰对李慕白的友情,是完全没有条件的,他将李慕白当作自己的兄弟手足,他为李慕白做事,从不希望报答。

他获罪后被发放离家时,还高高兴兴地拍着李慕白的肩膀,说自己早就想到外面去走动走动了,还再三要李慕白不要为他难受。

他被人欺负时,还生怕李慕白为了替他出气而杀人获罪,竟不敢让李慕白知道。

这种友情是何等崇高,何等纯洁,何等伟大!

李寻欢对阿飞也是一样的,他对阿飞只有付出,从不想收回什么。

爱情是美丽的,美丽如玫瑰,但却有刺。

"世上唯一无刺的玫瑰就是友情!"

爱情虽然比友情强烈,但友情却更持久,更不计条件,不问代价。

勇气也应该是持久的。

在一瞬间凭血气之勇去拼命,无论是杀了人,还是被杀,都不能算是真正的勇气。

苏轼在他的《留侯论》中曾经说过:

"匹夫见辱,拔剑而起,挺身而斗,此不足为勇也。天下有大勇者,卒然临之而不惊,无故加之而不怒,此其所挟持者甚大,而其志甚远也。"

这段文章对勇气已解释得非常透彻。

勇气是知耻,也是忍耐。

一个人被侮辱,被冤枉时,还能够咬紧牙关,继续去做他认为应该做的事,这才是真正的勇气。

所以杨过是个有勇气的人,铁中棠也是,他们绝不会因为任何外来的影响，而改变自己的意志。

敢承认自己的错误，也是种了不起的勇气。

武侠小说中若能多描写一些这种勇气，那么武侠小说的作者一定比现在更受人尊敬了。

二、古龙生平及著作简编

1938年6月7日,生于香港,本名熊耀华。

1950年,举家迁往台湾。

1951年,就读于台湾师范学院附属中学。

1954年,以笔名"古龙"发表译作《神秘的贷款》。同年秋,考入省立成功中学。其间大量写诗,投稿《蓝星诗刊》等。

1955年,父亲熊飞抛弃家庭。不久古龙也离家出走,并加入四海帮。11月,发表处女作《从北国到南国》,开启了他的职业写作生涯。

1957年,就读于淡江英语专科学校英语科。次年肄业。

1960年,第一部武侠小说《苍穹神剑》由第一书社出版。《剑毒梅香》由清华印行、国华出版四集。《剑气书香》《湘妃剑》《孤星传》由真善美出版社出版。《游侠录》由海光出版。

1961年,华源出版《飘香剑雨》和《神君别传》。第一书社出版《月异星邪》《残金缺玉》。明祥出版《失魂引》《剑客行》。

1962年,春秋出版《彩环曲》《护花铃》。

1963年,真善美出版《情人箭》《大旗英雄传》。

1964年,真善美出版《浣花洗剑录》。

1965年，春秋出版《武林外史》《名剑风流》。胡正群《〈名剑风流〉创作前后》称，《名剑风流》出版后古龙声名鹊起，与"武坛三剑客"并列。

1967年，真善美出版《铁血传奇》。

1968年，发表《此"茶"难喝——小说武侠小说》，为古龙最早的笔战文章之一，是他求新求变的起点。

1969年，春秋出版《绝代双骄》《多情剑客无情剑》《借尸还魂》。

1970年，春秋出版《蝙蝠传奇》。香港武侠春秋出版《萧十一郎》。

1971年，武林出版《流星·蝴蝶·剑》。春秋出版《欢乐英雄》《大人物》。《欢乐英雄》是古龙依事件而非依时序叙述的得意之作。

1972年，春秋出版《侠名留香后传》（即《桃花传奇》）。香港武侠春秋出版《长生剑》与《风云第一刀》（即《边城浪子》）。

1973年，香港武侠春秋出版《孔雀翎》《碧玉刀》《多情环》《七杀手》。南琪出版社出版《火并萧十一郎》与《大游侠》（即陆小凤系列作品）。香港武林出版《九月鹰飞》。汉麟出版《绝不低头》，这是古龙作品中唯一一部现代动作小说。

1974年，南琪出版《血鹦鹉》。

1975年，香港武侠春秋出版《霸王枪》。南琪出版《天涯·明月·刀》。

1976年，武林出版《白玉老虎》。香港武侠春秋出版《三少爷的剑》。

1977年，武林出版《碧血洗银枪》《大地飞鹰》。

古龙染上肝病。

1978年，香港武侠春秋出版《刀神》，同年汉麟出版社将《刀神》更名为《圆月弯刀》出版。春秋出版《离别钩》。武侠图书杂志出版社出版《七星龙王》。

1979年，万盛出版《英雄无泪》。香港武林出版《玉剑传奇》（即《新月传奇》）。

1981年，万盛出版《飞刀，又见飞刀》。

1982年，万盛出版《剑神一笑》。

1983年，万盛出版《午夜兰花》。

1984年，万盛出版《风铃中的刀声》。

古龙因肝病住院。

1985年，万盛出版《大时代武侠故事之一猎鹰》与《大时代武侠故事之二赌局》。

1985年，9月19日因拼酒而食道出血住院。9月21日傍晚病逝。

三、古龙妙语辑录——进入古龙世界的捷径

（一）骑最快的马，喝最烈的酒

酒之一物真奇妙，你愈不想喝醉的时候，醉得愈快；到了想喝醉的时候，反而醉不了。

——《小李飞刀：多情剑客无情剑》

在李寻欢的感觉中，天下若还有件事比"不喝酒"更难受，那就是"和讨厌的人在一起喝酒"。

——《小李飞刀：多情剑客无情剑》

酒质最纯，更纯于水，是以祭祀祖先天地时都以酒为醴，无论在任何地方喝酒，都绝无丝毫不敬之处。

——《小李飞刀：多情剑客无情剑》

愈是年轻的人，酒喝得愈快，因为喝酒也需要勇气。

愈有勇气的人，醉得自然也愈快。

——《小李飞刀：多情剑客无情剑》

喝酒痛快的人，心地总比较直爽些，你绝不会看到喝醉酒的人，还在打主意害人的。

——《欢乐英雄》

酒，通常都能带给人一种奇怪的精神和力量。但这种力量却是种骗人的力量——就算骗不到别人，至少总可以骗骗他自己。

——《陆小凤传奇2：绣花大盗》

酒是好酒，朋友也是好朋友。
对一个喜欢喝酒的人来说，好朋友的意思，通常就是酒量很好的朋友。

——《陆小凤传奇5：幽灵山庄》

如果你心里有痛苦，喝醉了是不是就会忘记？
不是！
——为什么？
因为你清醒后更痛苦。

——《陆小凤传奇6：凤舞九天》

酒唯一比水好的地方，就是酒永远不会使人太清醒。

——《楚留香新传3：桃花传奇》

一个人喝酒虽然无趣，至少总比没有酒喝好一点。

——《楚留香新传4：新月传奇·午夜兰花》

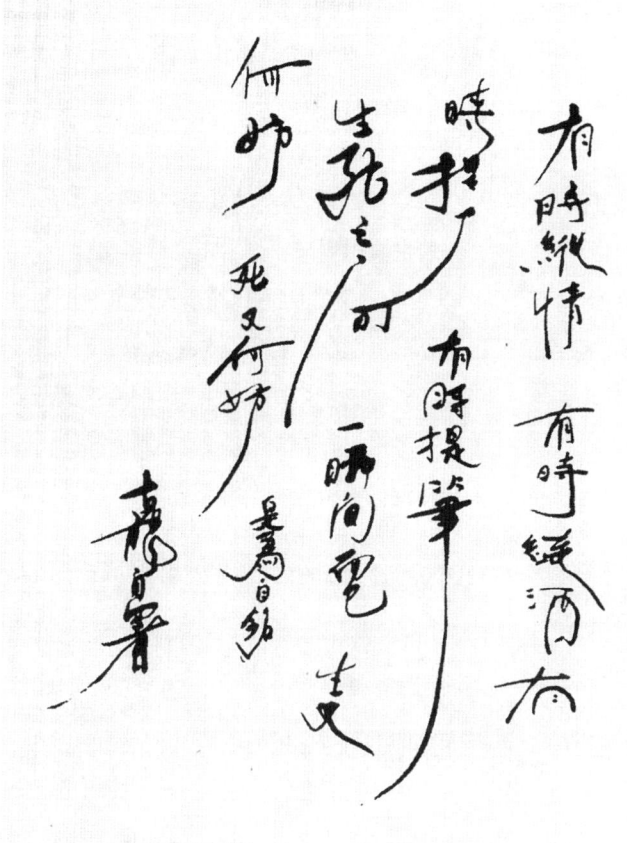

有时纵情,有时纵酒。有时提刀,有时提笔。生死之间,一瞬间而已。生又何妨,死又何妨。是为自铭。——古龙

一个人有了五六分酒意的时候，正是他最清醒的时候。

——《楚留香新传4：新月传奇·午夜兰花》

喝酒就好像下棋，自己跟自己下棋固然是穷极无聊，一个人喝酒也实在无趣得很，萧十一郎从不愿意喝独酒。

——《萧十一郎》

醉了，醉得真快，一个人若是真想喝醉，他一定会醉得很快。

因为他纵然不醉，也可以装醉。最妙的是，一个人若是一心想装醉，那么到后来往往会连他自己也分不清究竟是装醉，还是真醉了。

——《萧十一郎》

他只想能快点喝醉，头脑却偏偏很清醒。

因为"痛苦"本就能令人保持清醒，就算你已喝得烂醉如泥，但心里的痛苦还是无法减轻。

——《萧十一郎》

酒是人类的朋友，尤其失意的人。

——《火并萧十一郎》

英雄若不病酒，正如美人不多愁一般，总令人觉得缺少些风味，只是这病酒之事，史书不传而已。

——《武林外史》

（二）得一知己，死而无憾

一个人一生中若能交到一个可以生死与共的义气朋友，那当真比任何东西都要珍贵得多。

——《小李飞刀：多情剑客无情剑》

一个最可靠的朋友，固然往往会是你最可怕的仇敌，但一个可怕的对手，往往也会是你最知心的朋友。

因为有资格做你对手的人，才有资格做你的知己。

因为只有这种人才能了解你。

——《小李飞刀：多情剑客无情剑》

他并没有为郭嵩阳做过什么，但郭嵩阳却不惜为他去死。

这就是真正的"友情"。

这种友情既不能收买，也不是可以交换得到的，也许就因为世间还有这种友情存在，所以人类的光辉才能永存。

——《小李飞刀：多情剑客无情剑》

但吕凤先却没有生气，心里反而忽然觉得有种奇特的温暖之意，因为他已从李寻欢的眸子里看到了一丝友情的光辉。

这也许就是唯一能驱走人间寂寞与黑暗的光辉。

这是永恒的光辉，只要人性不灭，就永远有友情存在。

——《小李飞刀：多情剑客无情剑》

朋友跟酒一样，都是老的好。

——《小李飞刀3：九月鹰飞》

你明明知道你的朋友在饿着肚子时，却偏偏要恭维他是个可以不食人间烟火的神仙，是条宁可饿死也不求人的硬汉。

你明明知道你的朋友要你寄钱给他时，却只肯寄给他一封充满了安慰和鼓励的信，还告诉他自力更生是件多么高贵的事。

假如你真的是这种人，那么我可以保证，你唯一的朋友就是你自己。

——《陆小凤传奇：金鹏王朝》

一个人到了山穷水尽时，忽然发觉自己还有个朋友，这种感觉绝不是任何事所能代替的。甚至连爱情都不能。

——《陆小凤传奇3：决战前后》

假如你曾经认为一个人是你的朋友，那么这个人永远都是。

——《陆小凤传奇3：决战前后》

朋友要走了，为什么不让他带着笑走？能够让朋友笑的时候，就绝不让朋友生气难受——这是陆小凤的原则。可是他一定要分清谁是仇敌，谁是朋友。

——《陆小凤传奇3：决战前后》

朋友，还是这个世界上最令人愉快的东西。

友谊，更是这个世界上最不能缺少的东西。

——《陆小凤传奇6：凤舞九天》

情人虽是新的好，但朋友总是老的好。

——《楚留香新传2：蝙蝠传奇》

好酒难得，好友更难得。

——《楚留香新传4：新月传奇·午夜兰花》

有些人彼此之间，仿佛有种很奇怪的吸引力，正如铁和磁石一样，彼此只要一遇着，就会被对方牢牢地吸住。

这些人只要彼此能在一起就会觉得很开心，睡地铺也没关系，饿两顿也没关系，甚至连天塌下来他们都不会在乎。

——《欢乐英雄》

这就是朋友。

他们能分享你的快乐，也能分担你的痛苦。

你若有困难，他们愿意帮助。

你若有危险，他们愿意为你挺身而出。

就算你真的做错了什么事，他们也能谅解。

在这种朋友面前，你还有什么秘密不能说的？

——《欢乐英雄》

"为朋友而死的人，是绝不会下地狱的。"

但朋友若都在地狱里，他们也许宁可下地狱，也不愿上天堂。

——《欢乐英雄》

生命本就是一片空白，本就要许许多多有价值的事去充实它，其中若是缺少了友情，剩下的还有多少？

——《三少爷的剑》

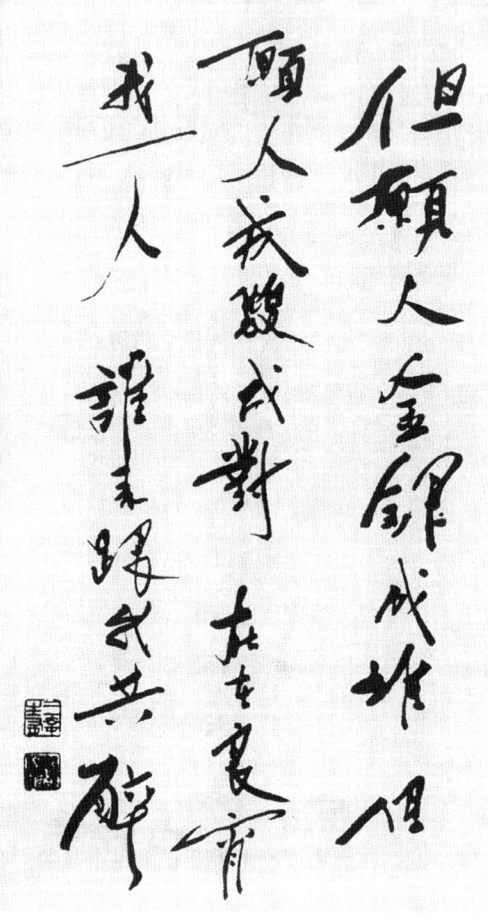

但愿人金银成堆,但愿人成双成对。在在良宵我一人,谁来跟我共醉?——古龙

亲密的朋友不一定是好朋友。

譬如说,"酒"和"赌",这一对朋友就很亲密,亲密得已很少有人能把他们分开。但这对朋友实在糟透了。

所以赌鬼通常也是酒鬼。

有的人一喝了酒,就想赌;有的人一开始赌,就想喝酒。

结果呢?

结果是,愈输愈喝,愈喝愈输;不醉不休,输光为止。

所以赌场里一定有酒,而且通常都是免费的酒,随便你爱喝多少,就喝多少。

你可以尽管喝,那意思就是你也可以尽管输。

——《大人物》

(三)美丽又复杂的女人

只有骄傲和自信,才是女人最好的装饰品。

——《小李飞刀:多情剑客无情剑》

世上绝没有任何一个男人能真的了解女人,若有谁认为自己很了解女人,他吃的苦头一定比别人更大。

——《小李飞刀:多情剑客无情剑》

无论在什么时候,你若想要一个女人的命并不是件困难的事,可是你如果想要一个女人不吃醋,那简直是做梦。

——《陆小凤传奇6:凤舞九天》

一个正在吃醋的女人,通常都是没什么道理可讲的。

——《陆小凤传奇6:凤舞九天》

大多数女人都会将孩子看得比自己还重要,这是母性,也正是女性的荣光,人类的生命也正因为这缘故才能永远延续。

但孩子若还没有出世,就完全不同了。

女人对自己还没有生出来的孩子,绝不会有很深的感情、很大的爱心。

因为这时她的母性还未完全被引发。

这是人性。

母性是完美的,至高无上的,完全不自私、不计利害、不顾一切,也绝不要求任何代价。

但人性却是有弱点的。

——《萧十一郎》

笑得甜的女人,将来的运气都不会太坏。

——《大人物》

脂粉虽可令女人们变得年轻美丽,但无论多珍贵的脂粉,也比不上她自己脸上那种又羞涩、又甜蜜的微笑。

所以世上绝没有难看的新娘子。

——《大人物》

一个少女的心,实在妙得很。

她们有时悲哀,有时欢喜,有时痛苦,有时愤怒,但却很少会发觉到真正的恐惧。

恐惧本是人类最原始、最深切的一种情感。

但是在少女们的心目中，恐惧却好像并不是一种很真实的感觉。

因为她们根本就没有认真去想过这种事。

何苦去问一个少女，在临死前想的是些什么？她的回答一定是你永远也想不到的。

有个很聪明的人，曾经问过很多少女一个并不很聪明的问题。

"你觉得什么是世上最可怕的事？"

他得到很多种不同的回答。

"被自己所爱的人抛弃最可怕。"

"洗澡时发现有人偷看最可怕。"

"老鼠最可怕——尤其是老鼠钻进被窝时更可怕。"

"和一个讨厌鬼在一起吃饭最可怕。"

"半夜里一个人走黑路最可怕。"

"肥肉最可怕。"

还有些回答简直是那聪明人连想都没有想到过的，简直令人哭笑不得。

但却从来没有一个女孩子的回答是："死最可怕。"

——《大人物》

当一个男人和女人单独相处时，问话的通常都是女人。

这种情况男人并不喜欢，却应该觉得高兴。

因为女人若不停地问一个男人各种奇奇怪怪的问题，无论她问得多愚蠢，都表示她至少并不讨厌你。

她问的问题愈愚蠢，就表示她愈喜欢你。

但她若连一句话都不问你，你反而在不停地问她。

那就糟了。

因为那只表示你很喜欢她，她对你却没有太大的兴趣。

也许连一点兴趣都没有——一个女人若连问你话的兴趣都没有了，那她对你还会有什么别的兴趣？

这情况几乎从没有例外的。

——《大人物》

一个女孩子若是对别人全都很和气，只有对你不理不睬，那也许就是说她心里没有别人，只有你。

——《欢乐英雄》

（四）天下最复杂，莫过人心与人性

世上最难了解的，就是人心和人性。

——《小李飞刀：多情剑客无情剑》

面具换得多了，渐渐就会忘记自己本来是什么样的一张脸。

——《小李飞刀：多情剑客无情剑》

一个人只有在很想"得到"的时候，才会怕"失去"。

这种患得患失的感觉，也正是人类许多种弱点之一。

——《小李飞刀：多情剑客无情剑》

世上也唯有能满足的人，才能领略到真正的快乐。

——《小李飞刀：多情剑客无情剑》

人们对自己不懂的事，总会觉得有些害怕的。

——《小李飞刀：多情剑客无情剑》

爱的力量永远比仇恨伟大。有时仇恨看来虽然更尖锐，更深切，但只有爱的力量才是永恒不变的。

——《小李飞刀2：边城浪子》

一个人的欲望若是太多、太大，就一定会老得很快。欲望就是人类最大的痛苦。

——《小李飞刀4：天涯·明月·刀》

一个人内心深处，往往会有些秘密是自己都不知道的——也许并不是真的不知道，只不过不敢去把它发掘出来而已。

——《陆小凤传奇4：银钩赌坊》

你若也想和陆小凤一样，受人爱戴尊敬，就一定要先明白一件事。
——真正能令人折服的力量，绝不是武功和暴力，而是忍耐和爱心。这并不是件容易事，除了广阔的胸襟外，还得要有很大的勇气！

——《陆小凤传奇4：银钩赌坊》

"情"字和石头绝不一样，你无论用多大力气，都踢不走的。你以为已将它踢走时，它一下子却又弹了回来，你用的力气愈大，它弹回来的力道也愈强。你若想一脚将它踩碎，这一脚往往会踩在你自己心上。

——《楚留香新传：借尸还魂》

也许就因为他的情太多，太浓，一发就不可收拾，所以平时才总是要作出无情的样子。

——《楚留香新传3：桃花传奇》

说谎的目的，如果不是为了要讨好对方，就是为了要保护自己。

——《七种武器3：离别钩·霸王枪》

无论多恶毒周密的计划，都终必会失败的，因为人还有一种更强大的力量存在。那就是人类的信心和爱心。

——《七种武器3：离别钩·霸王枪》

这是大仁大勇者心中的秘密，这是大智大慧者心中的弱点，这也是武林中神话般的英雄心中的人性，只是，他那闪亮的地位与声名，已闪花了别人的眼睛，使别人看不到这些。

世上，永远没有人会同情他生命中的寂寞，会怜悯他爱情上的不幸，因为所有人对他的情感，只有敬仰、羡慕，或者妒忌、怀恨。

这就是英雄的悲哀，只是古往今来，英雄的悲哀是最少会被别人发现的！

——《护花铃》

世人若都能保持婴儿般的心境，那么血腥和丑恶的事，就会少多了。

——《护花铃》

（五）人在江湖，身不由己，但要活出自己

只要自己问心无愧，何必去管别人怎么想，一个人是为了自己活着，并不是为了别人。

——《小李飞刀：多情剑客无情剑》

真正的快乐是在你正向上奋斗的时候。

你只要经历过这种快乐，你就没有白活。

——《小李飞刀：多情剑客无情剑》

古往今来，真正的武林高手，都是特立独行，不受影响的人。一个人若连自己的个性都没有，又怎么能练得出独特的武功来。

——《小李飞刀3：九月鹰飞》

人活着，只不过为了自己的心安快乐。若是连生趣都没有，那么就算他的声名、财富和权力都能永远保存，又有什么用？

——《小李飞刀4：天涯·明月·刀》

名妓如名侠，都是江湖人，都有一种相同的性格，都不是一般人可以用常情和常理来揣度的。

在某些时候，名妓甚至也好像名侠一样，能够把生死荣辱置之度外。

——《飞刀，又见飞刀》

那不但要苦练,还得要有一种别人无法了解的狂热与爱好。无论什么事都一样,你要求的若是完美,就得先对它有一种狂热的爱好。就像西门吹雪对剑的热爱一样。

——《陆小凤传奇3:决战前后》

假如你自己也觉得自己是个有用的人,就绝不会想死的,因为你的生命已有了价值,你就会觉得它可贵可爱。

假如你真正全心全意地去帮助过别人,就一定会明白这道理,因为只要你肯去帮助别人,就一定是个有用的人。

——《陆小凤传奇4:银钩赌坊》

一天中最黑暗的时候,也正是最接近光明的时候。

人也一样。

只要你把这段艰苦黑暗的时光挨过去,你的生命立刻就会充满了光明和希望。

——《陆小凤传奇4:银钩赌坊》

一个人若已迷失了自己,那么除了他自己外,还有谁能找得到他呢?

——《陆小凤传奇5:幽灵山庄》

他相信一个人只要有决心,无论在什么地方,都可以打出一条出路来的。

——《陆小凤传奇6:凤舞九天》

只要你能证明你自己并不是个没有用的人,你无论流多少汗,都已值得。

这就是生命的意义，只有懂得这意义的人，才能真正享受生命，才能活得快乐。

——《楚留香新传3：桃花传奇》

　　"花开花落，人聚人散，都是无可奈何的事。"
　　她的声音中确实有种无可奈何的悲哀："人在江湖，就好像花在枝头一样，要开要落，要聚要散，往往都是身不由己的。"

——《楚留香新传4：新月传奇·午夜兰花》

　　"我相信每个人都有一种格局，也就是说，一种气质，一种气势，一种性格，一种智慧，这是与生俱来的，也是后天培养出来的。"
　　金老太太说："一个高格局的人，就算运气再坏，也要比一个低格局的人运气最好时好得多。"

——《楚留香新传4：新月传奇·午夜兰花》

　　想了也没有用的事，又何必去想？
　　知道了反而会痛苦烦恼的事，又何必要知道？
　　无论在多危险恶劣的环境中，他想的都是些可以让他觉得愉快的事，可以让他的精神振奋，可以让他觉得生命还充满希望。
　　所以他还活着，而且活得永远都比别人愉快得多。

——《楚留香新传4：新月传奇·午夜兰花》

　　每个人这一生中都要做一些他本来不愿做的事，他的生命才有意思。

——《楚留香新传4：新月传奇·午夜兰花》

　　忍受的另一种意思就是奋斗！
　　继续不断的忍受，也就是继续不断的奋斗，否则你活得就全无意思。

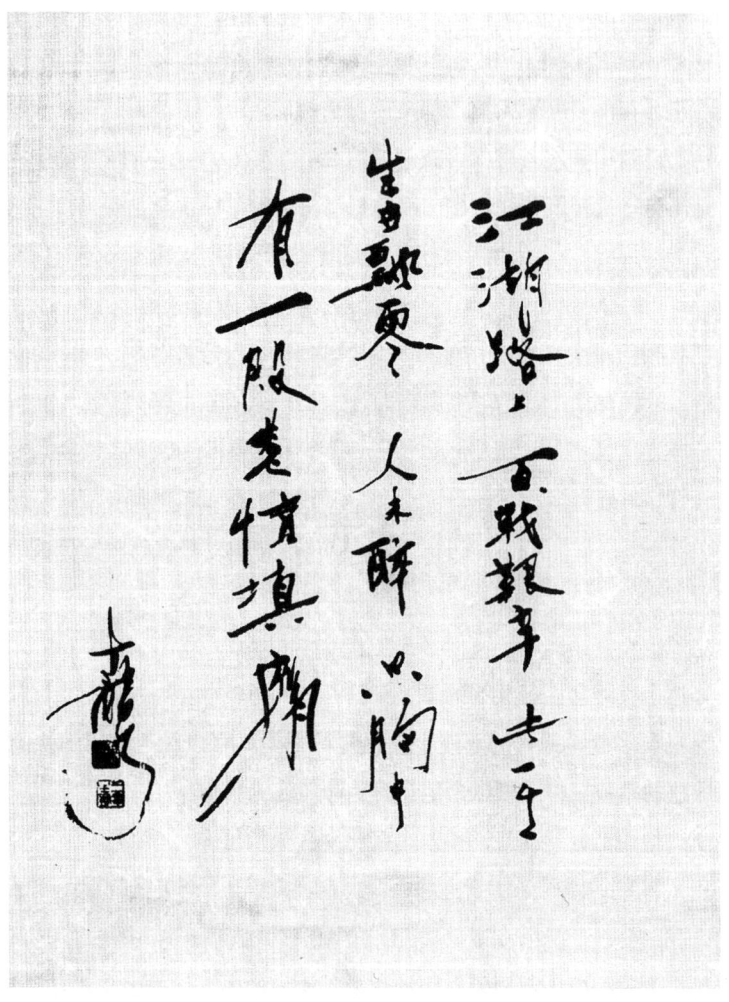

江湖路上百战艰辛,此一生生世飘零。人未醉,只胸中有一股悲愤填膺。——古龙

因为生命本就是在苦难中成长的!

——《大人物》

人生正和赌博一样,若是必胜无疑,这场赌就会变得很无趣,一定要有输赢才刺激。

——《萧十一郎》

一个人走入了江湖,就好像骑上虎背,要想下来实在太困难。

——《流星·蝴蝶·剑》

这就是江湖人的命运,生活在江湖中,就像是风中的落叶、水中的浮萍,往往都是身不由主的。

——《三少爷的剑》

谢晓峰道:"有句话你千万不可忘记。"
铁开诚道:"什么话?"
谢晓峰道:"只要你一旦做了江湖人,就永远是江湖人。"
铁开诚道:"我也有句话。"
谢晓峰道:"什么话?"
铁开诚道:"只要你一旦做了谢晓峰,就永远是谢晓峰。"

——《三少爷的剑》

（六）寂寞，浪子的标配

一个真正的高手活在世上，必定是寂寞的，因为别人只能看到他们辉煌的一面，却看不到他们所牺牲的代价，所以根本就没有人能了解他。

——《小李飞刀：多情剑客无情剑》

寂寞，可怕的寂寞。

一个人在真正寂寞时又沉醉，就像是在水里快被淹死时一样，只要能抓住一样可以抓得住的东西，就再也不想放手了。

——《小李飞刀2：边城浪子》

流浪在天涯的浪子们，他们几时享受过"过年"的吉祥和欢乐，别人在过年的时候，岂非也正是他们最寂寞的时候。

——《小李飞刀3：九月鹰飞》

在如此寒冷的冬夜里，一个寂寞的浪子，又怎么能心不酸？

寂寞，刀一样的寂寞。

对一个幸福的人来说，寂寞并不可怕，有时甚至反而是种享受。

可是等到他的幸福已失去时，他就会了解寂寞是件多么可怕的事了。

有时那甚至比刀锋更尖锐，一下子就能刺入你的心底深处。

——《小李飞刀3：九月鹰飞》

做一个无拘无束的浪子，虽然也有很多欢乐，可是欢乐后的空虚和寂寞，却是很少有人能忍受的。

也很少有人能了解，失眠的长夜，曲终人散时的惆怅，大醉醒来后的沮丧……那是什么滋味，也只有他们自己心里才知道。

——《陆小凤传奇3：决战前后》

流浪也是种疾病，就像是癌症一样，你想治好它固然不容易，想染上这种病也同样不容易。

所以无论谁都不会在一夜间变成浪子，假如有人忽然变成浪子，一定有某种特别的原因。

据说陆小凤在十七岁那年，就曾经遇到件让他几乎要去跳河的伤心事，他没有去跳河，只因为他已变成浪子。

——《陆小凤传奇4：银钩赌坊》

"贫穷"岂非也正是寂寞的一种？寂寞岂非总是会跟着贫穷而来？

你有钱的时候，寂寞总是容易打发的，等到你囊空如洗时，你才会发现寂寞就像是你自己的影子一样，用鞭子抽都抽不走。

——《陆小凤传奇4：银钩赌坊》

古来英雄多寂寞……一个人在低处时，总想往高处走，但走得愈高，跟上去的人就少，等他发现高处只剩下他一个人时，再想回头已来不及了。

——《楚留香新传：借尸还魂》

人生之路，是崎岖、蜿蜒而漫长的，爬得越高的人，寂寞就越重，直到他爬上了巅峰，也许他才会发现巅峰上所有的，除了黄金色的声名荣誉，银白色的成功滋味外，便只有灰黑色的寂寞。

——《护花铃》

萧十一郎道："你我萍水相逢，你请我喝酒，喝完了我就走，我若知道你的名字，心里难免感激，日后少不得要还请你一顿，那么现在这酒喝得就无趣了，所以这姓名……我不必告诉你，你也是不说的好。"

——《萧十一郎》

他这一生永远都是个"局外人"，永远都是孤独的，有时他真觉得累得很，但却从不敢休息。

因为人生就像是条鞭子，永远不停地在后面鞭打着他，要他往前面走，要他去找寻，但却又从不肯告诉他能找到什么……

他只有不停地往前走，总希望能遇到一些很不平凡的事，否则，这段人生的旅途岂非就太无趣？

——《萧十一郎》

有些人纵然天天在和别人说笑游乐，但心里却比谁都寂寞，有些人虽然整天独坐，但只要想到远方也有个人在想着他，他也就不会觉得寂寞了。

——《名剑风流》

寂寞，多么可怕的寂寞。

只有经常忍受寂寞的人，才知道突然感觉到不再寂寞是多么幸福，多么快乐。

只可惜这种快乐太难得。

有时纵然有成群人围绕着你，你还是会觉得寂寞无法忍受。

——《流星·蝴蝶·剑》

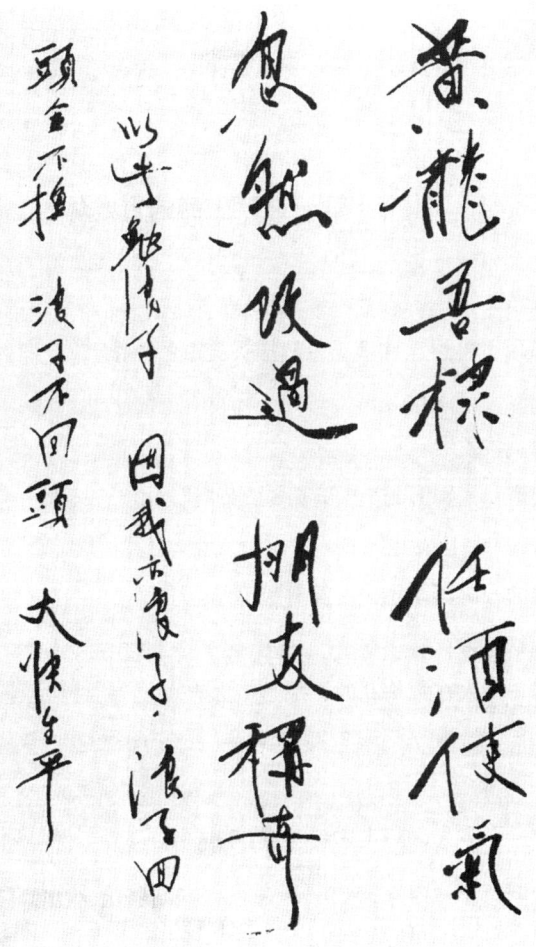

黄龙吾棣,任酒使气。忽然改过,朋友称奇。以此勉浪子,因我亦浪子,浪子回头金不换。浪子不回头,大快生平。——古龙

真正的寂寞是什么样子？也许没人能说得出来，因为那时你根本就不知道自己在想什么。

——《大人物》

（七）读一遍就上瘾的古龙体

他不愿阿飞再想这件事，忽然抬头笑道："你看，这棵树上的梅花已开了。"

阿飞道："嗯。"

李寻欢道："你可知道已开了多少朵？"

阿飞道："十七朵。"

李寻欢的心沉落了下去，笑容也冻结。

因为他数过梅花。

他了解一个人在数梅花时，那是多么寂寞。

——《小李飞刀：多情剑客无情剑》

也不知过了多久，阿飞才缓缓道："是你。"

李寻欢道："是我。"

阿飞道："你毕竟还是来了。"

李寻欢道："我毕竟还是来了。"

阿飞道："我知道你一定会来的。"

李寻欢道："我是一定要来的。"

——《小李飞刀：多情剑客无情剑》

冷风如刀,以大地为砧板,视众生为鱼肉。万里飞雪,将穹苍作洪炉,熔万物为白银。

——《小李飞刀:多情剑客无情剑》

他看着叶开手里的花生,道:"放下去。"

叶开道:"我不能吃你的花生?"

这人冷冷道:"不能,你可以叫我杀了你,也可以杀了我,但却不能吃我的花生。"

叶开道:"为什么?"

这人道:"因为路小佳说的。"

叶开道:"谁是路小佳?"

这人道:"我就是。"

——《小李飞刀2:边城浪子》

叶开忍不住又道:"你为什么还是戴着这草帽?"

墨九星道:"因为外面有狗在叫。"

叶开怔了怔,道:"外面有狗叫,跟你戴草帽又有什么关系?"

墨九星冷冷道:"我戴不戴草帽,跟你又有什么关系?"

——《小李飞刀3:九月鹰飞》

"天涯远不远?"

"不远!"

"人就在天涯,天涯怎么会远?"

——《小李飞刀4:天涯·明月·刀》

蔷薇有刺,明月呢?

明月有心,所以明月照人。

她的名字就叫作明月心。

——《小李飞刀4：天涯·明月·刀》

西门吹雪吹的不是雪,是血。他剑上的血。

——《陆小凤传奇：金鹏王朝》

夜。秋夜。

残秋。

黑暗的长巷里静寂无人,只有一盏灯。

残旧的白色灯笼几乎已变成死灰色,斜挂在长巷尽头的窄门上,灯笼下却挂着个发亮的银钩,就像是渔翁用的钩一样。

银钩不停地在秋风中摇晃,秋风仿佛在叹息,叹息着这世上为何会有那么多人愿意被钓上这个银钩?

——《陆小凤传奇4：银钩赌坊》

田思思咬着嘴唇,忽又大声道:"无论怎么样,你也休想要我嫁给你!"

杨凡道:"你真的不嫁?"

田思思道:"不嫁。"

杨凡道:"决心不嫁?"

田思思道:"不嫁。"

杨凡道:"你会不会改变主意?"

田思思的声音更大,道:"说不嫁就不嫁,死也不嫁。"

杨凡忽然站起来,恭恭敬敬地向她作了个揖,道:"多谢多谢,感激不尽。"

田思思怔了怔,道:"你谢我干什么?"

杨凡道:"我不但要谢你,而且还要谢天谢地。"

田思思道:"你有什么毛病?"

杨凡道:"我别的毛病倒也没有,只不过有点疑心病。"

田思思道:"疑心什么?"

杨凡道:"我总疑心你要嫁给我,所以一直怕得要命。"

——《大人物》

剑气纵横三万里。

一剑光寒十九洲。

残秋。

木叶萧萧,夕阳满天。

萧萧木叶下,站着一个人,就仿佛已与这大地秋色融为一体。

因为他太安静。

因为他太冷。

一种已深入骨髓的冷漠与疲倦,却又偏偏带着种逼人的杀气。

他疲倦,也许只因为他已杀过太多人,有些甚至是本不该杀的人。

他杀人,只因为他从无选择的余地。

——《三少爷的剑》

燕十三道:"杀过人后,我一定要喝酒。"

乌鸦道:"没有杀人,我也喝酒。"

燕十三道:"喝过酒后,我一定要去找女人。"

乌鸦道:"没有喝酒,我也找女人。"

燕十三大笑,道:"想不到你竟是个酒色之徒。"

乌鸦道:"彼此彼此。"

他们喝得真不少。

燕十三道:"你既是个酒色之徒,今天我就让你一次。"

乌鸦道:"让什么?"

燕十三道:"让你付账。"

——《三少爷的剑》

郭大路道:"我有个秘密,已憋了很久,再不说出来,只怕就要发疯了,可是……可是我想说出来,又怕你笑我。"

王动道:"你……你得的难道是……是花柳病?"

郭大路道:"不是。"

王动松了口气,道:"那就没关系了,你尽管说出来,我绝不笑你。"

郭大路又犹豫半天,才苦着脸道:"相思病也不只一种,我得的却是最见不得人的那一种。"

王动道:"为什么见不得人?窈窕淑女,君子好逑,求之不得,辗转反侧,那本是天经地义的事,有什么丢人?"

郭大路道:"可是……可是……我这相思病,并不是为女人得的。"

王动也怔住了,怔了半天,才试探着问道:"你相思病的对象难道是个男人?"

郭大路点点头,简直好像要哭出来的样子。

王动好像很害怕的样子,故意压低了声音,悄悄道:"不会是我吧?"

郭大路看着他,也不知是想哭,还是想笑,只有板着脸道:"我的病倒还没有这么重。"

——《欢乐英雄》

流星的光芒虽短促,但天上还有什么星能比它更灿烂、辉煌!

当流星出现的时候,就算是永恒不变的星座,也夺不去它的光芒。

蝴蝶的生命是脆弱的,甚至比最鲜艳的花还脆弱。

可是它永远只活在春天里。

它美丽,它自由,它飞翔。

它的生命虽短促却芬芳。

只有剑，才比较接近永恒。

一个剑客的光芒与生命，往往就在他手里握着的剑上。

但剑若也有情，它的光芒是否也就会变得和流星一样短促？

——《流星·蝴蝶·剑》

"我知道钩是种武器，在十八般兵器中名列第七，离别钩呢？"

"离别钩也是种武器，也是钩。"

"既然是钩，为什么要叫作离别？"

"因为这柄钩，无论钩住什么都会造成离别。如果它钩住你的手，你的手就要和腕离别；如果它钩住你的脚，你的脚就要和腿离别。"

"如果它钩住我的咽喉，我就要和这个世界离别了？"

"是的。"

"你为什么要用如此残酷的武器？"

"因为我不愿被人强迫跟我所爱的人离别。"

"我明白你的意思了。"

"你真的明白？"

"你用离别钩，只不过为了要相聚。"

"是的。"

——《七种武器3：离别钩·霸王枪》

谁来跟我干杯。——朋友 情人 古龙

读客文化

欢乐英雄 下

古 龙 著

文汇出版社

目　录

001　/　第二十四章　心如蛇蝎的红娘子

039　/　第二十五章　稻草人的秘密

046　/　第二十六章　最后一击

062　/　第二十七章　春到人间

088　/　第二十八章　黄金世界

095　/　第二十九章　生财之道

103　/　第三十章　　金子与面子

114　/　第三十一章　老狐狸与大醉侠

118　/　第三十二章　金大帅

126　/　第三十三章　金子与教训

140　/　第三十四章　金大帅的问题

167　/　第三十五章　鬼公子

188 / 第三十六章　神秘的南宫丑

192 / 第三十七章　紫衣女

204 / 第三十八章　冒名者死

217 / 第三十九章　春去何处？

235 / 第四十章　同是天涯沦落人

252 / 第四十一章　村　姑

256 / 第四十二章　盯梢的麻子

264 / 第四十三章　龙王庙

284 / 第四十四章　秘屋奇人

300 / 第四十五章　前尘往事

316 / 第四十六章　情人？仇人？

337 / 第四十七章　人就是人

第二十四章

心如蛇蝎的红娘子

01

每个人都有过去，每个人都难免会在自己的好朋友们面前，谈到自己的过去。

有时那就好像是在讲故事似的。这种故事大多都不会很吸引人——听别人吹牛，总不如自己吹有劲，但无论什么事都有例外的。

王动在说的时候，每个人都瞪大了眼睛听着，连打岔的都没有。

第一个开口打岔的，自然还是郭大路。事实上，他已憋了很久，听到这里才实在憋不住了，先长长吐出口气，才问道："那位老人家每天都在等你？"

王动道："就在坟场后面那树林里等我。"

郭大路道："你每天都去？"

王动道："无论刮风下雨，我没有一天不去的。"

郭大路道："一共去了多少次？"

王动道："去了三年四个月。"

郭大路又吐出口长气道："那岂非有一千多次？"

王动点点头。

郭大路道："听你说，你只要学得慢点，就要挨揍，揍得还不轻。"

王动道："开始那一年，我几乎很少有不挨揍的时候。"

郭大路道："既然天天挨揍，为什么还要去？"

王动道："因为那时我觉得这种事不但很神秘，而且又新鲜、又刺激。"

郭大路想了想，笑道："若换了我也会去的。"

林太平也忍不住问道："你从来没有问过那位老人家的名字？"

王动道："我问了几百次。"

林太平道："你知不知道他是从什么地方来的？"

王动摇摇头道："每次我到那里的时候，他都已先到了。"

林太平道："你为什么不早点去？"

王动道："无论我去得多早，他都已先在那里。"

郭大路扬眉道："你为什么不跟踪他，看他回到哪里去？"

王动苦笑道："我当然试过。"

郭大路道："结果呢？"

王动道："结果每次都是挨一顿臭揍，乖乖地一个人回家。"

郭大路皱起眉头，喃喃地道："他每天都在那里等着你，逼着你去练武，却又不肯让你知道他是谁？"

王动道："还有更奇怪的，他也从来没有问过我是谁。"

郭大路叹了口气，道："这样的怪事，倒真是天下少有，看来也只有你这样的怪人，才会遇见这种怪事。"

燕七忽也问道："你准备脱离他们的时候，连红娘子都不知道？"

王动道："我从没有在任何人面前提起过。"

燕七道："可是那红娘子……她对你岂非蛮不错的吗？"

王动的脸色更难看，过了很久，才冷冷道："她对很多人都不错。"

燕七也发现自己问错话了，立刻改变话题，道："后来你怎么走的？"

王动淡淡道："有一次他们准备去偷少林寺的藏经，叫我先去打探动静，我就趁机溜了。"

燕七也吐出口气，道："这些人居然敢去打少林寺的主意，胆子倒真不小。"

郭大路道："你溜了之后，他们一直没有找到你？"

王动道："没有。"

他忽然站起来，走到窗口。夜很黑，很冷。

他木立在窗口，痴痴地出了半天神，才慢慢地接着道："我回来之后，就很少出去。"

郭大路道："你是不是忽然变得不想动了。"

王动道："我的确变了，变得很快，变得很多……"

他的声音嘶哑而悲伤，接着道："因为我回来之后，才知道我出去后第二年，我母亲就……"

他没有说下去，他紧握双拳，全身发抖，已说不下去。这次连郭大路都没有问，既不忍问，也不必问。大家都已知道王动的遭遇，也都很了解他的心情。

等到他回来，想报答父母的恩情，想尽一尽人子的孝思时，已经来不及了。

为什么人们总要等到来不及的时候，才能了解父母对他的感情呢？

林太平垂下头，目中似已有泪满眶。

郭大路心里也觉得酸酸的，眼睛也有点发红。

现在他才知道，为什么王动会变得这么穷，这么懒，这么怪。

因为他心里充满了悲痛和悔恨，他在惩罚自己。

假如你一定要说他是在逃避，那么，他逃避的绝不是红娘子，也不是赤链蛇，更不是其他任何人。

他逃避的是他自己。想到第一次看见他一个人躺在床上，躺在黑暗中，任凭老鼠在自己身上爬来爬去的情景，郭大路又不禁长长地叹了口气。

一个人若非已完全丧失斗志，就算能忍受饥饿，也绝不能忍受老鼠的。那天晚上，若不是郭大路糊里糊涂地闯进来，糊里糊涂地跟他做了朋友，他是不是还会活到今天呢？

这问题郭大路连想都不敢想。

王动终于回过头，缓缓道："我回来已经快三年了，这三年来，他们一定不停地在找我。"

郭大路勉强笑了笑，道："他们当然很难找得到你，又有谁能想得到，一飞冲天鹰中王会躭在这种地方，过这种日子？"

王动道："但我却早就知道，他们迟早有一天会找到我的。"

燕七眨眨眼，道："已经过了这么久，他们为什么还不肯放手？"

王动道："因为我们还有笔账没有算清。"

燕七道："你自己算过没有？是你欠他们的？还是他们欠你？"

王动又沉默了很久，才缓缓道："有些账本就是谁也算不清的。"

燕七道："为什么？"

王动道："因为每个人都有他自己的算法，每个人的算法都不同。"

他神情更沉重，慢慢地接着道："在他们说来，这笔账只有一种算法。"

燕七道："哪种？"

王动道："你应该知道是哪种。"

燕七不说话了。他的确知道，有的账你只有用血去算，才能算得清。

一点点血还不够，要很多血；你一个人的血还不够，要很多人的血。"

燕七看着郭大路身上的伤口，过了很久，才叹息着道："看来这笔账已愈来愈难算了，不知道要到什么时候才能算清。"

王动叹道："你放心，那一定用不着等很久的，因为……"

他忽然闭上嘴。每个人都闭上了嘴，甚至连呼吸都停顿了下来。

因为每个人都听到了一阵脚步声。

脚步声很轻，正慢慢地穿过积雪的院子。

"来的是什么人？"

"难道现在就已到了算这笔账的时候？"

林太平想挣扎着爬起来冲出门去，又忍住，郭大路向窗口指了指，燕七摇摇头。

只有一个人的脚步声，这人正慢慢地走上石阶，走到这扇门外。

外面突然有人敲门，这人居然敢冠冕堂皇地来敲门，倒是他们想不到的事。

王动终于问道："谁？"

外面有人轻轻道："我。"

王动道："你是谁？"

外面的人突然笑了，笑声如银铃，却远比铃声更清脆动人："连我的声音你都听不出来了么，真是个小没良心的。"

来的这人是个女人，是个声音很好听，好像还很年轻的女人。

看到王动的脸色，每个人都已猜出这女人是谁了，王动的脸色如白纸。

燕七拍了拍他的肩，向门口指了指，又向后面指了指。

那意思就是说："你若不愿见她，可以到后面去避一避，我去替你挡一挡。"

王动当然懂得他的意思,却摇了摇头。

他对自己的处境,比任何别的人都明白得多,他已退到最后一步。

那意思就是说他已无法再退,而且也不想再退。

"你为什么还不来开门?"

谁也没有见过红娘子这个人,但只要听到这种声音,无论谁都可以想象得到她是个多么迷人的女人。

"是不是你屋子里有别的女人,不敢让我看见?你总该知道,我不像你那么会吃醋。"

王动忽然大步走过去,又停下,沉声道:"门没有闩上。"

轻轻一推,门就开了,一个人站在门外,面迎着从这屋子里照出去的灯光。

所有的灯光好像都已集中在她一个人身上,所有的目光当然也都集中在她一个人身上。

她身上好像也在发着光,一种红得耀眼,红得令人心跳的光。

红娘子身上,当然穿着红衣服,但光不是从她衣服上发出来的。事实上,除了衣服外,她身上每个地方好像都在发着光,尤其是她的眼睛、她的笑靥,每个人都觉得她的眼睛在看着自己,都觉得她在对自己笑,假如笑真有倾国倾城的魔力,一定就是她这种笑。

燕七的身子移动了一下,有意无意间挡住了郭大路的目光。

无论如何,能不让自己的朋友看到这种女人的媚笑,还是不让他看见的好。

每个人岂非都应该要自己的朋友远离罪恶?

红娘子眼波流动，忽然道："你们男人为什么总他妈的是这种样子……"

这就是她说的第一句话，说到这里她突然停顿了一下，好像故意要让"他妈的"这三个字在这些男人的脑袋里留下个更深刻点的印象，好像她知道这屋子里的男人，都很喜欢说这三个字，也很喜欢听。这三个字在她嘴里说出来，的确有种特别不同的味道。

就在她停顿的这一下子的时候，已有个人忍不住在问了："我们男人都他妈的是什么样子？"

声音是从燕七背后发出来的，燕七可以挡住郭大路的眼睛，却挡不住他的耳朵，也塞不住他的嘴。

红娘子道："你们为什么一见到好看的女人，就好像活见了鬼，连个屁都放不出来了？"

她皱起鼻子，脸上又露出了那种燕七不愿让郭大路看见的笑容，然后才轻轻接着道："你们之中至少也该有个人先请我进去呀。"

事实上，这句话还没有说完的时候，她的人已经在屋子里了。屋子里每个人都知道她是谁，也都知道她是来干什么的，看到她真的走了进来，大家本该觉得很愤怒、很紧张。

但燕七忽然发觉郭大路和林太平看着她的时候，眼睛里非但完全没有仇恨和紧张之色，反而带着笑意，就连燕七自己，都已经开始有点动摇，有点怀疑。

在他想象中，红娘子本不应该是个这么样的人，自从她说出"他妈的"那三个字后，屋子里的气氛就好像完全改变了，别人对她的印象也完全改变了，一个毒如蛇蝎的妖姬，说话本不该是这种腔调的。

直到这时，燕七才发现她手里还提着个很大的菜篮子。

她重重地将篮子往桌上一放，轻轻地甩着手，叹着气道："一个女人就为了替你们送东西来，提着这么重的篮子走了半个时辰，累得手都快断了，你们对她难道连一点感激的意思都没有？"

王动突然冷冷道："没有人要你送东西来，根本就没有人要你来。"

直到这时，红娘子才用眼角瞟了他一眼，似嗔非嗔，似笑非笑，咬着嘴唇道："我问你，这些人是不是你的朋友？"

王动道："是。"

红娘子轻轻地叹了口气，道："你可以看着你朋友挨饿，我却不能。"

王动道："他们是不是挨饿，都和你一点关系也没有。"

红娘子道："为什么没有关系？你的朋友，也就是我的朋友，做大嫂的人，怎么能眼看着弟兄挨饿？"

燕七忍不住道："谁是大嫂？"

红娘子笑了，道："你们都是王老大的好朋友，怎么连王大嫂是谁都不知道？"

她掀起篮子上盖着的布，嫣然地说道："今天是大嫂请客，你们谁也用不着客气，不吃也是白不吃。"

燕七道："吃了呢？"

红娘子笑道："吃了也是白吃。"

燕七冷笑道："白吃的人，命都不会长的。"

红娘子看着他，脸上的表情就好像被人掴了一耳光似的。

过了很久，她才转身面对着王动，道："你们是不是认为我带来的东西有毒？"

王动道："是。"

红娘子道："你认为我这次来，就为了要把你们毒死的？"

王动道："是。"

红娘子道："不但要毒死别人，还要毒死你？"

王动道:"是。"

红娘子眼圈似也红了,突然扭转头,从篮子里拿出条鸡腿,嗄声道:"这么样说来,鸡腿里面当然也有毒了?"

王动道:"很可能。"

红娘子道:"好,好……"

她在鸡腿上咬了一口,吞下去,又拿出瓶酒,道:"酒里是不是也有毒?"

王动道:"也很可能。"

红娘子道:"好。"

她又喝了口酒——

总之她将篮子里的每样东西都尝了一口,才抬起头,瞪着王动问道:"现在你认为怎么样?"

王动想也不想,立刻回答道:"还是和刚才完全一样。"

红娘子道:"你还认为有毒?"

王动道:"是。"

红娘子的眼泪已经快流下来了,可是她勉强忍住,过了很久,才慢慢地点了点头,黯然道:"我明白你的想法了。"

王动道:"你早就该明白了。"

红娘子道:"你认为我早就吃了解药才来的?"

王动道:"哼。"

红娘子凄然道:"你始终认为我是个心肠比蛇蝎还毒的女人,始终认为我对你好只不过是想利用你……"

说到这里,她眼泪终于忍不住流了下来。

听到这里,郭大路和林太平的心早已软了,嘴里虽没有说什么,心里已开始觉得王动这么样对她,实在未免过分。

无论如何,他们以前总算有一段感情。

若是换了郭大路，现在说不定早已经把她抱在怀里了。

但王动脸上却还是连一点表情都没有，这人的心肠简直就好像是铁打的。

只见红娘子将拿出来的东西，又一样样慢慢放回篮子里，咬着嘴唇道："好，你既然认为有毒，我就带走。"

王动道："你最好赶快带走。"

红娘子身子已在发抖，颤声道："你若是认为我对你始终没安着好心，我以后也可以永远不来见你。"

王动道："你本就不该来的。"

红娘子道："我……我只想问你一句话……"

她突然冲到王动面前，嘶声道："我问你，自从你认得我之后，我有没有做过一件对不起你的事情？"

王动突然说不出话了。

红娘子捏紧双拳，还是忍不住全身发抖，嘎声道："不错，我的确不是个好女人，的确害过不少男人，可是我对你……我几时害过你？你说，你说。"

王动冷冷道："现在我们已没有什么话好说的。"

红娘子怔了半晌，又慢慢地点了点头，黯然道："好，我走，我走……你放心，这次我走了，永远也不会再来找你。"

她慢慢地转过身，提起篮子，慢慢地走了出去。

郭大路看着她又孤独、又瘦弱的背影，看着她慢慢地走向又寒冷、又黑暗的院子……

院子里的风好大，将树上的积雪一片片卷了起来，眨眼就吹散了，吹得干干净净。

这岂非就好像人的情感一样？

积存了多年的情感，有时岂非也会像这积雪一样，眨眼间就会被吹散，吹得干干净净？

　　郭大路只觉心里酸酸的，只希望王动的心能软一软，能将这可怜兮兮的女子留下来。

　　但王动的心肠硬得像铁打的，就这样眼睁睁地看着她走出去，连一点表示都没有。

　　眼看着红娘子已跨出门槛，郭大路几乎已忍不住要替王动把她留下来了。

　　突然间，红娘子身子一阵抽搐，就好像突然挨了一鞭子。

　　然后她的人就倒了下去。

　　一倒在地上，四肢已抽搐在一起，一张白生生的脸已变成黑紫色，眼睛往上翻，嘴里不停地往外冒出白沫。

　　白沫中还带着血丝。

　　燕七动容道："她带来的东西里果然有毒？"

　　郭大路抢着道："但她自己一定不知道，否则她自己怎会中毒？"

　　王动却还是石像般站在那里，连动也不动，就好像根本没有看到这回事。

　　连燕七都有点着急了，忍不住道："王老大，无论怎么样，你也该先看看她……"

　　王动道："看什么？"

　　燕七道："看她中的是什么毒？还有没有救？"

　　王动冷冷道："没什么好看的。"

　　郭大路忍不住叫了起来，道："你这人是怎么回事？怎么连一点人性都没有？"

　　若不是燕七将他按住，他已经要挣扎着爬起来了。

　　只见红娘子不停地痉挛、喘息，还在不停地轻唤着道："王动……王动……"

王动终于忍不住长长叹了口气道:"我在这里。"

红娘子挣扎着伸出手,道:"你……你过来……求求你……"

王动咬了咬牙,道:"你若有什么话要说,我都听得见。"

红娘子道:"我不知道……真的不知道这些东西里有毒,我真的绝不是来害你的,你……你应该相信我。"

王动还没有说话,郭大路忍不住大声道:"我相信你,我们都相信你。"

红娘子凄然一笑,道:"赤链蛇他们虽觉得你对不起他们,虽然是想来杀你的,可是我……我并没有这意思……"

她蜷伏着,冷汗已湿透重衣,挣扎着,接道:"我虽然不是个好女人,可是我对你,却始终是真心真意的。只要你明白我的心意,我……我就算死,也心甘情愿了……"

说完了这句话,她似已用完了全部力气,连挣扎都无力挣扎。

郭大路看着她,眼睛也已湿了,咬着牙道:"王老大,你听见她说的话没有?"

王动点点头。

郭大路又咬牙道:"既然听见了,为什么还站在那里不动?"

王动道:"我应该怎么动?"

郭大路道:"她是为了你,才会变成这样子的,你难道不能想个法子救救她?"

王动道:"你叫我怎么救她?"

林太平忽然道:"你既然能解小郭中的暗器之毒,就应该也能解她的毒。"

王动摇摇头,缓缓道:"那不同,完全不同。"

郭大路道:"有什么不同?"

王动突又不说话了。

他虽然在勉强控制着自己，但目中似也泛起了泪光，那不仅是悲痛的泪，而且还仿佛充满了愤怒。

他的手指也在发抖。

燕七沉吟着，道："假如连王老大都不能解她的毒，世上只有一个人能解她的毒了。"

郭大路道："谁？"

燕七道："赤链蛇。"

郭大路道："不错，我们该问赤链蛇要解毒药去。"

燕七叹了口气，道："那只怕很难。"

问赤链蛇去要解药，那简直就好像去要老虎剥它自己身上的皮一样困难。

这道理郭大路自然也明白的。

红娘子的喘息声已渐渐微弱，却还在低呼着王动的名字："王动……王动……"

呼唤声也愈来愈微弱，郭大路听得心都要碎了，忍不住大叫道："你们既不能救她，又不肯去问赤链蛇要解药，难道就这样眼看着她死在你们面前？你们究竟是不是人？"

燕七又叹了口气，道："你认为应该怎么办呢？"

郭大路道："就算是赤链蛇，也绝不会眼看着她被毒死的，你们……"

林太平一直坐在那里发怔，此刻突然打断了他的话，大声道："对，赤链蛇也绝不会眼看着她死，所以我们应该送她回去。"

这法子虽不好，但也算没有法子中唯一的法子。

燕七皱着眉，道："问题是，谁送她回去呢？"

郭大路道："哼。"

他虽然什么都没有说，但眼角却在瞟着王动。

当然是王动应该送她回去。

只要这人还有一点点良心，就不该眼看着她死在这里。

谁知王动还是连一点反应也没有，就好像根本听不懂，就好像是个白痴。

王动当然不是白痴。

他是在装傻。

郭大路又忍不住大叫起来，道："好，你们都不送她回去，我送她回去。"

他用尽平生力气，跳了起来。

燕七立刻紧紧抱住了他。

王动回过头，看着他们，目光中又是悲痛，又是怜惜。

谁也不知道他心里究竟在想着什么。

过了很久，他终于跺了跺脚，道："好，我送她回去。"

他转过头，刚想抱起红娘子。

林太平突然箭一般蹿过来，用力将他一撞，撞得他退出七八尺，一跤跌在墙角。

就在这时，林太平已抱起了红娘子。

王动突然变色，大声道："你想干什么？"

林太平打断他的话，道："只有我才能送她回去，燕七要照顾小郭，你是他们的眼中钉，你去了他们绝不会放过你。"

他嘴里说着话，人已走了出去。

王动跳起来，冲过去，大声喝道："快点放下她，快……"

喝声中，林太平突然一声惊呼。

那奄奄一息的红娘子已毒蛇般自他怀中弹起，凌空一个翻身，掠出了三丈，一眨眼间就没入黑暗中。

只听她银铃般的笑声远远传来道："姓王的王八蛋，你见死不救，你好没良心,你简直不是个好东西。"

说到最后一句话,人已去远,只剩下那比银铃还清脆悦耳的笑声飘荡在风里。

好冷的风。

摄魂的银铃。

02

林太平倒在雪地里,前胸已多了一点乌黑的血迹。

没有人动。

没有人说话。

连最后一丝甜笑也终于被风吹散。

也不知过了多久,王动终于慢慢地走出去,将林太平抱了回来。

他的脸色比风还冷,比夜色还阴暗。

郭大路的泪已流下。

燕七看着他,也已泪流满面,柔声道:"你用不着难受,这也不能怪你。"

他不说这句话还好,一说出来,郭大路怎么还能忍得住,怎么还受得了?

他突然像是个孩子般,失声痛哭了起来。

又不知过了多久,王动才慢慢地抬起头,道:"他还没有死。"

燕七又惊又喜,失声道:"他是不是还有救?"

王动点点头。

燕七道:"要怎么样才能救得了他?"

这句话说出来,他脸色又变了。

因为他已想到，世上也只有一种法子能救得了林太平。

最可怕的一种法子。

他看着王动，目中已不禁露出恐惧之色，因为他知道王动在想什么。

王动当然也知道他在想什么，脸色反倒很平静，淡淡地道："你应该知道，要怎么样才能救得了他。"

燕七用力摇头，道："这法子不行。"

王动道："行。"

燕七大声道："绝对不行。"

王动道："不行也得行，因为我们已别无选择的余地。"

燕七突然倒了下去，倒在椅子上，似乎再也支持不下去。

郭大路正瞪大了眼睛看着他们，他脸上还带着泪痕，忍不住问道："你们说的究竟是个什么法子？"

没有人回答，没有人开口。

郭大路着急道："你们为什么不告诉我？"

燕七终于轻轻叹了口气，道："你就算知道了也没有用的。"

郭大路道："为什么没有用？若不是我乱出主意，林太平也不会变成这样子，我比谁都难受，比谁都急着想救他。"

王动冷冷道："你现在只能救一个人。"

郭大路道："谁？"

王动道："你自己。"

燕七柔声道："你受的伤很不轻，若再胡思乱想，只怕连你自己的命都很难保住。"

郭大路瞪着他们，忽然道："我中的暗器是不是也有毒？"

燕七道："嗯。"

郭大路道："是谁救了我的？"

燕七道："王老大。"

郭大路道:"王老大既然能解得了我中的毒,为什么就不能解林太平的毒?"

燕七又不肯开口了。郭大路道:"他们暗器上的毒,应该是同一路的,是不是?"

燕七又沉默了很久,才长长叹息一声,道:"你为什么要问得这么清楚?"

郭大路大声道:"我为什么不能问清楚?你们若再不告诉我,我就……我就……"

他用力捶着床铺,气得连话都说不出了。

燕七咬了咬牙,道:"好,我告诉你,你中的毒,和林太平中的毒,的确都是赤链蛇的独门毒药,所以也只有他的独门解药才能救得了。"

郭大路道:"但王老大……"

燕七道:"王老大准备脱离他们的时候,他就已经偷偷地藏起了一点赤链蛇的独门解药,以防万一。"

郭大路道:"解药呢?"

燕七一字字道:"救你的时候已用完了。"

郭大路失声道:"全都用完了?"

燕七道:"连一点都没有剩。"

他咬着嘴唇,缓缓道:"那些解药本是准备用来救他自己的,但却全用来救了你,我本来以为他还留着一点,谁知他却生怕你中的毒太深,生怕解药的分量不够,所以……"

说到这里,他也眼眶发红,再也说不下去——这件事本只有他知道,因为那时林太平还在外面守望。

郭大路捏紧双拳,黄豆大的冷汗,已流了一脸,过了很久,才喃喃道:"林太平是我害的,唯一能救他的解药也被我用光了,我真有办法，真了不起……"

燕七黯然道："这本是谁也想不到的事，你并没有要我们……"

郭大路嘶声道："不错，我并没有要你们救我，你们自己非这样子做不可，但你们为什么不想想，这样子叫我怎么能安心活得下去？"

王动沉着脸，道："你非活下去不可，我既已救了你，你想死也不行。"

郭大路道："但林太平……"

王动沉声道："你用不着担心他，我既能救你，当然也有法子救他。"

郭大路咬牙道："现在我总算已知道你有什么法子了。"

王动道："哦？"

郭大路道："你想问赤链蛇去要解药，是不是？"

他又咬着牙道："刚才你不肯去，只不过因为你太了解红娘子，但现在为了林太平，就算要用你的命去换解药，你也非去不可的。"

王动淡淡地笑了笑，道："你以为一飞冲天鹰中王是个这么好的人？"

郭大路道："我不认得什么鹰中王，只认得王动，也很了解王动是个怎么样的人。"

王动道："哦？"

郭大路目中又有泪光道："王动这个人的脸看起来虽然又冷又硬，其实他的心肠却比豆腐还软，比火还热。"

王动沉默着，终于缓缓地道："你既然了解我，就应该知道我若想做一件事，便谁也拦不住我的。"

郭大路道："你也应该很了解我，我若想做一件事时，也没有人能拦得住的。"

王动道："你想做什么？"

郭大路道："去问赤链蛇要解药。"

燕七动容道："你怎么能去？"

郭大路道："我非去不可，而且也只有我能去。"

燕七道："但你的伤……"

郭大路道："就因为我受了伤，所以你们更要让我去。"

他不让别人说话，接着又道："现在我们已只剩下两个人，两个人去对付他们三个，已很吃力，所以你们绝不能再受伤了，否则我们大家都只有死路一条。"

燕七道："这话虽然有道理，可是……"

郭大路又打断了他的话，道："可是我们又绝不能看着林太平中毒而死，所以只有让我去，我反正已受了伤，已出不了力，何况……"

他笑了笑，接着道："赤链蛇他们至少也算是个人，总不会对一个完全无回手之力的人来下毒手吧。"

王动冷笑道："你以为他们不会杀你？"

郭大路道："想必不会的。"

王动道："是你了解他们？还是我？"

郭大路道："是你。"

王动道："那么，我告诉你，他们不杀的只有一种人。"

郭大路道："哪种人？"

王动道："死人。"

突然间，风中又传来一阵银铃般的笑声。

燕七冲出去，就看到一只淡黄色的风筝自夜空中慢慢地飘落下来。

风筝是方的，上面还用朱笔画了弯弯曲曲的花纹。

现在燕七已知道这并不是风筝，而是道一见就送终的催命符。

催命符上写着的是什么，谁也看不懂。

只有到过地狱的人才看得懂。

王动看得懂。

淡黄色的风筝上，画满了朱红色的符箓，红得就像是血，就像是地狱中的火。

王动凝视着，冷淡的目光中不禁露出了恐惧之意。

燕七没有看这风筝，只在看着王动的眼睛——他虽然看不懂风筝上的符箓，却看得懂王动眼睛里的神色。

他忍不住问道："这上面写着些什么？"

王动沉默了很久，还是没有回答，却又推开窗子，望着窗外的夜色。

星已渐稀，夜已将尽。

灰蒙蒙的夜色中，又有一只风筝正冉冉升起。

王动轻轻叹息一声，道："天快亮了。"

燕七道："天一定会亮的。"

王动道："我也一定要走的。"

燕七失色道："为什么？"

王动道："因为天亮之前，我若还没有赶到那风筝下面，林太平就得死。"

03

天快亮了。

曙色带给人们的，本是光明、欢乐和希望。

但现在带给王动他们的，却只有死亡。

"天亮之前，王动若还没有站在那风筝下等着，林太平就得死。"

这就是那符箓写的意思。

这意思就是说，王动已非去不可，非死不可。

郭大路大声道："我早就说过，只有我能去，谁也休想拦住我。"

王动淡淡道："好，你可以去，但无论你去不去，我还是非去不可。"

郭大路道："我既已去了，你为什么还要去？"

王动道："因为他们要的是我，不是你。"

燕七抢着道："你去了他们也未必会将解药给你，你应该比我更明白。"

王动道："我明白。"

燕七道："这不过只是他们的诱兵之计，只不过是个圈套，他们一定早已在那里布下了埋伏，就等着你去上钩。"

王动道："这点我也比你明白。"

燕七道："但你还是要去？"

王动道："你要我看着林太平死？"

林太平呼吸已微弱，牙关已咬紧，脸上已露出了死灰色。

无论谁都能看出他已离死不远。

燕七黯然道："我们不能看着他死，但也不能眼看着你去送死。"

王动淡淡一笑，道："你怎么知道我一定是去送死？说不定我很快就能带着药回来呢。"

燕七瞪着他，道："你这是在骗我们？还是骗你自己？"

王动终于叹了口气，道："我也知道能回来的希望不大，但只要有一分希望，我就得去。"

燕七道："若连一分希望都没有呢？"

王动道："我还是要去。"

这句话他说得斩钉截铁，已全无转圜的余地。

燕七突然站起来，大声道："好，你去，我也陪着你去。"

王动慢慢地点了点头,道:"好,你也去,能去的都去,就让不能去的留在这里,等着别人来宰割吧。"

燕七说不出话来了。

郭大路忍不住道:"你究竟要我们怎么做?为什么不干脆说出来?"

王动道:"我一个人去,你们带着林太平到山下去等我。"

郭大路道:"然后呢?"

王动道:"然后你们想法子去准备一辆马车,无论去偷去抢都一定要弄到。"

郭大路道:"然后呢?"

王动道:"然后,你们就坐在马车里等,太阳下山后,我若还没有去找你们,你们就赶快离开这地方。"

郭大路道:"离开这里到哪里去?"

王动笑了笑,笑得已有些凄凉,道:"天地之大,哪里你们不能去?"

郭大路也慢慢地点了点头,道:"好,好主意,这种主意真亏你怎么想得出来的!"

王动道:"这虽然不能算是好主意,却是唯一的主意。"

郭大路道:"很好,你为了林太平去拼命,却要我们像狗一样夹着尾巴逃走,你是个好朋友,却要我们做畜生。"

王动沉下了脸,道:"你难道还有别的主意?"

郭大路道:"我只有一个主意。"

王动道:"你说。"

郭大路道:"要活,我们开开心心地活在一起;要死,我们也要痛痛快快地死在一起。"

郭大路就是郭大路,既不是王动,也不是燕七。

他也许没有王动镇定冷静,也许没有燕七的机智聪明。

但这人却真他妈的痛快,真他妈的有种。

04

风吹过的时候,死灰色的冷雾刚刚自荒冢间升起。

鬼火已消失在雾里。

谁说这世上没有鬼?谁说的?

此刻在这雾中飘荡的,岂非正是个连地狱都拒绝收留的游魂?

谁也看不清他的脸。

因为他的脸是死灰色的,似已和这凄迷的冷雾融为一体,鼻子已融入雾里,嘴也融入雾里。

只剩下那双鬼火般的眼睛。

眼睛里没有光,也分不出黑白,但却充满了恶毒之意,仿佛正在诅咒着世上所有的事、所有的人。

无论这双眼睛看到什么地方,那地方立刻会沾上不祥的噩运。

现在,这双眼睛正在慢慢地环顾着四方,每一座荒冢,每一片积雪,他都绝不肯错过。

然后他眼睛里才露出一丝笑意。

谁也想象不出这种笑意有多么恶毒、多么可怕。

就在这时,迷雾里又响起了一阵银铃般的笑声。

不是银铃,是摄魂的铃声。

红娘子幽灵般出现在迷雾里,带着笑道:"都准备好了么?"

这游魂慢慢地点了点头,道:"除非人不来,来了就休想活着回去。"

红娘子眼波流动，道："你想他会不会来？"

这游魂道："你说呢？"

红娘子眨着眼，道："为什么要我说？"

游魂道："你比我们了解他。"

红娘子笑盈盈走过来，用眼色瞟着他，道："你现在还吃醋？"

游魂道："哼！"

红娘子道："你以为我真的对他有意思？"

游魂目中的恶毒之意更深，道："他在的时候，你从来没有陪过我一天。"

红娘子道："你难道已忘了是谁叫我那么做的？"

游魂不说话了。

红娘子冷笑道："你为了要拉拢他，叫我去陪他睡觉，现在反来怪我了，你有良心没有？"

游魂道："没有。"

红娘子又笑了，道："想不到你偶尔也会说句老实话。"

游魂道："你呢？"

红娘子道："我在你面前，说的句句都是实话。"

游魂道："我若不叫你去陪他睡觉，你难道就不会去？"

红娘子道："还是一样会去。"

游魂道："为什么？"

红娘子嫣然道："因为我喜欢陪男人睡觉。"

游魂咬着牙道："陪什么样的男人睡觉？"

红娘子道："除了你之外，什么样的男人都喜欢。"

游魂目中的恶毒之色已变为痛苦，但眼睛却反而亮了。

红娘子看着他的眼睛，道："你的话问完了吗？"

游魂突然一把揪住她的头发,反手重重捆她的脸,嘎声道:"你这贱人。"

红娘子既不惊惧,也不生气,反而笑得更甜,道:"我本就是个贱人,但你却比我更贱。"

游魂又重捆她的脸。

红娘子还在笑,道:"你不但喜欢我去陪别的男人睡觉,还喜欢问我,天天问我,这些话你已不知问过我多少次了。"

她不让游魂开口,接着又道:"因为你喜欢这些话,喜欢被我折磨,只有在我折磨你的时候,你才是个人,你才会快活。"

游魂喉咙低嘶一声,用力将她拉了过来。

红娘子吃吃地笑,道:"你是不是又想……"

突听一人冷冷道:"现在不是你们打情骂俏的时候。"

声音冷得像冰。

因为这声音本就是从积雪下发出来的。

红娘子笑道:"原来你已钻到雪里面去了。"

一张脸突然从地上的积雪中露出来。

一张比死人还可怕的脸。

红娘子道:"下面怎么样?"

赤链蛇道:"很凉快。"

红娘子笑道:"世上比你那里更凉快的地方,的确再也找不到了。"

赤链蛇道:"你是不是也想钻进来陪我睡一觉?"

红娘子道:"只要你有耐心在下面等,我迟早会钻进去的。"

游魂冷笑道:"只可惜他对你没胃口。"

赤链蛇眼看着天,突然道:"时候已不早,你还是快去死吧。"

游魂道:"你想他会不会来?"

红娘子抢着道:"一定会来。"

游魂道:"为什么?"

红娘子道:"因为他除了对你们之外,对别的朋友都不错。"

游魂也仰头看了看天色。

曙色已白。

世上的孤魂野鬼,都已到了应该回去的时候。

游魂道:"我要去死了。"

红娘子道:"你赶快去死吧。"

游魂慢慢地走过去,走到旁边一座荒坟前,自怀中取出个瓷瓶,放在坟头上。

然后他的人就突然消失在坟墓里。

红娘子长长叹了口气,喃喃道:"他若永远在里面不出来,那有多好。"

赤链蛇道:"有什么好?"

红娘子垂首看着他,眼睛水汪汪的,柔声道:"只剩下我们两个人还不好?"

赤链蛇冷冷道:"那也得等天下的女人都死光了再说。"

红娘子冲过去,一口口水唾在他脸上,恨恨道:"你是不是人?"

赤链蛇阴恻恻一笑,道:"不是。"

这句话没说完,这张脸已隐没在积雪里。

红娘子发了半天怔,好像突然有了很多心事。

过了很久,她身形突又掠起。

她立刻就消失在雾里。

风吹过的时候,死灰色的迷雾已迷漫了大地。

天也是死灰色的。

荒冢、冷雪,没有人,甚至连鬼都没有。

只剩下一只风筝正慢慢地落下。

不是风筝,是催命鬼的符箓。

风筝已落下。

苍穹一片灰白,什么都看不见了。

王动在路上慢慢地走着,脸上还是连一点表情都没有。

他就算心里有恐惧,也绝不会露在脸上。

无论谁受过他所受的痛苦和折磨,都已该学会将情感隐藏在心里。

各种情感都隐藏在心里。

但情感却像酒一样。

你藏得愈深,藏得愈久,反而愈浓愈烈。

现在他只有一个人。

他的朋友们当然没有来。

是他们背弃了他,还是他说服了他们?

谁也不知道。

谁也没法子从他脸上的表情看出来。

但大家都知道,天下无不散的筵席,无论多好的朋友,迟早都有分手的时候。

人生聚合本无常,是聚也好,是散也好,又何必太认真?

天色朦胧,但总算已有了光亮。

他走得虽慢,但总算已走到了地头。

人生本就如此,很多事都如此,你又何必太匆忙?

风还是很冷,冷得像刀,刀一般刮过他的脸。

他慢慢地穿过荒坟,默数着一块块墓碑。

墓碑有的已倾倒,有的已被风雪侵蚀,连字迹都分辨不出。

坟墓里的人是谁?已不再有人关心了。

他们活着的时候,岂非也有他们的光荣和羞辱、快乐和悲伤?

但现在他们已一无所有。

那么你又何必将生死荣辱,时时刻刻地放在心上?

王动轻轻地叹息了一声,突然停下脚步。

因为他已听到红娘子的笑声。

红娘子正银铃般笑着道:"我早就知道你会来的,你果然来了。"

王动道:"我来了。"

他已看见她,站在积雪的枯树下,还是穿着那身鲜红的衣裳,仿佛还跟他第一次见到她时一样。

但逝去的时光,已经不再来,逝去的欢乐和悲伤,也已将淡忘。

就算还未遗忘,迟早也必将淡忘。

红娘子也站在那里看着他,目光中也不知是嗔是怨?是爱是恨?

她是爱也好,是恨也好,都已无妨。

红娘子终于笑了笑,道:"你真是为林太平拿解药来的?"

王动道:"是。"

红娘子咬着嘴唇,道:"为了我,你就不肯来?"

王动道:"不肯。"

红娘子笑得很凄凉,道:"你对别的朋友,为什么总比对我好?"

王动道:"因为你不是我的朋友。"

红娘子道:"我不是你的朋友?你难道忘了我们以前在一起时,有多么开心。"

王动道:"我忘了。"

红娘子摇摇头,道:"无论你嘴上说得多硬,我知道你心里绝不会忘的。"

她眼波如雾,幽幽地接着道:"你还记不记得,有一次我们躺在华山之巅,用白云做我们的被,大地做我们的床,天地间仿佛只剩下我们两个人。"

她声音更低迷，更轻柔，又道："还有一次，我们躺在无边无际的大沙漠上，数着天上的星星，直到我们两个人都已被埋在沙里……这些事你能忘得了吗？"

王动不再说话。

这些事的确是谁也忘不了的。

他真的能忘记？

面对着他生平第一个恋人，他的心真如他的脸一样冷静？

红娘子凝视着他，目中已有泪光，道："这些事我是永远也忘不了的，所以我才恨你，恨你走的时候，连说都不说一声，恨得想要你死，可是……"

她垂下头，道："只要你肯回心转意，只要你肯说一句话，我现在就跟着你走，无论到天涯海角，我都跟着你走。"

王动突然大声道："我哪里都不去。"

他说的声音那么大，似乎想将自己从梦中惊醒。

红娘子咬了咬嘴唇，道："你哪里都不去，又为什么要来呢？"

王动冷冷道："我是来拿解药的。"

红娘子道："除此之外，就没有别的原因？"

王动道："没有。"

红娘子道："你不想来看看我？"

王动道："不想。"

红娘子的脸色突然发青，青得就像是一只青蝎子。

她目中的柔情蜜意也已不见，用力跺了跺脚，道："好，解药就在后面，你自己去拿吧。"

王动回过头，就看到坟头上那瓷瓶。

红娘子道："这次我们将解药给你，只因为我们还是拿你当作朋友，你拿了之后最好赶快走。"

王动脸上还是没有表情。

无论她说什么，他连一个字都不信。

他知道他们是绝不会将解药就这样轻易给他的。

但他还是走了过去。

他非拿到这瓶解药不可。

这瓶解药若是在水里，他就跳下水里去；这瓶解药若是在烈火里，他就跳进火里去。

积雪冷而柔软。

王动只走了六七步，就已可伸手拿到解药。

他伸出手。

瓷瓶很冷，冷得像死人的手。

他拿起了瓷瓶。

他的手比瓷瓶还冷。

因为他已感觉到死的气息。

一双手突然从坟墓里伸出来，点中了他膝盖上的"环跳"穴。

另一双手同时从积雪下伸出来，挥手射出两颗寒星，射入了他的足踝。

他跪了下去，跪在坟墓前。

然后他才看到，坟墓下已露出个洞穴。

这坟墓原来是假的，是空的。

红娘子银铃般的笑声又响起，甜笑着道："你现在真的哪里都不必去了……"

05

王动跪在坟墓前,脸上还是全无表情,但脸色却苍白得可怕。

他很了解这些人,很了解这些人的手段。

他在等,等他们使出手段来。

坟墓中终于发出了声音:"你输了。"

他知道这是催命符的声音,催命符无论在什么地方说话,都像是从坟墓里发出来的。

"我输了。"

他只有认输。

催命符道:"这次你已没有翻本的机会。"

王动道:"我没有。"

催命符道:"你知不知道输的是什么?"

王动道:"我只有一条命可输。"

催命符道:"你还有别的。"

王动道:"你还要什么?"

催命符道:"你总该知道,从棺材里伸出手来,要的是什么?"

王动道:"要钱?"

催命符道:"不错,是要钱。"

王动道:"若是要钱,你就找错了人。"

催命符道:"我从未找错人。"

王动道:"要钱的本该是我,公账里的钱我本该也有一份。"

催命符道:"你当然有一份,但却不该将四份都独吞。"

王动没有说话,脸上的表情忽然变得很奇怪。

催命符道:"那几年我们的收入不错。"

王动道:"很不错。"

催命符道："是不是只有我们五个人知道，我们的收入究竟有多少？"

王动道："是。"

催命符道："是不是也只有我们五个人，才知道我们究竟存了多少、存在哪里？"

王动道："是。"

催命符道："有没有第六个人？"

王动道："没有。"

催命符道："那笔钱无论谁拿去，都足够舒舒服服地享受一辈子。"

王动道："就算最浪费的人也已足够。"

催命符道："但等你走了后，我们才知道，能享受那笔钱的只有你一个人。"

06

王动道："你认为我已将那笔钱带走？"

催命符道："那一笔钱已一文不剩，你认为是谁带走的呢？"

王动长长吐出口气，道："我现在才知道你们是为什么来的。"

催命符冷笑道："我早已知道你是为什么走的了，那笔钱已足够令任何人出卖朋友。"

王动忽然笑了。

催命符说道："你认为我们很可笑？认为我们是笨蛋？"

王动道："我才是笨蛋，无论谁有了那笔钱，都不会过我这种日子，除非是个笨蛋。"

催命符道:"你过的是什么日子?"

王动道:"穷日子。"

红娘子忽然掠过来,银铃般笑道:"你有多穷?"

王动道:"很穷。"

红娘子眨眨眼道:"听说有个人在这县城的奎元馆里,一晚上就输了好几万银子,这人是谁?"

王动道:"是我。"

红娘子道:"听说有个人在山下的言茂源,一个月就买了几百两银子的酒,这人又是谁?"

王动道:"是我。"

红娘子道:"还有个人家里,最近刚换了批家具,连后院小屋里的椅子,都是檀木做的,最少也值十两银子,这人又是谁?"

王动道:"是我。"

红娘子笑了,悠然道:"一个人过的是这种日子,能算很穷吗?"

王动道:"不能算。"

红娘子道:"我们已打听过,这里虽叫作富贵山庄,但从上一代开始,除了这名字外,就再也没有一点富贵的地方。"

王动道:"不错。"

红娘子道:"这么些年来,你也没有再出去做过生意?"

王动淡淡道:"一个人可以在家里享福,为什么还要出去?"

红娘子道:"银子是绝不会从天上掉下来的。"

王动道:"但却可以从地下挖出来。"

红娘子嫣然道:"想不到你承认得倒很快。"

王动道:"我不承认行不行?"

红娘子道:"不行。"

王动道:"既然不行,我为什么还不承认。"

他笑了笑，笑得很勉强，又道："你们若要调查一个人的底细，连他祖宗三代都要被挖出来，若要一个人说实话，连哑巴都不能不开口，这点我总比别人知道得清楚些。"

催命符冷冷道："所以你根本不该走的。"

王动叹道："只可惜，很多人都常常会做不该做的事。"

催命符道："好，我们走吧。"

王动道："走？到哪里去？"

催命符道："去拿回我们的那三份。"

王动道："好，你们去拿吧。"

催命符道："到哪里去拿？"

王动道："你们高兴到哪里去拿就到哪里去拿。"

催命符道："你若不说，我们怎知道钱藏在哪里？"

王动道："我为什么要说？我什么都没有说。"

催命符厉声道："你还不承认？"

王动淡淡道："就算钱是我拿的，但承认拿钱是一回事，答应还钱又是另外一回事了。"

催命符冷笑道："你要钱？还是要命？"

王动道："能活下去的时候，当然要命，若已活不下去，就只好要钱了。"

催命符道："你要怎么样才肯答应？"

王动道："你们肯答应还我的命，我就答应还你们的钱。"

催命符沉默了半晌，忽然道："好，还你的命。"

王动道："一条命，一份钱。"

催命符道："你有几条命？"

王动道："我一条，郭大路一条，林太平一条，燕七一条，四条命，四份钱。"

催命符道:"一条命,四份钱。"

王动道:"不行。"

催命符道:"不行也得行,你是活的,钱是死的,我们既能找到你,还怕找不到钱?"

王动也沉默了很久,才缓缓道:"好吧,就先还命来。"

催命符道:"还谁的命?"

王动道:"你要谁还钱?"

红娘子又笑了,吃吃笑道:"我早就知道他总算还是个聪明人,总算还知道,无论谁的命,都不如自己的命值钱。"

王动道:"先解我的毒,再解穴道,我就带你们去拿钱。"

催命符道:"只解毒,不解穴道。"

王动道:"穴道若不解,你们随时还是可以要我的命。"

催命符道:"我答应留下你的命。"

王动道:"除了命呢?"

催命符道:"有了命你已该知足。"

红娘子笑道:"是呀,活着总比死好,你还是想开些吧。"

王动又沉默了很久,终于长长叹息一声,道:"看来我已没有别的路可走。"

催命符冷冷道:"你带走那笔钱的时候,就已走上了绝路。"

王动道:"环跳穴被点住的人什么路都不能走。"

红娘子媚笑道:"你不能走,我背你,莫忘了以前你总是压着我的。"

催命符冷冷道:"你跟着我走。"

红娘子眨眨眼,道:"那么谁背他呢?"

一个人忽然从积雪中钻出来,蛇一般钻出来,道:"我。"

王动伏在赤链蛇背上。

赤链蛇的身子柔软、潮湿、冰冷。

雾已将散。

但天色依旧阴冥,看不见太阳,也看不见光明。

根本就没有光明,因为已全无希望。

赤链蛇忽然道:"这是你回家的路。"

王动道:"只希望不是回老家。"

赤链蛇道:"你把钱就藏在家里?"

王动道:"若是你,你藏在哪里?"

赤链蛇道:"当然是可以随时摸得到的地方,钱就像女人一样,最好放在随时可以摸得到的地方。"

王动笑了,道:"想不到你也懂女人。"

赤链蛇道:"就因为我懂,所以才不要。"

王动道:"你只要钱?"

赤链蛇道:"钱比女人好,钱不会骗你,世上绝没有比钱更忠实的。"

王动道:"所以,钱可以放在客厅里面,女人却不能。"

赤链蛇道:"钱就在客厅里?"

王动道:"一个人的家里,还有什么地方比客厅更宽敞、更显眼?"

赤链蛇点点头,道:"不错,愈显眼的地方,别人反而愈不会注意。"

催命符从不肯走在任何人前面。

世上的确有这种人,因为他在背后暗算别人的次数太多。

所以他永远不愿让任何人走在他背后。

他紧紧贴着红娘子，就好像是一条影子。

红娘子甚至可以感觉到他那冰冷的呼吸——带着死尸的气味的呼吸。

她的脸色难看极了。

催命符看不见她的脸，只能看见她的脖子。

他正在看着她的脖子，脸上带着欣赏的表情，因为她光滑白嫩的脖子上，已因他的呼吸而起了一粒粒鸡皮疙瘩。

红娘子却在看着前面的王动，忽然道："你认为他真的会带我们去拿钱？"

催命符道："他已别无选择。"

红娘子道："我却觉得有点不对。"

催命符道："哪点不对？"

红娘子道："他不是这么容易对付的人，也不该这么怕死。"

催命符冷笑道："随便他是怎么样的人，现在都已无妨。"

红娘子道："为什么？"

催命符道："因为他现在已是个死人。"

红娘子道："死人？"

催命符道："你以为我真会留下他的命？"

红娘子嫣然道："我当然知道你不会，但现在他还没有死。"

催命符接道："虽然还没有完全死，但已死了一大半。"

红娘子道："他还有朋友。"

催命符道："一个是快死了的朋友，另外两个简直已等于死了，我们三个人无论谁都已足够对付他们，你还担心什么？"

红娘子忽又笑了笑，道："我不是担心，只觉得有点可惜。"

催命符道："可惜什么？"

红娘子悠然笑道："可惜我还没有跟那三个小伙子睡过觉。"

催命符忽然一口咬住她的脖子。

就好像是一条疯狗,咬住了一条母狗。

天色阴暗,所以客厅里还是暗得很。

窗子是开着的,从外面可以隐约看到两人的影子。

赤链蛇道:"什么人在里面?"

王动淡淡道:"想不到你的眼睛近来也不行了。"

赤链蛇的眼睛本来就不行。

任何人若是一生都钻在各式各样的毒药里,眼力都不会好。

但就算眼力再差的人,只要多看几眼,也能看得出那只不过是两个稻草人。

两个披麻戴孝的稻草人。

王动忽然笑了笑,道:"你若还没有看清,我不妨告诉你:我若死了,他们就是我的孝子;你若死了,只怕也只有用他们来做孝子。"

赤链蛇道:"这样的孝子,至少总比败家子好。"

王动道:"所以你宁可绝子绝孙?"

赤链蛇道:"最好连朋友都没有。"

红娘子忽然赶上来,道:"你的朋友呢?"

她问的是王动。因为这些人里只有王动才有朋友。

王动道:"他们在山下等我。"

红娘子道:"为什么要到山下去?"

王动道:"你若是他们,在这种情况,会在哪里等我?"

赤链蛇道:"她根本就不会等你。"

第二十五章

稻草人的秘密

红娘子眨了眨眼,道:"我一向总觉得最了解我的人就是你,你知道是为了什么?"

赤链蛇道:"哼。"

红娘子道:"因为只有女人才能了解女人,这道理谁都知道的。"

王动道:"他是女人?"

红娘子道:"你以为他是男人?"

王动道:"看起来他好像是的。"

红娘子道:"就算他本来是个男人,但在毒药里泡了几十年,也早就变成个女人了。"

赤链蛇的脸忽然僵硬,就好像是一条蛇忽然被人捏住了七寸。

红娘子吃吃笑道:"这是他最大的秘密,我本来不该说出来的,幸好你也不是外人,所以……"

她故意压低语声,悄悄道:"我还可以告诉你个秘密。"

王动道:"什么秘密?"

红娘子道:"你猜猜看,那大蜈蚣死了后,谁最伤心?"

王动道:"我知道他和大蜈蚣是好朋友。"

红娘子又笑道:"你错了,他们不是朋友,他们已是……"

赤链蛇一直在瞪着她,冷冰冰的眼睛已变成碧绿色,忽然对准她的脸吹了口气。

他只不过轻轻吹了口气,但红娘子却像是在闪避着世上最歹毒的暗器一样,连话都来不及说完,身子已跃起,凌空一个翻身,已掠到屋脊后,她身后的催命符却早就不见了。

王动忽然道:"她说的话,我本来连一个字都不信的。"

赤链蛇道:"你本来不笨。"

王动道:"但这次我却相信了。"

赤链蛇道:"为什么?"

王动笑了笑道:"因为她说的若不是真的,你何必要她的命?"

赤链蛇冷冷道:"你是不是也想叫我要你的命?"

王动淡淡道:"我这条命早已不姓王了,谁要去都没关系,但你呢?"

赤链蛇道:"我怎么样?"

王动道:"你若死了,谁最伤心?"

赤链蛇道:"没有人伤心。"

王动道:"有没有人开心?"

赤链蛇道:"有。"

王动道:"你也知道她恨你?"

赤链蛇道:"哼。"

王动道:"她为什么一直没有要你的命?"

赤链蛇道:"因为她知道我活着比死了有用。"

王动道:"以后呢?"

赤链蛇道:"以后?"

王动道:"以后分钱的时候。"

赤链蛇的脸又已僵硬。

王动道:"大蜈蚣死了,他们是不是也很伤心?"

赤链蛇道:"哼。"

王动道:"他们为什么不伤心?"

赤链蛇道:"因为三个人分钱,总比四个人分得多些。"

王动道:"若只有两个人分钱呢?"

赤链蛇回过头,盯着他,一字字道:"你究竟想说什么?"

王动道:"我想说的事,你本该早就明白了的。"

赤链蛇碧绿色的眼神突又变成死灰色,冷冰冰的全无表情。

王动道:"一个馒头两个人吃,总比三个人吃好些,这道理本就谁都明白,现在的问题是,是哪两个人能吃到馒头呢?"

赤链蛇道:"你说。"

王动缓缓道:"我知道你的功夫,你当然不怕红娘子。"

赤链蛇道:"哼。"

王动道:"但她和崔老大是什么关系?你和崔老大又是什么关系?你能不能比得上她?"

赤链蛇冷笑。

在某种情况下,一个人若是冷笑,只不过表示他已无话可说,表示他心里已不安。

一个对每件事都完全有把握的人,是很少会这么样冷笑的。

所以王动立刻又接着道:"所以你若想吃到馒头,就最好赶快另想法子。"

赤链蛇迟疑着,终于忍不住问道:"什么法子?"

王动道:"另外找个人,来帮你抢那馒头。"

赤链蛇又在冷笑,道:"找什么人?"

王动道:"第一,那人要不太贪心。"

赤链蛇道:"世上有这种人?"

王动道:"我就不是个贪心的人。"

赤链蛇道："哼。"

王动道："以前我也许是，但现在我已懂得，两个人分馒头吃，总比没有馒头吃的好。"

赤链蛇凝视着他，道："第二呢？"

王动道："第二，那人要不如你。"

赤链蛇道："为什么要不如我？"

王动道："因为他若不如你，就绝不敢在你面前动歪脑筋。"

赤链蛇道："你不如我？"

王动笑了笑道："我若比你强，现在怎会要你背着我呢？"

赤链蛇死灰色的眼睛里，忽然出现了一点光，道："你真是站在我这边的？"

王动道："我只有站在你这边。"

赤链蛇道："为什么？"

王动道："因为他们那边的人已太挤了。"

赤链蛇的眼睛又亮了些，道："你能够替我做些什么？"

王动道："我还有手。"

赤链蛇道："你的手能做什么？"

王动道："至少还能拉住一个人。"

赤链蛇不再冷笑。

因为他对这件事已渐渐开始觉得有了些把握。

王动道："现在只有一个问题了。"

赤链蛇道："你说。"

王动道："你能不能对付崔老大？"

赤链蛇道："你看呢？"

王动道："若真的动手，我不知道，但若骤出不意，攻其无备，那就……"

他突然闭上了嘴。

赤链蛇也闭上了嘴,这才慢慢地走进了屋子。

催命符和红娘子已在屋子里。

屋子里已经很亮了。

催命符的脸在天光下看来,就像是一张白纸。

一张又干又皱的白纸。

有些人好像都见不得天光的,他显然就是这种人。

赤链蛇将王动放在椅子上道:"你们已看过了。"

催命符道:"每个地方都看过了。"

红娘子嫣然道:"连厕所里都看过了,奇怪的是,那里居然不太臭。"

她瞟了王动一眼,又道:"所以我知道你的朋友里,一定有个很喜欢干净的人。"

王动冷冷道:"你还知道什么?"

红娘子笑道:"我还知道那人一定不是你。"

赤链蛇道:"他的朋友呢?"

催命符道:"全走了。"

红娘子又瞟了王动一眼,媚笑道:"看来你最近交的,也并不是什么好朋友。"

王动淡淡道:"天下本没有真能陪着你死的朋友。"

红娘子嫣然道:"这样子的夫妻都没有,何况是朋友。"

这次她眼波瞟的是赤链蛇。

赤链蛇好像根本没听见,也没看见,道:"这屋子里已没有别的人?"

催命符道:"只有这两个稻草人。"

王动道："稻草人不是人。"

催命符突然阴恻恻地一笑，道："莫忘了稻草人有时也能杀人的。"

王动的脸色好像忽然有些变了。

催命符一直在盯着他的脸，就在他脸色微变的那一瞬间，催命符已出手。

很少有人知道催命符杀人用的是什么。

因为他杀人是真杀，一出手就绝不会再让对方有活下去的机会。

否则他就不出手。

只有看过他杀人的人，才知道他杀人用的是什么。

只有四个人看过他杀人。王动看过。

他杀人用的是两根刺。

两根钢丝般的刺，可以游魂般缠着你，缠住你的兵器，扼断你的脖子，也可以一下子就刺进你心脏里。

那就是他的出手双飞游魂刺。

江湖中有很多人是以他们的独门兵器而成名的。

因为他若有种奇特的独门兵器，在和人交手时，就往往会占到很多便宜。

很多意想不到的便宜。

所以你若能创造一件令人意想不到的独门兵器，你就一定会在江湖中闯出名头来——用别人的血写出你的名头来。

虽然你以后也会死在另一件令你意想不到的独门兵器下。

稻草人身子看起来很臃肿。

比他们在放风筝时臃肿得多了。

这点别人也许看不出来，但催命符却绝不会看不出来。因为稻草人就是他做的。

他虽有张笨脸,却有双巧手——真正聪明的人,是绝不会将聪明摆在脸上的。

稻草人不吃肥肉,也不喝酒,为什么会忽然在一夜之间长胖了呢?

是不是有人藏在稻草人里,准备突然间跳起来出手?——这就是王动和燕七他们早已商量好的最后一击?

王动的脸色变了。

因为这时催命符的出手双飞游魂刺,已闪电般刺入稻草人的心脏。

刺得很深。深极了。

第二十六章

最后一击

01

世上的确很少有真能和你共生死的朋友。

连这样的夫妻都很少,何况朋友?

但这样的朋友并不是绝对没有。

至少郭大路他们就是这样的朋友。

他们知道王动已在生死关头,怎么肯放下王动一个人在危险中?

他们怎么会走?

02

稻草人长胖了。

胖人的血多。

催命符的出手双飞游魂刺,已刺入了他们的心脏。

但却没有血,连一滴血都没有。

这次脸色改变的不是王动,是催命符。

就在催命符脸色改变的这一瞬间,赤链蛇的眼睛里已发出了光。

也就在这同一瞬间，王动拉住了红娘子的手。

蜜蜂的刺有毒。

催命符的刺更毒。

蜜蜂的刺若已刺过人，就没有毒了。

催命符的刺现在还留在稻草人的心脏里。

这机会赤链蛇怎肯错过。

他忽然对准催命符的脸，用力吹了口气。

天光照入窗户，可以看出，他吹出的气，是淡碧色的。

催命符好像正在发怔，但就在他这口气吹出来的那一瞬间，催命符的长袖突然变成个套子，套住了赤链蛇的头。

也闷住了他的那口气。

赤链蛇一声惨呼。

呼声很尖锐，很短促。

催命符的身子已掠起，一只手钩住了大梁，吊在梁上，看着他。

赤链蛇的眼睛就像是完全瞎了，什么都已看不见，就像是一条瞎了眼的狗，跟跄向前冲去。

他冲出了一步、两步、三步……

他的脸已碧绿。

他才冲出了两步，就倒下。

中了赤链蛇的毒，绝没有人能走出七步。

就连赤链蛇自己也不例外。

王动放开了红娘子的手。

他脸上还是连一点表情都没有，但瞳孔却已开始在收缩。

他已渐渐明白这是怎么回事，这件事并不太有趣。

但红娘子却显然觉得很有趣，她早已笑了，笑个不停。

笑声如银铃。

王动第一次看到她笑的时候，就是被她这种笑声迷住的。

直到他看过她几百次之后，他还是认为世上绝没有别的人能笑得这么可爱，这么好听。

但现在他却只觉得想呕吐。

无论如何，赤链蛇总是跟她在一起生活了许多年的伙伴。

无论谁在自己伙伴的尸体旁笑得如此开心，都会令别人觉得想呕吐。

红娘子眼波流动，道："你是不是在奇怪，我为什么要笑？"

王动道："不奇怪。"

红娘子道："为什么？"

王动道："因为你根本不是人。"

这也是王动的结论。

催命符还在凝视着赤链蛇的尸身，就像是生怕这人死得还不够彻底。

赤链蛇死得很彻底。

其实他活着时，就已彻底为毒药贡献出他自己的全部生命。

他没有别的朋友，他甚至可以说什么都没有。

毒药就是他的生命。

过了很久，催命符才慢慢地转过身，缓缓道："这是个很忠实的人。"

红娘子道："你说他忠实？"

催命符点点头，道："他至少对自己做的事很忠实，他的毒药的确没有失效过一次。"

红娘子又笑了，道："所以你更应该感激我，若不是我，现在死的就是你。"

　　催命符淡淡道："我倒的确从未想到过他也会出卖我。"

　　红娘子笑道："你若从未想到过，怎么会早已准备好对付他的法子？"

　　催命符道："因为我也是个很忠实的人。"

　　红娘子道："你对什么忠实？"

　　催命符道："对我自己。"

　　红娘子叹了口气，道："你怎么从来不说我也很忠实？"

　　催命符冷冷道："因为你对你自己也不忠实，你常常都在出卖自己，你自己出卖自己。"

　　红娘子道："但我却从来未出卖过你，也从来没有骗过你。"

　　催命符还是冷冷地道："因为你知道没有人能骗得过我的。"

　　他忽然转向王动，道："所以你在我面前，也是个老实人。"

　　王动没有反应。催命符道："你说你的朋友都已走了，他们果然不在这里。"

　　王动还是没有反应。

　　催命符道："现在我只想知道，你是对钱比较忠实，还是对我？"

　　王动道："那得看情形。"

　　催命符道："怎么看？"

　　王动淡淡地道："通常我是对钱忠实些，但现在是对你。"

　　催命符道："很好，拿来。"

　　王动道："拿什么？"

　　催命符道："你有什么？"

　　王动犹疑着，终于下了决心，道："桌子下面有几块石板是松的，下面有个地窖。"

催命符冷笑道:"你以为我看不出来?"

王动道:"你既已看出来,为什么还不去拿?东西就在那里。"

红娘子抢着道:"我去拿出来。"

催命符道:"我去。"

他身子一闪,已掠到红娘子前面。

这是他平生第一次走在别人前面——也是最后的一次。

一线银光慢慢地自红娘子袖中飞出,打在他脑后的玉枕穴上。

这致命的一击非但不快,而且很慢,但他却偏偏不能闪避。

他立刻就倒了下去。没有抵抗,也没有痛苦。

甚至连声音都没有发出,一个活人忽然间就变成了死人。

谁也想不到他竟死得如此容易。

他自己当然更想不到,杀他的人,竟是红娘子。

银铃般的笑声又响起。

红娘子笑道:"这次,你总该明白我为什么要笑了吧?"

王动道:"不明白。"

红娘子道:"你知不知道我是用什么杀他的?"

王动不回答。

红娘子笑道:"你当然知道,那就是我从他那里学来的游魂刺。"

她吃吃地笑着,接道:"他刚用赤链蛇的毒,毒死了赤链蛇,我立刻就用他自己的刺,刺死了他,这么有趣的事,我想不笑都不行。"

王动道:"我只奇怪,他怎会将这一招教给你。"

红娘子道:"因为他并没有完全将诀窍教给我,知道我永远学不好的。"

王动道:"你的确没有他快。"

红娘子道:"那差得远了,所以虽然学会,却还是没有用,根本不能用来对付别人。游魂刺还是他的独门兵器。"

王动道："既然没有用，你何必学？"

红娘子道："并不是完全没有用，只有一种用处，只能用来对付一个人。"

王动道："谁？"

红娘子道："他自己。"

王动奇道："你不能用来对付别人，却能用来对付他？"

红娘子笑道："天下就有很多事，都是这么奇怪的。"

王动道："我不懂。"

红娘子咯咯笑道："你不懂的事还多着哩。"

王动道："哦？"

红娘子道："我故意单独留下你和赤链蛇在一起，为的就是要让你们有机会说话。"

王动道："原来你是故意走开的。"

红娘子道："我先故意说出他最见不得人的事，然后再走开，故意要他气得半死。你看到那种机会当然不肯错过。"

王动道："你知道我会想法子说动他，要他出卖你们？"

红娘子道："并不是你说动他的，他早已有了这意思，只不过一直没有机会而已。"

王动道："你故意给他这机会，然后就去叫崔老大提防着？"

红娘子道："我也知道崔老大早已有了对付他的法子，他只要一出手，就得死。"

王动道："你算得很准。"

红娘子嫣然道："这点我倒也不必太谦虚。"

王动叹了口气，道："这件事我总算明白了，还有呢？"

红娘子眨眨眼，道："你知不知道崔老大最大的秘密是什么？"

王动道:"不知道。"

红娘子道:"他的耳朵并不灵,简直跟聋子差不许多。"

王动道:"但我跟他说话,声音并不太大,他却都听得见。"

红娘子道:"那只因为他看你的嘴唇动作,就能看出你说的是什么。"

王动叹道:"这的确是个秘密。"

红娘子道:"这秘密除了我之外,没有别人知道。就因为他的耳朵不灵,所以永远不肯走在任何人前面,他生怕别人从背后暗算他。"

她笑了笑,又道:"这倒并不是因为他比别人小心,只不过因为他听不见暗器的风声,若有人从背后暗算他,他根本没法子闪避。"

王动道:"若是风声很尖锐,他当然还是听得见的,但若有人从背后慢慢地给他一下子,那他就非死不可了。"

红娘子笑道:"一点也不错,所以,我用那永远也学不好的游魂刺来对付他,反而再好也没有了啊!"

王动道:"你也算准了他一听到东西在哪里,就忍不住会赶到前面去的?"

红娘子道:"若在别人面前,他也许还能沉得住气,还会提防着;但跟我在一起的时候,他总是会比平时疏忽些。"

王动道:"为什么?"

红娘子道:"因为他总认为我是在倚靠着他,总认为他若死了,我也活不了。"

王动叹道:"他也总认为没有人能骗过他……"

红娘子道:"的确没有人能骗过他,只有他自己能骗过自己。"

王动道:"他说他自己在骗自己?"

红娘子媚笑道:"不会自我陶醉的男人,天底下还没有几个,男人若不自我陶醉,女人还能混么?"

王动沉默了半晌，淡淡道："你的确算得很准，也看得很准。"

红娘子道："但我却看错了你。"

王动道："哦？"

红娘子又笑着道："我始终认为你是不会说谎的，想不到你若说起谎话来，简直可以骗死人不赔命。"

王动道："我说了什么谎？"

红娘子道："你说东西就在桌子下面，这是不是说谎？"

王动道："是。"

红娘子笑道："但却只有我一个人知道你在说谎，因为世上只有我才知道东西到底藏在哪里。"

王动道："你应该知道。"

红娘子眼波流动，道："说老实话，你刚才有没有想到过，东西是我拿走的？"

王动道："没有想到。"

他沉默了半晌，又道："我什么都没有想到，什么都不知道，我只知道一件事。"

红娘子道："什么事？"

王动道："一个人不能太得意，无论谁若觉得没有人能骗他，他就是自己在骗自己。"

红娘子的甜笑好像已有点变味了，忍不住道："这是什么意思？"

王动淡淡道："我这句话的意思就是说，你若能设计出一个圈套来害别人，别人就也能设计出一个圈套来害你。"

这也是结论。

结论通常都很少会错的。

错了的通常都不是结论。

白天。

女人在白天看来，总显得比较苍老些、憔悴些。

红娘子已笑不出。

会笑的女人不笑的时候，也总会显得苍老些、憔悴些。

所以红娘子现在看来，几乎已接近"红婆子"的程度了。

桌子下没有宝藏，连一个铜板都没有。

但却有人，两个人。

王动虽不能动，但这两个人却能动。

一个动得比较快，一个动得慢些。

快的是燕七，慢的是郭大路。

像郭大路这样的人，在朋友有危难的时候，你就算用鞭子赶他，用刀架在他脖子上，他也不会走的。

直到现在，红娘子才发觉自己掉入了圈套。

但是怎么掉下去的呢？

她完全不知道，这圈套连一点影子她都没有看到。

屋子里总有个角落光线比较暗些，这角落里通常总有张椅子。

红娘子慢慢地走过去，慢慢地坐下来。

没有人拦阻她，因为已没有这必要。

过了半晌，红娘子忽然道："王动，我知道你一直是个很公平的人。"

郭大路抢着道："他本来就是的。"

有郭大路在的时候，王动说话的机会并不多。

红娘子道："所以对我也应该公平些。"

郭大路道："要怎么样公平？"

红娘子道:"刚才我已将我的圈套说了出来,现在你呢?"

她说话的对象是王动,除了王动外,她没有看过别人。

燕七的眼睛却在瞪着郭大路。

所以郭大路的嘴也只好闭上了。

过了很久,王动才开口道:"刚才你是从哪里说起的?"

红娘子道:"从我给你机会让你单独和赤链蛇说话的时候。"

王动道:"你知不知道我为什么跟他说那些话?"

红娘子道:"不知道。"

王动道:"但你至少应该知道一件事,东西并不是我拿走的。"

红娘子道:"我知道。"

王动道:"所以我一定要从你们三个人中,找出拿走那些东西的人来。"

红娘子道:"你跟赤链蛇说那些话,为的就是要试探他?"

王动道:"不错,他若是拿走那些东西的人,就绝不会那么做了。"

红娘子道:"你怎么知道那人不是大蜈蚣?"

王动道:"他假如是的,就不会那么冒险——有了几千万两身家的人,坐在屋檐下都生怕有瓦会掉下来打破他的头。"

红娘子勉强笑了笑,道:"你为什么不说得简单些?'千金之子,坐不垂堂',这句话我也听得懂的。"

王动道:"知道那些东西藏处的只有五个人,除掉三个,就只剩下你和崔老大。"

红娘子道:"但你还是不能确定,我和崔老大究竟谁才是真正拿走那些东西的人。"

王动道:"那时我还不能确定,但我已有把握,迟早会找出那个人来的。"

红娘子道:"你真有把握?"

王动道:"第一,我知道赤链蛇绝不是崔老大的敌手,只要一有举动,就必死无疑。"

红娘子道:"你倒也看得很准。"

王动道:"第二,我知道你和崔老大之间,也必定有个人要死的。"

红娘子道:"为什么?"

王动道:"因为无论谁是拿走那些东西的人,都绝不会让另一个人活着。"

红娘子道:"为什么?"

王动道:"因为我们这五个人之中,只要还有一个活着,他就不能安心享受那笔财富。现在五个人等于只剩下一个,正是他最好的机会。"

红娘子叹了口气,道:"这机会的确太好了。"

王动道:"他已等了很久,好容易才等到这机会,当然绝不肯轻易错过。"

红娘子道:"若换了你,也一定舍不得错过。"

王动道:"何况以前他还可以将责任推在我身上,现在既已找到了我,他的秘密就迟早要被揭穿,就算他不想杀别人,别人也一定要杀他。"

红娘子缓缓道:"我本来的确不愿他们找到你,可是……"

她笑了笑,笑得很凄凉,轻轻地接着道:"可是我心里却又希望他们能找到你,也好让我看看,这几年来你已变成什么样子了?日子过得还好么?"

郭大路终于忍不住道:"他日子过得很好,虽然穷一点,却还是照样很快乐。"

红娘子慢慢地点了点头，喃喃道："你们的确都是他的好朋友，的确是比他以前那些朋友好得多。"

她沉默了很久，才接着道："你算来算去，早已算准了最后必定只有一个人剩下来，也算准了他就是拿走那些东西的人。"

王动道："这算法本来就好像一加一等于二那么简单。"

红娘子道："难道你赴约去的时候就已算准了？"

郭大路道："若非如此，我们怎么能放心让他去赴约？"

红娘子叹道："我早就该想到的，我早就看出你们不是那种看见朋友有危险就偷偷溜走的人。"

王动道："他们的确不是。"

红娘子道："但是我还有几点想不通。"

王动道："你可以问。"

红娘子道："你中计被擒，难道也是故意的？"

王动淡淡道："我只知道那地方绝不会突然冒出个荒坟来。"

红娘子道："你故意被他们抓住，难道不怕他们当时就杀了你？"

王动道："怕总是有点怕的。"

红娘子道："但你还是照样要去做？"

王动道："因为我已猜到，你们绝不会就只为了要杀我而来，一定还另有目的。"

红娘子道："你已猜出是什么目的？"

王动道："虽然不能完全确定，但只要你们另有目的，就不会当时杀我。"

红娘子道："所以你就叫他们在这里等着？"

王动道："不错。"

红娘子道："你有把握能诱我们到这里来？"

王动道："只有一点，不太多。"

红娘子道:"但你还是要这么样做?"

王动道:"一个人若只肯做绝对有把握的事,那么他就连一样事都做不成。"

红娘子道:"哦?"

王动道:"因为世上本没有绝对有把握的事。"

红娘子道:"你要他们藏在这里,难道就不怕事先被我们发现么?"

王动道:"这种机会很少。"

红娘子道:"为什么?"

王动道:"这得分几种情形来说。"

红娘子道:"你说。"

王动道:"第一种情况是,三个人同在这里的时候。"

红娘子道:"嗯。"

王动道:"这时三个人之中,至少有两个人以为藏宝就在桌下,当然绝不肯让别人先得手的。就算有人要过来看看,也必定有人会阻止。所以在这种情况下,他们必是安全的。"

红娘子道:"第二种情况呢?"

王动道:"那时已只剩下两个人了,就譬如说是你和崔老大。"

红娘子道:"不用譬如,本来就是我们。"

王动道:"那时你已决心不让崔老大再活着。他就算想要来看看,你也必定会先下手,所以在这种情况下,他们也是安全的。"

红娘子道:"第三种情况当然是已只剩下我一个人了。"

王动道:"不错。"

红娘子道:"那时你穴道还是被点住的。"

王动道:"是的。"

红娘子道:"我若先发现他藏在哪里,岂非还可以先把他们封死在这里面？"

王动笑道："可是你明知藏宝不在那里，怎么会过去看？你根本连注意都不会注意，所以在这种情况下，他们也是安全的。"

红娘子道："你真的算得那么精，那么准？"

王动道："假的。"

他笑了笑，接着道："人算不如天算，谁也不能将一件事算得万无一失的。"

红娘子道："但你还是要冒这个险？"

王动道："这本是我们的孤注一掷，最后一击。"

红娘子长长叹了口气，苦笑道："你们的胆子也未免太大了。"

王动道："我们的胆子并不大，计谋也没有你们精密，甚至连力量都比你们薄弱些，这一战，我们本该败的。"

红娘子道："但你们却胜了。"

王动道："那只因为我们有样你们没有的东西。"

红娘子道："你们有什么？"

王动道："友情。"

他慢慢地接着道："这样东西虽然是看不见摸不着，但力量之大，却是你们永远也梦想不到的。"

红娘子在听着。

她不能不听，因为这些话都是她从来没有听见过的。

王动道："我们敢拼命，敢冒险，也因为我们知道自己并不是孤立无助的。"

他目光转向燕七和郭大路，接着道："一个人若知道自己无论在什么情况下，都有真正的朋友站在他这一边，和他同生死、共患难，他立刻就会变得有了勇气，有了信心。"

红娘子垂下头，仿佛又苍老了许多。

王动道:"我本来也想要他们走,但他们只说了一句话,就令我改变了主意。"

红娘子忍不住问道:"他们说了什么?"

王动道:"他们告诉我,我们要活,就快快乐乐地活在一起;要死,也痛痛快快地死在一起;无论是死是活,都没什么了不起。"

这句话也是红娘子从未听说过的。

她几乎不能相信,可是现在她不能不信。

她看着面前三个人——

一个满身负伤,能站得住已很不容易。

一个纤弱瘦小,显得既饥饿,又疲倦。

就连王动也一样。

若说只凭这三个人,就能将赤链蛇、催命符和红娘子置于死地,这种事简直不可思议。

但这件不可思议的事,现在却已成为事实。

他们凭的是什么呢?

红娘子垂下头,突然觉得一阵热血上涌,几乎忍不住要流下泪来。

她已不知有多久未曾真正流过眼泪,几乎已忘了流泪是什么感觉。

燕七一直在看着她,目中渐渐露出同情之色,忽然道:"你从来没有朋友?"

红娘子摇摇头。

燕七道:"那绝不是因为朋友不要你,而是因为你不要朋友。"

红娘子道:"可是我……"

燕七道:"你若要别人对你真心诚意,只有用一种东西去换。"

红娘子道:"用……用什么?"

燕七道:"用你自己的真心诚意。"

郭大路忍不住道:"你们三个人中,只要有半分真心诚意,今天就一定还快快乐乐地活着。"

邪不胜正。
正义必定战胜强权。
为道义友情而结合的力量,必定战胜因利害而勾结的暴力。
真理与友情必定永远存在。

这不是口号。绝不是。
你们若听说郭大路和王动他们的事,就会知道这绝不是口号,就算你们没听说也无妨。
因为世上像郭大路和王动这样的人,随时随地都存在着的,只要你肯用你的真心诚意去寻找,就一定可以找到这样的朋友。

第二十七章

春到人间

01

早晨。

金黄色的阳光穿破云层,照上窗户。

风吹过窗户,流动着自远山带来的清新芬芳。

早晨永远是可爱的,永远充满了希望。

但你也用不着诅咒夜的黑暗,若没有黑暗的丑陋,又怎能显得出光明的可爱?

春天。

金黄色的阳光穿破云层,照上枝头。

风吹过柔枝,枝头上已抽出了几芽新绿。

融化的积雪中,已流动着春的清新芬芳。

春天永远是可爱的,永远充满了希望。

但你也用不着诅咒冬的严酷,若没有严酷的寒冷,又怎能显得出春天的温暖?

春天的早晨。

林太平正躺在窗下，窗子是开着的，有风吹过的时候，就可以闻到风自远山带来的芬芳。

他手里拿着卷书，眼睛却在凝视着窗外枝头上的绿芽。

就躺在这里，他已躺了很久。

他受的伤并不比郭大路重，中的毒也并不比郭大路深。

可是郭大路已可到街上沽酒的时候，他却还只能在床上躺着。

因为他的解药来得太迟了。

毒已侵入了他的内脏，侵蚀了他的体力。

人生本就是这样子的，有幸与不幸。

他并不埋怨。

他已能了解，幸与不幸，也不是绝对的。

他虽然在病着，却也因此能享受到病中的那一份淡淡的、闲闲的、带着几分清愁的幽趣。

何况还有朋友们的照顾和关心呢。

人生本有很多种乐趣，是一定要你放开胸襟，放开眼界后才能领略到的。

他叹了口气，闭上眼睛。

门轻轻地被推开了，一个人轻轻地走了进来。

一个布衣钗裙，不施脂粉，显得很干净、很朴素的妇人。

她手里托着个木盘，盘上有一碗热腾腾的粥，两碟清淡的小菜。

林太平似乎已睡着。

她轻轻地走进来，将木盘放下，像是生怕惊醒了林太平，立刻轻轻地退了出去。

但想了想之后，她又走进来，托起木盘，只因她生怕粥凉了对病人不宜。

这妇人是谁？

她做事实在太周到,太小心。

02

积雪融尽,大地已在阳光下渐渐变得温暖干燥。

院子里的地上,摆着三张藤椅,一局闲棋。

王动和燕七正在下棋。

郭大路在旁边看着,忽而弄弄椅上的散藤,忽而站起来走几步,忽而伸长脖子去眺望墙外的远山。

总之他就是坐不住。

要他静静地坐在那里下棋,除非砍断他一条腿,要他静静地坐在旁边看别人下棋,简直要他的命。

现在王动的白子已将黑棋封死,燕七手里拈着枚黑子,正在大伤脑筋,正不知该怎么样做两个眼,将这盘棋救活。

郭大路一直在他旁边晃来晃去。

燕七瞪了他一眼,忍不住道:"你能不能坐下来安静一下子?"

郭大路道:"不能。"

燕七恨恨道:"你不停地在这里吵,吵得人心烦意乱,怎么能下棋?"

郭大路道:"我连话都没说一句,几时吵过你?"

燕七道:"你这样还不算吵?"

郭大路道:"这样子就算吵?王老大怎么没有怪我吵他?"

王动淡淡道:"因为这盘棋我已快赢了。"

燕七道:"现在打劫还没有打完,谁输谁赢还不一定哩。"

郭大路道:"一定。"

燕七瞪眼道："你懂什么？"

郭大路笑道："我虽然不懂下棋，但却懂得输了棋的人，毛病总是特别多些。"

燕七道："谁的毛病多？"

郭大路道："你！所以输棋的人一定是你。"

王动笑道："答对了。"

他笑容刚露出来，突又僵住。

那青衣妇人正穿过碎石小路走过来，手托的木盘上，有三碗热茶。

王动扭过了头，不去看她。

青衣妇人第一盏茶就送到他面前，柔声道："这是你最喜欢喝的香片，刚泡好的。"

王动没听见。

青衣妇人道："你若想喝龙井，我还可以再去泡一壶。"

王动还是没听见。

青衣妇人将一盏茶轻轻放到他面前，道："今天中午你想吃点什么？包饺子好不好？"

王动突然站起来，远远地走开了。

青衣妇人看着他的背影，发了半天怔，仿佛带着满怀委屈，满腔幽怨。

郭大路忍不住道："包饺子好极了，只怕太麻烦了些。"

青衣妇人这才回过头来，勉强笑了笑，道："不麻烦，一点也不麻烦。"

她放下茶碗，慢慢地转过身，慢慢地走回去，走了两步，又忍不住回过头看了王动一眼。

王动就好像根本没有感觉到她这人存在。

青衣妇人垂下头，终于走了，虽然显得很难受，却一点也没有埋怨责怪之意。

王动无论怎么样对她，她都可以逆来顺受。

这又是为了什么？

郭大路目送着她走入屋子后，才长长叹了口气，道："这个人变得真快。"

燕七道："嗯。"

郭大路道："别人说，江山易改，本性难移。我看这句话并不太正确，她这个人岂非就彻彻底底地完全变了？"

燕七道："因为她是个女人。"

郭大路道："女人也是人，这句话岂非是你常常说的。"

燕七也叹了口气，道："但女人到底还是跟男人不同。"

郭大路道："哦？"

燕七道："女人为了一个她所喜欢的男人，是可以完全将自己改变的。男人为了喜欢的女人，就算能改变一段时候，改变的也是表面。"

郭大路想了想，道："这话听来好像也有道理。"

燕七道："当然有道理——我说的话，句句都有道理。"

郭大路笑了。

燕七瞪眼道："你笑什么？你不承认？"

郭大路道："我承认，无论你说什么，我都没有不同意的。"

这就叫，一物降一物，青菜配豆腐。

郭大路天不怕，地不怕，但一见到燕七，他就没法子了。

这时王动才走回来，坐下，还是脸色铁青。

郭大路道："人家好心送茶来给你，你能不能对她好一点？"

王动道："不能。"

郭大路道："难道你真的一看见她就生气？"

王动道："哼。"

郭大路道："为什么？"

王动道："哼。"

郭大路道："就算红娘子以前不太好，但现在她已经不是红娘子了，你难道看不出她已完全变了个人？"

燕七立刻帮腔道："是呀，现在看见她的人，有谁能想得到她就是那救苦救难的红娘子？"

的确没有人能想到。

那又小心、又周到、又温柔、又能忍受的青衣妇人，居然就是红娘子。

郭大路道："有谁能够想得到，我情愿在地上爬一圈。"

燕七道："我也爬。"

王动板着脸，冷冷道："你们若要满地乱爬，也是你们的事，我管不着。"

燕七道："可是你……"

王动道："这局棋你认输了没有？"

燕七道："当然不认输。"

王动道："好，那么废话少说，快下棋。"

郭大路叹了口气，喃喃道："看来这人的毛病比燕七还大，这盘棋他不输才是怪事。"

这局棋果然是王动输了。

他本来明明已将燕七的棋封死，但不知怎么一来，他竟莫名其妙地输了。

输了七颗子。

王动看着棋盘,发了半天怔,忽然道:"来,再下一局。"

燕七道:"不来了。"

王动道:"非来不可,一局棋怎么能定输赢?"

燕七道:"再下十局,你还是要输。"

王动道:"谁说的?"

郭大路抢着道:"我说的,因为你不但有毛病,而且毛病还不小。"

王动站起来就要走。

郭大路拉住了他,大声道:"为什么我们一提起这件事,你就要落荒而逃?"

王动道:"我为什么要逃?"

郭大路道:"那就得问你自己了。"

燕七悠然道:"是呀,一个人心里若没有亏心的地方,别人无论说什么,他都用不着逃的。"

王动瞪着他们,忽然用力坐下去,道:"好,你们要说,大家就说个清楚,我心里有什么亏心的地方?"

郭大路道:"我先问你,是谁要她留下来的?"

王动道:"不管是谁,反正不是我。"

郭大路说道:"当然不是你,也不是我,更不是燕七。"

没有人要红娘子留下来,是她自己愿意留下来的。

她本来可以走。

若换了别人,在那种情况下,一定会先逼着她说出那批藏宝的下落,然后很可能就杀了她。

但郭大路他们不是这种人。

他们绝不肯杀一个已没有反抗之力的人,更不愿杀一个女人。

尤其不会杀一个不但没有反抗之力,更有悔罪之心的女人。

任何人都看得出红娘子已被感动了——被他们那种伟大的友谊感动了。

她已明白世上最痛苦的事并不是没有钱,而是没有朋友。

她忽然觉得以前所做的那些事,所得的唯一代价就是孤独和寂寞。

因为她已是个三十多岁的女人。

她已能了解孤独和寂寞是多么可怕的事。

她也已了解世上所有的财富,也填不满一个人心里的空虚。

那绝不是一个十八九岁的女孩子所能了解的。

所以红娘子没有走。

郭大路道:"你说过,你们那几年的收获不少。"

王动道:"嗯。"

郭大路道:"你也说过,无论谁有了那笔财富,都可以像皇帝般享受一辈子。"

王动道:"哼。"

郭大路道:"但她却宁可放弃那种帝王般的生活,宁可到这里来服侍你,她疯了吗?"

燕七道:"她当然没有疯,何况就算是疯子,也不会做这种事的。"

郭大路道:"所以就算是呆子,也应该明白她的意思,也应该对她好些。"

红娘子并不是没有走出这屋子过。

她出去过五六天。

回来时,带回来个小小的包袱,包袱里有几件青布衣服,几样零星的东西。

那就是她剩下的所有财产了。

其他的呢？

她居然已将那笔冒了生命危险得来的财富，全都捐给了黄河沿岸正在闹水灾的几省善堂。

这种事简直令人无法相信。

王动的脸色还是铁青着的。

郭大路道："难道现在你还不相信她？"

燕七道："我们甚至已特地去为你打听过，难道我们也会帮着她骗你？"

郭大路道："难道现在你还看不出她这样做是为了什么？"

燕七道："她当然是在赎罪。但最重要的，还是因为她想感动你，让你回心转意。"

郭大路道："假如有人这样对我，无论她以前做过什么事，我都会原谅她的。"

王动沉默着，一直没有说话。

过了很久，他才抬起头，道："你们说完了吗？"

郭大路道："该说的都已说完了。"

燕七道："甚至连不该说的都说了，现在只看你怎么做。"

王动道："你们要我怎么样做？跪下来，求她嫁给我？"

郭大路道："那倒也不必，只不过……只不过……"

燕七替他接了下去，道："只不过要你对她稍微好一点就行了。"

王动看看郭大路，又看看燕七，忽然长长叹了口气，道："你们很好，都很好……"

这句话还没有说完，他就站起来走了。

这次他走得很慢，但郭大路反而没有拉他，因为王动一向很少叹气。

太阳渐渐升高，将他的影子长长地拖在地上。

他的背好像已有点弯，背上好像压着很重的担子。

郭大路和燕七从未看见过他这样子，忽然觉得自己的心情也沉重了起来。

也不知过了多久，他们又听见一阵很轻的脚步声，抬起头，就看到红娘子已站在他们面前。

郭大路勉强笑了笑，道："坐，请坐。"

红娘子就坐了下来，端起她刚才倒给王动的茶，喝了一口，又慢慢地放下，忽然道："你们刚才说的话，我全都听见了。"

郭大路道："哦。"

除了这个"哦"字外，他实在想不出应该说什么。

红娘子轻轻道："你们对我的好意，我很感激，可是……"

郭大路和燕七在等着她说下去。

过了很久，红娘子才慢慢地接着道："可是我跟他之间的事，你们还不太了解。"

郭大路和燕七谁也没有表示意见。

他们当然不能说自己对别人的事很了解——谁也不能这么说。

红娘子垂下头，道："我们以前本来……本来非常要好，非常好……"

她声音似已有些哽咽，长长吐出口气，才接着道："这次我留下来，正如你们所说，是希望能使他回心转意，重新过像以前那样的日子。"

郭大路忍不住道："你对以前那段日子，真的还很怀念？"

红娘子点点头，黯然道："可是现在我才知道，过去的事就已过去，就像是一个人的青春一样，去了就永远不会再回头。"

说到这里，她眼泪似已忍不住要流下。

郭大路心里忽然也觉得一阵酸楚，想说话，却不知该说什么。他看着燕七，燕七的眼圈儿似也有些发红。

红娘子以前虽然伤害过他们，暗算过他们，但现在他们早已忘了，只记得红娘子是个一心想回头的可怜女人，他们心里只有同情，绝没有仇恨。

没有人能比郭大路他们更容易忘记对别人的仇恨。

又过了很久，红娘子才总算勉强将眼泪忍住，轻轻道："但你们若以为他真是个铁石心肠的人，你们就错了。他愈这样对我，就愈表示他没有忘记我们以前的情感。"

燕七忽然点点头，道："我了解。"

他真的了解，人与人之间的关系往往很微妙。

人们互相伤害得愈深，往往只因他们相爱得更深。

红娘子轻轻地接着又道："他对我若是很好，很客气，我心里反而更难受。"

燕七柔声道："我了解。"

红娘子道："就因为他以前对我太好、太真，所以才会觉得被我伤害得很重——所以现在他才会这么样恨我。"

郭大路道："他怎么会恨你？"

红娘子凄然一笑，道："他恨我，我反而高兴，因为，他以前若不是真的对我好，现在又怎么会恨我？"

郭大路终于点了点头，道："我懂。"

红娘子道："你若在一个人脸上刺了一刀，刺得很深，那么他脸上必定留下一条很深的刀疤，永远也不会平复。"

她黯然接着道："心上的刀痕也一样，所以我知道我们是永远无法恢复到以前那样子了，就算还能勉强相聚在一起，心里也必定会有层隔膜。"

郭大路道："可是……你们至少还可以做个朋友。"

红娘子道："朋友？……"

她笑得更凄凉，道："任何两个人都可能成为朋友，但他们以前若是相爱过，就永远也无法成为朋友了，你说是不是？"郭大路只有承认。

红娘子忽然站起来，道："但无论如何，你们都是我的朋友，我永远都不会忘了你们。"

郭大路这才看见她手里提着个小小的包袱，动容道："你想走？"

红娘子凄然道："我若勉强留下来，不但他心里难受，我也难受，我想来想去，才决定还不如走了好。"

郭大路道："可是你……你有没有打算，准备到哪里去呢？"

红娘子道："没有打算。"

她不让别人说话，很快地接着又道："但你们可以放心，像我这样的人，有很多地方都可以去的，所以你们为了他，为了我，都最好不要拦住我。"

郭大路看看燕七，燕七在发怔。

红娘子看着他们，目中仿佛充满了羡慕之意，柔声道："你们若真的将我当作朋友，就希望你们能记住一句话。"

燕七道："你说。"

红娘子凝注着远方，缓缓地道："世上最难得的，既不是名声，也不是财富，而是人与人之间的真情。你若得到了，就千万要珍惜，千万莫要辜负了别人，辜负了自己……"她声音愈说愈低，低低地接着道："因为只有一个曾经失去过真情的人，才懂得它是多么值得珍惜，才会了解失去它之后是多么寂寞，多么痛苦。"

燕七的眼圈儿真的红了，忽然道："你呢？你以前是不是以真情在对待他？"

红娘子沉默了很久,才轻轻道:"我本来连自己也分不清。"

燕七道:"现在呢?"

红娘子道:"我只知道他离开后,我总是会想起他,我……找过很多人,可是却没有一个人能代替他。"

这句话还没有说完,她忽然以手掩面,狂奔而出。

郭大路想过去拦阻。

但燕七却拦住了他,黯然道:"让她走吧。"

郭大路道:"就这样让她走?"

燕七幽幽道:"走了也好。不走,彼此间反而更痛苦。"

郭大路道:"我只怕她会……会……"

燕七道:"你放心,她绝不会做出什么事来的。"

郭大路道:"你怎么知道?"

燕七道:"因为她现在已知道王老大对她确是真心的,这已足够。"

郭大路道:"足够?"

燕七道:"至少这已足够使一个女人活下去。"

他目中也已泪珠满眶,轻轻接着道:"一个女人一生中,只要有一个男人的确是真心对她的,她这一生就没有白活。"

郭大路凝视着他,良久良久,道:"你对女人好像了解得很多。"

燕七扭过头,目光移向远方。

天空碧蓝,阳光灿烂。

碧蓝的天空下,忽然有一道浅紫色的烟火,冲天而起。

燕七皱了皱眉,道:"这种时候,怎么会有人放烟火?"

燕七回过头,就看见王动也站在屋檐下,看着这道烟火。

风吹过,紫色的烟火随风而散。

郭大路道:"只要人家高兴,随时随地都可以放烟火,这一点也不稀奇。"

燕七似在沉思着，喃喃道："是不是就好像随时随地都可以放风筝一样？"

郭大路没有听清楚，正准备问他在说什么。

忽然间，王动已冲到他们面前，道："她呢？"

"她"自然就是红娘子。

郭大路道："她已经走了，因为她觉得你……"

王动大声打断了他的话道："她什么时候走的？"

郭大路道："刚走……"

这两个字刚说完，王动的人已横空掠起，只一闪，就掠出墙外。

郭大路笑了，道："原来他对她还是很好，她根本不必走的。"

他摇着头，笑着道："女人为什么总是这样喜欢多心？"

燕七脸上却连一丝笑意也没有，沉声道："你以为那烟火真是放着玩的？"

郭大路道："难道不是？"

燕七叹了口气，道："江湖中的勾当，看来你真的连一点也不懂。"

郭大路道："我本来就不是个老江湖。"

燕七道："假如我们要对付一个人，你在这里守着他，我在山下，你有了他的消息时，用什么法子来通知我？"

郭大路道："不会的。"

燕七道："不会的？这是什么意思？"

郭大路道："这意思就是说，像这种情况根本就不会有。"

燕七道："为什么？"

郭大路眨眨眼，道："因为你若在山下守着，我一定也在山下。"

燕七眼睛里露出了温柔之色，但脸却板了起来，道："我们现在说的是正经事，你能不能好好地说几句正经话？"

郭大路道："能。"

他想了想，才接着道："山上和山下的距离不近，我就算大喊大叫，你也未必听得到。"

燕七冷冷道："聪明聪明，你真聪明极了。"

郭大路笑了，又想了想，才说道："我可以叫别人去通知你。"

燕七道："若没有别的人呢？"

郭大路道："我就自己跑下山去。"

燕七瞪着他，板着脸道："你脑袋里装的究竟是什么？稻草？木头？"

郭大路笑道："除了稻草和木头之外，还有一脑门子想逗你生气的念头，我总觉得你生起气来的样子，像个十七八岁的小姑娘。"

他不让燕七开口，抢着又道："其实我当然明白你的意思，你认为那烟火也跟风筝一样，是江湖中人传递消息的讯号。"

燕七还在瞪着他，过了很久，才长长叹了口气，道："我总有一天非被你活活气死不可。"

就在这时，山下忽然也有一道紫色的旗花烟火冲天而起。

郭大路的神色也变得正经起来了，道："依你看，是不是有江湖人到了我们这里？"

燕七道："而且还不止一个。"

郭大路道："你认为他们是来对付红娘子的？"

燕七道："我不知道，但王老大却必定是这么想法，所以他才会赶过去。"

郭大路动容道："既然如此，我们还等在这里干什么？"

燕七道："因为我还要跟你商量一件事。"

郭大路道："什么事？"

燕七道："这次你能不能不要跟着我，让我一个人去……"

他的话还没有说完，郭大路已用力摇着头，道："不能。"

燕七皱皱眉道："我们若全走了，谁留在这里陪小林？"

他们当然不能将林太平一个人留在这里。

经过了上次的教训后，现在无论对什么事，他们都分外小心。

郭大路沉吟着，道："这次你能不能让我走，你留在这里？"

燕七也立刻摇头道："不能。"

郭大路道："为什么？"

燕七的声音忽然变得温柔起来，道："你的伤本来就没有完全好，再加上你又死不要命，不等伤好之后，就一个人偷偷溜下去喝酒……"

郭大路道："谁一个人偷偷喝酒？难道我没有带酒回来……"

燕七沉着脸，道："不管怎么样，你现在还不能跟别人交手。"

郭大路道："谁说的？"

燕七瞪着眼道："我说的，你不服气？"

郭大路道："我……我……"

燕七道："你若不服气，先跟我打一架怎么样？"

郭大路摊开双手，苦笑道："谁说我不服气，我服气得要命。"

他捧起那张摆棋盘的小桌子，喃喃道："你快走吧，我去找小林下盘棋，他的狗屎棋刚好跟我差不多。"

燕七看着他走过去，目光又变得说不出的温柔，温柔得就像是刚吹融大地上冰雪的春风一样。

现在正是春天。

春天本就是属于多情儿女们的季节。

春天不是杀人的季节。

春天只适于人们来听音乐般的啁啾鸟语，多情叮咛，绝不适于听到惨呼。

但就在这时,他听到一声惨呼。

一个人垂死时的惨呼。

03

世上有些地方的春天,到得总好像特别迟些。

还有些地方甚至好像永无春天。

其实你若要知道春天是否来了,用不着去看枝头的新绿,也用不着去问春江的野鸭。

你只要问你自己。

因为真正的春天既不在绿枝上,也不在暖水中。

真正的春天就在你心里。

钢刀下是永远没有春天的。

血泊中也没有。

一个人卧在血泊中,呼吸已停止,垂死前的惨呼也已断绝。

刀还被紧紧握在他手。

一柄雪亮的鬼头刀!丑恶,沉重!

九个人,九柄刀!

风中弥漫着令人呕吐的血腥气,春天本已到了这暗林中,现在却似又已去远。

九个人手里紧握着刀,将红娘子围住。

九个剽悍、矫健、目光恶毒的黑衣人——一个已倒卧在血泊中。

红娘子看着他们,脸上又露出了那种"救苦救难"的媚笑,纤纤的手指向血泊中指了指,媚笑道:"这位是老几?"

七个人紧咬着牙,只有一个最瘦的黑衣人从牙缝里吐出两个字:"老八。"

红娘子扳着手指,道:"第一个死的好像是老六,然后是老二、老九、老十,再加上老八——唉,十三把大刀,如今已只剩下八把刀了。"

黑衣人道:"不错,十三把刀已有五兄弟死在你们手里。"

他喉间发出野兽般的低吼,厉声道:"但八把刀还是足够将你剁成肉泥。"

红娘子笑了,笑声如银铃。

八个人中有三个忽然不由自主,向后退了半步。

红娘子银铃般地笑道:"美人要活色生香的才好,像我这么样个活色生香的美人,剁成肉泥岂非可惜?"

她眼波流动,从倒退的三个人脸上瞟过,媚笑道:"你们总该知道我有些什么好处的,为什么不告诉你的兄弟们?你们真自私……死人已不会说话,你们难道也不会?"

这三人脸色都变了,突然挥刀扑过来。

那最瘦最高的黑衣人忽然一声低叱:"住手!"

他显然是这十三把刀的第一把刀,叱声出口,刀立刻在半空中停住。

红娘子娇笑道:"你们看,我就知道你们的赵老大也舍不得杀我的,他虽然不是个怜香惜玉的人,但一个女人的好坏,他至少还懂得。"

赵老大沉着脸,缓缓道:"你很好,我的确舍不得杀你,因为舍不得让你死得太快。"

红娘子眼波流动,笑得更媚,柔声道:"你要我什么时候死,我就什么时候死,你要我怎么死,我就怎么死,你知道什么事我都情愿为你做的。"

赵老大道:"好,很好。"

一个人要做老大,话就不能太多。

因为愈不说话的人,说出来的话就愈有价值。

赵老大也不是一个喜欢多话的人,他说话简短而有效。

"你杀了我们五个兄弟,我们砍你五刀,这笔账就从此抵销。"

红娘子眨眨眼,道:"只砍五刀?"

赵老大道:"嗯。"

红娘子道:"连利息都不要?"

赵老大道:"嗯。"

红娘子叹了口气,道:"这倒也不能算不公平,我也很愿意答应,何况现在你们八个对付我一个,我想不答应也不行。"

赵老大道:"你明白最好。"

红娘子道:"我虽然很明白,只可惜一样事。"

赵老大道:"什么事?"

红娘子道:"我怕疼。"

她看着他们手里的刀,脸上露出可怜兮兮的表情,说道:"这么大的刀,砍在人身上,一定很疼的。"

赵老大道:"不疼。"

红娘子道:"真的不疼?"

赵老大道:"至少第二刀就不会疼了。"

红娘子好像还听不懂的样子,道:"你保证?"

赵老大道:"我保证。"

红娘子道:"有你保证,我当然放心得很,但我也有个条件。"

赵老大道:"你说。"

红娘子道："第一刀一定要你来砍。"

她水灵灵的一双眼睛瞟着赵老大，又道："因为我不信任别人，只信任你。"

赵老大道："好。"

他慢慢地走过来，脚步很重，几乎已可听到脚底踩碎沙石的声音。

刀还是垂着的。

他的手宽大而瘦削，手背上一根根青筋凸起。

他已使出了十分力。

"第二刀绝不会疼的。"

这一刀砍下去，任何人都不可能再有疼的感觉——不可能再有任何感觉。

红娘子居然闭上了眼睛，脸上还是带着那种令人销魂的微笑，道："来吧，快来。"

刀光一闪，带着尖锐的风声砍下来。

红娘子突然自刀光下钻过，闪动的刀光中飞起一片乌丝。

她头发已被削去了一大片。

可是她的手，却已托起了赵老大的肘，另一只手就按在他肋下的穴道上。

谁也没有分辨出那是什么穴，但谁都知道那必定是个致命的穴道。

每个人的脸上看起来，都像是被人重重在小腹上踢了一脚。

红娘子还在笑。

那种要命的笑。

她银铃般笑道："你现在总该明白我为什么一定要你先动手了吧，因为我早就知道你的手会软的，我早已知道你已看上了我。"

赵老大的手并没有软。

他那一刀还是很快，很狠。

只不过他一刀砍下时，竟忘了刀下的空门——在一个已闭上眼等死的女人面前，谁都难免会变得粗心大意些的。

他又得到个教训：

"你若要杀人，得随时随刻防备着别人来杀你。"

这当然不是件愉快的事。

"你若要杀人，得准备过一生紧张痛苦的日子。"

赵老大叹了口气，道："你想怎么样？"

红娘子笑道："也不想怎么样，只不过想跟你谈笔生意。"

赵老大道："什么生意？"

红娘子道："用你的一条命，来换我的一条命。"

赵老大道："怎么换？"

红娘子笑道："这简单得很，我若死了，你也休想活着。"

赵老大道："我若死了呢？"

红娘子甜甜地笑道："你若死了，我当然也活不下去，但我怎么舍得让你死呢？"

赵老大想了想，道："好。"

谁也没听懂这"好"字是什么意思，只看见他手里的刀突又砍下。

一刀砍在他自己的头上。

红娘子是个老江湖。

老江湖若已托住了一个人的手肘，当然已算准了他手里的刀已无法伤人。

红娘子算得很准，只不过忘了一件事。

赵老大手里的刀虽没法子砍着她,却还是可以弯回手砍自己。

她只顾着保全自己的命,就忘了保全别人的命。

她以为别人也跟她一样,总是将自己的命看得比较重些。

却忘了有些人为了爱或仇恨,是往往会连自己性命都不要的。

爱和仇恨的力量,往往比什么都大。

大得绝非她所能想象。

鲜血飞溅。

暗赤色中带着乳白色的血浆飞溅出来,雨点般溅在红娘子脸上。

红娘子的眼睑已被血光掩住——只看到赵老大的一双充满了愤怒和仇恨的眼睛,忽然死鱼般凸了出来,然后就被血光掩住。

她立刻听到一片野兽落入陷阱时的惊怒吼声。

凄厉的刀风,四面八方向她砍了下来。

她跃起,闪避,勉强想张开眼睛。

但她还是连刀光都看不见,只能看得到一片血光。

她再跃起,只觉得腿上一凉,好像并不太疼,但这条腿上的力量却突然消失。

她身子立刻要往下沉。

她知道这一沉下去,就将沉入无边的黑暗,万劫不复。

奇怪的是,她心里并没有感觉到恐惧,只觉得有种奇异的悲哀。

她忽然又想起了王动。

一个人在临死前的一刹那,心里在想着什么?

这句话也许没有人能答复。

因为每个人在这种时候,想起的事都绝不会相同。这时,忽然啸声响起。

她想的是王动,想起了王动那张冷冰冰的脸,也想起了王动那颗火热的心。

她脸上忽然露出一丝微笑,就好像觉得,只要能听到这啸声,死活都无关紧要。

啸声清亮,如鹰唳九霄,盘旋而下。

红娘子的人也已沉下。

她忽然有了种放松的感觉,觉得已可以放松一切,因为这时一切事都已无关紧要。

她就这样沉了下来,倒在地上,甚至连眼睛都懒得张开,幸好她眼睛没有张开。

她若看到现在的情况,心也许会碎,肠也许会断,胆也许会裂。

闪亮的刀光交织,砍向红娘子。

突然间,一个人带着长啸自林梢冲下,冲入刀光。

他似已忘了自己是个有血有肉的人,也忘了刀是用以杀人的。

他就这样冲入刀光。

刀光中又溅起了血光。

有人在惊呼:"鹰中王。"

"鹰中王还没有死。"

有人在怒骂:"现在就要他死。"

王动当然可能死,这点他知道。

但他也知道,只要他活着,就没有人能在他面前要红娘子死。

以他的血肉之躯,挡住了杀人的刀,挡在了红娘子的身前。

刀虽然锋利而沉重,但他绝不退后。

这种勇气不但值得尊敬,而且可怕,非常地可怕。

燕七来的时候,他身上已有了七八处刀伤,每一道伤口都在流着血。

任何人的勇气，往往都会随着血流出来。

他没有。

燕七看到他的时候，心虽没有碎，肠虽没有断，但鲜血已冲上头顶，冲上咽喉。

在这一瞬间，他忽然也忘了自己的死活。

勇气是从哪里来的呢？

有时是为了荣誉，有时是为了仇恨，有时是为了爱情，有时是为了朋友。

无论这勇气是怎么来的，都同样值得尊敬，都同样可贵。

04

郭大路也来了。

无论为了什么，无论在什么情况下，他都不会让朋友去拼命，自己却留在屋里下棋的。

只可惜他来的时候，血战已结束。

地上只有九柄刀。

有的刀躺在血泊中，有的刀嵌在树上，有的刀锋已卷，有的刀已折断。

王动正在看着红娘子腿上的刀伤，已浑忘了自己身上的刀伤。

燕七静静看着他们，目光中也不知是欣喜，还是悲伤。

郭大路悄悄走过去，悄悄道："人呢？"

燕七也同时在问："人呢？"

郭大路道："你问的是谁？"

燕七道:"小林。"

郭大路说道:"我当然不会留下小林一个人在屋里的。"

燕七道:"你带他来了?"

郭大路点点头,回答道:"他就坐在那边的大树上面。"

从那边的树上看过来,可以看到这里的一举一动,但这里的人却看不见他。

躲避不但要有技巧,也是种艺术。

"在正确的时间里,找个正确的地方。"这就是"躲藏"这两个字全部意义的精粹。

郭大路道:"我问的是那些拿刀的人。"

燕七道:"他们都走了。"

郭大路在地上拾起那刀,掂了掂,带着笑道:"难怪他们要将刀留下了,这么重的刀拿在手里,的确跑不快。"

燕七道:"不错,因为他们本就不是常常会逃走的人。"

郭大路道:"你认得他们?"

燕七道:"不认得,但却知道,十三把大刀在关内关外都很有名。"

郭大路道:"有名的强盗?"

燕七道:"也是有名的硬汉。"

郭大路道:"但硬汉这次却逃了。"

燕七道:"你以为他们怕死?"

郭大路道:"若不怕死,为什么要逃?"

燕七看着王动,道:"他们怕的并不是死,而是有些人那种令人不能不害怕的勇气。"

他慢慢地接着道:"也许他们根本不是害怕,而是感动……他们也是人,每个人都可能有被别人感动的时候。"

郭大路沉默了半晌,忽又问道:"他们怎么知道红娘子在这里?"

燕七道："催命符他们死在这里的消息，江湖中已有很多人知道。"

郭大路叹了口气，道："江湖中的消息，传得倒真快。"

燕七道："江湖人的耳朵本来就很灵，何况仇恨往往能使一个人的耳朵更灵。"

郭大路道："他们的仇结得这么深？"

燕七道："十三把刀和催命符本来也可算是同伙，但红娘子却出卖了他们。有一次他们被人围攻的时候，红娘子居然……"

郭大路忽然打断了他的话，道："这种狗咬狗的事，我也懒得听了。"

燕七道："你想听什么？"

郭大路看着王动和红娘子，目中渐渐露出一种柔和的光辉，缓缓道："现在我只想听一点可以令人心里快乐的事、令人快乐的消息，譬如说……"

燕七看着他，目光也渐渐温柔，柔声道："譬如说什么？"

郭大路道："譬如说，春天的消息。"

燕七的声音更温柔，道："你已用不着再问春天的消息。"

郭大路道："为什么？"

燕七道："因为春天已经来了。"

郭大路眨眨眼，笑道："已经来了么？在哪里？我怎么看不见？"

燕七转头去看王动和红娘子，柔声道："你应该看见的，因为它就在这里。"

郭大路的声音也很温柔，轻轻道："不错，它的确就在这里。"

他看着的却是燕七。

燕七的眼睛。

他忽然发现，春天就在燕七的眼睛里。

第二十八章

黄金世界

01

病人是种什么样的人呢？

这名词也像很多别的名词一样，有很多种不同的解释。

有的人解释：

病人就是种生了病的人。

这种病人当然无可非议，但却还不够十分正确。

有时没病的人也是病人。

譬如说，受了伤的人、中了毒的人，你能不把他们算作病人吗？

不能。

02

还是春天。

三月，正是草长莺飞的浓春。

白雪已融尽，地上一片绿，山头上也一片绿。

郭大路正坐在绿荫下发怔。

他是真的发怔，因为连燕七走过来的时候，他都没有注意。

燕七本来可以吓他一跳，本来也很想吓他一跳的。

但是看到他的样子，燕七就不忍吓他了。

他是什么样子呢？

一脸吃也没吃饱，睡也没睡足的样子，而且已瘦了很多。

燕七轻轻叹了口气，悄悄地走过去，走到他面前时，脸上就露出笑意，问道："喂，你在发什么怔？"

郭大路抬起头，看了他半天，忽然道："你知不知道病人是种什么样的人？"

燕七道："是种生了病的人。"

郭大路摇摇头。

燕七道："不对？"

郭大路道："至少不完全对。"

燕七道："要怎么说才算对？"

郭大路想了想，道："在孩子们的眼中，只要是躺在床上不能动的人，就是病人，这种人并不一定有病。"

燕七道："你也不是孩子。"

郭大路叹了口气，道："在我眼中看来，病人只不过是种特别会花钱的人。"

燕七道："这是什么话？"

郭大路道："这是真话。"

他说的确实是真话。

病人虽然不能喝酒，但却要吃药。

不但要吃药，而且还要吃补品，这些东西通常都比酒贵。

燕七当然也知道这是真话，因为这地方现在有三个病人。

林太平的伤还没有好，又多了红娘子和王动。

燕七板起了脸,道:"就算真是实话你也不该这么样说的。"

郭大路苦笑道:"我的确不该这么样说的,但却不能不说。"

燕七道:"为什么?"

郭大路道:"因为我现在已经快变成个死人了。"

燕七道:"死人?"

郭大路望着面前的一沓东西,苦着脸道:"照这样下去,用不着两天,我想不跳河都不行。"

他面前摆着的是一大沓账单。

账单的意思就是别人要问他要钱的那种单子。

郭大路从中间抽出了一张,念着道:"精纯燕窝五两,纹银十二两正。"

他将这单子重重一摔,长叹道:"一只鸟做的窝居然能这么值钱,早知道这样子,我倒不如变成只鸟算了,也免得被药铺的人来逼账。"

燕七嫣然一笑,道:"你本来就是只鸟,呆鸟。"

郭大路叹气的声音更长,道:"我相信就算是真的呆鸟,也绝不会来管账。"

燕七眨眨眼,道:"谁叫你来管账的?"

郭大路指着自己的鼻子,说道:"我——我这只呆鸟。"

的确是他自己抢着要管账的。

林太平、红娘子和王动都已不能动,能动的人只剩下他跟燕七两个,要做的事却有很多。

燕七问他道:"你是要管家,还是管账?"

郭大路连想都没有想,就抢着道:"管账。"

在他想来,管账比煮药烧粥侍候病人容易得多,也愉快得多。

现在他才知道自己错了,错得很厉害。

郭大路苦笑道:"我本来以为天下再也没有比管账更容易的事

了。"

燕七眨眨眼,道:"哦?"

郭大路道:"因为以前那几个月里,我们根本没有账可管。"

燕七笑道:"就算有账,也是笔糊涂账。"

郭大路道:"一点也不错。"

他又叹了口气,接着道:"那时我们有钱,就去吃一点、喝一点,没钱就憋着,就算整天不吃不喝都没关系。"

燕七道:"那时我们至少还可以大伙儿一齐出主意,去找钱。"

郭大路道:"但现在却不同了。"

燕七慢慢地点了点头,也不禁长叹了一声,道:"现在的确不同了。"

病人既不能饿着,更不能不吃药。

所以不管他们有钱没钱,每天都有笔固定的开支是省不了的。

那笔开支还真不少。

出主意去找钱的人反而连一个都没有了。

燕七要忙着去照顾病人,郭大路要拼命动脑筋去赊账。

郭大路叹道:"我只奇怪一件事。"

燕七道:"什么事?"

郭大路道:"我虽然没有在江湖中混过,但江湖好汉的故事却也听过不少,怎么从来没有听过有人为钱发愁的?"

他苦笑着,又道:"那些人好像随时都有大把大把的银子往外掏,那些银子就好像是从天上掉下来的。"

燕七想了想,道:"以后若有人说起我们的故事,也绝不会说我们为钱发愁的。"

郭大路道:"为什么?"

燕七道:"因为说故事的人总以为别人不喜欢听这些事。"

郭大路道:"但这却是真事。"

燕七道:"真事虽然是真事,但这世上敢说真话的人却不多。"

郭大路道:"为什么不敢说?怕什么?"

燕七道:"怕别人不听。"

郭大路道:"难道那些说故事的人都是呆子,难道他们不明白真事也一样有人喜欢听的?"

他想了想,又补充着道:"那些神话传说般的故事,听起来也许比较过瘾些,但真的事却一定更能感动别人,只有真能感动人心的故事,才能永远存在。"

燕七笑了笑,道:"这些话你最好去说给那些说故事的人去听。"

郭大路道:"你是不是懒得听?"

燕七道:"是。"

郭大路道:"你想听什么?"

燕七道:"我只想听听,我们现在究竟已亏空了多少?"

郭大路叹了口气,道:"不多——还不到一万两银子。"

一万两银子的亏空在某些人的眼中看来,的确不算多。

在郭大路有钱的时候看来,这亏空也不能算多。

问题并不在亏空了多少,而在你有多少。

燕七道:"这一万两银子的账,是不是都急着要还的?"

郭大路道:"要账的人已经逼得我要跳河了,你说急不急?"

燕七道:"现在我们手头还剩多少?"

郭大路叹道:"不少……再加三钱,就可以凑足一两银子了。"

燕七也开始发怔。

一两银子和一万两银子的差别,就是差九千九百九十九两银子。

这笔账人人都会算的。

所以燕七只有发怔。

怔了半天,他才长长叹了口气,道:"现在我才总算明白穷的意思了。"

郭大路道:"你直到现在才明白?"

燕七点点头,道:"因为以前我们虽然没钱,但也不欠别人的债,所以那还不能算真穷。"

郭大路叹道:"现在我只要能不欠别人的债,我情愿在地上爬三天三夜。"

燕七道:"只可惜你就算爬三年,也爬不出一万两银子来。"

郭大路道:"用不着一万两,只要九千九百多两就行。"

燕七道:"问题是你怎么去弄这九千九百多两银子呢?"

郭大路苦笑道:"我没有法子。"

燕七道:"我也没有。"

郭大路眨了眨眼,道:"我们为什么不能够去做强盗?"

燕七道:"因为我们不是做强盗的人。"

郭大路道:"要哪种人才能做强盗?"

燕七道:"不是人的那种人。"

郭大路道:"我们能不能劫富济贫?"

燕七道:"不能。"

郭大路道:"为什么不能?劫富济贫的又不是强盗,只能算是侠盗、英雄。"

燕七道:"你想去劫谁?"

郭大路道:"那些为富不仁的奸商,剥削老百姓的贪官污吏。"

燕七道:"劫完了去济谁的贫呢?"

郭大路道:"当然是先救咱们自己的急,济咱们自己的贫。"

燕七淡淡道："那就不是英雄，是狗熊了。"他接着又道，"就因为世上很多人有这种狗熊想法，所以世上才会有这么多强盗。"

也许世上大多数强盗，正都是从这种自己骗自己的想法中来的。

郭大路想了想，苦笑道："照你这么样说，看来我们只有一条路可走。"

燕七道："哪条路？"

郭大路道："赖账。"

燕七道："你知不知道要哪种人才能赖账？"

郭大路知道，所以他叹了口气，道："不要脸的那种人。"

燕七道："你能不能赖账？"

郭大路道："不能。"

何况他就算能赖账也不行。

王动他们的伤还没有好，还需要继续吃药，继续进补。

你赖了这次账，下次还有谁赊给你？

第二十九章

生财之道

郭大路又叹了口气,道:"照这样说来,我们岂非已无路可走?"

燕七道:"谁说我们已无路可走?路本是人走出来的,只要你有决心,只要你肯走,就一定有路走。"

郭大路道:"这道理我明白,而且也说给别人听过,可是现在……"

燕七道:"现在你是不是连自己都不相信了?"

郭大路道:"现在我只相信一件事。"

燕七道:"哪件事?"

郭大路道:"今天我若还没有把欠的钱拿去送给人家,今天我们就得断炊。"

世上有很多道理都很好。

只可惜无论多好的道理,也卖不了九千九百九十九两银子。

连一两银子都卖不了。

刚才是一个人发怔,现在是两个人。

两个人发怔比一个人更难受。

郭大路简直已受不了,站起来兜了十七八个圈子,忽然叫了起来，道："我想起一句话来了。"

燕七用眼角瞟了他一眼，道："一句什么话？"

郭大路道："一句很有用的话。"

燕七道："有什么用？"

郭大路道："至少可以用来救急。"

燕七道："这么样说来，我倒也想听听了。"

郭大路道："朋友有通财之义，这句话你想必也听过的。"

燕七道："你想去找别人借钱？"

郭大路道："不是去找别人，是去找朋友。"

燕七道："这世上只有一种人的朋友最少，你知不知道是哪种人？"

郭大路道："哪种人？"

燕七道："就是想去找朋友借钱的那种人。"

郭大路道："我也不想去找很多朋友，只想去找一个。"

燕七道："等你想去找朋友开口借钱的时候，你也许就会发现自己连一个朋友都没有。"

郭大路道："可是像我们这种朋友……"

燕七道："若是像我们这种朋友，根本就用不着等你开口。"

郭大路道："所以你认为天下根本就没有你可以开口借钱的朋友？"

燕七道："一个也没有。"

郭大路道："我却认为有一个。"

燕七道："谁？"

郭大路道："酸梅汤。"

燕七板起了脸，连话都不说了。

郭大路道："我不是要你去开口，我可以去，我总算帮过她的忙。"

燕七突又冷笑道："世上也只有一种人会去找女人借钱。"

郭大路道："你说的是哪种人？"

燕七冷冷道："呆子！只有呆子才会认为女人肯借一万两银子给他。"

郭大路道："我也知道女子总比男人小气些，但在她的眼中，一万两银子，应该算不了什么的。"

燕七道："的确算不了什么，只不过是一万两银子而已。"

郭大路道："可是她并不小气。"

燕七道："再大方的女人也不会借钱给男人的。"

郭大路道："为什么？"

燕七道："因为女人的想法不同。"

郭大路道："有什么不同？"

燕七冷冷道："她们总认为肯向女人开口借钱的男人，一定是最没出息的男人。肯借钱给男人的女人，也一样没出息。"

郭大路怔了半天，忽然笑了笑，道："其实女人的想法究竟怎么样，也只有女人自己才知道，你又不是个女人。"

燕七板着脸，道："我当然不是。"

郭大路笑道："所以你也不知道，所以我还想去试试。"

燕七道："若是去碰了钉子呢？"

郭大路叹了口气，道："就算碰钉子，碰的也是石头钉子，总比碰别人的铁钉子好。"

他忽又笑了笑，喃喃道："假如世上还有金钉子、银钉子，我倒情愿去多碰几个。"

燕七的眼睛忽然亮了，忽然跳起来，大声道："你总算说了句真有用的话了。"

郭大路反而怔住，讷讷道："我说了什么？有什么用？"

燕七道："这句话非但真有用，而且还真值钱。"

郭大路更听不懂。

燕七已从地上捡起了七八块石头，道："你知不知道我的暗器功夫不错？"

郭大路摇头道："不知道，你又没有用暗器来对付过我。"

燕七道："我若用暗器对付你，你能不能接住？"

郭大路道："不一定。"

燕七道："你想不想试试看？"

郭大路道："不想。"

燕七道："不想也不行，你非试试不可。"

他手里的石头忽然以"满天花雨"的手法向郭大路打了过去。

真打了过去，一点也不客气。

暗器中有种"满天花雨"的手法，江湖中几乎人人都知道，都听过。

但真正看过这种手法的人已不多，真会用这种手法的当然更少。

现在郭大路总算看到了。

燕七非但真会用这种手法，而且还用得真不错。

七八块石子，暴雨般向郭大路打了过来。

郭大路转身、错步，避开了两三块石头，又伸手接住了三四块，却还是有一两块打在他身上，打得他叫起来。

他瞪着燕七，大声道："你这是什么意思？"

燕七笑道："也没什么别的意思，只不过想要你去赚几千两银子回来而已。"

郭大路又怔了怔，道："用什么去赚？"

燕七道:"用你的手。"

他笑了笑,接着又道:"你的手已经蛮灵的了,能接住我四件暗器的人已不多,只要再练几次,去赚个几千两银子简直易如反掌。"

郭大路看着自己的手,愈看愈糊涂。

他实在看不出这双手凭什么能赚几千两银子……若要他这双手去输个几千两银子,那倒真是易如反掌。

他一把骰子就输过几千两。

燕七又在那里捡石头。

郭大路忍不住问道:"你究竟想要我去干什么?去掷骰子骗人的钱?"

燕七笑道:"掷骰子你还能去骗谁的钱?你就是输王之王。"

郭大路道:"除了掷骰子之外,还有什么更快的法子?"

燕七道:"输得更快的法子,确实没有了,这次我是要你去赢的。"

郭大路道:"输王之王怎么能赢得了?"

燕七道:"只要你能一下子将我所有暗器接住,我就包你能赢得了。"

郭大路道:"若还是输呢?我拿什么输给人家?"

燕七叹了口气,道:"这次你若还是输,只怕就连命都得输出去了。"

郭大路苦笑道:"我好像只有一条命可输。"

燕七道:"所以,你非想法子接住我的这些暗器不可,若是你的手接不住,用嘴去咬,也得咬住它。"

要接住用"满天花雨"这种手法发出的暗器,并不是件容易事。

郭大路接了三次,身上已挨了七下,虽然不太重,但也打得骨头隐隐发疼。

这次燕七居然一点也不心疼,又在那里满地捡石头了。

郭大路只有在旁边看着发怔。

直到现在为止,他还摸不清燕七葫芦里卖的究竟是什么药,若是换了别人,只怕早就不干了。

可是他信任燕七。

他相信就算天底下的人都要来整他的冤枉,燕七也绝不会帮着人家。

院子里的小石头并不多,燕七手里捧着一满把,还觉得不够,又跑到墙角那边去捡了。

郭大路摸着肩头上被打得又酸又疼的地方,忍不住叹了口气。

要他一下子就接住这么多暗器,他实在没把握。

风中带着花香,对面的桃花已快开放。郭大路抬起头,忽然看到王动正坐在窗口,向他招手。

等燕七捡好石头回转身,他已跑到王动那边去了,两人一个在窗里,一个在窗外,指手画脚,嘀嘀咕咕,也不知在说些什么。

燕七只有等着。

等了老半天,才看见郭大路施施然走了过来,背负着双手,脸上的表情好像很得意的样子。

王动还坐在窗口朝这边看着,脸上也带着笑,笑得好像很神秘。

燕七忍不住,问道:"你们两个究竟在捣什么鬼?"

郭大路眨了眨眼,道:"谁跟谁两个?"

燕七道:"你跟王动。"

郭大路道:"哦,你说王动呀,他要我告诉你,今天晚上他想吃排骨炖萝卜。"

谁都看得出他在说谎。

郭大路说起谎来，脸上就好像挂着招牌一样。

燕七瞪了他一眼，冷冷道："说谎的人小心牙齿被人打掉。"

郭大路笑嘻嘻道："你试试看。"

燕七道："好。"

这下子他非但打出的石头更多，而且用的力量也更大。

力量用得大，石头的来势也当然更急。

郭大路的身子滴溜溜一转，他手里忽然多了两样银光闪闪的东西，就好像小孩子捉蝌蚪用的那种带柄的兜网。

十来块又急又快的飞蝗石，就好像蝌蚪一样，几乎全被他捞进网里。

漏网的最多也只不过有两三块而已，郭大路轻轻松松地就躲开了。

这下子燕七连眼睛都看得好像有点发直，瞪着眼道："这是什么玩意儿？"

郭大路笑嘻嘻道："你看这玩意儿怎么样，你佩服不佩服？"

燕七道："是不是王老大刚教给你的？"

郭大路得意洋洋，道："就算是他教给我的，也得要我这样聪明的人才学得会。"

燕七撇了撇嘴，道："你几时变得聪明起来了？"

郭大路笑道："我本来就不笨，只要是好玩的花样，我一学准会。"

燕七伸出手，道："拿来给我看看。"

郭大路双手立刻缩回背后，道："不行。"

燕七道："为什么不行？"

郭大路道："王老大说的，天机不可泄露。"

燕七道："好，你再试试这个。"

这次他发暗器的手法更快、更绝。

十来块小石头，好像都变成活的，都带着翅膀，还长着眼睛，专找郭大路身上最弱的地方打。

谁知道郭大路手里的两只网，也好像早就等在那里了。

这次十来块石头，能漏出网的居然只有一块。

郭大路大笑，道："现在你总该佩服我了吧？"

燕七瞪着眼，终于也抿嘴一笑，道："看来你的确不笨。"

郭大路更得意，道："老实说，接暗器的手法，我以前并没有认真练过，只因为……只因为什么你猜不猜得出？"

燕七道："猜不出。"

郭大路道："只因为我的手天生就比别人快，眼睛也天生就比别人尖，所以根本不用练。"

燕七淡淡地说道："所以，你才会挨那大蜈蚣一下子。"

郭大路居然一点也不脸红，还是带着笑道："那不算，现在你再叫他来试试。"

他眼珠子转了转，又笑道："听说江湖好汉都有个能叫得响的外号，现在我倒想出了个外号，给我倒真合适。"

燕七道："什么外号？"

郭大路道："千臂如来，鬼影子摸不着，快手大醉侠。"

燕七也忍不住笑了，道："我倒也有个名号，给你更合适。"

郭大路道："你说来听听。"

燕七道："笨手笨脚，醉了满地爬，输王之王大呆鸟。你说这个外号适合不适合？"

第三十章

金子与面子

01

这家人的大门是朝南开的,一双门环在太阳下闪闪发着光。

郭大路一走进这条巷子,就看见了这双门环。

过了很久,他眼睛还在盯着这双门环,就好像一辈子没有看见过门环似的。

事实上,他这一辈子的确很少有机会看到这么稀奇的事。

每家人都有大门,每个大门上都有门环。

这一点也不稀奇。

稀奇的是,这家人大门上的门环,竟是用黄金铸成的。

郭大路在看着这门环的时候,燕七就看着他。

最近这两人身上,就好像已有根绳子将他们串住了,郭大路在哪里,燕七就在哪里。

过了很久,郭大路才叹了口气,道:"这家人一定是个暴发户。"

燕七眨眨眼,道:"暴发户?"

郭大路道:"只有暴发户才会做这种事。"

燕七道:"这种什么事?"

郭大路道:"这种简直可以叫人笑掉大牙的事。"

燕七道:"你错了。"

郭大路道:"我哪点错了?"

燕七道:"这家人非但不是暴发户,而且还是江湖中有数的几个世家大族之一。"

郭大路道:"哦?"

燕七缓缓地道:"用金子做门环,虽然很俗气、很可笑,可是他这么样做,就没有人会觉得可笑了。"

郭大路道:"我就觉得很可笑。"

燕七道:"那只因为你不知道他是谁。"

郭大路道:"我知道。"

燕七道:"你真知道?"

郭大路道:"他是个人,一个满身铜臭、财大气粗、生怕别人不知道他有钱的人。这种人我既不想认得他,也不想跟他交朋友。这种人无论干什么,都跟我一点关系也没有。"

燕七笑了笑,道:"只可惜这种人现在却偏偏跟你有点关系了。"

郭大路看着他,道:"你总不会是要我来抢这对门环的吧?"

燕七笑道:"那倒还不至于,我们还没有穷到这种地步。"

郭大路松了口气,道:"那么,你叫我赶了半天的路,赶到这里来,难道就是为了来看这对门环的?"

燕七道:"也不是。"

郭大路又有点担心的样子,看着燕七,道:"我知道你一定没有什么好主意,所以一直都不痛痛快快地说出来。"

燕七笑道:"你放心,至少我总不会把你卖给人家的,我还舍不得哩。"

他的脸好像又有点发红。

郭大路却显得更担心，道："一个人若没有做亏心事，绝不会脸红的。"

燕七道："谁的脸红了？"

郭大路道："你。"

燕七转过头，道："我看你眼睛发花才是真的。"

郭大路眼珠子直转，忽然道："我明白了。"

燕七道："你明白了什么？"

郭大路道："一定是这家人有个没出嫁的老姑娘，你想要我来用美男计。"

燕七忍不住"扑哧"一声笑了，道："你觉得自己很美？"

郭大路道："虽然不太美，却正是女人一见就喜欢的那种男人。"

燕七叹了口气，道："你倒真是马不知脸长。"

郭大路也叹了口气，道："只可惜你不是女人，否则也一定看上我的。"

燕七的脸好像又红了红，却故意板着脸道："我若是女人，现在就一脚把你踢到阴沟里去。"

郭大路道："无论我怎么说，反正我这次绝不上你的当。"

燕七道："上什么当？"

郭大路道："那老姑娘一定又丑又怪，说不定还是个大麻子，所以才会嫁不出去，她就算有八百万两银子的嫁妆，也休想叫我娶她。"

燕七用眼睛横着他，冷冷道："她若长得又年轻，又标致呢？"

郭大路笑了，道："那倒可以商量商量，谁叫你们是我的好朋友呢？为了朋友，我什么都肯做的。"

燕七道："现在我只想要你做一件事，不知道你肯不肯？"

郭大路道："你说。"

燕七道："我只想请你到阴沟前面去照照自己的脸，然后再买块臭豆腐来一头撞死。"

这条巷子很宽，忽然间，一辆四匹马拉着的大马车，很快地冲入了巷子。

虽然这条巷子很宽，但郭大路和燕七若不是闪避得快，还是免不了要被撞倒。

郭大路瞪着已经冲过去的马车，恨恨地道："这条路又不是他一个人的，他凭哪点这么样横冲直撞？"

燕七道："只凭一点。"

郭大路道："哪点？"

燕七道："就凭这条巷子本就是他一个人的。"

郭大路怔了怔，这才发现巷子里果然就只有那一家人。

马车已停在这家人的大门外，本来静悄悄的大门里，立刻有十来个人快步奔了出来，几个人用最快的速度卸下了拉车的马，另外几个人就将马车推上了石阶两旁的车道上，推了进去。

车窗里好像有个人往外伸了伸头，看了郭大路他们一眼。

郭大路却没有看清这人的脸，只觉他的眼睛好像比普通人明亮些。

燕七道："看样子只怕是金大帅回来了。"

郭大路道："金大帅是谁？"

燕七道："就是你说的那个财大气粗的人。"

郭大路道："我果然没有说错吧。"

他冷笑着，又道："金大帅，哼，你听这名字，就该知道他是个怎么样的人了。"

燕七道："有钱人并不见得就不是好人。"

郭大路道："但他凭什么要叫大帅？"

燕七道:"第一,因为他本就有大帅的气派;第二,因为别人喜欢叫他大帅。"

郭大路道:"看样子你好像也很佩服他。"

燕七道:"我能不能佩服他?"

郭大路道:"能,当然能……可是我能不能不佩服他呢?"

燕七道:"不能。"

郭大路道:"为什么不能?"

燕七道:"你不是一向都很佩服你自己的吗?"

郭大路道:"嘿嘿。"

燕七道:"所以你也应该佩服他,因为他跟你本是同样的人,也很豪爽,很大路。"

郭大路道:"嘿嘿。"

燕七道:"嘿嘿是什么意思?"

郭大路道:"嘿嘿的意思就是我不相信。"

燕七道:"等你看见他的时候,你就会相信了。"

郭大路道:"我根本就不想看见他。"

燕七道:"可是你却非去看他不可。"

郭大路道:"为什么?"

燕七道:"因为你不去看他,就只有去看那些债主的脸色了。"

天下还有什么比债主的脸色更难看的?

一想到那些人,郭大路的眉头就皱了起来,讪讪地道:"你……你难道要我去跟一个不认得的人开口去借钱?"

燕七道:"我知道你的脸皮还没有那么厚。"

郭大路道:"那么你叫我去看他干什么?"

燕七沉吟着,道:"武林中有很多怪人,譬如说,那位酸梅汤的父亲。"

郭大路道："你是说那位叫'石神'的老前辈？"

燕七点点头，道："你知不知道'石神'这名字是怎么来的？"

郭大路道："因为他只用石头做的兵器，而且用得很好。"

燕七道："答对了。"

他接着又道："但石器本是上古时人用的，因为那时人们还不懂得炼铁成钢，现在什么样千奇百怪的兵器都有了，他却偏偏还喜欢用又笨又重的石头兵器，你说他是不是个怪人？"

郭大路道："是。只不过……他跟这金大帅又有什么关系呢？"

燕七道："金大帅跟他一样，也是个怪人，用的兵器也很奇怪。"

郭大路道："他用什么兵器？"

燕七道："他只用金子做的兵器，而且是纯金做的。"

郭大路眨了眨眼，好像已有点明白他的意思了。

燕七道："他最善用的兵器，就是金弓神弹，弹发连环，一上手就是三七二十一颗，江湖中还很少有人能躲得开。"

郭大路道："弹子也是金的？"

燕七道："纯金。"

郭大路道："你想要我去跟他动手，接住他那些金弹，拿回来还账？"

燕七笑道："据说他的金弹子每颗至少有好几两重，而且一发就是二十一颗，你只要能接住他三四发，就不必再看那些债主的脸色了。"

郭大路用力摇一摇头，道："我不干，这种事我绝不干。"

燕七道："为什么？"

郭大路道："没有为什么，不干就不干。"

燕七眼珠子一转，淡淡笑道："哦……我明白了，你是怕……"

郭大路大声道："我怕什么？"

燕七悠然道："你当然不是怕他，只不过是怕胖而已。"

郭大路怔了怔，道："怕胖？"

燕七道："金子虽然比铁软，但五六两一颗的弹子，若打在人身上，还是很疼的。"

郭大路道："哼。"

燕七道："疼起来就会肿，肿起来就胖了，胖起来就不太好看。"

他又淡淡地笑了笑，接着道："所以你就算不去，我也不会怪你的，你若忽然胖了起来，别人说不定还会以为你吃了发猪药。"

郭大路瞪着他，瞪了半天，板着脸道："滑稽滑稽，真他妈的滑稽得要命。"

燕七道："一个人若肿了起来，那才真的滑稽。"

郭大路又瞪了他一眼，扭头就走。

燕七却拉住了他，道："你到哪里去？"

郭大路冷冷道："我最近饿得太瘦了，本来就要想法子变胖一点。"

燕七嫣然一笑，道："你难道想就这样冲进去，找人家去打架？"

郭大路道："我还能用什么法子去跟人家打架？难道跪着去求他？"

燕七笑道："你就算真的跪着求他，他也未必会出手的。"

郭大路道："哦？"

燕七道："二十一颗弹子，毕竟要值不少钱，他又没发疯，怎么会随随便便就用来打人？何况，万一真打死了人，也不是好玩的。"

郭大路几乎要叫了起来，道："刚才逼着我，要我去的是你，现在拦着我，不要我去的，也是你，你究竟在搞什么鬼？"

燕七道："我并不是不要你去，只不过，要去找金大帅交手，也得要有法子。"

郭大路道："什么法子？"

燕七道:"你想想,要什么样的人才能令金大帅出手呢?"

郭大路道:"我想不出,也懒得想。"

燕七道:"只有两种人。"

郭大路道:"哪两种?"

燕七道:"第一种当然是他的仇家,若有仇家找上门去,他当然会立刻出手的,只可惜……你跟他一点仇恨也没有。"

他叹息着,好像觉得很遗憾的样子。

郭大路板着脸道:"你难道要我去把他的老婆抢来,先制造点仇恨?"

燕七吃吃笑道:"据说他老婆又胖又丑,而且是个母老虎,你若真把她抢走了,金大帅说不定还会非常感激你。"

郭大路道:"哼哼,滑稽滑稽。"

燕七道:"幸好除此之外,还有种法子。"

郭大路道:"哼!"

燕七道:"武林中人谁也不愿向别人低头示弱的,所以,若有人冠冕堂皇地找上门去,找他比武较量,他就没法子不出手了。"

他忽然从怀里抽出张红色的拜帖,嫣然道:"但这人当然也得是个有名有姓的人,譬如说,你笨手笨脚,醉了满地爬,输王之王大呆鸟这种人……你说是不是?"

全红的拜帖,很考究。

上面端端正正地写着个很响亮的名字:"千臂如来,鬼影子摸不着,快手大醉侠,郭大路拜。"

02

金公馆的门房年纪已很大，满脸都是老奸巨猾的样子，接过这张拜帖，自己先看了看，脸上居然连一点吃惊的样子都没有，只是淡淡地问道："这位郭大侠现在在哪里？"

郭大路道："就在这里。"

老门房这才抬起头看了他两眼，干笑着道："原来阁下就是郭大侠，失敬失敬。"

郭大路道："哼。"

老门房皮笑肉不笑地看着他，又道："郭大侠你到这里来，是不是想找我们老爷较量较量暗器的功夫？"

郭大路道："你怎么知道？"

老门房笑得就像是只老狐狸，悠然道："每个月里总有几位大侠要来，我若还看不出阁下是来干什么的，那才是怪事。"

郭大路沉下脸，道："你既然看出来了，还不快去通报？"

老门房又上上下下打量了他几眼，道："看起来郭大侠今天好像还没有喝醉吧？"

郭大路冷冷道："大醉侠也并不一定是天天都要喝醉的。"

老门房道："那么我劝郭大侠不如快回去的好。"

郭大路道："为什么？"

老门房笑得更气人，淡淡道："因为到这里来的大侠实在太多了，我们家老爷说，他一看见大侠就头晕，早就盼咐过我，什么样人他都见，连乌龟王八蛋、强盗小偷都可以请进去，可是大侠嘛……嘿嘿，他是绝不见的。"

拜帖又回到燕七手上。

郭大路气得满脸通红，道："这都是你出的好主意，我一辈子也没丢过这种人，尤其是那老狐狸，就好像把我看成个贼似的，满脸皮笑肉不笑的样子，简直可以把人活活气死。"

燕七眨了眨眼，道："你为什么不给他两巴掌？"

郭大路道："因为我本来就是个贼，我做贼心虚，人家不给我两巴掌，已经很客气了，我怎么还好意思去揍人？"

燕七笑了。

他笑的样子当然比那老门房好看得多。

一看见他的笑，郭大路的火气好像小了些。

燕七笑道："原来你的脸皮并不太厚，比城墙还薄一点。"

郭大路叹了口气，苦笑道："所以我现在只想快点走，愈快愈好。"

燕七又拉住了他，道："你急什么，我还有别的法子。"

郭大路好像吓了一跳，苦着脸道："你能不能不出别的主意了？"

燕七道："不能。"

郭大路用手掩住耳朵，道："我能不能不听？"

燕七道："不能。"

他用力扳开了郭大路的手，吃吃笑道："这主意比刚才的好得多，你非听不可。"

郭大路苦笑道："你那不太好的主意，已经快把我的人都丢光，这好主意我怎么受得了？"

燕七道："你真的认为这件事做得丢人？"

郭大路只有叹气。

燕七道："我问你，大蜈蚣用暗器打你，你若接住了，会不会再送回去给他？"

郭大路道:"我又没有疯,为什么还要送回去给他？难道还想他再拿来打我？"

燕七道:"这就对了。"

郭大路道:"哪点对了？"

燕七道:"一个人若喜欢用金子做暗器,只要他自己高兴,谁也管不着的,对不对？"

郭大路道:"对。"

燕七道:"他若用暗器来打我们,只要我们能接住他的暗器,就是我们的本事,对不对？"

郭大路道:"对。"

燕七道:"一个人若凭自己的本事赚钱,就没什么好丢人的,对不对？"

郭大路道:"对。"

燕七道:"现在已经有几点是对的了？"

郭大路道:"三点。"

燕七道:"那么你还有什么话说呢？"

郭大路道:"没有了。"

燕七道:"你还想不想听我的主意？"

郭大路又叹了口气,苦笑道:"简直想得要命。"

其实明知付不出钱,还要去赊账,也是件很丢人的事。

但郭大路却硬着头皮去赊了。

他本来是个最要面子的人,为什么会做这种事呢？

当然是为了朋友。

无论谁这一生中,若交着一个肯为他丢人的朋友,死了也不算冤枉。

第三十一章

老狐狸与大醉侠

郭大路并不喜欢骂人,也不太会骂人,但他嗓门可真大。

他站在金家的大门口骂人,连巷子外面的燕七都听得清清楚楚。

巷口附近有棵大白杨树,树下有个石墩子。

燕七就坐在这石墩子上,听郭大路骂人,脸上带着很欣赏的表情,就好像在听一个名角唱戏似的。

因为郭大路骂的不是他。

郭大路骂的是金大帅。

"姓金的,你明明是个人,为什么要躲在屋里做缩头乌龟呢?你怕什么,难道你鼻子已经被人打歪了,所以不敢出来见人?"

燕七愈听愈得意,因为这些话是他教给郭大路的。

"金大帅既然不肯见你,你就站在他门口去骂,骂到他出来为止。"

这种法子就叫作骂战,本来也是种很古老的战略,而且通常都很有效。

两军对垒时,只要一方坚守不出,另一方就会派人去骂战,骂得对方受不了,出来迎战时,就算成功了。

据说诸葛亮就这样骂过曹操。

郭大路本不肯这样做,但燕七一句话就打动了他。

"连诸葛先生都能用这种战略,你为什么不能?"

既然这是种战略,并不是泼皮无赖的行径,所以郭大路就去骂了,而且骂得真痛快。

金大帅只要能听得见,不被他骂出来才是怪事。

怪事年年都有的。

郭大路的嗓门骂起人来,连三条街外的人都不会听不见。

但金家的大门里却偏偏还是连一点动静都没有。

金大帅难道是个聋子?

别人还没有被骂出来,郭大路自己反而先沉不住气了。

燕七教给他的话,他已经翻来覆去骂了好几遍,别人还没有听腻,他自己却已经骂腻了,想找几句新鲜些的话来骂骂,偏偏又想不出。

就在这时,那老奸巨猾的门房已施施然走了出来,手里还搬着张椅子。

一张很舒服的藤椅。

这老狐狸居然将藤椅搬到郭大路的面前来,轻轻地放了下去,脸上还是那种皮笑肉不笑的样子,连一点火气都没有。

郭大路怔了怔,忍不住道:"你这是干什么?"

老门房笑嘻嘻道:"这是我们家老爷特地叫我送来的。"

郭大路道:"他听见我在骂他没有?"

老门房道:"我们家老爷年纪虽不小,耳朵却还没有聋。"

郭大路道:"他叫你送这张藤椅来干什么?"

老门房道:"他是怕郭大侠骂得太累了,所以请郭大侠坐下来骂,还说郭大侠若骂得口渴时,无论要茶要酒,都只管吩咐,我立刻就为郭大侠送来。"

他又笑了笑，接着道："到这里来的大侠虽然多，但骂人却还没有一个骂得比郭大侠更精彩的，所以我们家老爷希望郭大侠能多骂些时候，假如还能骂得大声一点，那就更好了。"

郭大路看着这张藤椅，发了半天怔，连一句话都不再说，扭头就走。

那老门房还在后面大笑道："郭大侠要走了么，不送不送，以后有空的时候还请郭大侠随时过来，这里不但有茶有酒，还有专治嗓子嘶哑的药。"

郭大路简直连鼻子都快气歪了。

燕七看着他，摇着头道："我叫你去气别人的，你自己反而气得半死，这又何苦呢？"

郭大路恨恨道："你若看见那老狐狸的样子，不被他活活气死才怪。"

燕七道："他无论说什么，你都当他在放屁，不是就没有气了吗？"

郭大路道："我无论说什么，他都当我在放屁才是真的。"

燕七眨眨眼，道："他真的骂你是在放屁？"

郭大路道："虽然没有说出口来，但那样子却比说出来更可恨。"

燕七道："你居然受得了？"

郭大路道："受不了也得受。"

燕七道："为什么？"

郭大路道："因为我本来就是在放屁。"

燕七笑了。他笑的样子当然还是比那老门房好看得多，却已经好像没有以前那么好看了。

郭大路看着他，板着脸道："你究竟还有多少好主意，索性一次说出来算了。"

燕七道："你还想听？"

郭大路道："听死算了，听死一个少一个。"

燕七忽也叹了口气，苦笑道："只可惜我也没主意了。"

郭大路冷冷道："像你这样的天才，怎么也变得没有主意了呢？"

燕七叹道："你说那门房是老狐狸，依我看，金大帅才真正是个老狐狸。"

郭大路冷冷道："你不是说他一向很豪爽、很大方的吗？"

燕七道："他真的跟你动手时，若打不着你，就得赔出好几百两金子，若打伤了你，也得赔好几百两银子的医药费。"

他又叹了口气，道："我看金大帅最近一定上了不少次当，学了不少次乖，所以总算已想通这道理了，怎么肯再上当呢？"

郭大路道："他不上当，我就上当了。"

燕七嫣然道："其实你也不能算上当，你总算痛痛快快地骂了一次人。"

郭大路道："我能不能再骂一次？"

燕七道："这次你想骂谁？"

郭大路道："骂你。"

忽然间，一骑快马驰来，郭大路已气得什么事都不感兴趣了，也懒得回头去看一眼。站在他对面的燕七，却低下了头，好像不愿被马上的人看见，马上人的眼睛却偏偏很尖。

这匹马刚冲入巷子，突然一声长嘶，人立而起。

马上人好俊的骑术，缰绳一勒，人已跃起，凌空一个翻身，轻飘飘地落在郭大路他们面前，一身衣服比梅子还红，红得耀眼。

第三十二章

金大帅

酸梅汤，梅汝男。

郭大路只觉得眼前一亮，失声道："是你，你怎么到这里来了？"

梅汝男笑道："我正想问你们，你们两个人怎么会跑到这里来的？"

燕七抢着道："你能来，我们为什么不能来？"

梅汝男道："你们来这里干什么？为什么站在这里发怔？"

燕七道："我们在等你。"

梅汝男道："你怎么知道我会来？"

燕七道："我会算。"

梅汝男娇笑着，轻轻打了他一拳，吃吃地笑着道："你呀，你说的话我连一个字也不信，因为你是个……"

燕七突然掩住了她的嘴巴，脸上仿佛又有点发红，着急道："你若敢胡说八道，看我不撕破你的嘴。"

郭大路看得又怔住了。

燕七明明已拒绝了酸梅汤的婚事，酸梅汤本该恨死他才对。

两个人见了面为什么还这样亲热呢？

梅汝男眼珠直转，看看他，又看看燕七，抿嘴一笑，道："好，我不说，可是我也不听你的，小郭说话比你靠得住。"

她立刻就又问道："小郭，我问你，你们来干什么的？"

郭大路干咳了两声，勉强笑道："什么也不干，只不过……只不过来逛逛而已，到这里来逛逛总不算犯法吧？"

梅汝男看看燕七，笑道："你听，小郭虽然也在说谎，但说起来就没有你那么自然了。"

她又轻轻地给了燕七一拳，道："其实你们就算不说，我也知道你们是来干什么的了。"

燕七道："哦？"

梅汝男眼波流动，笑道："你们最近一定又输得像鬼一样，所以想到金大叔这里来，弄几十个金弹子回去作赌本，对不对？"

郭大路看着她，怔住。

看来这丫头除了不知道怎么去找丈夫外，别的事她知道得真很不少。

梅汝男的微笑还在脸上，却又轻轻叹了口气，道："只可惜你们这一趟大概是白来了。"

郭大路忍不住问道："为什么？"

梅汝男道："一个人的年纪愈大，就变得愈小气，金大叔今年已经有五十多，所以……"

郭大路道："所以怎么样？"

梅汝男道："现在他已发现在家里将一袋袋的金弹子数着玩，也远比用来打人有趣得多。"

燕七忽然道："你刚才说的是金大叔？"

梅汝男点点头。

燕七道："金大帅是你的大叔？"

梅汝男道："不是亲叔叔，只不过我们从小就叫他大叔。"

燕七道："你从小就认得他？"

梅汝男笑道:"我还在我娘肚子里的时候,已经常常到这里来玩了。"

燕七看了看郭大路,郭大路想说话,又忍住。

梅汝男道:"你们究竟在打什么主意?我猜得对不对?"

燕七道:"不对。"

梅汝男叹道:"那么我这个主意,也就不必说出来了。"

郭大路又忍不住抢着问道:"什么主意?"

梅汝男淡淡道:"既然你们并不是为此而来的,我说了也是白说。"

郭大路道:"我们若是为此而来的呢?"

梅汝男道:"那么,我也许还能替你们出个主意,帮你们个忙。"

郭大路道:"那么我就告诉你,你完全猜对了,你简直就是个活活的诸葛亮。"

梅汝男"扑哧"一笑,道:"我就知道,还是你比他老实些。"

郭大路道:"但你的主意呢?你不说可不行。"

梅汝男背负着双手,慢慢地踱起方步来,就好像真的将自己当成了诸葛亮。

燕七冷冷地道:"我就知道你这个人从来不说老实话。"

梅汝男笑道:"随便你怎么样激我,都没有一点用的,我不说就是不说。"

郭大路道:"要怎么样你才肯说?"

梅汝男道:"要有条件。"

郭大路道:"什么条件?"

梅汝男眨了眨眼,道:"到手的买卖,见面分一半,这句话你们总该听说过。"

郭大路笑了,道:"原来你想黑吃黑。"

梅汝男道:"其实我的心并不太黑,也不想真的分一半,只三七拆账就行了。"

郭大路道:"你的主意若也不灵呢?"

梅汝男道:"灵不灵当场试验。"

郭大路笑笑道:"我看你真该改行去卖狗皮膏药才对。"

梅汝男道:"我这狗皮膏药你们买不买?"

郭大路道:"不买也是白不买。"

梅汝男嫣然一笑,道:"我不卖也是白不卖。"

高墙。

梅汝男带着燕七和郭大路,从后面转到这黑巷子里来。

这条巷子当然比前面窄得多,巷底有个窄窄的黑漆门。

燕七道:"这就是金家的后门?"

梅汝男点点头,道:"墙里面就是金家的后园,一开了春,金大叔就从前面的暖阁搬到后园来住了。"

郭大路听着。

梅汝男道:"现在我就从这里跳墙进去,你要在后面追我。"

郭大路道:"然后呢?"

梅汝男道:"然后我就会找到金大叔,告诉他你欺负了我,要他替我出气。"

郭大路道:"然后呢?"

梅汝男道:"金大叔一向最疼我,看见你追去,一定就会用连珠弹对付你。"

郭大路道:"然后呢?"

梅汝男道:"没有然后了,只要你能接得住他的连珠弹,立刻就变成了个小阔人。"

郭大路道："若接不住呢？"

梅汝男笑了笑，道："那就说不定会变成一个死人了。"

郭大路道："死人？"

梅汝男点点头，道："他既已知道你在欺负我，对你出手自然绝不会客气。"

郭大路道："你呢？"

梅汝男道："我？我当然只能在旁边看着。"

郭大路道："我若阔了，你就来找我分账；我若死了，你总该替我买口棺材吧？"

梅汝男道："那倒用不着我买，金大叔好歹也会给你口薄皮棺材的。"

郭大路道："所以无论我怎么样，你连一点损失都没有。"

梅汝男笑道："当然没有，否则我为什么要替你出主意？"

郭大路长叹了一声，喃喃道："好主意，这么好的主意，真亏你怎么想得出的！"

梅汝男道："女人本就绝不肯做亏本的生意。"

郭大路叹道："女人，唉，女人。"

梅汝男道："你究竟干不干？"

郭大路苦笑道："不干也是白不干。"

梅汝男道："你死了可不能怨我。"

郭大路道："我若真死了，感激你还来不及，怎么会怨你？"

梅汝男道："感激我？"

郭大路道："死人既不必再看债主嘴脸，也不必再听女人啰唆，岂非比活着穷受罪好得多。"

梅汝男道："真的？"

郭大路道："假的。"

郭大路从来没有觉得活着是在受罪。

他一向活得很快乐。

无论在什么情况下,他都能找得到有意义的事做,无论他做什么,都做得很起劲,所以他很快乐。

若等到他真的想死的时候,世上的人就算没死光,剩下的也一定没有几个。

普通人家的墙,一丈四已经算很高了,但这道墙却至少有两丈八。

梅汝男抬起头,打量了几眼,道:"你有没有把握能上得去?"

郭大路道:"马马虎虎。"

梅汝男道:"马马虎虎是什么意思?"

郭大路道:"就是大概还可上得去的意思,因为我虽然没把握,却有勇气。"

梅汝男道:"在轻功的秘诀里,并没有勇气这两个字。"

郭大路道:"我的秘诀里有。"

这倒不是胡吹。

郭大路无论做什么事,最大的秘诀却正是"勇气"这两个字。

梅汝男看着他,叹息着道:"我只希望你莫要撞破头才好。"

郭大路道:"就算撞破头我也会上去。"

梅汝男嫣然一笑,道:"好,我先上去看看,一打招呼,你就快追上来。"

郭大路道:"你有把握能上得去?"

梅汝男道:"没有。"

她又笑了笑,道:"我既没有把握,也没有勇气,可是我有法子。"

郭大路道:"什么法子?"

梅汝男道："就是这个法子。"

她忽然跳上郭大路的肩，再从郭大路肩上跃起，就跃上墙头。

郭大路又叹了口气，喃喃道："女人用的法子，为什么总是要男人吃亏呢？"

燕七淡淡道："那只因为大多数男人都太笨。"

郭大路道："你难道不是男人？"

燕七笑了笑，道："也是男人，可是我不笨。"

梅汝男已经在上面招手了。

郭大路作势想跃起，忽又停下来，回头看着燕七。

燕七道："你还等什么？"

郭大路道："我这一去，说不定真的会变成个死人，所以……"

燕七道："所以怎么样？"

郭大路道："所以你现在总该将那个秘密告诉我了吧？"

燕七道："不行。"

郭大路道："为什么还不行？"

燕七道："因为这次你绝对死不了的。"

郭大路道："你有把握？"

燕七叹道："说你笨，你果然真笨。"

他看着郭大路，目光忽然变得很温柔，轻轻道："我若没把握，怎么会放心让你去呢？"

"你真笨。"

梅汝男看着郭大路，摇着头，道："你真是笨得要命。"

郭大路瞪眼道："你凭什么也说我笨？"

梅汝男道："因为你本来就笨。"

郭大路道："我哪点笨？"

梅汝男道:"哪点都笨,你为什么不能变得稍微聪明些呢?"

郭大路道:"我能不能不聪明?能不能笨一点?"

梅汝男道:"当然能。"

她伸手拍了拍郭大路的肩头,嫣然道:"因为有很多女孩子都喜欢笨一点的男人,所以你尽管笨吧。"

郭大路道:"你是不是那很多女孩子其中之一?"

梅汝男笑道:"我不是,我也不敢。"

她瞟了墙下的燕七一眼,吃吃地笑着,燕子般地飞了出去。

她当然不会飞,可是她身法的确有如燕子般美妙轻盈。

郭大路站在墙头,仿佛已有些痴了。

燕七咬着嘴唇,轻轻跺了跺脚,道:"笨蛋,还不快追上去?"

郭大路看着他,仿佛看出了什么,又仿佛什么都没有看出来,仿佛想说什么,却又什么都没有说。

到最后他才问了句:"你等不等我?"

燕七道:"笨蛋,我当然等你。"

郭大路道:"等多久?"

燕七道:"多久我都等。"

郭大路这才笑了笑,道:"你放心,我一定能追得上,绝不会追错人的。"

燕七站在墙下,仿佛也有些痴了。

也许不是痴,是醉。

他眼波轻迷,脸上泛着红晕,不是醉是什么?

他醉的又是什么?

第三十三章

金子与教训

金大帅。

一个叫大帅的人,无论他是不是真的大帅,至少总有些大帅的派头。

金大帅的派头果然不小。

他很高,比大多数人都要高半个头。

不但高,而且魁伟、健壮。

高大魁伟的人,看起来总特别显得气势凌人,虎虎有威。虽然已经有五十多岁,但站在那里,腰杆仍然笔直,眼睛仍然有光,胡子虽然留得并不太长,却很浓、很黑。他身上穿的衣服,当然也一定剪裁合身,料子华贵,你就算不知道他是金大帅,也绝不会将他看成个无名小卒的。

郭大路一眼就看出了金大帅。

梅汝男逃过去的时候,他正站在屋子前面的桃树下,欣赏着树上新发的桃花,嘴里仿佛还在低吟着诗句。

这位大帅看来还是个风雅之士。

一看到他,梅汝男眼睛里就好像已有了眼泪,整个人几乎扑到他身上,也不知说了些什么。

郭大路听不见她说的话，却看见金大帅面上已现出怒容，厉声道："就是他？"

梅汝男不停地点头，不停地流泪。

郭大路看得又好笑，又佩服："女人好像全都天生就是会演戏的。"

再看金大帅的怒容更厉，瞪着郭大路，厉声道："你想逃？"

郭大路道："我并没有逃呀，不是好好地站在这里么？"

金大帅道："好，好……你好！"

他似已气得连话都说不出了。

郭大路道："这次你说对了，我本来就好好的。"

金大帅大吼一声，道："气死老夫也。"

郭大路道："气死一个少一个。"

金大帅两眼翻白，好像随时都要气晕过去的样子。

幸好梅汝男已及时过来扶住了他。

她不知什么时候，已从屋里取出了柄金光闪闪的巨弓，还有个沉甸甸的麂皮口袋。

金大帅一把接过了巨弓，整个人就好像立刻变了，变得精神抖擞，更有气派，也变得年轻了很多。

郭大路本来存心想气气他，现在也不敢大意了。

成名的高手，手上已有了他成名的武器，你在他面前若还敢大意，不把命送掉才怪。

只听金大帅大喝一声："着！"

这一个字喝出，满天金光飞舞流动，如暴雨挟带着狂风，向郭大路射了过来。

金大帅的连珠神弹果然不是好玩的。

幸好郭大路早已有了准备。

金大帅的连珠弹固然快，他接得也快。

天上若有金子掉下来，无论谁都不会接得太慢的，何况他本来就有点真功夫。

梅汝男在旁边看着，忽然大声道："贪吃的猪要先挨宰的。"

郭大路也不知是没听见，还是没听懂。

他身上有两个很大的口袋，手里的网接满了，就倒在口袋里。

金大帅的连珠弹一发二十一弹，每一发过后，总要停下来喘口气，正好给他个机会，将网里的金弹装入口袋。

无论多么大的口袋，也不像人的欲望，绝不会装不满的。

郭大路走的时候，袋里已装满了金弹子。

直等口袋装满，他才趁着金大帅喘气的时候溜了。

他当然想以最快的速度离开这里，但也不知为了什么，他身法似已没有刚才快。

幸好金大帅的体积太大，年纪也不小，就算来追，也未必追得上。

郭大路刚才跳下来的时候，记得墙角下有口水井。

他记忆力居然不错，居然还没有被金光闪花了眼，所以很快就找到了这口井。

燕七当然一定就在外面等他。

"没有然后了，只要你能接得住他的连环弹，立刻就变成了个小阔佬。"

阔佬就用不着再看债主的脸色。

郭大路摸了摸口袋里的金弹子，忍不住笑了，抬头看了看墙头，后退了两步，双臂一振，"燕子穿云"，奋力向上一跃。

刚才他就是用这身法跳上墙的,现在他当然也很有把握。

谁知道这次竟不对了。

这次他用的力气比刚才更大,但跃到顶点时,距离墙头至少还有六七尺,脑袋差点撞到墙上,几乎真的撞破了个大洞。

虽然没有撞出个大洞,却也跌了个四脚朝天。

"这是怎么回事呢?"

难道他轻功忽然间就退步了这么多?

郭大路摸着脑袋,觉得这实在有点邪门,他实在想不通。

想不通就只有再试一试。

还是一样,脑袋又几乎被撞破个大洞,又跌了个四脚朝天。

他忽然发现自己往上跳的时候,腰畔的口袋里就好像有双手在将他往下拉。

口袋里当然没有手,只有金弹子。

郭大路终于想通这是怎么回事了。

一粒金弹子若有四两,四十粒金弹子就是十斤。

无论谁身上多了二三十斤重量,轻功都要大大打个折扣的。

刚才他若是少接两发,现在也许就已经跳上墙,已经和燕七见面了。

可是这也没关系,总有法子想的。

墙角下的草很长,很密。

"我若将这些金弹子藏在草丛里,绝不会有人想得到的。"

谁能想得到有人会将已到手的金子抛在乱草里呢?

郭大路又笑了,立刻将身上的两个口袋解下来,藏在深草里。

然后他就跳上了墙。

他很佩服自己。

他觉得自己做事实在很有决断,很有思想,也很有魄力。

若是换了别人,现在一定还在墙下伤脑筋,那就说不定会被金大帅追上了。

像这么样有思想的人,将来不发财才是怪事。

燕七果然就在外面等他。

郭大路一口气说完了这件事的经过,忍不住笑道:"你是不是也很佩服我?"

燕七道:"现在就佩服你,还嫌太早了些。"

郭大路道:"太早?"

燕七道:"现在金弹子还在别人家里。"

郭大路道:"那容易……酸梅汤的马鞍上,不是有一圈长绳子吗?"

燕七点点头,他刚才也看见了。

郭大路道:"现在我再进去,将那两个口袋系在绳子上,你就在墙外面把它拉出来……你说这容易不容易?"

燕七道:"容易。"

郭大路笑道:"一个人只要有思想,无论多困难的事,都会变得很容易的。"

燕七忍不住一笑,道:"所以你一向都很佩服你自己?"

郭大路道:"我想不佩服都不行。"

梅汝男的马就系在前面的树下,鞍上果然挂着圈绳子。

郭大路在墙外等了半天,听到墙里面并没有什么动静,才跃了进去。

那两个口袋果然还在原地未动。

郭大路对自己的判断觉得很满意。

他看着燕七在外面将这两个口袋拉上了墙头，再拉下去。

然后他就听见燕七在外面低唤道："我已经接住了，你出来吧。"

郭大路这才松了口气，大功终于告成，想到他去还债时，那些债主对他巴结的样子，他简直忍不住从心里笑了出来。

于是他纵身一跃，轻轻松松地就上了墙。

这真是人逢喜事精神爽。

燕七已到了巷口的树下，站在那匹马旁边等他。

他走过去的时候，酸梅汤也从前面赶来了。

郭大路忍不住问道："金大帅呢？"

梅汝男抿着嘴笑道："他差点没被你活活气死，现在已回屋去躺着了。"

郭大路道："你现在就溜出来，不怕他疑心？"

梅汝男道："没关系，我分完账之后再回去，也还来得及。"

她嫣然一笑，又道："好在他的钱已多得花不完，我们分一点来花花，也不算罪过。"

燕七忽然道："我们说好了，是三七分账的，是不是？"

梅汝男道："一点也不错。"

燕七道："好，你分七成吧，我们只要三成。"

梅汝男怔住了。

郭大路几乎跳了起来，失声道："什么，你要分给她七成？"

燕七淡淡道："她若要十成，我就全给她。"

郭大路道："你……你是不是中了暑？是不是有点头晕？"

燕七道："发晕的是你，不是我。"

他忽然将那两个口袋往郭大路手里一丢。

郭大路一个没留心，没接住，口袋里的弹子就撒了一地。

不是金弹子，是铁弹子。

郭大路看着一颗黑黝黝的铁弹子在地上乱滚,连眼珠子都好像凸了出来。

燕七淡淡道:"究竟是谁晕,你总该明白了吧。"

郭大路吃吃道:"可是我……我刚才明明看到是金弹子的。"

燕七叹了口气,道:"看来这人不但头晕,而且眼花。"

郭大路怔了半晌,提起口袋一抖,忽然看到一颗金光闪闪的弹子滚了出来。

只有一颗真的是金弹子。

梅汝男捡起来,看了看,忽然道:"你们看,这上面还刻着字。"

郭大路道:"刻的是什么字?"

梅汝男看着这颗金弹子,表情好像很奇怪,过了很久,才长叹了口气,苦笑道:"你还是自己来看吧。"

金弹子上只刻着一行字:"人若是太贪心,到手的黄金也会变成废铁。"

"贪吃的猪总是先挨宰的。"

想到梅汝男的这句话,再看看金弹子上刻的这句话,郭大路脸上的表情,就好像刚吞下了三斤发了霉的黄连。

燕七看看他,再看看梅汝男,苦笑道:"金大帅想必早已知道我们的来意了。"

梅汝男道:"嗯!"

燕七道:"而且他也已看出,你是帮着我们去骗他的。"

梅汝男道:"嗯!"

燕七道:"可是他却在故意装糊涂,因为……"

梅汝男接着道:"因为他本来就很豪爽很大路,就算明知道我们想骗他点钱用，他也不在乎，只可惜……"

她看了郭大路一眼，就没有再说下去。

郭大路却替她接了下去道："只可惜我太贪心，就好像恨不得将他所有的金弹子，全都弄走才过瘾。"

梅汝男道："但那也不能怪你。"

郭大路道："不怪我怪谁？"

梅汝男道："人都有弱点，无论谁都难免有贪心的时候。"

燕七道："何况你贪心也并不是为了你自己，若不是为了朋友，你怎么会欠那许多债呢？"

郭大路忽然笑了笑，道："其实你们根本用不着安慰我，我心里根本不难受。"

梅汝男道："哦？"

郭大路道："这些黄金虽变成了废铁，但我这次来也并不是完全没有收获。"

梅汝男勉强笑了笑，道："不错，你总算还剩下一颗金弹子。"

郭大路道："我收获的并不是这金弹子。"

梅汝男道："是什么？"

郭大路道："是个很好的教训。"

他看着弹子上刻的那句话，慢慢地接着道："对我来说，这教训也许比世上所有的黄金都有价值得多。"

梅汝男看着他，过了很久，才嫣然一笑，道："现在我才明白，为什么有人那样喜欢你了，因为你的确是个很可爱的人。"

郭大路道："你现在才知道？"

梅汝男道："嗯。"

郭大路笑道："我却早就知道了。"

燕七忽然道："只可惜另外有件事你还不知道。"

郭大路道:"哪件事?"

燕七道:"在那些债主眼睛里,你唯一可爱的时候,就是还钱的时候,若没钱还,你知不知道他们会怎么样对付你?"

郭大路的笑容早已不见了,苦着脸摇头道:"不知道。"

他只知道无论多好的教训,都不能拿去还债的。

梅汝男眨了眨眼,问道:"你们欠了人家很多的债么?"

燕七道:"嗯。"

梅汝男道:"欠了多少?"

燕七轻叹道:"也没有多少,只不过万把两银子。"

梅汝男好像倒抽了口凉气,站在那里怔了半天,忽然道:"金大叔一定还在等着训我,我不能再耽误了,回头见。"

这句话还没有说完,她的人已跃上了马。

郭大路看着她打马而去,忍不住长长叹了口气,喃喃道:"为什么别人一听到你欠了债,就立刻会落荒而逃呢?"

燕七沉思着,缓缓道:"因为她也想给你个很好的教训。"

郭大路道:"什么教训?"

燕七道:"一个人若想开开心心地活着,最好就不要欠债。"

郭大路慢慢地点了点头,道:"一个人若想朋友喜欢你,最好也不要欠债。"

这的确是一个很好的教训,值得每个人都牢牢记在心里。

但你若已为朋友欠了债呢?

燕七忽然道:"我看你不如还是先避避风头,溜到别的地方去躲几天再说。"

郭大路瞪眼道:"你叫我溜?"

燕七道:"你答应过别人,两天之内把债都还清的,怎么能空着手回去？"

郭大路道："你以为我会做这种丢人的事？"

燕七道："可是你却已欠了债。"

郭大路道："欠债是一回事，溜又是另外一回事；欠了债总可以还的，但若欠了债之后溜，那就不是个人了。"

燕七看着他，嫣然一笑，道："你的确是个人。"

郭大路笑道："而且是个很可爱的人，只不过穷一点而已。"

这也是原则问题。

一个人若要谨守自己的原则，有时却也并不太容易的。

但你若在任何情况下，都能守得住自己的原则，那么你就会发现，不但活着时比较安心，就算死了，也绝不会闭不上眼睛。

一个人只要能安安心心地活着，安安心心地死，穷一点又有什么关系？

当然，假如能阔一点，也不是什么坏事。

"你是穷是富？"这问题并不重要。

重要的问题是："你究竟是不是个人呢？"

富贵山庄永远是老样子，无论你怎么看，都看不出有一点富贵的气象来。

但今天早上却好像有点不同。

冷冷落落的富贵山庄大门外，今天居然停着几匹骡马。

还有几个穿着很光鲜的小厮，正在庄门外的树下乘凉。

燕七远远就看到了，不由得叹了口气，苦笑道："看来你的债主们已经在里面等着了。"

郭大路道："嗯。"

燕七道："你准备怎么打发他们？"

郭大路道："我只有一种法子。"

燕七道："什么法子？"

郭大路道："说老实话。"

初升的阳光照在他脸上，他的脸明朗、坦诚，仿佛也在发着光。

他接着道："我准备老老实实地告诉他们，现在虽然没钱还，但以后一定会想法子还他们的……这法子也许不好，可是我却已想不出别的法子。"

燕七看着他，微笑着道："你当然想不出，因为这本就是最好的法子，世上绝没有更好的法子。"

债主一共有六个。六个债主都站在院子里，等着。

郭大路一走进去，就大声道："各位，抱歉得很，我现在虽然没有钱还给你们，可是……"

他还没有说完，已有人打断了他的话。

一个姓钱的老板抢着道："郭大爷难道以为我们是来要债的么？"

郭大路怔了怔，道："你们难道不是？"

钱老板笑道："我们生怕这里的东西不够用，所以特地赶着为大爷送来的。"

郭大路讷讷地道："可是……可是我欠了你们的账呢？"

另一个姓张的老板也抢着说道："账早已有人还清了。"

钱老板赔着笑道："那只不过是个小数目。"

郭大路怔了半晌，忍不住问道："那些账究竟是谁还的？"

张老板笑道："老实说，我们也不知道究竟是谁的。"

郭大路更觉奇怪，问道："怎么会连你们也不知道的？"

钱老板道:"今天早上我一起床,就看到外面的桌上放着好几堆银子……"

郭大路忍不住问道:"好几堆?银子怎么会是论堆的?"

钱老板道:"因为那些银封都不一样,有的是济南封,也有的是京城封,一堆堆的都分开了,但下面却都压着张纸条,说明是给郭大路还账的。"

张老板道:"那想必是郭大爷的朋友,知道郭大爷最近手头不便,所以特地带了银子来,又怕郭大爷不肯收,所以特地送到小号去。"

钱老板赔笑道:"郭大爷的朋友,想必都是够义气的江湖好汉,我们虽是做小本生意的,可也不是什么势利小人。"

张老板也赔着笑,道:"所以,我们一早就赶着来了。"

他们当然要一早赶着来。遇着那些半夜里能在他们家出入自如的江湖好汉,他们怎么敢不巴结?

何况还有大把的银子可赚呢?

郭大路却怔住了,简直就像是丈二金刚,摸不着头脑。

燕七悠然道:"你们收下的银子一共有几堆?"

钱老板道:"一共有三堆,不但还账足足有余,还有剩下的。"

张老板道:"所以这两个月郭大爷无论要什么,都只管到小号来拿。"

钱老板笑道:"现在我们也不敢再打扰,就此告辞了。"

于是一个个就打躬作揖,退了出去。

退到大门外,还在感叹着,窃窃私议:"想不到郭大爷居然有这么多好朋友。"

"那当然是因为郭大爷平时做人够义气。"

"交朋友本来就是义气换义气,像郭大爷这种朋友,我也愿意交的。"

等到人全都走光了，郭大路才吐出口气，道："我是不是真的很够义气？"

燕七眨眨眼，微笑道："好像是的，否则怎么会有人替你来还债呢？"

郭大路道："原来并不是每个人一听说你欠债，都会落荒而逃的。"

燕七道："的确不是。"

郭大路叹道："可是我这些够义气的朋友，究竟是从哪里来的呢？"

燕七道："你想不出？"

郭大路道："打破我的头也想不出。"

燕七道："那你就不必想了。"

郭大路道："为什么？"

燕七道："因为那些人说的话都很有道理，交朋友本就是义气换义气，他今天来替你还债，自然因为你以前也做过对他们够义气的事。"

郭大路苦笑道："但我却还是想不出会是谁？"

燕七道："有很多人都有可能，譬如说，红蚂蚁、林夫人、梅汝甲，还有那些骗过你的强盗，他们若知你被人逼债逼得要跳河，都可能偷偷来替你还债的。"

他忽然又接着道："就连金大帅和酸梅汤都有可能的。"

郭大路道："为什么？"

燕七嫣然道："因为你不但是个很好的朋友，而且真是个很可爱的人。"

郭大路笑了，喃喃道："也许真的就是他们，想不到他们还记得我……"

他的笑充满了欢乐和感激。

他感激的倒不是他们为他还了债——他感激的是他们的友情。

这世上只要有友情存在，就永远有光明。

你看，现在阳光正照遍大地，到处都闪耀着金光，就好像上天特地为这世上懂得珍惜友情的人，撒下了一片黄金。

这本来就是个黄金世界，只看你懂不懂得如何去分辨什么才是真正的黄金，什么才是真正值得珍惜的！

第三十四章

金大帅的问题

01

有种人好像命中注定就是要比别人活得开心的,就算是天大的问题,他也随时都可以放到一边去。

郭大路就是这种人。

是谁替他还的账?

为什么要替他还账?

这些问题在他看来,早已不是问题了。

所以他一躺上床,立刻就睡着,一睡就睡到下午,直到王动到他屋里来的时候,他才醒。

王动的行动还不太方便,所以一走进来,就找了个最舒服的地方坐下。

就算他行动方便的时候,无论走到什么地方,也都立刻会找个最舒服的地方坐下去的。

无论谁的屋子里,只怕都很少有比床更加舒服的地方。

所以王动就叫郭大路把脚缩起来些,斜倚在他的脚跟。

郭大路就把一个枕头丢了过去,让他垫着背,然后才揉着眼睛道:"现在是什么时候了?"

王动道："还早，距离吃晚饭的时候，还有半个多时辰。"

郭大路叹了口气，喃喃道："其实你应该让我再多睡半个时辰的。"

王动也叹了口气，道："我只奇怪，你怎么能睡得着？"

郭大路更奇怪，张大了眼睛，道："我为什么睡不着？"

王动道："你若是肯动脑筋想想，也许就会睡不着了。"

郭大路道："有什么好想的？"

王动道："没有？"

郭大路摇摇头，道："好像没有。"

王动道："你已知道是谁替你还的账？"

郭大路道："不管是谁替我还的账，反正账已经还清了，他们既然不愿意泄露自己的身份，我还有什么好想？"

王动道："你能不能稍微动动脑筋？"

郭大路笑了，道："能，当然能。"

他果然想了想，才接着道："最可能替我还账的人，就是林夫人。"

他们那次遇见林夫人的经过，后来已告诉过王动。

王动道："林夫人就是你上次说的卫夫人？"

郭大路点点头，道："她既然知道林太平在这里，当然会派人随时来打听我们的消息，既然知道我们欠了债，当然会派人来还的。"

他接着又道："可是她不愿让林太平知道她已找到这地方，所以才瞒着我们。"

王动道："很合理。"

郭大路笑道："当然合理，我就算懒得动脑筋，但脑筋并不比别人差。"

王动道："除了林夫人外，第二个可能替你还账的是谁呢？"

郭大路道："八成是酸梅汤。"

王动道："为什么是她？"

郭大路道："我看见她一听到我们欠了账，立刻就落荒而逃，心里就觉得很奇怪，因为她本不是这种人。"

王动道："所以你认为她一定又回去向金大帅借了钱，赶到前面来替你先把账还了？"

郭大路道："不错，因为她本来就喜欢燕七，又怕燕七不肯接受她的好意，所以才故意那样做。"

王动道："可是她怎么知道你欠了谁家的账呢？"

郭大路道："那很容易打听得出，你总该知道，酸梅汤是个多么机灵的女孩子。"

王动慢慢地点了点头道："也很合理。"

郭大路笑道："你看，这问题是不是很简单，我不费吹灰之力，随随便便就想出了两个。"

王动道："莫忘了还有第三个人。"

郭大路道："这个人一定是……"

说到这里，他忽然说不下去了。

因为他本来想到很多人都有可能，但仔细一想，这些人又都不太可能。

王动道："骗过你的那些小贼，就算没有把你当瘟生笨蛋，就算心里很感激你，也不会有这么多钱来替你还账的。"

郭大路道："那些人简直穷得连裤子都没的穿，否则我又怎么会大发慈悲？"

王动道："也不能算上梅汝甲，他被你在肚子上打了一拳，不还你两拳已经够客气的了。"

郭大路苦笑道："所以我就算被债主逼死，他也不会掉一滴眼泪的。"

王动道:"掉眼泪不但比替人还债方便,也便宜得多。"

郭大路道:"所以这第三个人也绝不可能是他。"

王动道:"非但不可能是他,也绝不可能是别的任何人。"

郭大路道:"为什么?"

王动道:"因为别的人就算知道你在这里,也不可能知道你在被人逼债。"

郭大路道:"假如有人听到我们跟催命符和十三把大刀他们决斗的事,知道我们有人受了伤,就赶到这里来呢?"

王动道:"来干什么?"

郭大路道:"也许是赶来看热闹,也许是想赶来帮我们的忙,报我们的恩。"

王动道:"报恩?"

郭大路道:"譬如说,那些红蚂蚁、白蚂蚁,就可能会来报我们的不杀之恩。"

王动终于又点点头,道:"这也是很合理。"

郭大路含笑道:"既然很合理,岂非就没有问题了吗?"

王动道:"真正的问题就在这里。"

他脸色很严肃,很沉重。

郭大路忍不住道:"真正的问题?什么问题?"

王动道:"既然可能有人赶来看热闹,赶来报恩,就也可能有人赶来找麻烦,赶来报仇。"

郭大路道:"报仇?"

王动道:"你认为我们对那些蚂蚁有不杀之恩,说不定他们却反把我们当仇人呢?你只想到我们放他们走的时候,为什么不会想想我们将他们打得落花流水的时候?"

郭大路怔住了。

王动道:"何况,催命符和十三把刀他们,说不定也有够义气的朋友,听到他们栽在这里,就可能赶来替他们报仇。"

郭大路叹了口气,道:"很合理。"

王动道:"你虽然没有在江湖中混过,可是我们却不同,无论谁在江湖中混的时候,都难免会在有意无意间得罪些人,这些人若知道我们的行踪,也很可能赶来找我们算一算旧账。"

郭大路叹了口气,苦笑道:"看来我的脑筋实在不能算很高明。"

王动道:"但这些人还不能算是最大的问题。"

郭大路吓了一跳,道:"这还不算?"

王动道:"最大的问题是,既然已有很多人知道我们的行动,就表示我们不幸已出名了。"

他叹了口气,接着道:"一个人出了名之后,大大小小的麻烦,立刻就会跟着来的。"

郭大路道:"什么麻烦?"

王动道:"各种麻烦,你想都想不到的麻烦。"

郭大路道:"你说几种来听听?"

王动道:"譬如说,有人听说你的武功高,就想来找你较量较量,就算你不肯动手,他们也会想出各种法子逼着你非动手不可。"

郭大路苦笑道:"这点我倒明白。"

王动道:"你明白?"

郭大路叹道:"这就好像我逼着金大帅出手一样,只不过我倒未想到报应会来得这么快。"

王动道:"除了来找你比武较量的人之外,找你来帮忙的也好,找你来解决问题的也好,找你来借路费盘缠的也好,这些人随时随刻会找上门来,你根本就不知道他们什么时候会来。"

他又叹了口气，接着道："一个人若在江湖中成了名，要想再过一天清静的日子，只怕都不太简单的。"

郭大路也叹了口气，喃喃道："原来成名也并不是件很愉快的事。"

王动道："也许只有一种人才觉得成名很愉快。"

郭大路道："哪种人？"

王动道："还没有成名的人。"

他忽又叹道："其实真正有麻烦的人，也许并不是你跟我。"

郭大路道："你是说，燕七和林太平？"

王动道："不错。"

郭大路道："他们的麻烦为什么会比我们多？"

王动道："因为他们都有不足为外人道的秘密。"

郭大路从床上跳了起来，大声道："不错，燕七的确有个很大的秘密，他总是不肯告诉我。"

王动道："你到现在还没有猜出来？"

郭大路道："你难道已猜出来了？"

王动忽然笑了笑，道："看来你非但脑筋不太高明，眼睛也……"他忽然停住了口。

有人来了。

郭大路立刻也听到有人走进外面的院子，还不止一个人。

他慢慢地从床上溜下去，慢慢道："你说的果然不错，果然已有人找上门来了。"

王动只有苦笑。

因为他实在也没有想到，人居然来得这么快。

来的是什么人？

会为他们带来什么样的麻烦？

02

来的一共有五个人。

后面的四个人身材都很魁伟，衣着都很华丽，看起来很剽悍，很神气。

可是和前面那个人一比，这四人简直就变得好像四只小鸡。

其实前面这个人也并不比他们高很多，但却有种说不出的气派，就算站在一万个人里，你还是一眼就会看到他。

这人昂首阔步，顾盼自雄，连门都没有敲就大摇大摆地走进了院子，就好像一个百战而归的将军，到自己家来似的。

王动当然知道这不是他的家。郭大路也知道。

他本来已准备冲出去的——若有麻烦上门，他总是第一个冲出去。

可是这次他一看到了这个人，就立刻又缩了回来。

王动皱了皱眉，道："你认得这个人？"

郭大路点点头。

王动道："这人就是金大帅？"

郭大路道："你也认得他？"

王动道："不认得。"

郭大路道："不认得，你又怎么知道他是金大帅？"

王动道："这人若不是金大帅，谁是金大帅？"

郭大路苦笑，道："不错，他的确很有点大帅的样子。"

金大帅站在院子里，背着双手，四面打量着，忽然道："这院子该扫一扫了。"

后面跟着的人立刻躬身道："是。"

金大帅道："那边的月季和牡丹都应该浇点水，草地也该剪一剪。"

跟班们道："是。"

金大帅道："那边树下的几张藤椅，应该换上石墩子，顺便把树枝也修一修。"

跟班们道："是。"

王动在窗户里看着，忽然问道："这里究竟是谁的家？"

郭大路道："你的。"

王动叹了口气，道："我本来也知道这是我的家，现在却有点糊涂了。"

郭大路忍不住要笑，却又皱起眉，道："燕七怎么还不出去？"

王动道："也许他跟你一样，看见金大帅，就有点心虚。"

郭大路道："金大帅又不认得他，他为什么会心虚？"

王动目光闪动，突然问道："你有没有想到一个问题？"

郭大路道："什么问题？"

王动道："燕七打暗器的手法已可算是一流的，接暗器的手法当然也不错。"

郭大路道："想必不错。"

王动道："那么他自己为什么不去找金大帅呢？为什么要你去？"

郭大路怔了怔，道："这……我倒没有想过。"

王动道："为什么不想？"

郭大路苦笑道："因为……因为只要是他要我做的事，我就好像觉得是天经地义，应该由我去做的。"

王动看着他，摇着头，就好像大哥哥在看着自己的小弟弟。

一个被人将糖葫芦骗走的小弟弟。

郭大路想了想,才又道:"你的意思是说,他自己不去找金大帅,就因为生怕金大帅会认出他来?"

王动道:"你说呢?"

郭大路还没有说出话,突听金大帅沉声喝道:"是什么人鬼鬼祟祟躲在屋子里嘀咕,还不快出来。"

王动又看了郭大路一眼,终于慢慢地推开门走出去。郭大路既然不肯动,他就只有动了。

金大帅瞪着他,道:"你躲在里面嘀咕些什么。"

王动淡淡道:"我根本不必躲,你也管不着我在嘀咕些什么。"

金大帅厉声道:"你是什么人?"

王动道:"我就是这地方的主人,我高兴坐在哪里,高兴说什么,就可以说什么。"

他笑了笑,淡淡道:"一个人在自己的家里,就算高兴脱了裤子放屁,别人也管不着。"

他平常说话本没有如此刻薄的,现在却好像故意要杀一杀金大帅的威风。

谁知金大帅反而笑了,上上下下看了他几眼,笑道:"这人果然像是个姓王的。"

王动道:"我并不是像姓王的,我本来就是个姓王的。"

金大帅道:"看来你只怕就是王老大的儿子?"

王动道:"王老大?"

金大帅说道:"王老大就是王潜石,也就是你的老子。"

王动反倒怔住了。

王潜石的确是他父亲,他当然知道他父亲的名字。

但别人知道王潜石这名字的却很少。

大多数人都只知道王老先生的号——王逸斋。

知道王潜石这名字的人,当然是王潜石的故交。

王动的态度立刻变了,变得客气得多,试探着问道:"阁下认得家父?"

金大帅也不回答他的话,却大步走上了回廊。

郭大路这屋子的门是开着的。

金大帅就昂然走了进来,大马金刀,往椅子上一坐,就坐在郭大路的面前。

郭大路只有勉强笑了笑,道:"你好?"

金大帅道:"嗯,还好,总算还没有被人气死。"

郭大路干咳了几声,道:"你是来找我的?"

金大帅道:"我为什么要来找你?"

郭大路怔了怔,道:"那么,大帅到这里来,是干什么的呢?"

金大帅道:"我难道不能来?"

郭大路笑道:"能,当然能。"

金大帅冷冷道:"告诉你,我到这里来的时候,你只怕还没有生出来。"

这人肚子里,好像装了一肚子火药来的。

郭大路并不是怕他,只不过实在觉得有点心虚。

无论如何,他做的那手实在令人服帖,那教训也没有错。

郭大路既然没别的法子对付他,只好溜了。

谁知金大帅的眼睛还真尖,他的脚刚动,金大帅就喝道:"站住!"

郭大路只有赔笑道:"你既然不是来找我的,要我留在这里干什么?"

金大帅道:"我有话问你。"

郭大路叹了口气，道："好，问吧！"

金大帅道："你们晚上吃什么？"

他问的居然是这么样一个问题。

郭大路忍不住笑道："我刚才嗅到红烧肉的味道，大概吃的是竹笋烧肉。"

金大帅道："好，快开饭，我饿了。"

郭大路又怔住。

现在他也有点弄不清谁是这地方的主人了。

金大帅又喝道："叫你开饭，你还站在这里发什么呆？"

郭大路看看王动。

王动却好像什么都看不见，什么都听不见。

郭大路只有叹息着，喃喃道："是该开饭了，我也饿得要命。"

饭开上桌，果然有笋烧肉。

金大帅也不客气，一屁股就坐在上座上。

王动和郭大路就只有打横相陪。

金大帅刚举起筷子，忽然又问道："还有别的人呢？为什么不来吃饭？"

郭大路道："有两个人病了，只能喝粥。"

金大帅道："还有个没病的呢？"

这地方的事，他知道得倒还真清楚。

郭大路支吾着，苦笑道："好像在厨房里。"

燕七的确在厨房里。

他不肯出来，因为："太脏，所以不想见人。"

既然他这么说，郭大路就只能听着，因为若再问下去，燕七就会瞪眼睛。

燕七一瞪眼睛，郭大路就软了。

金大帅道："他又不是厨子，为什么躲在厨房？"

郭大路叹了口气，道："好，我去叫他。"

谁知他刚站起，燕七已垂着头走了进来，好像本就躲在门口偷听。

金大帅上上下下看了他两眼道："坐。"

燕七居然就真的垂着头坐下——这人今天好像也变乖了。

金大帅道："好，吃吧。"

他狼吞虎咽，风卷残云般，一下子就把桌上的菜扫空了。郭大路他们几乎连伸筷子的机会都很少。

碟子底全都朝了天之后，金大帅才放下筷子，一双虎虎有威的眼睛，从王动看到郭大路，从郭大路看到燕七，忽然道："你们去打我的主意，主意是谁出的？"

燕七垂头，道："我。"

金大帅道："哼，我就知道是你。"

燕七的头垂得更低。

金大帅目光转向郭大路，道："你能接得住我五发连珠弹，这种手法江湖中已少见得很。"

郭大路忍不住笑了笑，道："还过得去。"

金大帅道："这手法是谁教给你的？"

王动道："我。"

金大帅道："哼，我就知道是你。"

王动忍不住问道："你怎么知道的？"

金大帅道："我不但知道他是你教的，也知道你是谁教的。"

王动道："哦？"

金大帅突然沉下了脸，道："你父亲教给你这手法时，还告诉了你些什么话？"

王动道："什么话都没有。"

金大帅道："怎么会没有？"

王动道："因为这手法不是他老人家传授的。"

金大帅厉声道："你说谎。"

王动也沉下了脸，冷冷道："你可以听到我说各种话，却绝不会听到我说谎。"

金大帅盯着他，过了很久，才问道："若不是你父亲教的，是谁教的？"

王动道："我也不知道是谁。"

金大帅道："你怎会不知道？"

王动道："不知道就是不知道。"

金大帅又开始盯着他，又过了很久，霍然长身而起，道："你跟我出去。"

他大步走到院子里。王动也慢慢地跟了出去——这个人今天好像也变得有点奇怪。

郭大路叹了口气，悄悄道："我现在才知道这位大帅是来干什么的了。"

燕七道："哦？"

郭大路道："我破了他的连珠弹，他心里一定很不服气，所以还想找教我的人比画比画。"

他嘴里说着话，人也站了起来。

燕七道："你想干什么？"

郭大路道："王老大腿上的伤还没有好，我怎么能看着他……"

燕七打断他的话，冷冷道："你最好还是坐着。"

郭大路道："为什么？"

燕七道："你难道还看不出，他来找的是王动，不是你。"

郭大路道："可是王动的腿……"

燕七道："要接他的连珠弹，并不是用腿的。"

夜色清朗。

金大帅看着王动走过来，忽然皱了皱眉，道："你的腿？……"

王动冷冷道："我很少用腿接暗器，我还有手。"

金大帅道："好！"

他忽然伸出手。立刻就有人捧上了金弓革囊。

金大帅一把抄过金弓。

就在这一刹那，突然间，满天金光闪动。

谁也没看清他是怎么出手的。

郭大路倒抽了口凉气，道："这次他出手怎么比上次还要快得多？"

燕七淡淡道："也许他不想替你买棺材。"

郭大路道："他既然不肯用杀手对付我，为什么要用杀手对付王动？难道他和王动有仇？"

这问题连燕七也回答不出了。

他虽已看出金大帅这次来，必定有个很奇怪的目的，却还是猜不出这目的是什么。

就在郭大路替王动担心的时候，忽然间，满天金光全不见了。

王动还是好好地站着，手上两只网里已装满了金弹子。

谁也没看清他用的是什么手法，甚至根本没看清他出手。

郭大路又叹了口气，喃喃道："原来他手法也比我高明得多。"

燕七道："这手法绝不是一天练出来的，你凭什么在一天里就能全学会，难道你以为你真是天才？"

郭大路道:"无论如何,这手法的诀窍我总已懂得了。"

燕七道:"那只不过因为师父教得好。"

郭大路笑道:"师父当然好,但徒弟总算也不错,否则岂非也早就进了棺材?"

燕七看着他,忽也叹了口气,道:"你几时若能把这吹牛的毛病改掉,我就……"

郭大路道:"就怎么?……是不是就把你那秘密告诉我?"

燕七忽然不说话了。

他们说了十来句话,金大帅还在院子里站着。

王动也站着。

两个人我看着你,你看着我。

又过了半天,金大帅忽然将手里的金弓往地上一甩,大步走了进来,重重地往椅子上一坐。

燕七和郭大路也坐在那里,看着他。

又过了半天,金大帅忽然大声道:"酒呢?你们难道从来不喝酒的?"

郭大路笑了笑,道:"偶尔也喝的,只不过很少喝,每天最多也只不过喝四五次而已。喝得也不太多,一次最多也只不过喝七八斤。"

酒坛子已上了桌。

今天早上当然也有人送了酒来,他们没有喝,因为他们还不是真正的酒鬼。

还没有弄清金大帅的来意,他们谁也不愿喝醉。

但金大帅却先喝了。

他喝酒也真有些大帅的气派,一仰脖子,就是一大碗。

他既已喝了,郭大路又怎甘落后。

就凭他喝酒的样子，看来迟早有一天也会有人叫他大帅的。

金大帅看着他一口气喝了七八碗酒，忽然笑了笑，道："看起来你一次果然可以喝得下七八斤酒的。"

郭大路斜眼瞟着他，道："你以为我在吹牛？"

金大帅道："你本来就不像是个老实人。"

郭大路道："我也许不像是个老实人，但我却是个老实人。"

金大帅道："你的朋友呢？"

郭大路道："他们比我还老实。"

金大帅道："你从来没有听过他们说谎？"

郭大路道："从来没有。"

金大帅瞪着他看了很久，忽然转向王动，道："你那手法真不是你老子教的？"

王动道："不是。"

金大帅道："是谁教的？"

王动道："我说过，我也不知道他是谁。"

金大帅道："怎么会不知道？"

王动道："他从来没有告诉过我。"

金大帅道："你至少总见过他的样子。"

王动道："也没有，因为他教我的时候，总是在晚上，而且总是蒙着脸。"

金大帅目光闪动，道："你是说，有个不知道身份的神秘蒙面人，每天晚上来找你……"

王动道："不是来找我，是每天晚上在坟场那边的树林里等我。"

金大帅道："就算刮风下雨，他也等？"

王动道："除了过年的那几天，就算在冷得眼泪都可以冻成冰的晚上，他也会在那里等。"

金大帅道:"他不认得你,你也不知道他是谁,但是他却每天等你,为的只不过将自己的武功教给你,而且绝不要你一点报酬,对不对?"

王动道:"对。"

金大帅冷笑道:"你真相信天下有这么好的事?"

王动道:"若是别人讲给我听,说不定我也不会相信,但是世上却偏偏有这种事,我想不信也不行。"

金大帅又瞪着他看了半天,道:"你有没有跟踪过他,看他住在哪里?"

王动道:"我试过,但却没有成功。"

金大帅道:"他既然每天都来,当然绝不会住得很远。"

王动道:"不错。"

金大帅道:"这附近有没有别的人家?"

王动道:"没有,山上就只有我们一家人。"

金大帅道:"你们怎么会住在这里的?"

王动道:"因为先父喜欢清静。"

金大帅道:"这附近既没有别的人家,那蒙面人难道是从棺材里爬出来的?"

王动道:"他也许住在山下。"

金大帅道:"你有没有去找过?"

王动道:"当然去找过。"

金大帅道:"但你却找不出一个人像是有那么高武功的?"

王动道:"真正的高手,本就不会将功夫摆在脸上的。"

金大帅道:"山下住的人也并不太多,假如真有那么样的高手,你至少总可以看出一点行踪来的,对不对?"

王动道:"嗯。"

金大帅道:"你说,他既然每天晚上都在教你武功,白天总要睡觉的,在这种小城里,一个人若是每天白天都在睡觉,自然就难免被人注意,对不对?"

王动道:"嗯。"

金大帅道:"既然如此,你为什么找不出呢?"

王动道:"也许他根本不住在城里。"

金大帅道:"既不是住在山上,又不是住在城里,他还能住在什么地方呢?"

王动道:"真正的高手,无论在什么地方都可以睡觉。"

金大帅道:"就算他能在山洞里睡觉,但吃饭呢?无论什么样的高手,总不能不吃饭吧?"

王动道:"他可以到城里买饭吃。"

金大帅道:"一个人若是每天都在外面吃饭,但却没有人知道他住在哪里,岂非更加地要被人注意?"

王动也回瞪着他,看了很久,冷冷道:"你知不知道你从走进大门后直到现在,一共问了多少句话了?"

金大帅道:"你是不是嫌我问得太多?"

王动道:"我只不过在奇怪,你为什么一定要问这些跟你一点关系也没有的问题。"

金大帅忽又笑了笑,变得仿佛很神秘,一口气又喝了三碗酒,才缓缓地说道:"你想不想知道那蒙面人是谁?"

王动道:"当然想。"

金大帅道:"既然想,为什么不问?"

王动道:"因为我就算问了,也没有人能回答。"

金大帅慢慢地点了点头,道:"不错,这世上的确很少有人知道他是谁。"

王动道:"除了他自己外,根本没有别的人知道,连一个人都没有。"

金大帅道:"有一个。"

王动道:"谁?"

金大帅道:"我!"

这句话说出来,连燕七都怔住了。

王动怔了半响,道:"你知不知道这已经是多久以前的事?"

金大帅道:"不知道。"

王动道:"但你却知道他是什么人?"

金大帅道:"不错。"

王动道:"你既然没有看见过他,甚至连这件事是什么时候发生的都不知道,但你却能知道他是谁?"

金大帅道:"不错。"

王动冷笑道:"你真相信天下会有这种事?"

金大帅道:"我想不信都不行。"

王动道:"你凭什么能如此确定?"

金大帅没有回答这句话,又先喝了三碗酒,才缓缓地问道:"你知不知道我的连珠弹一轮连发多少?"

王动道:"二十一个。"

金大帅道:"你知不知道二十一发连珠弹中,哪几发快?哪几发慢?又有几发是变化旋转的?几发是准备互相撞击的?"

王动道:"不知道。"

金大帅道:"你连这点都不知道,怎能接得住我的连珠弹呢?"

王动又怔住。

金大帅道:"我以连珠弹成名,至今已有三十年,江湖中人能闪避招架的人已不多,但你却随随便便就接住了。"

他叹了口气，又道："非但你接住了，连你教出来的人都能接住，简直就拿我这连珠弹当小孩玩的一样，你难道一点也不觉得奇怪？"

王动又怔了半晌，沉吟着道："这也许只因我的法子用对了。"

金大帅忽然一拍桌子，道："不错，你用的不但是最正确的一种法子，也是最巧妙的一种手法，这种手法不但可以破我的连珠弹，甚至可以说是天下所有暗器的克星。"

王动只有听着，因为连他自己实在也不知道这种手法竟是如此奥妙。

金大帅看着他，又问道："你知不知世上会这种手法的人有几个？"

王动摇摇头。

金大帅道："只有一个。"

他又长长叹息了一声，缓缓道："我找这个人，已经找了十几年了。"

王动道："你……你为什么要找他？"

金大帅道："因为我平生与人交手，败得最惨的一次，就是败在他手上。"

王动道："你想报仇？"

金大帅道："那倒并不是完全为了报仇。"

王动道："是为了什么？"

金大帅道："我的连珠弹既然有人能破，自然就有缺点，但是我想了几十年，还是想不出其中的关键在哪里。"

王动道："他既然能破你的连珠弹，想必就一定知道你的缺点。"

金大帅道："不错。"

王动道："你认为那蒙面人就是他？"

金大帅说道："绝对是他，绝不可能再有第二个人。你接我连珠弹

159

的手法，跟他几乎完全一模一样。"

王动目中已露出急切盼望之色。

但郭大路却更急，抢着道："你说来说去，这个人究竟是谁呢？"

金大帅凝视着王动，一字字道："这个人就是王潜石，就是你的父亲。"

就算催命符从坟墓里伸手出来将他一把抓住的时候，王动脸上的表情也没有现在这么样惊讶。

但郭大路却比他更惊讶，抢着道："你说那蒙面人就是他的父亲？"

金大帅道："绝对是。"

郭大路道："你说他父亲不在家里教他功夫，却要蒙起脸，在外面的树林子里等他？"

金大帅道："不错。"

郭大路想笑，又笑不出，却叹了口气，道："你真相信世上有这种怪事？"

金大帅道："这件事并不能算奇怪。"

郭大路道："还不算奇怪？"

金大帅道："有道理可以解释的事，就不能算是怪事。"

郭大路道："有什么道理？"

金大帅淡淡地道："我本来也想不通的，但看到他住在这种地方，就想出了一点，看到你们这些朋友，又想出了第二点。"

郭大路道："你先说第一点。"

金大帅道："王潜石少年时还有个名字，叫王伏雷，那意思就是说，就算是天上击下来的雷电，他也一样能接得住。"

他又尽一杯，接着道："这名字虽然嚣张，但他二十三岁时，已被武林中公认为天下接暗器的第一高手，就算狂妄些，别人也没话说。"

大家都在听着，连郭大路都没有插口。

金大帅道："等他年纪大了些，劲气内敛，才改名为王潜石，那时他已经很少在江湖中走动了，又过了两年，就忽然失踪。"

到这时郭大路才忍不住插口道："那想必是因为他已厌倦了江湖间的争杀，所以就退隐到林下，这种事自古就有很多，也不能算奇怪。"

金大帅却摇了摇头，道："这倒并不是最主要的原因。"

郭大路道："哦？"

金大帅道："最主要的是，他结了个极厉害的仇家，他自知绝不是这人的敌手，所以才隐姓埋名，退隐到这种荒僻的地方。"

王动突然道："他的仇家是谁？"

金大帅道："就因为他不愿让你知道仇家是谁，所以才不肯亲自出面教你武功。"

王动道："为什么？"

金大帅道："因为你若知道他过去的事，迟早会听到他结仇的经过，你若知道他的仇家是谁，少年人血气方刚，自然难免要去寻仇。"

他叹了口气，道："但他这仇家实在太可怕，非但你绝不是敌手，江湖中只怕还没有一个人能接得住他五十招的。"

王动脸上全无表情，道："我只想知道这个人究竟是谁。"

金大帅道："现在你知道也没有用了。"

王动道："为什么？"

金大帅道："因为他纵然已天下无敌，却还真有几样无法抵抗的事。"

王动道："什么事？"

金大帅道："老、病、死！"

王动动容道："他已死了？"

金大帅长叹道:"古往今来的英雄豪杰,又有谁能够逃得过这一关呢?"

王动道:"可是他究竟……"

金大帅打断了他的话,道:"他的人既已死了,名字也随着长埋于地下,你又何必再问。"

他不让王动开口,很快地接着又道:"自从到了这里之后,王伏雷这个人也已算死了,所以就算在自己的儿子面前,也绝口不肯再提武功。"

郭大路道:"这是第一点。"

金大帅道:"看到你们这种朋友,就可以想见王动小时候必定也是个很顽皮的孩子。"

郭大路虽没有说话,但脸上的表情却已无异替王动承认了。

金大帅道:"顽皮的孩子随时都可以闯祸,王潜石生怕自己的儿子会吃亏,又忍不住想教他一些防身的武功。"

他笑了笑道:"但若要一个顽皮的孩子好好地在家里学武,那简直比收服一匹野马还困难得多,所以王潜石才想出这个法子,既不必透露自己的身份,又可以激起王动学武的兴趣——孩子们对一些神秘的事,兴趣总是特别浓厚的。"

郭大路笑道:"莫说是孩子,大人也一样。"

黑黝黝的晚上,坟场旁的荒林,还有蒙着面的武林高手……

像这么神秘的事,只怕连老头子都无法不动心。

金大帅道:"这件事现在你们该完全明白了吧。"

郭大路道:"还有一点不明白。"

金大帅道:"哦?"

郭大路道:"王老伯的心意,你怎么会知道的?"

金大帅道:"因为我也是做父亲的人。"

他长叹着,接着道:"父亲对儿子的爱心和苦心,也只有做父亲的人才能体会得到。"

王动突然站起来,冲了出去。

他是不是想找个没人的地方,去痛哭一场?

燕七本就一直垂着头的,现在郭大路的头也垂了下去。

"做儿子的人,为什么总要等到已追悔莫及时,才能了解父亲对他的爱心和苦心呢?"

金大帅看着他们,忽然举起酒杯,大声道:"你们难道从来不喝酒的?"

世上的确有很多奇怪而神秘的事,看来好像永远都无法解释。

其实无论多么神秘的问题,都一定有答案的,就正如地下一定有泉水和黄金,世上一定有公道和正义,人间一定有友情和温暖。

你就算看不到、听不到、找不到,也绝不能不相信它的存在。只要你相信,就总会有找到的一天。

03

"世上有没有从来不醉的人?"

这问题最正确的答案是:"有。"

从来不喝酒的人,就绝不会醉的。

只要你喝,你就会醉,你若不停地喝下去,就非醉不可。所以郭大路醉了。

金大帅的头好像在不停地摇来摇去。

他忽然觉得金大帅连一点都不像是个大帅，忽然觉得自己才真的是个大帅，而且是个大帅中的大帅。

金大帅也在看着他，忽然笑道："你的头为什么要不停地摇？"

郭大路大笑，道："你看这个人，明明是他自己的头在摇，还说人家的头在摇。"

金大帅道："人家是谁？"

郭大路道："人家就是我。"

金大帅道："明明是你，为什么又是人家？"

郭大路想了想，忽又叹了口气，道："你知不知道你最大的毛病是什么？"

金大帅也想了想，问道："是不是我的酒喝得太多了？"

郭大路道："不是酒喝得太多，是问话太多，简直叫人受不了。"

金大帅大笑，道："好吧，我不问，说不问就不问……我能不能再问最后一次？"

郭大路道："你问吧。"

金大帅道："你知不知道我这次来，究竟是为了什么？"

郭大路想了想，大笑道："你看这个人！他自己来要干什么连他自己都不知道，却反而要来问我，我又不是他肚子里的蛔虫，我怎么知道？"

金大帅好像根本没听见他在说什么，眼睛望着自己手里的空碗，就好像随时要哭出来的样子。过了很久，才缓缓道："我在家里又练了十年连珠弹，以为已经可以对付王伏雷了，谁知连他的儿子都对付不了，我……我……"

他忽然跳起来，仿佛也想冲出去，找个没人的地方痛哭一场。

郭大路道："等一等。"

金大帅瞪眼道："还等什么？等着再丢一次人？"

郭大路指着桌上大汤碗里的金弹子，道："你要走，也得把这些东西带走。"

汤碗里装的本是红烧肉，是他将金弹子倒进去的。

金大帅道："我为什么要带走？"

郭大路道："这些东西本来是你的。"

金大帅道："谁说是我的？你为什么不问问它，看它姓不姓金？"

郭大路怔住了。

金大帅突又大笑，道："这些东西既不是红烧肉，也不是肉丸子，吃也吃不得，咬也咬不动，谁若是喜欢这种东西，谁就是龟儿子。"

郭大路道："你以后难道不用连珠弹了？"

金大帅道："谁以后用连珠弹，谁就是龟孙子。"

他大笑着，踉踉跄跄地冲了出去，冲到门口，突又回过头，道："你知不知道我以前为什么喜欢用金弹子打人？"

郭大路道："不知道。"

金大帅道："因为金子本是人人都喜欢的，若用金子打人，别人总是想接过来看看，就忘了闪避，要接住它总比避开它困难些，何况金子还能使人眼花缭乱，所以无论谁用金子做暗器，一定会占很大的便宜。"

郭大路道："现在你为什么又不用了呢？"

金大帅又想了想，道："因为占便宜就是吃亏，吃亏才是占便宜。"

郭大路笑道："看来你并没有喝醉，你说话还清楚得很。"

金大帅瞪眼道："我当然没醉，谁说我喝醉了，谁就是龟孙子的孙子。"

金大帅终于走了。

他的确一点也没有醉,只不过醉了八九分而已。

郭大路呢?

他正在看着碗里的金弹子发怔,怔了半天,才叹了口气,喃喃道:"世上有些东西真奇怪,你想要它的时候,一个也没有,不想它的时候,偏偏来了一大堆,你说要命不要命。"

第三十五章

鬼公子

01

假如你住在个很荒僻的地方。

假如有个人在半夜三更里,来敲你的门,很客气地对你说:"我又累又渴,又错过了宿头,想在你们这里借宿一宵,讨点水喝。"

那么,只要你是个人,你就一定会说:"请进。"

郭大路是个人。

他平时就是个很豪爽、很好客的人,喝了酒之后,就比平时更豪爽,更好客十倍。

现在他喝了酒,而且喝得真不少。

金大帅刚走了没多久,他就听到敲门,就抢着出去开门。

敲门的人就客气地对他说:"我又累又渴,又错过了宿头,想在这里借宿一宵,讨点水喝。"

郭大路本来当然应该说:"请进。"可是这两个字他竟偏偏说不出口来。

看见了这个人,他喉咙就好像忽然被塞住了,简直连一个字都说不出。

来敲门的是个黑衣人。

这人满身黑衣,黑裤子、黑靴子,脸上也蒙着块黑巾,只露出一双乌黑有光的眼睛,身后还背着柄乌鞘的长剑。

一柄五六尺长的剑。

门口没有灯。

这人静静地站在那里,简直就好像是黑暗的化身。

一看见这个人,郭大路的酒意就好像已经清醒了三分。

再看到这人的剑,他酒意就又清醒了三分。

他几乎忍不住要失声叫了出来:

"南宫丑!"

其实,南宫丑究竟是什么样子,他并没有真的看见过。

他看见的是梅汝甲。

虽然他的装束打扮,甚至连身上佩的剑,都和梅汝甲那次与棍子他们在麦老广的烧腊店里出现时,完全一样。

但郭大路却知道他绝不是梅汝甲。

那倒并不是因为他比梅汝甲更高一点、更瘦一点——究竟是为什么呢?连郭大路自己也不太清楚。

梅汝甲穿上黑衣服的时候,仿佛也带着种凌厉逼人的杀气。

这人却没有。

他既没有杀气,也没有人气,简直连什么气都没有,你就算踢他一脚,他好像也不会有一点反应。

但郭大路却可以保证,无论谁都绝不敢去沾他一根手指。

他眸子很黑、很亮,和普通练武的人好像并没有什么不同。

但也不知为了什么,只要他看你一眼,你立刻就会觉得全身不舒服。

他正在看着郭大路。

郭大路只觉得全身都很不舒服,就好像喝醉酒第二天醒来的时候一样,手心里流着冷汗,头疼得恨不得拿把刀来将脑袋砍掉。

黑衣人看着他,显然还在等着他的答复。

郭大路却似已忘了答复。

黑衣人什么话都没有再说,忽然转过身,慢慢地走了。

他走路的样子也很正常,只不过走得特别慢而已,每走一步,都要先往前面看一眼才落脚,就好像生怕一脚踩空,跌进个很深的水沟里,又好像生怕踩死了地上的蚂蚁。

像他这样子走路,走到明天下午,只怕也走不到山下去。

郭大路忽然忍不住道:"等一等。"

黑衣人头也不回,道:"不必等了。"

郭大路道:"为什么?"

黑衣人道:"这里既不便,我也不勉强。"

这几句话说完,他才走出了两步。

郭大路大笑道:"谁说这里不便?附近八百里内,绝没有比这里更欢迎客人的地方了,你快请进来吧。"

黑衣人还在犹豫着,过了很久,才慢慢地转过头。

郭大路又等了很久,他才走回门口,道:"阁下真请我进去?"

他说话也慢吞吞的,但用的字却很少,别人要用十个字才能说完的话,他最多只用六七个字。

郭大路道:"真的,请进。"

黑衣人道:"不后悔?"

郭大路笑着道:"为什么要后悔?阁下莫说只借宿一宵,就算住上三五个月,我们也是一样欢迎的。"

他的豪气又发作了。

黑衣人道:"谢。"

他终于慢慢地走进院子,眼睛只看着前面的路,别的什么地方都不看。

燕七和王动都在窗户里看着他,两人的神色也显得很惊讶。

黑衣人走到长廊上,就停下。

郭大路笑道:"先请进来喝杯酒吧。"

黑衣人道:"不。"

郭大路道:"你从来不喝酒?"

黑衣人道:"有时喝。"

郭大路道:"什么时候才喝?"

黑衣人道:"杀过人后。"

郭大路怔了怔,喃喃道:"这么样说来,你还是不要喝酒的好。"

后来他自己想想又觉得很好笑。

郭先生居然叫人不要喝酒,这倒真是平生第一遭。

黑衣人就站在廊上,不动了。

郭大路道:"后面有客房,你既然不喝酒,就请过去吧。"

黑衣人道:"不必。"

郭大路又怔了怔,道:"不必?不必干什么?"

黑衣人道:"不必去客房。"

郭大路道:"你难道就睡在这里?"

黑衣人道:"是。"

他似已懒得再跟郭大路说话,慢慢地闭起了眼睛,倚在廊前的柱子上。

郭大路忍不住道:"你既然要睡在这里,为什么不躺下?"

黑衣人道:"不必。"

郭大路道:"不必躺下?"

黑衣人道:"是。"

郭大路道:"你……你难道要站着睡?"

黑衣人道:"是。"

郭大路说不出话了,脸上的表情就好像看到了一匹会说话的马一样。

"马不会说话。"

"但只有马才站着睡觉。"

"他是匹马?"

"不是。"

"你看是什么人?"

"南宫丑!"

燕七点点头,这一次总算同意了郭大路的话。

黑衣人倚在廊下的柱子上,竟似真的睡着了,他这人本身就像是根柱子,直、冷、硬,没有反应,没有感情。

郭大路叹了口气,道:"这人若不是南宫丑,天下就绝不可能再有别的人是南宫丑了。"

王动忽然道:"无论他是马也好,是南宫丑也好,都跟我们一点关系都没有。"

郭大路道:"有。"

王动道:"有什么关系?"

郭大路道:"像南宫丑这种人,若没有目的,怎么会到这里来?"

王动道:"他为什么不能来?"

郭大路道:"他为什么要来?"

王动道:"无论哪一种人,晚上都要找个地方睡觉的。"

郭大路道:"你真认为他是来睡觉的?"

王动道："他正在睡觉。"

郭大路道："像这样子睡觉，什么地方不能睡，为什么偏偏要到这里来睡？"

王动道："无论他为的是什么，他现在总是在睡觉，所以……"

郭大路道："所以怎么样？"

王动道："所以我们大家都应该去睡觉。"

这就是他的结论。

所以他就去睡觉了。

王动说要去睡觉的时候，你想叫他去做任何别的事都不行。

但郭大路却还站在窗口，看着。

燕七道："你为什么还不去睡？"

郭大路道："我想看看，他是不是真的睡着了，能睡多久？"

燕七咬着嘴唇，说道："但这是我的房间，我要睡了。"

郭大路道："你睡你的，我又不会吵你。"

燕七道："不行。"

郭大路道："为什么不行？"

燕七道："有别人在我屋里，我睡不着。"

郭大路笑了，道："你以后若娶了老婆，难道还要她到别的屋里去睡觉？"

燕七的脸仿佛又有些红了，瞪着眼道："你怎么知道我一定要娶老婆？"

郭大路道："因为世上只有两种人不娶老婆。"

燕七道："哪两种人？"

郭大路笑道："一种是和尚，一种是半男不女的人，你总不是这两种人吧。"

燕七有些生气了，道："就算我要娶老婆，也不会娶个像你这样的臭男人吧。"

他本来有些生气的，但说完了这句话，脸却反而更红了。

郭大路忽然一把将他拉了过来，悄声道："你看，那边墙上是什么？"

燕七刚准备甩脱他的时候，已看到对面墙头上伸出一个脑袋来。

夜色很暗。

他也没有看清这人的脸长得什么样子，只看见一双炯炯有光的眼睛四面看了看。

幸好这屋里并没有燃灯，所以这人也没有看见他们，四面看了几眼，忽然又缩了回去。

郭大路轻轻地冷笑道："你看，我猜得不错，这人非但不怀好意，而且来的还不止他一个。"

燕七道："你认为他是先到这里来卧底的？"

郭大路道："一定是。"

那黑衣人虽然还是站在那里，动也不动，但燕七却也不禁看得出神了。

没有动作，往往也是种很可怕的动作。

燕七就算真的想睡觉，现在也早已忘得干干净净。

也不知过了多久，突听郭大路喃喃道："奇怪，真奇怪。"

燕七道："什么事奇怪？"

郭大路道："你身上为什么一点也不臭？"

燕七这才发觉他站得离郭大路很近，几乎已靠在郭大路怀里。

幸好屋里没有灯，也看不出他脸上是什么颜色，什么表情。

他立刻退出了两步，咬着嘴唇，道："我能不能不臭？"

郭大路道："不能。"

燕七忍不住问道："为什么？"

郭大路道："因为我从来没看过你洗澡，也没看过你换衣服，你本来应该臭得要命才对的。"

燕七道："放屁。"

郭大路笑道："放屁就更臭了。"

燕七狠狠地瞪着他，好像很想给他一个耳刮子，幸好就在这时，墙外突然有个人轻烟般掠了进来。

他当然不会真的像烟一样，但却真轻，一掠三丈后，落在地上，居然连一点声音都没有。

他身子不但轻，而且特别瘦小，简直跟小孩子的身材差不多。

可是他脸上却已有了很长的胡子，几乎已和乱松松的头发连在一起，遮住了大半个脸，只能看到一双狐狸般的狡猾的眼睛。

他眼睛四下一转，就盯在倚着柱子的黑衣人身上。

黑衣人还是没有动，也没有睁开眼睛。

这人忽然一招手，墙外立刻就又掠入了三个人来。

这三个人的身材当然高大些，但轻功却都不弱，三个人都是劲装，一身夜行衣靠，手上都拿着兵器。

一个人用的是判官笔，一个人用的是弧形剑，一个人用的是链子枪，那枯瘦的老人也亮出了一对双环。

四种都是很犀利，也很难练的外门兵器。

能用这种兵器的人，武功绝不会差。

但黑衣人还是不动寂然地站着，连一点反应都没有。

四个人的神情都很紧张，眼睛瞬也不瞬地盯在他身上，一步步向他逼了过去，显然随时都可能使出杀手，一下子就要他的命。

郭大路看了燕七一眼，意思像是说："原来他们并不是同路的。"

燕七点点头。

两个人都按兵不动，心头都有同样的打算，要看看这四个用外门兵器的夜行盗，怎么样来对付这神秘的黑衣人。

谁知就在这时，大门忽然开了。

郭大路本来明明记得已将大门闩上了的，现在不知怎的，竟又无声无息地开了。

一个穿着碧绿长衫的人，手里摇着折扇，施施然走了进来。

他穿得很华丽，神情很潇洒，看起来就像是个走马章台的花花公子。

郭大路看清他的脸时，却不禁吓了一跳。

那简直就不像是张人的脸，就连西藏喇嘛庙里的魔鬼面具，都没有这张脸可怕。

因为这确是一张活生生的脸，而且脸上还有表情。

一种令人看了之后，睡着了都会在半夜里惊醒的表情。

郭大路若非亲眼看到，简直不相信这么样一个人身上，会长着这么样一张脸。

那四个用外门兵器的人，居然还没有发觉又有个人进来了。

这绿衫人的脚步，轻得就好像根本没有沾着地似的，飘飘然走到那用判官笔的人背后，用手里的折扇轻轻拍了拍这人的肩。

这人立刻就像只中了箭的兔子般跳了起来，凌空一个翻身，落在那枯瘦老人的旁边。

他们这才看见了这绿衫人，脸上立刻充满了惊骇之意。

郭大路又和燕七交换了个眼色："原来这些人也不是一路来的。"

这些人就像是正在演一出无声的哑剧，但却实在很神秘、很刺激。

绿衫人手里还在轻摇着折扇，显得从容得很。

那四个用外门兵器的人却更紧张，手里的兵器握得更紧。

绿衫人忽然用手里的折扇，指了指他们，又向门外指了指。

这意思显然是叫他们出去。

四个用外门兵器的人对望了一眼,那老人咬了咬牙,摇了摇头,用手里的钢环指了指这栋屋子,又向他们自己指了指。

他的意思显然是说:"这地盘是我们的,我们不出去。"

绿衫人忽然笑了。

无论谁都不可能看到这样子的笑。

无论谁看到这样子的笑,都一定会为之毛骨悚然。

四个用外门兵器的人脚步移动,已站在一起,额上冒着光,显见已是满头冷汗。

绿衫人折扇又向他们手里的兵器指了指,好像是在说:"你们一起上来吧!"

四个人又对望了一眼,像是已准备出手,但就在这时,绿衫人忽然间已到了他们面前。

他手里的折扇轻轻在那用链子枪的人头上一敲。

敲得好像并不重。

但这人立刻就像是一摊泥般软软地倒了下去,一个大好的头颅竟已被敲得裂开,飞溅出的血浆在夜色中看来,就仿佛是一片落花。

他倒下去的时候,弧形剑已划向绿衫人的胸膛。

剑走轻灵,滑、狠,而且快。

但绿衫人更快。他一伸手,就听到"嚓"一声,接着,又是"嚓"一声。

弧形剑"叮"地掉在地上,这人的两只手已齐腕折断,只剩下一层皮连在腕子上。

他本来还是站着的,但看了看自己这双手,突然就晕了过去。

这不过是一瞬间的事。

另外两个已吓得面无人色,两条腿不停地在弹琵琶。

那老人总算沉得住气，忽然向绿衫人弯了弯腰，用钢环向门外指了指。

谁都看得出他已认输了，已准备要走。

绿衫人又笑了笑，点了点头。

这两人立刻将地上的两个尸体抬起来，大步奔了出去。

他们刚走出门，绿衫人身形一闪，忽然间也已到了门外。

门外发生了什么事，郭大路并没有看见，只听到两声惨呼。

接着，几样东西从门外飞了进来，跌在地上，原来正是一对判官笔、一对钢环。

但判官笔已断成四截，钢环也已弯曲，根本已不像是个钢环。

郭大路倒抽了口凉气，看着燕七。

燕七眼睛里似也有些惊恐之色。

这绿衫人的武功不但高，而且高得邪气。

最可怕的是，他杀起人来，简直就好像别人在切菜似的。

无论谁看到他杀人的样子，想不流冷汗都不行。

但那黑衣人还是没看见，因为他根本就没有动，没有睁开眼来。

院子里发生了这么多事，就在他面前死了这些人，他还是连一点反应都没有。

就算天下的人都在他面前死光了，他好像也不会有一点反应。

这时那绿衫人又施施然从门外走了进来，手里轻摇折扇，显得又潇洒、又悠闲。

若有谁能看得出他刚才一口气杀了四个人，那才是怪事。

他有意无意，向郭大路他们那窗口瞟了一眼，但还是笔直走到黑衣人的面前。

走廊前有几级石阶。

他走到第二级石阶，就站住，看着黑衣人。

郭大路忽然发现这黑衣人不知在什么时候也张开眼睛来了，也正在看着他。

两个人你看着我，我看着你，那样子看起来本该很滑稽的。

但郭大路却连一点滑稽的感觉都没有，只觉得手心有点发冷。

连他手心都已沁出了冷汗。

又过了很久，绿衫人忽然道："刚才'恶鸟'康同已带着他的兄弟来过了。"

这是他第一次开口，原来他不但风度翩翩，说话的声音也很好听。

只要不看他的脸，只听他说话，只看他的风姿，真是位浊世佳公子。

黑衣人道："哼。"

绿衫人道："我生怕他们打扰了你的清梦，已打发了他们。"

黑衣人道："哼。"

绿衫人道："你莫非也已知道他们要来，所以先在这里等着他们？"

黑衣人道："他们不配。"

绿衫人笑道："不错，这些人的确还不配你出手，那么你是在等谁呢？"

黑衣人道："鬼公子。"

绿衫人道："承蒙你看得起，真是荣幸之至。"

原来他叫作鬼公子。

郭大路觉得这名字真是再恰当也没有了。

但这黑衣人是谁呢？

是不是南宫丑？他为什么要在这里等这鬼公子？

鬼公子又道："你在这里既然是等我的，莫非已知我的来意？"

黑衣人道："哼。"

鬼公子道："我们以前也见过面，彼此一直都很客气。"

黑衣人道："你客气。"

鬼公子笑道："不错，我对你当然很客气，但你却也曾找过我的麻烦。"

黑衣人道："哼。"

鬼公子道："这次我希望大家还是客客气气地见面，客客气气地分手。"

黑衣人道："哼。"

鬼公子道："我只要问这里的主人几句话，立刻就走。"

黑衣人道："不行！"

鬼公子道："只问两句。"

黑衣人道："不行！"

鬼公子居然还是客客气气的，微笑着道："为什么不行，难道你和这里的主人是朋友？"

黑衣人道："不是。"

鬼公子笑道："当然不是，你和我一样，从来都没有朋友的。"

黑衣人道："哼。"

鬼公子道："既然不是朋友，你为什么要管这闲事呢？"

黑衣人道："我已管了。"

鬼公子目光闪动，道："莫非你也在跟我打一样的主意？"

黑衣人道："哼。"

鬼公子道："催命符的钱是不是在这里，还不一定，我们又何必为此伤了和气？"

黑衣人道："滚！"

鬼公子笑道："我不会滚。"

黑衣人道："不滚就死！"

鬼公子道："谁死谁活也还不一定，你又何必要出手？"

他看起来居然还是一点火气都没有，一直都好像是忍气吞声，委曲求全。

无论谁来看，都绝对看不出他有动手的样子。

但在那边窗口看着的郭大路和燕七，却突然同时道："看，这人要出手了！"

说到第三个字时，鬼公子果然已出手。

也就在这同一刹那间，黑衣人的双手一抬，握住了肩后的剑柄。

他两只手全都举起，整个人前面都变成了空门，就好像个完全不设防的城市，等着敌军长驱直入。

鬼公子的折扇本来是以判官笔的招式，点他前胸璇玑穴的，这时折扇突然撒开，扇沿随着这一撒之势，自他的小腹刺向咽喉。

这一招的变化看起来并没有什么特别精妙之处，其实就在这折扇一撒之间，出手的方向，招式的路数，就好像他手里突然间已换了种兵器。

这一招突然已由点变成了划，攻势也突然由点变成了面。

其变化之精妙奇突，实在能令他的对手无法想象。

黑衣人背后倚着柱子，站着的地方本来是个退无可退的死地。

再加上他双手高举，空门全露，只要是个稍微懂得点武功的人，对敌时都绝不会选择这种地方，也不会选择这种姿势。

他的剑长达六尺，在这种情况下，根本就没法子拔出来。

别人根本就没法子拔出来。

黑衣人有。

一个人若选择了个这么坏的地势，这么坏的姿势来和人交手，他若不是个笨蛋，就一定有他自己独特的法子。

鬼公子一扇划出，黑衣人身子突然一转，变成面对着柱子，好像要和这柱拥抱一样。

他虽然堪堪将这一招避开了，但却把背部完全卖给了对方。

这法子更是笨不可言。

连鬼公子都不禁怔了怔，他平生和人交手至少也有两三百次，其中当然有各式各样的人，有的很高明，也有的很差劲。

但像这样笨的人，他倒还真是平生第一次见到。

谁知就在这时，黑衣人的手突然用力向柱子上一推，两条腿也同时向柱子上一顶，腹部向后收缩，臀部向后突直。

他的人也箭一般向后蹿了出去，整个人像是突然自中间折成了两截，手和腿都叠到一起。

也就在这时，剑光一闪。

一柄六尺长的寒铁剑已出鞘。

这种拔剑的法子，不但奇特已极，而且诡秘已极。

鬼公子想转身追击时，就发现这柄寒铁剑的剑尖正在指着他。

黑衣人的整个身子都在长剑的后面，已连一点空门都没有了。

最笨的法子，突然已变成了最绝的法子。

鬼公子突然发现自己已连一点进击的机会都没有。

他只有退，身形一闪，退到柱子后。

柱子是圆的，黑衣人的剑太长，也绝对无法围着柱子向他进击。

他只要贴着柱子转，黑衣人的剑就不可能刺到他。

他就可以等到第二次进击的机会。

这正是败中求胜、死中求活的法子，这法子实在不错。

鬼公子贴在柱子上，只等着黑衣人从前面绕过来。

黑衣人还在柱子的另一边，连一点动静都没有。

难道他也在等机会？

鬼公子松了口气，他不怕等，不怕耗时间，反正他已先立于不败之地。

黑衣人要来攻，就得从前面绕大圈子，他却只要贴着柱子转小圈，两个人体力的消耗，相差最少也有三四倍。

那么用不着多久，黑衣人体力就会耗尽，他的机会就来了。

这笔账他算得很清楚，所以他很放心。

他好像听到柱子后面有"笃"的一响，就像是啄木鸟在啄树的声音。

他并没有留意。

但就在这一刹那，他突又觉得背脊上一凉。

等他发觉不妙时，已感觉到有样冰冷的东西刺入了他的背脊。

接着，他就看到这样东西从他前胸穿了出来。

一截闪着乌光的剑尖。

鲜血正一滴滴从剑尖上滴下来。

你若突然看到一截剑尖，从你的胸膛里穿出来，你会有什么感觉呢？

这种感觉只怕很少有人能体会得到。

鬼公子看着这段剑尖，脸上的表情显得很惊讶，好像突然看到了一样很奇怪，很有趣的事。

他呆呆地看了两眼，一张脸突然因恐惧而扭曲变形，张大了嘴，像是想放声大喊。

可是，他的喊声还没有发出来，整个人就突然冰凉僵硬。

完全僵硬。

远远看过来，好像他还在凝视着自己胸前的剑尖沉思着。

鲜血还在不停地自剑尖滴落。

滴得很慢，愈来愈慢……

他的人还是保持着同样的姿势——一种说不出有多么诡秘可怖的姿势。

燕七已转过头，不忍再看。

郭大路的眼睛虽然张得很大，其实也并没有真的看见什么。

刚才那一幕，已经把他看得呆住了。

他清清楚楚地看见，黑衣人鼓气作势，突然一剑刺入了柱子。

他也清清楚楚地看见，剑尖没入柱子，突然又从鬼公子的前胸穿出。

他实在很难相信自己看到的这件事是真的。

——你听来也许会立刻相信，但若亲眼看到，反而很难相信。

这是柄什么剑，这是什么剑法？

郭大路叹了口气，等他眼睛再能看到东西时，就发现黑衣人不知何时已将长剑拔了出来。

但鬼公子的人却还留在剑尖上。

黑衣人正用剑尖挑着鬼公子的尸体，慢慢地走了出去。

一个看不见面目的黑衣人，肩上扛柄六尺长的剑。

剑锋发着乌光，剑尖上挑着个僵硬扭曲的绿衣人……

夜色凄清，庭院寂静。

假如这只不过是一幅图画，看见这幅图画的人，也一定会毛骨悚然的。

何况这并不是图画。

02

郭大路忽然觉得很冷，突然想找件衣服披起来。

他只希望今天晚上发生的这件事，只不过是场噩梦而已。

现在梦已醒了。

黑衣人已走了出去，院子里已没有人。

还是同样的院子，同样的夜色，郭大路喃喃道："现在到这里来的人，若能想象到刚才这里发生过什么事情，我就佩服他。"

王动忽然道："刚才这里发生过什么事？"

郭大路道："你不知道？"

王动道："不知道。"

郭大路道："刚才这里难道什么事都没有？"

王动道："没有。"

郭大路笑了，道："不错，已经过去了的事，根本就跟从未发生过的没什么两样。"

王动道："答对了。"

郭大路道："所以你最好莫要多想，想多了反而烦恼。"

王动道："又答对了。"

燕七忽然道："这次不对。"

王动道："哦？"

燕七道："因为这件事无论你想不想，都一样会有烦恼。"

郭大路道："什么烦恼？"

燕七叹了口气，道："现在我还看不出，也想不出，所以我才知道那一定是很大的烦恼。"

他们忽然同时闭上了嘴。

因为这时那黑衣人又慢慢地走了进来,穿过院子,走上石阶,站在柱子前。

他背后的长剑已入鞘。

郭大路忍不住道:"我去问问他。"他不等别人开口,已跳出窗子,冲了过去。

黑衣人倚着柱子,闭着眼睛,似又睡着。

郭大路故意大声咳嗽,咳得自己的嗓子真的已有些发痒了。

黑衣人这才张开眼,冷冷地看着他,冷冷道:"看来你应该赶快去找个大夫才对。"

郭大路勉强笑了笑,道:"我用不着找大夫,我自己也有专治咳嗽的药。"

黑衣人道:"哦。"

郭大路道:"我无论有什么大大小小的毛病,一喝酒就好。"

黑衣人道:"哦。"

郭大路道:"现在你是不是也想喝两杯了。"

黑衣人道:"不想。"

郭大路道:"为什么?你刚才不是已经……已经杀过人了吗?"

黑衣人道:"谁说我杀过人?"

郭大路怔了怔,道:"你没有?"

黑衣人道:"没有。"

郭大路道:"刚才你杀的那……"

黑衣人道:"那不是人!"

郭大路讶然道:"那不是人?要什么样的人才能算是人?"

黑衣人道:"这世上的人很少。"

郭大路又笑了,道:"我呢?能不能算是人?"

黑衣人道:"你要我杀你?"

郭大路目光闪动,道:"你若不杀我,怎么能得到催命符的贼赃呢?"

黑衣人道:"这里没有贼赃,这里什么都没有。"

郭大路道:"你知道?"

黑衣人道:"嗯。"

郭大路道:"那么你为什么来的?"

黑衣人道:"错过宿头,来借宿一宵。"

郭大路道:"可是刚才你却为这件事杀了那个不是人的人?"

黑衣人道:"不是为这件事。"

郭大路道:"你是为了我们杀他的?"

黑衣人道:"不是。"

郭大路道:"你为了什么?"

黑衣人冷冷道:"我要睡了,我睡的时候,不喜欢别人打扰。"

他果然又慢慢地闭起眼睛,再也不说一个字。

郭大路看着他,看着他肩后的剑,竟然觉得自己很走运。

第二天一早,黑衣人果然不见了。

他什么也没有带走,什么也没有留下——只留下了柱子上的一个洞。

郭大路看着柱子上的这个洞,忽然笑道:"你知不知道我在想什么?"

燕七摇摇头。

郭大路道:"我想我实在很走运。"

燕七道:"走运?为什么?"

郭大路道:"因为我上次遇见的那黑衣人,不是这个。"

燕七沉吟着，道："但这次你还是遇见了他。"

郭大路道："这次我也没有倒霉，他对我们非但连一点恶意都没有，而且还好像是特地来帮我们忙的。"

燕七道："他是你朋友？"

郭大路道："不是。"

燕七道："是你儿子？"

郭大路笑道："我若有这么样一个儿子，不发疯也差不多了。"

燕七道："你以为他真是无意中到这里来的，帮了我们一个忙之后，就不声不响地走了，非但不要我们道谢，连我们的酒都不肯喝一杯。"

他摇着头，冷笑道："你以为天下真有这么样的好人好事？"

郭大路道："你的意思，是不是说他一定还另有目的？"

燕七道："是。"

郭大路道："他的目的是什么呢？"

燕七道："不知道。"

郭大路道："就因为你不知道，所以才认为他一定会为我们带来很多麻烦的，是不是？"

燕七道："是。"

郭大路道："你想这麻烦什么时候会来呢？"

燕七目光凝视着远方，缓缓道："就因为你不知道那是什么样的麻烦，也不知道它什么时候会来，所以那才是真正的麻烦，否则就也用不着担心了。"

第三十六章

神秘的南宫丑

01

世上并没有真正"绝对"的事。

同样的一件事,你若由不同的角度去看,就往往会有不同的结论。

若有个迷路在荒山中的旅人,夜半来敲门求宿,你只要还有点同情心,就"绝对"应该收容他的。

来的若是个蒙面的黑衣人,你是不是收容他,就不一定了。

就算收容他,也"绝对"应该有戒心的,多多少少总会提防着些。

但来的这黑衣人,若是昨天晚上刚为你出过力,帮过你忙的,那情况是不是又完全不同了呢?

情况不同,做法当然也就会改变。

只有原则才是不变的。

有些人无论做什么事,无论怎么去做,都有一定的原则。

郭大路他们的原则是什么呢?

他们很容易就会忘记别人的仇恨,却很难忘记别人的恩情。

你只要对他们有过好处，无论在什么情况下，他们都一定会想法子报答你。

只要是他们答应过的话，无论在什么情况下，都一定会想法子做到的。

就算打破头也要去做到。

他们绝不会找借口来推诿自己的责任，更不会厚着脸皮赖账。

无论遇到什么样的事，他们都绝不会逃避。

02

夜半，又有人来敲门。

敲门声很急。

第一个听到敲门声的，也许是燕七，也许是王动，但第一个抢着去应门的，却一定是郭大路。

来的还是昨夜的那神秘的黑衣人。

他还是幽灵般站在那里，缓缓道："荒山迷路，错过了宿头，不知是否能在这里借宿一宵？"

郭大路笑了，道："能，当然能，莫说只借宿一宵，就算在这里住一年，也没问题。"

黑衣人道："真的没问题？"

郭大路道："一点问题也没有，不管你是不是错过了宿头，你随时来，我们随时欢迎。"

黑衣人道："阁下虽如此，只怕别人……"

郭大路抢着道："别人也一样，你既然来了，就是我们的客人。"

黑衣人道："哪种客人？"

郭大路道："我们的客人只有一种。"

黑衣人道："主人却有很多种。"

郭大路道："哦？"

黑衣人道："有种主人随时都会逐客的。"

郭大路笑道："那种主人这地方绝没有，你只要进了这道门，除非你自己愿意出去，否则就绝不会有任何人要你走的。"

黑衣人忽然长长叹息一声，道："看来我果然没有敲错门。"

他这才慢慢地走了进来，穿过院子，走上长廊。

他走路的姿势还是没有变，样子也没有变，但却至少有一样事变了——变得话多了起来。

在这片刻之间，他说的话比昨天一晚上加起来都多了两三倍。

夜虽已很深，但还有两三间屋子灯光是亮着的。

林太平好像还在看书。

燕七呢？

他在屋里做什么，从来都没有别人知道，因为他总是喜欢将门窗都关得很紧。

黑衣人看着窗上的灯光，忽然道："你的朋友都住在前面？"

郭大路点点头，笑道："我住的是最后一间，离吃饭的地方最近。"

最后一间房，不但灯还没有熄，门也是开着的。

黑衣人走过去，站在门口，过了很久，才缓缓道："有件事阁下虽然未说，想必也早就知道。"

郭大路道："哪件事？"

黑衣人道："没有人真能站着睡觉的。"

郭大路笑了，道："连坐着睡都很难。"

从开着的门里望进去，可以看到屋里的一张大床。

黑衣人看着这张床，忽又长长叹息一声，道："但还有些事阁下却想必不会知道。"

郭大路道："哦？"

黑衣人缓缓道："阁下绝不会知道，我已有多久未曾在这么大的一张床上，安安稳稳睡过一宵了。"

郭大路笑了笑，道："这件事我的确不知道，但却知道另外一件事。"

黑衣人道："哦？"

郭大路道："我知道你今天晚上，一定可以在这张床上，安安稳稳地睡一宵。"

黑衣人霍然回头，道："真的？"

郭大路道："当然是真的。"

黑衣人道："阁下能让我一直睡到天亮？"

郭大路微笑道："就算睡到中午也无妨，我保证绝没有人会来打扰。"

黑衣人看着他，眼睛里发着光，忽然长长一揖，再也不说别的，就大步走了进去，而且关起了门。

然后，屋里的灯也熄灭了。

灯已灭了很久，郭大路才慢慢地转过身，坐在门外廊前的石阶上。

富贵山庄里并不是没有别的空房、别的空床。

但他却偏偏要坐在这里，好像已准备要替这黑衣人守夜一样。

第三十七章

紫衣女

夜很凉，石阶更凉，但他不在乎，因为他的心是热的。

长廊上响起了一阵很轻的脚步声，一个人轻轻地走了过来。

他没有回头，因为他知道来的是谁。

来的当然是燕七。

他披着件很长的袍子，袍子拖在地上，他也在石阶上坐了下来。

繁星满天，银河就像是条发光的丝带，牵牛和织女星，就仿佛这丝带上的两粒明珠。

天上有比他们更亮的星，但却没有比他们更美的。

因为他们不像别的星那么无情。

因为他们不是神，他们也有和人类同样的爱情和苦难。

他们的苦难虽多，距离虽远，但他们的爱情却永远存在。

燕七忽然轻轻叹了口气，道："现在你总该已知道了吧？"

郭大路道："知道什么？"

燕七道："麻烦——你昨天晚上还想不通的，现在却已经来了。"

郭大路笑了笑，道："把自己的床让给客人睡一夜，并不能算麻烦。"

燕七道："这能不能算是麻烦，还得看客人是个什么样的人。"

郭大路道："他是个什么样的人？"

燕七道:"是个有麻烦的人,而且麻烦还不小。"

郭大路道:"哦?"

燕七道:"就因为他知道自己有麻烦,所以才躲到这里来。"

郭大路道:"哦?"

燕七道:"就因为他今天晚上要躲到这里来,所以昨天晚上才先来替我们做那些事,就好像要租房子的人,先来付订金一样。"

郭大路道:"哦?"

燕七道:"你用不着装傻,其实这道理你早也就知道了。"

郭大路道:"我知道什么?"

燕七道:"你知道今天晚上一定会有人来找他,所以才会守在这里,准备替他挡住。"

郭大路沉默了半晌,缓缓道:"昨天晚上有人来找我们麻烦的时候,是谁替我们挡住的?"

燕七道:"是他。"

郭大路道:"那么,今天晚上就算真有人要来找他麻烦,我们为什么不能替他挡一挡?"

燕七道:"那也得看是什么样的麻烦。"

郭大路道:"不管什么样的麻烦都一样,我们既已收下了他的订金,就得把房子租给他。"

燕七也沉默了半晌,才缓缓道:"你看他武功比你怎么样?"

郭大路道:"好像比我高明些。"

燕七道:"现在我们这里,能出手的只有两个人,他挡不住的麻烦,我们能挡得住?"

郭大路道:"我们总得试一试。"

他说"试一试"的意思,就是说已准备拼命了。

燕七道:"他若是个强盗,是个杀人的凶手呢?你也替他挡住?"

郭大路道:"那完全是两回事。"

燕七道:"什么两回事?"

郭大路道:"别人为什么找他,是一回事;我为什么要替他挡住,又是另外一回事。"

燕七道:"你为的是什么?"

郭大路道:"因为他今天晚上是我的客人,因为我已答应过他,让他安安稳稳地睡一夜。"

燕七道:"别的你都不管?"

郭大路道:"反正今天晚上我管的就只这一样。"

燕七瞪着他,咬着嘴唇:"你……你究竟是个什么样的人?"

郭大路道:"我就是个这样子的人,你早就应该知道的。"

燕七瞪着他,突然跺了跺脚,站起来,扭头就走。

走了两步,又停下,将身上披着的袍子一拉,甩在他身上。

郭大路笑了,道:"你若怕我冷,就最好替我找瓶酒来。"

燕七咬着嘴唇,恨恨道:"我怕你冷?我只怕冻不死你。"

袍子又宽又大,也不知是谁的。

燕七的屋子里面,好像总是会出现些奇奇怪怪的东西。

以前他每隔一阵子,总要失踪几天,近来这毛病似已渐渐改了,但郭大路总觉得他还是有点神秘,跟每个人都有点距离。

像他们这么好的朋友,这种距离本来应该早已不再存在。

袍子很旧了,也很脏,而且到处都是补丁,但却一点也不臭。

这也是郭大路一直都很奇怪的事。

燕七好像从来都没有洗过澡,但一点也不臭。

而且他身上虽然脏,但屋子里却总是收拾得干干净净。

郭大路下定决心,明天一定要问他一句:"你究竟是个什么样的人呢？"

现在燕七屋子里的灯也熄了，但郭大路知道他绝不会真睡着的。

郭大路将袍子披在身上，心里立刻充满了温暖之意，因为他也知道燕七嘴里无论说得多么硬，但只要是他的事，燕七就一定比谁都关心，比谁都着急。

夜很静，风吹着墙角的夹竹桃，花影婆娑。

郭大路真想找点酒来喝喝，但就在这时，他忽然听到一阵奇异的乐声。

乐声轻妙飘忽，开始的时候在东边，忽然又到了西边。

接着，四面八方好像都响起了这么奇异的乐声。

"来了，找麻烦的人毕竟来了。"

郭大路只觉得全身发热，连心跳都变得比平常快了两三倍。

来的究竟是个怎么样的人？他当然猜不出。

但他却知道那一定是个很厉害的角色，否则黑衣人又怎会怕得躲起来？

来的人愈厉害，这件事就愈刺激。

郭大路眼睛瞪得大大的，身上披着的袍子也掉了下来。

突然"砰"的一声，大门被撞开。

两个卷发虬髯、钩鼻碧眼、精赤着上身的昆仑奴，突然在门口出现，身上只穿着条绣着金花的撒脚裤，左耳上挂着个很大的金环。

他们手里捧着卷红毡，从门口一直铺到院子里，然后就凌空一个翻身，同时退了出去，连眼角都没有瞟郭大路一眼，就好像院子里根本没有人似的。

郭大路虽已兴奋得连汗都冒了出来，却还是沉住了气。

因为他知道好戏一定还在后头。

这两个昆仑奴来得虽奇突诡秘，但也只不过是跑龙套的，主角一定还没有登场。

门外果然立刻又有两个人走了进来。

两个打扮得奇形怪状的蛮女，满头黑发梳成了七八十根辫子，东一根，西一根，随着乐声摇来摇去。

两人手上都提着个很大的花篮，正用嫩藕般的粉臂，将一朵朵五颜六色的鲜花，撒在红毡上。

两个人都长得很美，短裙下露出一截雪白晶莹的小腿。

腿上戴着一串金铃，随着舞姿"叮叮当当"地响。

郭大路眼睛张得更大了。

只可惜她们却连眼角都没有往这边瞟一眼，撒完了鲜花，也凌空一个翻身，退了出去。

"看来这件事不但愈来愈刺激，而且也愈来愈有趣了。"

无论什么事，其中若有美女参加，总是特别刺激有趣的。

何况美女好像也愈来愈多了。

四个长裙曳地、高髻堆云的宫装少女，手提着四盏宫灯，袅袅而来。

四个人都是风姿绰约，美如天仙，刚停下脚步，那两个身高腿长的昆仑奴，就抬着架胡床，自门外大步而入。

胡床上斜倚着一个紫衣贵妇，手里托着个亮银水烟袋，悠悠闲闲地吸着，轻烟云雾般四散缥缈，她的面目如在云雾里。

她手里架着根很长的龙头拐杖，床边还有侏儒少女，正在轻轻地替她捶腿。

郭大路暗中叹了口气。

他虽然看不到这紫衣贵妇的面目，但看到这龙头拐杖，看到这捶腿的少女，无论谁都已能猜得出，她年纪一定已不小。

这真是唯一美中不足的事。

事情发展到这里，一直都很有趣，主角若也是个花容月貌的美人，岂非就更十全十美了？

幸好郭大路一向很会安慰自己："无论如何，这老太婆一定是个很了不起的角色，只看到她这种气派，江湖中只怕已很少有人能比得上。"

所以这件事毕竟还是很有趣的。

至于这老太婆是什么人？怎么会和那黑衣人结下了仇？

仇恨究竟有多深？郭大路是不是能挡得住？

这几点他好像连想都没有想。

事情既然已包揽在自己身上，反正挡不住也要挡的，想又有什么用？

所以他索性沉住了气，等着，别人不开口，他也不开口。

别的人也没有开口。

过了很久，那紫衣妇人嘴里突然喷出了口浓烟，箭一般向郭大路喷了过来。

好浓的烟。

郭大路虽然喝酒，却从不抽烟，被呛得几乎连眼泪都流了出来，几乎忍不住要骂了。

但一个人若能将一口烟喷得这么直、这么远，你对她还是客气点的好。

烟雾还未消散，只听一人道："你是什么人，三更半夜的坐在这里干什么？"

声音又响又亮，听起来倒不像老太婆的声音，但也并不好听，问起话来更是又凶又横，就好像公差在问小偷似的。

郭大路叹了口气，苦笑道："这里好像是我的家，不是你的，一个人坐在自己的家里，总不犯法吧。"

他话未说完，又是一口烟迎面喷了过来。

这口烟更浓，郭大路被呛得忍不住咳嗽起来，而且脸上好像被针在刺着。

只听这人道："我问你一句，你就答一句，最好少玩花腔，明白了吗？"

郭大路摸着脸，苦笑道："看样子我想不明白也不行。"

紫衣贵妇道："南宫丑在哪里，你快点去叫他滚出来。"

那黑衣人果然是南宫丑。

郭大路又叹了口气，道："抱歉得很，我不能叫他滚出来。"

紫衣贵妇道："为什么？"

郭大路道："第一，因为他不是球，不会滚；第二，因为他已睡着了，无论谁要去叫醒他，都得先做一件事。"

紫衣贵妇道："什么事？"

郭大路道："先让我倒下去。"

紫衣贵妇冷笑道："那容易。"

这三个字还未说完，烟雾中突然飞来一条人影，寒光一闪，直取郭大路咽喉。

这人来得真快，幸好郭大路的反应也不慢。

可是他刚躲开这一剑，第二剑又跟着来了，一剑接着一剑，又狠又快。

郭大路避开第四剑时，才看出这人原来竟是那捶腿的侏儒少女。

她身高不满三尺，用的剑也最多只有一尺六七，但剑法却辛辣诡秘，已可算是江湖中的一流身手。

只可惜她的人实在太小，剑实在太短。

郭大路忽然抄住了那件长袍，随手撒了出去。

袍子又长又大，就像是一大片乌云一样，那么小的一个人，要想不被它包住，实在很难。

这少女"嘤咛"一声，娇喘道："以大欺小，不要脸，不要脸。"

话才说完，人已退了回去。

郭大路苦笑道："不要脸至少也总比不要命好。"

紫衣贵妇冷笑道："你敢来管我的闲事，还想要命么？"

冷笑声中，那两个卷发虬髯的昆仑奴，已出现在他面前，看来就像是两座铁塔似的。

郭大路又叹了口气，喃喃道："小的实在太小，大的又实在太大，这怎么办？"

他不等这两人出手，身子突然往前一冲，已自他们的肋下游鱼般钻了出去，一步就蹿到胡床前，笑道：

"还是你不大不小，你若不是太老了些，刚刚好跟我能配得上。"

紫衣贵妇冷笑道："你说我太老了吗？"

这时她面前的烟雾已渐渐消散，郭大路终于看到了她的脸。

他居然忍不住惊呼了一声，就像是看到了鬼似的，一步步往后退。

他从未想到看见的居然是这么样一张脸。

一张又漂亮、又年轻的脸，虽然又涂胭脂又抹粉，尽量打扮成大人的样子，却还是掩不住脸上的稚气，就正如老太婆永远没法子用脂粉掩住脸上的皱纹一样，无论用多厚的脂粉都不行。

这气派奇大，又抽烟，又要人捶腿的"老太婆"，竟是个十六七岁的小姑娘。

郭大路实在大吃了一惊。

紫衣女已慢慢地从胡床上站了起来，一双眼睛铜铃般瞪着他。

他一步步往后退。

紫衣女就一步步逼前来，手里居然还拄着那根龙头拐杖。

这小姑娘明明又年轻、又漂亮，为什么偏偏要做出老太婆的模样？

看她最多也只不过十六七岁，又怎会有那么深厚的功力，就连她手下一个小丫头，都有那么高的剑术，那两个昆仑奴，当然也绝不会是容易对付的角色。

这小姑娘是凭什么能服得住这些人的呢？

她又怎会和成名已在二十年以上的南宫丑，结下了仇恨？

以南宫丑的名声和剑法，为什么对这小姑娘怕得要命？

郭大路实在想不通，现在他根本也没工夫想。

紫衣女的眼睛虽美，瞪着你的时候，却好像老虎要吃人似的，冷冷道："我老不老？"

郭大路道："不老，一点也不老。"

紫衣女道："你是不是想跟我配一对？"

郭大路道："不……不想。"

他说的倒不是假话，像这样的女孩子，也没有人能受得了的。

紫衣女道："你想不想要命？"

郭大路道："想。"

紫衣女道："想要命就去叫南宫丑滚出来。"

郭大路道："你叫他滚出来干什么？"

紫衣女道："要他的命。"

郭大路道："你一定要在今天晚上杀他？"

紫衣女道："是。"

郭大路道："为什么？"

紫衣女道："因为我说过，天亮前若还杀不了他，就饶他一命。"

郭大路道:"你说过的话要算数,别人说的话也一样不能不算数的。"

紫衣女道:"你说过什么?"

郭大路道:"我说过,今天晚上要让他安心睡一觉,睡到天亮,所以……"

紫衣女道:"所以怎么样?"

郭大路道:"所以你要杀他,就得先杀了我。"

紫衣女道:"你是他的朋友?"

郭大路道:"不是。"

紫衣女道:"你知不知道他做过多少坏事?"

郭大路道:"不知道。"

紫衣女道:"但你还是要为他拼命?"

郭大路道:"不错。"

紫衣女冷笑道:"你以为我不敢杀人?"

郭大路勉强笑了笑,道:"你看来的确不像会杀人的样子。"

紫衣女冷冷道:"我九岁时已开始杀人,每个月至少杀一个,你算算已有多少个了。"

郭大路倒抽了口凉气,道:"好像已有七八十个了吧。"

紫衣女道:"所以再多加你一个,也没关系。"

郭大路叹了口气,还未说话,突听一人冷冷道:"你若要杀他,就得先杀了我。"

这不是燕七的声音,是林太平。

夜色凄清,林太平不知何时已走了过来,脸色苍白如纸。

紫衣女瞪眼道:"你是谁?"

林太平冷冷道:"你用不着管我是谁,你既已杀了七八十个人,再多加一个也没关系。"

紫衣女冷笑道:"想不到这里不怕死的人还真不少。"

林太平道:"的确不少。"

紫衣女道:"既然如此,我就成全了你。"

她身子一转,手里的龙头拐杖突然一招"分花拂柳",向林太平刺了过去。

她用的竟是剑法。

不但是剑法,而且是剑法中最轻盈的一种。

这么长,这么重的一根拐杖,在她一双白生生的小手里,竟变得好像没有四两重。

郭大路大喝道:"你的病还没好,让我来。"

但这时他想抢着出手,都已来不及了。

紫衣女已闪电般向林太平攻出了七招,剑走轻灵,变化无方。

林太平的人已被围住。

他体力显然还未恢复,似已无还手之力。

但紫衣女密如抽丝的剑法,却偏偏沾不到他一片衣角。

突听一声清啸,九尺长的拐杖笔直插入地上,紫衣女的人却已在拐杖上风车般向林太平卷了过去。

这一招她竟以拐杖作骨干,以人作武器,招式变化之诡异,更出人想象。

林太平脚步错动,连退了九步。

紫衣女突又一声清啸,冲天而起,拐杖仍插在地上,她手里却多了柄精光四射的短剑。

剑本来藏在拐杖中的,一到了她手里,她的人与剑就似已融合为一,连人带剑向林太平刺了过去。

这一招更是妙绝、险绝。

郭大路的冷汗已被吓了出来,他若遇着这一招,能避开的希望实在不多。

但林太平却似乎对她招式的每种变化都早已熟悉得很。

她的剑如经天长虹，刚飞到林太平面前，林太平身子突然一转，向前冲出，已拔出了地上的拐杖。

紫衣女长啸不绝，凌空翻身，回剑反刺。

林太平头也不回，随手将拐杖一扬。

只听"铮"的一声，火星四溅，短剑竟已没入拐杖里。

紫衣女的身子却已冲天掠起，凌空翻了四个跟斗，才飘飘落下来，落在胡床前，看着林太平发怔。

郭大路也看得怔住了。

刚才林太平挥起的拐杖，若有半分偏差，紫衣女的剑只怕已刺入他的胸膛。

紫衣女出手的方向部位，他竟算得连半分都不差，就好像他跟紫衣女交手过几百次，她一招还未出手，他就已知道了。

只见林太平随手将拐杖往地上一插，掉头就走。

第三十八章

冒名者死

紫衣女忽然大声道:"等一等。"

林太平冷冷道:"还等什么?"

紫衣女咬着嘴唇,道:"你……你难道这么样就想走了?"

她好像突然变得很激动,连手脚都在发抖。

林太平迟疑着,终于慢慢地转过身,道:"你想怎么样?"

紫衣女道:"我……我……我只想问你一句话。"

林太平道:"你问吧。"

紫衣女握紧了双手,道:"你是不是……"

林太平忽然打断了她的话,道:"是。"

紫衣女跺了跺脚,道:"好,那么我问你,你那天为什么要逃走?"

林太平道:"我高兴。"

紫衣女的手握得更紧,连嘴唇都发白了,颤声道:"我有哪点配不上你,你一定要让我那样子丢人?"

林太平冷冷道:"是我配不上你,丢人的也是我,不是你。"

紫衣女道:"现在我既然已找到了你,你准备怎么办?"

林太平道:"不怎么办。"

紫衣女道:"你还是不肯回去?"

林太平道："除非你杀了我，抬着我的尸体回去，否则就休想。"

紫衣女眼睛发红，嘴唇都已咬出血来，恨恨道："好，你放心，我绝不会找人来逼你回去的，但总有一天，我要叫你跪着来求我，总有一天……"

她语声哽咽，已完全忘记来找南宫丑的事了，突又跺了跺脚，凌空一个翻身，掠出墙外。

跟着她来的人，眨眼间也全都不见。

只留下满地香花，一卷红毡。

夜更深，灯光远去，黑暗中已看不出林太平面上的表情。

有些事，既不便问，也不必问。

过了很久，林太平才转过头，勉强向郭大路笑了笑，道："多谢。"

郭大路道："应该是我多谢你才对，你为什么要谢我？"

林太平道："因为你没有问她是谁，也没有问我怎么认得她的。"

郭大路笑了笑，道："你若想说，我不必问；你若不想说，我又何必问。"

林太平叹了口气，道："有些事，不说也罢。"

他慢慢地转过身，走回屋里。

郭大路看着他瘦削的背影，心里实在觉得很惭愧。

因为他不问，只不过因为他已猜出这紫衣女是谁，他知道的事，远比林太平想象中多得多。

有些事，是他在瞒着林太平，不是林太平瞒着他。——那次他和燕七遇见林太平母亲的事，直到现在，林太平还被蒙在鼓里。

虽然他们是好意，但郭大路心里总还是觉得有点不舒服。

他从来没有在朋友面前隐瞒过任何事，无论为了什么原因都没有。

有风吹过，吹起了地上的残花。

然后他就听见了燕七的声音。

燕七轻轻道："现在你想必已知道那位紫衣姑娘是谁了？"

郭大路点点头。

他当然已猜出她就是林太平未过门的妻子，林太平就是为了不愿要这么样一个妻子，才逃出来的。

燕七叹道："直到现在我才完全明白，他为什么要逃出来。"

郭大路苦笑道："像那样的女孩子，连我都受不了，何况小林？"

燕七道："原来你也有受不了的女孩子。"

郭大路道："当然有。"

燕七道："她长得不是很美吗？"

郭大路道："长得美又有什么用？男人看女孩子，并不是只看她一张脸的。"

燕七眨眨眼，道："男人怎么样看女孩子？"

郭大路道："要看她是不是温柔贤惠，是不是懂得体贴丈夫，否则她就算长得跟天仙一样，也不见得有人喜欢。"

燕七用眼角瞟着他，道："你呢？你喜欢什么样的女孩子？"

郭大路笑道："我喜欢的女孩子，跟别的男人不一样。"

燕七道："哦？"

郭大路道："若有一个女孩子真的能了解我，关心我，她就算长得丑一点，凶一点，我还是一样会全心全意地喜欢她。"

燕七嫣然一笑，垂下头，从他身旁走过去，走到墙角的花坛前。

夜色仿佛忽然又变得温柔起来。

墙角的芍药开得正艳，燕七轻抚着花瓣上的露珠，过了很久，才回过头，就发现郭大路好像一直都在凝视着他。

他轻轻皱了皱眉，道："我又不是女人，有什么好看的？你为什么老是盯着我？"

郭大路道："我……我觉得你今天走路的样子，好像跟平常有点不同。"

燕七道："有什么不同？"

郭大路笑道："你今天走路的样子，好像特别好看，简直比女孩子走路还好看。"

燕七的脸似又有些红了，却故意板起了脸，冷冷道："我看你近来好像也有点变了。"

郭大路道："哦？"

燕七道："你最近好像得了种莫名其妙的毛病，总是会做些莫名其妙的事，说些莫名其妙的话，我真该替你找个大夫来看看才对。"

郭大路怔了半晌，目中竟真的露出了种忧郁恐惧之色，竟真的好像一个人知道自己染上大病的样子。

燕七却又笑了，嫣然道："但你也用不着太担心，其实每个人多多少少都有点毛病的。"

郭大路道："哦？"

燕七道："你知不知道毛病最大的是谁？"

郭大路道："不知道。"

燕七道："就是那位玉姑娘。"

郭大路道："玉姑娘是谁？"

燕七道："玉姑娘就是刚才来的那女孩子，她姓玉，叫玉玲珑。"

郭大路道："玉玲珑？"

燕七道："你以前难道从来没有听说过她？"

郭大路道："没有。"

燕七叹了口气，摇着头道："看来你真是孤陋寡闻，一点学问也没有。"

郭大路道:"我也看得出她毛病实在不小,但是我为什么一定要听说过她呢?"

燕七道:"因为她九岁的时候,就已经是江湖中的名人了。"

郭大路道:"九岁?你是说九岁?"

燕七点点头,道:"她家世显赫,而且从小就是个女神童,据说还未满两岁的时候,就已经开始练剑,五岁时就已把招式变化最繁复的一套'七七四十九式回风舞柳剑'学全了。"

郭大路道:"她说她九岁的时候已杀过人,听你这么讲,她说的话好像并不假。"

燕七道:"一点也不假,她九岁的时候非但真的杀过人,而且被杀的还是江湖中一个很有名气的剑客。"

郭大路问道:"从那时以后,她每个月都要杀个把人?"

燕七道:"那也不假。"

郭大路忍不住笑道:"世上哪有这么多人送给她杀?"

燕七道:"不是别人送去,是她自己去找别人。"

郭大路道:"到哪里去找?"

燕七道:"到各处去找。只要她听说有人做了件该杀的事,就立刻会赶去找那个人算账。"

郭大路道:"难道她每次都能得手?"

燕七道:"她自己武功高低,你刚才已见过了,再加上那两个昆仑奴和两个蛮女,也都是一等一的高手,甚至连那四个挑灯的婢女,武功都不弱,所以只要她找上门去,就很少有人能逃避得了。"

郭大路道:"难道就没有人管管她?"

燕七道:"她父亲死得很早,母亲是江湖中最难惹的母老虎,对这宝贝女儿,一向千依百顺,别人就算惹得起她,也惹不起她母亲。"

她叹了口气,接着又道:"何况她杀的人本来就该杀,所以江湖中老一辈的人，非但没有责备她，反而只有夸奖她。"

郭大路道："所以她的毛病就愈来愈大了。"

燕七道："所以她十三四岁的时候，就已成为江湖中派头最大，武功也最高的女孩子——杀的人愈多，武功自然也愈高。"

郭大路道："就因为如此，所以连南宫丑这样的人，知道她要来找麻烦的时候都只有躲起来不敢露面？"

燕七道："答对了。"

郭大路道："南宫丑当然已知道她和小林的关系，所以才会躲到我们这里来？"

燕七道："又答对了。"

郭大路道："但南宫丑若不是真的很该死，她也不会来找他的？"

燕七道："不错，她以前从来也没有找错过人。"

郭大路长长叹了口气，苦笑道："所以错的并不是她，是我。"

燕七道："你也没有错。"

他柔声接着道："有恩必报，一诺千金，本来是男子汉大丈夫的本色，你这么样做，绝没有人会怪你。"

郭大路道："只有一个人会。"

燕七道："谁？"

郭大路道："我自己。"

天已快亮了。

郭大路身上还披着那件袍子，一个人坐在那里，看见乳白色的晨雾，慢慢地从院子里升起，听着晓风自远方传来的鸡啼。

然后，他就听到开门的声音。

他没有回头，脸上也没什么表情。

一阵很轻很慢的脚步，走到他身后，停下。

他还是没有回头，只淡淡地问了句："你睡得还好么？"

黑衣人就站在他身后，凝视着他脖子，道："十年来我从未睡得如此安适过。"

郭大路道："为什么？"

黑衣人道："因为从来没有像你这样的人，替我在门外看守过。"

郭大路笑了笑，道："没有人为你看门，你就睡不着？"

黑衣人道："有人替我看门，我也一样睡不着。"

郭大路道："为什么？"

黑衣人道："因为我从不相信任何人。"

郭大路道："但你却好像很信任我。"

黑衣人忽然笑了笑，道："看来，你好像也很信任我。"

郭大路道："怎见得？"

黑衣人缓缓道："因为除了你之外，从没有别的人敢让我站在他背后。"

郭大路道："哦？"

黑衣人道："我并不是个君子，我常常在背后杀人的。"

郭大路慢慢地点了点头，道："背后杀人的确方便得多。"

黑衣人道："尤其是在这人点头的时候。"

郭大路道："为什么是在点头的时候？"

黑衣人道："每个人后颈上，都有一处最好下刀的地方，你只有找到这地方，才能一刀砍下他的脑袋来，这道理有经验的刽子手都明白。"

郭大路又慢慢地点了点头，道："的确有道理，很有道理。"

黑衣人又沉默了很久，才缓缓地道："你一直没有睡？"

郭大路道："我若睡了，你还能睡么？"

黑衣人又笑了。

他的笑声尖锐而短促，就好像刀锋在摩擦。

他忽然走到郭大路前面来了。

郭大路道："你为什么让我站在你背后？"

黑衣人道："因为我不愿被你诱惑。"

郭大路道："诱惑？"

黑衣人道："我若站在你背后，看到你再点头时，手会痒的。"

郭大路道："你手痒的时候就要杀人？"

黑衣人道："只有一次是例外。"

郭大路道："哪一次？"

黑衣人道："刚才那一次。"

这句话说完，他忽然头也不回地，大步走了出去。

郭大路看着他，直到他走到门口，忽然道："等一等。"

黑衣人道："你还有什么话要说？该说的似已全都说完了。"

郭大路道："我只有一句话要问你。"

黑衣人道："问。"

郭大路慢慢地站起来，一字字道："你是不是南宫丑？"

黑衣人没有回答，也没有回头，但郭大路却可以看得出，他肩上的肌肉似已突然僵硬。

风也似乎突然停了，院子里突然变得死寂无声。

过了很久，郭大路才缓缓道："你若不愿说话，点点头也行，但你可以放心，我从来没有砍人脑袋的经验，也绝不会在背后杀人。"

还是没有风，没有声音。

又过了很久，黑衣人才缓缓道："十年来，你是第七个问我这句话的人。"

郭大路道："前面那六个人，是不是全都死了？"

黑衣人道："不错。"

郭大路道:"他们就是因为问了这句话才死的?"

黑衣人道:"无论谁要问这句话,都得付出代价,所以你最好还是先考虑考虑再问。"

郭大路叹了口气,道:"我也很想考虑考虑,只可惜现在我已经问过了。"

黑衣人猝然回身,目光刀一般瞪着他,厉声道:"我若是南宫丑又如何?"

郭大路淡淡地道:"昨天晚上我已答应过你,只要你走进这扇门,就是我的客人,绝没有人会伤害你,也没有人会赶你出去。"

黑衣人道:"现在呢?"

郭大路道:"现在这句话还是同样有效,我只不过想留你多住些时候而已。"

黑衣人道:"住到什么时候?"

郭大路又是淡淡道:"住到你想通自己以前所做的事都不对,住到你自己觉得惭愧、忏悔的时候,你就可以走了。"

黑衣人的瞳孔似在收缩,厉声道:"我若不肯又如何?"

郭大路笑了笑,道:"那也很简单。"

他慢慢地走过去,微笑道:"我脖子后面是不是也有处比较容易下刀的地方?"

黑衣人道:"每个人都有。"

郭大路道:"你若能找出来,一刀砍下我的脑袋,也可以走了。"

黑衣人冷笑道:"我已用不着再找。"

郭大路道:"你刚才就已找了出来?"

黑衣人道:"刚才我未曾下手,是为了报答你昨夜之情,但现在……"

他身子突然向后一缩,人已箭一般倒蹿了出去。

郭大路竟也跟着蹿了过去。

黑衣人凌空一翻，剑已出鞘，六尺长剑，如一泓秋水。

突然间，"锵"的一声。

这柄秋水般的长剑上，竟又多了个剑鞘。

剑鞘是从郭大路的长袍下拿出来的。

黑衣人身子往后蹿，他也跟着蹿出，黑衣人的长剑出鞘，他就拿出了袍子下的剑鞘，往前面一套，套住了黑衣人的剑。

剑长六尺，剑鞘却只有三尺七寸。

但黑衣人的剑既已被套住，就再也无法施展。

他身子还是在往后退，因为他已没法子不退——郭大路双手握住剑鞘，用力往前送，他长剑若不撒手，就只有被一直推得住后退。

他长剑若是撒手，那么就势必要被自己的剑柄打在胸膛上。

他身子本就是往后退的，现在想改变用力的方向，再往前推，已不可能，所以现在根本已身不由主。

郭大路往前推一尺，他就得往后退一尺。

只听"砰"的一声，他身子已被推得撞在墙上。

这时他退无可退，长剑更不能撒手——只要一撒手，剑柄就会重重地打上他胸膛。

这情况之妙，若非亲眼看到的人，只怕谁也想象不出。

郭大路笑道："这一招你大概没有想到过吧。"

黑衣人咬着牙，道："这算是什么功夫？"

郭大路笑道："这根本就不能够算是什么功夫，因为这种功夫，除了对付你之外，对付别的人根本就没有用。"

他好像还生怕这黑衣人不懂，所以又解释道："因为世上除了你之外，绝没有别的人会用这种法子拔剑的。"

黑衣人冷冷道："你特地想出了这么一招来对付我的？"

郭大路道:"答对了。"

黑衣人又道:"你其实早已存心要将我留在这里的了?"

郭大路笑道:"其实留在这里也没什么不好,至少每天都可以安心睡觉。"

黑衣人道:"哼!"

郭大路道:"只要你肯答应我留下来,我立刻就放手。"

黑衣人道:"哼!"

郭大路道:"'哼'是什么意思?"

黑衣人冷笑道:"现在我虽然无法杀你,但你也拿我无可奈何,只要你一松手,我还是可以立刻置你于死地。"

郭大路道:"那倒也并非完全不可能。"

黑衣人道:"所以你休想以此要挟我,我就算肯答应,也得等你先放开手再说。"

郭大路看了他半晌,忽又笑了笑,道:"好,我不妨再信任你一次,只要你……"

他的话还没有说完,还没有放手,竟然看到一样东西从黑衣人的胸膛钻了出来。

一段剑尖!

剑尖上还在滴着血。

黑衣人看着这段剑尖,目中的表情就和鬼公子临死前完全一样。

郭大路也看得怔住了。

只听黑衣人咽喉里咯咯作响,仿佛想说什么,却又说不出。

郭大路突然大喝一声,凌空掠起,掠出墙外。

这柄剑果然是从墙外刺进来的,穿过了黑衣人的胸膛,剑柄还留在墙外。

但只有剑柄，没有人。

风又吹起，山坡上野草如波浪般起伏，但却看不见半条人影。

剑柄上系着块白绸子，也在随风卷舞。

郭大路想去拔剑，却又发现白绸上还写着七个墨渍淋漓的字：

"冒名者死！南宫丑。"

剑尖上血渍已干，黑衣人却仿佛还在垂首凝视着这段剑尖，又仿佛还在沉思。

那神情也正和鬼公子死时完全一样。

燕七、王动、林太平都远远地站在走廊上，看着他的尸体。

他来得奇突，死得更奇突。

但最奇突的还是，原来连他也不是南宫丑。

郭大路站在他身旁，看着他胸上的剑尖，似乎也在沉思。

燕七悄悄走过去，道："你在想什么？"

郭大路叹了口气，道："我在想，他既不是南宫丑，为什么要替南宫丑背这口黑锅？"

燕七道："什么黑锅？"

郭大路道："他若不是南宫丑，玉玲珑就不会杀他，他根本就不必躲到这里来，现在当然也就不会死在这里。"

燕七道："你是不是在为他难受？"

郭大路道："有一点。"

燕七道："但我却只替南宫丑难受。"

郭大路道："为什么？"

燕七道："他冒了南宫丑的名，在外面也不知杀了多少人，做了多少坏事，南宫丑也许连影子都不知道，所以你本该说，是南宫丑替他在背黑锅，不是他替南宫丑背黑锅。"

郭大路想了想，终于点了点头，却还是叹息着道："但无论如何，他总是我的客人，总是死在我们院子里的。"

燕七道："所以你还是在为他难受？"

郭大路道："还是有一点。"

燕七道："你刚才若真的松了手，不知道他现在会不会替你难受？"

郭大路道："我若松开了手，他难道就会乘机杀我？"

燕七道："你以为他不会？"

郭大路叹道："无论你怎么说，我还是觉得，人总是人，总有些人性的，你虽然看不见，摸不着，但却也绝不能够不相信它的存在，否则，你做人还有什么意思？"

燕七凝视着他，忽也叹息了一声，柔声道："其实我又何尝不希望你的看法比我正确？……"

郭大路抬起头，遥视着云天深处，沉默了很久，忽又道："现在我也在希望一件事。"

燕七道："你希望什么？"

郭大路道："我只希望，有一天我能看到真的南宫丑，看看他究竟是个怎么样的人……"

他眼睛里发着光，缓缓接着道："我想，他一定比我以前看到的任何人都神秘得多，可怕得多。"

但世上是不是真的有南宫丑这么样一个人存在呢？

谁也不知道，谁也没有见过。

第三十九章

春去何处？

01

没有人知道南宫丑的下落，正如没有人能知道春的去处。

但春去还会再来，南宫丑却一去无消息。

现在，春已将去。

院子里的花虽开得更艳，只可惜无论多美的花，也不能将春留住。

天气已渐渐热了起来。

王动的伤势虽已好了，但人却变得更懒，整天躺在竹椅上，几乎连动都不动。

除了他们为那黑衣人下葬的那一天……

那一天虽近清明，却没有令人断魂的雨。

天气好得很，他们从墓地上回来，王动又像往常一样，走在最后。

红娘子没有来。

她的伤虽也已快好了，却还是整天把自己关在房子里——现在不是王动在躲着她，她反而好像总是在躲着王动。

女人的心，总是令人捉摸不透的。

这并不奇怪。

奇怪的是，郭大路最近好像也总是在躲着燕七。

燕七和林太平在前面走，他就懒洋洋地在后面跟着王动。

半路上，王动找了个有树荫的地方坐下来，伸了个懒腰，打了个呵欠。

他也跟着坐下来，伸了个懒腰，打了两个呵欠。

王动笑了，看着他微笑道："最近你好像变得比我还懒。"

郭大路道："谁规定只有你才能最懒的？我能不能比你懒一点？"

王动道："不能。"

郭大路道："为什么不能？"

王动道："因为你最近本该比谁都有劲。"

郭大路道："为什么？"

王动道："你还记不记得那天燕七说你的话？"

郭大路道："不记得。他说的话我为什么一定要记得？"

这人就好像刚吞下三斤火药，一肚子都装满了火药气。

王动却并不在意，还是微笑着道："他说，我们这四个人之中，本来以你的武功最差的。"

郭大路道："你们都有好师父，我没有。"

王动道："可是自从那天你跟那黑衣人交过手之后，他才发现，我们的武功虽然比你高，但若真和你打起来，也许全都不是你的对手。"

郭大路冷冷道："他说的话，也许连他自己都不相信。"

王动道："但我却相信，因为我的看法也跟他的一样。"

郭大路道："哦？"

王动道："你武功虽然不如我们，但是和人交手时，却能随机应变，制敌机先，若套句老话来说，你正是个天赋异禀、百年难遇的练武好材料，所以……"

郭大路道："所以我们应该打一架来试试看，对不对？"

他的火药味还是很重，王动还是不理他，微笑着道："所以你应该振作起精神来，再好好地练练功夫，若能够找个好师父，以后说不定就是天下武林的第一高手。"

郭大路忽然长长叹了口气，道："现在我倒并不想找个好师父，只想找个好大夫。"

王动道："为什么？"

郭大路咬着自己的手指道："因为……因为我有病。"

王动动容道："你有病？什么病？"

郭大路道："一种很奇怪的病。"

王动道："你以前为什么没有说起过？"

郭大路道："因为我……我不能说。"

他的确满脸都是痛苦之色，并不像是在开玩笑的样子。

王动居然也没有再问。

因为他知道问得愈急，郭大路愈不会说的。

他既然不问，郭大路反而憋不住了，反而问他："你难道没有发现最近我有点变了？"

王动皱着眉，沉吟着说道："嗯，好像有那么一点点。"

郭大路叹道："那就因为我有病。"

王动试探着道："你知不知道你的毛病在哪里？"

郭大路指着自己的心口，道："就在这里。"

王动皱眉道："你得的是心病？"

郭大路的脸色更痛苦。

王动道："心病也有很多种，据我所知，最厉害的一种就是相思病——你难道得了相思病？"

郭大路不停地叹气。

王动却笑了，道："相思病并不丢人的，你为什么不肯说出来？说不定我还可以替你去做媒呢。"

郭大路用力咬着牙，又过了很久，忽然一把抓住王动的肩，道："你是不是我的好朋友？"

王动道："当然是。"

郭大路道："好朋友是不是应该互相保守秘密？"

王动道："当然应该。"

郭大路道："我有个秘密，已憋了很久，再不说出来，只怕就要发疯了，可是……可是我想说出来，又怕你笑我。"

王动道："你……你得的难道是……是花柳病？"

郭大路道："不是。"

王动松了口气，道："那就没关系了，你尽管说出来，我绝不笑你。"

郭大路又犹豫半天，才苦着脸道："相思病也不止一种，我得的却是最见不得人的那一种。"

王动道："为什么见不得人？窈窕淑女，君子好逑，求之不得，辗转反侧，那本是天经地义的事，有什么丢人？"

郭大路道："可是……可是……我这相思病，并不是为女人得的。"

王动也怔住了，怔了半天，才试探着问道："你相思病的对象难道是个男人？"

郭大路点点头，简直好像要哭出来的样子。

王动好像很害怕的样子，故意压低了声音，悄悄道："不会是我吧？"

郭大路看着他，也不知是想哭，还是想笑，只有板着脸道："我的病倒还没有这么重。"

王动却似又松了口气,笑道:"只要不是我,就没有关系了。"

他忽又压低声音,道:"是不是小林?"

郭大路道:"你见了活鬼。"

王动又皱着眉想了半天,才展颜笑道:"我明白了,你喜欢的是燕七。"

郭大路不说话了。

王动悠然道:"其实我早就已看了出来,你老是喜欢跟他在一起。"

郭大路苦着脸,道:"以前我还没有觉得有什么不对,还以为那只不过因为我们是好朋友,但后来……后来……"

王动眨了眨眼,道:"后来怎么样?"

郭大路道:"后来……后来就不对了。"

王动道:"什么地方不对?"

郭大路道:"我也说不出来究竟什么地方不对,反正只要我跟他在一起的时候,心情就特别不一样。"

王动道:"有什么不一样?"

他倒真是打破砂锅问到底,连一点都不肯放松。

郭大路道:"不一样就是不一样,反正……反正就是不一样。"

他说了也等于没说。

王动好像已忍不住要笑出来了,但总算还是忍住,正色道:"其实这也不能算丢人的事。"

郭大路道:"还不丢人?像我这样一个男子汉,居然……"

王动道:"有这种毛病的人,你也不是第一个。断袖分桃,连皇帝老子都有这种嗜好,而且千古传为佳话,我看你倒不如索性跟他……"

郭大路跳了起来,瞪着他,怒道:"原来你不是我的朋友,我看错了你。"

他扭头就想走了。

王动却拉住了他，道："别生气，别生气，我这只不过是在试试你的，其实我也早已看出来，燕七这个人有点不对了。"

郭大路怔了怔，道："他有什么不对？"

王动好容易才总算没有笑出来，板着脸道："你难道没有看出他这人有点邪气？"

郭大路道："邪气？什么邪气？"

王动道："我们虽然是这么好的朋友，但他却还是像防小偷似的防着我们，睡觉的时候，一定先把门窗都闩上，对不对？"

郭大路道："对。"

王动道："他每次出去的时候，总是偷偷地溜走，好像生怕我们会跟着他似的，对不对？"

郭大路道："对。"

王动道："他好像从来没洗过澡，但身上却并不太臭；穿的衣服虽然又脏又破，但屋子里却比谁都干净……你说这些地方是不是都有点邪气？"

郭大路脸色似乎有些发白，迟疑着道："你的意思，难道是说他……"

王动道："我什么都没有说，也没有说他是魔教的人。"

他忽然大声咳嗽，因为若再不咳嗽，只怕就要笑出来了。

郭大路的脸色却更发白，嘴里翻来覆去地念着两个字："魔教……魔教……"

王动咳嗽了半天，才总算忍住了笑声，又道："我只不过听说魔教中有几对夫妻很奇怪。"

郭大路道："什么地方奇怪？"

王动道:"这几对夫妻,丈夫是男人,太太也是男人。"

郭大路就像是忽然中了一根冷箭似的,整个人都跳了起来,一把抓住了王动,嘎声道:"你……你一定要帮我个忙。"

王动道:"怎么帮法?"

郭大路道:"想法子跟我大吵一架。"

王动道:"大吵一架?怎么吵法?"

郭大路道:"随便怎么吵都没关系,吵得愈厉害愈好。"

王动道:"为什么要吵?"

郭大路道:"因为吵过之后我就可以一走了之。"

王动脸色也变了变,似乎觉得自己这玩笑开得太大了,过了半晌,才勉强笑道:"其实你也不必要走,其实他……"

他好像要说出什么秘密,但郭大路却打断了他的话,抢着道:"其实我也不是真的要走,只不过暂时离开这里一阵子。"

王动道:"然后呢?"

郭大路道:"然后我就在山下等着他,只要他出去,我就可以在暗中跟踪,看看他究竟到些什么地方去,跟些什么人见面。"

他长长叹了口气,接着道:"无论如何,我也要查出他究竟有什么秘密。"

王动沉吟着,道:"你为什么不在家里等?"

郭大路道:"因为我若就这样跟踪他,一定会被他发觉的。"

王动道:"难道你想到山下去易容改扮?"

郭大路道:"嗯。"

王动道:"你懂得易容术?"

郭大路道:"不懂,但我却有我的法子。"

王动歪着头,考虑了半天,缓缓道:"你既然已决心要这么做,也未尝不可,只不过……"

郭大路道："只不过怎么样？"

王动道："我们要吵，就得吵得像个样子，否则他绝不会相信的。"

郭大路道："不错。"

王动道："所以我们就要等机会，绝不能就这样无缘无故地吵起来。"

郭大路道："要等什么样的机会呢？"

王动笑了笑，道："我虽然不太喜欢跟别人吵架，但要找个吵架的机会，倒并不太困难。"

郭大路道："为什么？"

王动道："因为你本来就常常不说人话的。"

郭大路也笑了，道："若是燕七在这里，我现在就可以跟你吵起来。"

王动道："现在我只担心一件事。"

郭大路道："担心什么？"

王动道："我只怕他帮着你跟我吵，吵完了跟着你一起走。"

郭大路眨了眨眼，道："这点你倒用不着担心。"

王动道："哦？"

郭大路道："我既然能跟你吵，难道就不能跟他吵么？"

王动又笑了，道："当然能。有时你说的话，足足可以气死一城的人，无论谁跟你吵起来，我都不会觉得很奇怪的。"

郭大路还没有开口，突然听到一声惊呼，从那边的树林中传了出来。

一个少女的声音在放声大叫："救命呀……救命！"

男人听到女孩子叫"救命"，大多数都会立刻赶过去。

就算他并没有真的准备去救她，至少也会赶过去看看。

每个男人一生中，多多少少总会幻想过一两次"英雄救美人"这种事的，只可惜事实上这种机会并不太多而已。

现在机会来了，郭大路怎么肯错过。

郭大路不等王动有所行动，就已经跳了起来，直冲过去。

只可惜他好像还是迟了一步。

他身子刚跳起来，就看到一个人箭也似的冲入了树林。

叫"救命"的女孩子，大多数都不会长得太丑，但像现在叫救命的这个女孩子这么样漂亮的，倒也并不太多。

这女孩子年纪不大，最多也只不过十七八岁，梳着两根油光水滑的大辫子，更显得俏皮伶俐。

她手里提着个花篮，一张白生生的瓜子脸已吓得面无人色，正围着一棵树在打转。

一个满脸胡子的彪形大汉，脸上带着狞笑，围着树追。

他追得并不急，因为他知道这女孩子已经是他口中的食物，已经休想逃出他的手掌心。

他再也想不到半路上竟会杀出个程咬金来。

幸好来的这程咬金，只不过是个年轻小伙子，长得也跟大姑娘差不多。

所以，不等林太平开口，他反而先吼了起来，大声道："你这兔崽子，谁叫你来的？若是撞走了老子的好事，小心老子把你的脑袋拧下来。"

林太平沉着脸，道："什么好事？"

大汉狞笑道："老子在干的什么事，你小子难道看不出？"

那小姑娘已躲到林太平背后，喘着气，颤声道："他不是好人，他……他要欺负我。"

林太平淡淡道："你放心，现在已经没有人能欺负你了。"

大汉怒吼道："难道你这个兔崽子还想多管闲事不成？"

林太平道："好像是的。"

大汉狂吼一声，饿虎扑羊般，向林太平狠狠扑了过来。

看来他也是练过几天功夫的，不但下盘很稳，而且出手也很快。

只可惜他遇着的是林太平。

林太平一挥手，他就已像野狗被踢了一腿，"骨碌碌"滚了出去。

他又惊又怒，嘴里大骂着，看样子还想爬起来，再拼一拼。

谁知后面已有个人一把揪住了他的衣领，把他整个人拎了起来。

这人不但力气大，身材也不比他矮，只用一只手拎住他，他居然连一点反抗的法子都没有。

郭大路总算赶来了，拎着他走到林太平面前，微笑道："你说应该怎么打发这小子？"

林太平道："那就得看这位姑娘的意思了。"

那小姑娘惊魂未定，身子还在发抖。

郭大路冲着她挤了挤眼，笑道："这人欺负了你，我们把他宰了喂狗，你说好不好？"

小姑娘惊呼一声，吓得人都要晕了过去，一下子倒在林太平身上。

郭大路大笑，道："我只不过是说着玩的，像这种臭小子，连野狗都不肯嗅一嗅的。"

他一挥手，喝道："滚吧，滚得愈快愈好，愈远愈好。"

用不着他说，这大汉早已连滚带爬地跑了。

小姑娘这时才松了口大气，红着脸站了起来，盈盈拜倒，道："多谢这位公子相救，否则……否则……"

她眼圈又开始发红，连话都说不出了，像是恨不得抱住林太平的脚，来表示自己心里有多么感激。

林太平的脸也红了。

郭大路笑道："救你的又不是这位公子一个人，我也有份，你为什么不来谢谢我？"

小姑娘的脸更红，更不知道应该怎么办才好。

幸好这时燕七已赶来，瞪着郭大路，道："人家已经受了罪，你还要欺负她？"

他将这小姑娘从地上拉起来，又道："他这人也有点毛病，你用不着理他。"

小姑娘垂着头，道："多……多谢。"

燕七道："你一个小姑娘家，怎么会跟那种人到这种地方来呢？"

小姑娘头垂得更低，啜嚅着道："我是个卖花的，他说这地方有人要把我这一篮子花都买下来，所以……所以我就跟着他来了。"

燕七叹了口气，道："这世上男人坏的比好的多，下次你千万要小心。"

林太平忽然开口问道："你这一篮子花，共值多少钱？"

卖花姑娘道："三……三……"

林太平道："好，我就给你三两银子，这一篮花我全买下来。"

卖花女抬起头，看着他，温柔的目光中，充满了感激。

林太平却又红着脸，扭过头去，反而好像不敢面对着她。

郭大路看看林太平，又看看这卖花女，忽然问道："小姑娘，你贵姓？"

卖花姑娘却好像很怕他的样子，他一开口，这小姑娘就吓得退了两步。

郭大路道："你是不是住在山下？是不是最近才搬来的？我以前怎么没见过你？"

卖花姑娘红着脸，垂着头，咬着嘴唇，一句话也不说。

郭大路笑了，道："你怎么不说话呀？怎么突然哑巴了？"

卖花姑娘像是想说什么，但还是什么都没说，忽然扭头就跑。

只见她两条大辫子在背后甩来甩去，跑出去很远，忽又回过头来，瞟了林太平一眼，把篮子里的花全都拿出来，放在地上，道："这些花全都送给你。"

话还没有说完，脸更红，跑得更快，好像生怕别人会追过去似的。

郭大路笑道："这小姑娘胆子真小。"

燕七冷冷道："看见你那副穷凶极恶的样子，胆子再大的女人，也一样会被你吓跑。"

郭大路道："我只不过问了她两句话而已，又没有怎么样。"

燕七道："人家姓什么，叫什么，住在什么地方，又关你什么事？你有什么好问的？"

郭大路道："我又不是自己要问。"

燕七道："你替谁问？"

郭大路向林太平努了努嘴，笑道："你难道没看见我们这位多情公子的样子？"

林太平好像根本没听见他在说什么，眼睛还盯在小姑娘身影消失的地方，竟似有些痴了。

02

春天还没有去远，早上的风里，还带着春寒。

郭大路推开门，深深吸了口气，一院子春风就似已全都扑入他怀里。

每天起得最早的人，一定是他，因为他觉得将大好时光消磨在床上，实在是件很浪费的事。

但今天他推开门的时候，却发现林太平已经站在院子里。

站在院子里发怔。

郭大路轻轻咳嗽了几声，他没听见，郭大路又敲了敲栏杆，他也没听见。

他眼睛直勾勾地盯在墙角的一丛芍药上，心里却不知在想什么。

郭大路轻轻走过去，突然大声道："早。"

林太平这回终于听见了，同时也吓了一跳，回头看见郭大路，才勉强笑道："早。"

郭大路盯着他的脸，道："看你眼睛红红的，是不是昨天晚上没睡好？"

林太平支吾着，道："嗯。"

郭大路又道："你看起来好像有点心事，究竟在想什么？"

林太平道："我在想……春天好像已经过去了。"

郭大路点点头，道："不错，春天已经过去了，昨天刚过去的。"

林太平道："昨天过去的？"

郭大路微笑道："你难道不知道么？昨天那位小姑娘跑走的时候，春天岂非也已跟着她一起走了么？"

林太平的脸红了，郭大路故意叹了口气，喃喃道："春天到哪里去了呢？谁知道？——若有人知春去处，又何妨唤取归来同住？"

林太平红着脸道："你能不能少说几句缺德话？"

郭大路笑道："我这话难道说错了么？你难道不想将春天留住？"

林太平道："我……"

他忽然停住了口，因为这时春风忽然传来了一阵悠扬的歌声：

小小姑娘，清早起床，
　　提着花篮儿，上市场。
　　穿过大街，走过小巷，
　　卖花，卖花，声声嚷。
　　花儿虽美，花儿虽香，
　　没有人买怎么办？
　　提着花篮儿，空着钱袋，
　　怎么回去见爹娘？

　　歌声又甜又美，又有些酸酸的，不但林太平听得痴了，就连郭大路都已听得出神。

　　过了很久，他才轻轻叹了口气，喃喃道："看来春天并没有去远，现在又回来了。"

　　他忽然用力一推林太平，笑道："你还不出去，还怔在这里干什么？"

　　林太平红着脸道："出去干什么？"

　　郭大路眨了眨眼，道："人家昨天送了你那么多花，今天你至少也该对人家表示点意思呀。"

　　林太平还在犹豫着，却终于还是半推半就地，被郭大路推了出去。

　　雾已散，阳光满地。

　　一个手提着花篮的小姑娘，正踩着满地阳光，慢慢地走过来。

　　她抬起头，忽然看见林太平，满地阳光忽然全都到了她脸上。

　　也许还有一半在林太平脸上。

　　郭大路看了看他，又看了看那小姑娘，悄悄地退了回去，掩上门，将他们留在门外。

春风温柔得就像是情人的眼波。

郭大路微笑着，心里觉得愉快极了，背负起双手，在院子里慢慢地踱着步。

他本来并不想找燕七去的，但抬起头来时，忽然发觉已到了燕七门外。

如此美的春光，怎能不让朋友来同享？

郭大路终于伸出手，轻轻地敲门。

没有回应。

敲门声更大，还是没有回应。

燕七怎会睡得这么死？

郭大路大声唤道："太阳已经晒在头上了，还不起来？"

门里静悄悄的，一点声音也没有。

背后却有了声音，是王动的声音。

王动道："他不在后面院子，也不在厨房。"

郭大路的脸色已有些变了，忍不住用力去推门。

门根本是虚掩着的。

郭大路一推开门，一院子春光好像都已被他推了出去。

屋子里没有人。

床上的被褥，还整整齐齐叠在那里，除此之外，就没有别的。

非但燕七的人不在屋子里，他的一些零星东西也全都不见了。

郭大路站在那里，手脚冰冷。

王动的眉也皱了起来，喃喃道："看样子他好像是昨天晚上走的。"

郭大路道："嗯。"

王动道："这次他为什么把东西也带走了呢？为什么连一句话都没

有留下来？"

郭大路突然转身，用力抓住了王动的肩，道："昨天晚上，你有没有告诉他什么？"

王动道："你想我会告诉他什么？"

郭大路道："我跟你说的那些话。"

王动道："你以为我是那种人？"

郭大路道："你真的什么都没有说？"

王动叹了口气接道："现在我们已用不着吵架了，否则就凭着这句话，我已经可以跟你吵起来。"

郭大路怔了半晌，终于也长长叹了口气，慢慢地松开手。

王动勉强笑了笑，道："其实你也用不着急，以前他也溜出去过，过几天就会回来的。"

郭大路摇摇头，苦笑道："你自己刚才也说过，这次不同。"

王动道："可是他根本没有原因要不辞而别。"

郭大路低下头，道："也许……也许他也跟我一样，也觉得有点不对了，所以……所以，还是不如走了的好。"

王动犹豫着，道："其实你们根本没有什么不对劲。"

郭大路苦笑道："还没有？"

王动道："其实他……他……"

郭大路道："他怎么样？"

王动凝视他，过了半晌，忽又摇了摇头，道："没怎么样，没怎么样……"

他不等话说完，就掉头走了。

郭大路道："你到哪里去？"

王动道："去找杯酒喝喝。"

其实王动也并不是个能将话藏在心里的人，只不过觉得，有些话还是不要说出来的好。

因为他觉得，有些事郭大路也是不知道的好，知道得多了，反而更烦恼。

只可惜不知道也同样烦恼。

现在春天才真的去远了。

春去何处？从来没有人知道。

03

小小姑娘，清早起床。

提着花篮儿，上市场……

甜美的歌声，每天清晨都能听得到。

只要听到这歌声，林太平就觉得春天已回来了。

但郭大路的春天却已一去不返。

燕七的人也和春风一样，一去就无踪影，一去就无消息。

"他到哪里去了？为什么一句话都不留下？"

郭大路决心要将这原因找出来。

所以他也走了。

走的时候只留下了一句话："不找到他，我绝不回来！"

富贵山庄中的笑声少了，天气虽一天比一天热，但在王动的感觉中，这地方却似一天比一天冷。

没有郭大路的消息，没有燕七的消息，也没有春天的消息。

只有那甜美的歌声，还是每天都可以听到。

除此之外，唯一令人稍觉愉快的，就是红娘子的伤也已痊愈。

有一天，她和林太平陪着王动，坐在屋檐下。

苍穹本来一碧如洗，但忽然间，乌云已连天而起。

接着，夏日的雷雨就已倾盆而落。

雨水重帘般从屋檐上倒挂而下，墙角的残花也已不知被雨水冲向何处。

王动看着檐上的雨帘，忽然长叹了一声，喃喃道："春天真的已经过去了。"

红娘子柔声道："现在虽已过去了，但很快就会再来的。"

林太平道："不错，春天无论去得多远，都一定会回来的。"

王动道："一定？"

林太平道："一定！"

第四十章

同是天涯沦落人

01

雷雨。

雨点乱石般打在郭大路身上。

他终于醒了。

陋巷、低墙,他醒来才发觉自己睡在墙角的泥泞中,至于他是怎么会睡在这里的,已睡了多久,这连他自己都不知道。

他只记得昨夜先跟东城的兄弟们一起去踹西城老大的赌场,打得那里鸡飞狗跳,一塌糊涂。

然后东城的老大就特地为他在小冬瓜的妓院里大摆庆功宴,二三十个弟兄,轮流灌他的酒。

东城老大还当众拍胸脯,表示只要他能把西城那一帮打垮,以后西城那边的地盘就归他,后来两个人好像还磕头,拜了把子。

再后面的事他就更记不清了,好像是小冬瓜的妹妹小蜜桃把他扶回去的,正在替他脱靴子,脱衣裳。

可是他忽然不肯去了,一定要走,要出去找燕七。

小蜜桃想拉他,反而挨了个耳刮子。

然后他就发现自己躺在这里,中间那一大段,完全变成了空白。

严格说来，这半个多月的日子，究竟是怎么过去的，他也弄不清。

他本是出来找燕七的，但人海茫茫，又到哪里去找呢？

所以他到了这里后，就索性留了下来，每天狂赌乱醉。

有一天大醉后，和东城的老大冲突了起来，两人不打不相识，这一打，竟成了朋友。

那时东城老大正被西城帮压得透不过气，郭大路就拍胸脯，保证为他出气。

所以他就跟东城的弟兄们混在一起了，每天喝酒、赌钱、打架、找乐子，每天都大叫大笑，日子好像过得开心极了。

但为什么每次大醉后，他都要一个人溜走，第二天醒来时，不是倒在路上，就是躺在阴沟里？

一个人若要折磨别人，也许很难，但若要折磨自己，就很容易了。

他是不是在故意折磨自己？

好大的雨，雨点打在人身上，就好像石子一般。

郭大路挣扎着，勉强站起来，头疼得仿佛随时都会裂开来，舌头上也像是长出了一层厚厚的青苔。

这种日子过得真的有意思吗？

他不愿想。

他什么事都不愿想，最好立刻有酒，再开始喝，最好每天都没有清醒的时候。

仰起脖子，想接几口雨水来喝，雨点虽然很多很密，能落到他嘴里的，却偏偏没有多少。

世上岂非有很多事都是这样子的？

你看着明明可以得到的，却偏偏得不到。你愤怒、痛苦，用自己的头去撞墙，把自己折磨得不成人形，却还是一点用也没有。

郭大路用力挺起了胸膛，胸膛里，心口上，就像是有针在刺着。

明明不该想的事，为什么偏偏又要想呢？

霹雳一声，闪电击下。

他咬了咬牙，大步向前走，刚走了两步，忽然看到前面一扇小门，"呀"的一声开了。

一个绯衣垂髫的小丫头，手里撑着把花油伞，正站在门口，看着他盈盈地笑，笑起来两个酒窝好深。

有个这么甜的小姑娘，对着你笑，任何男人都免不了要上去搭讪搭讪的。

但郭大路现在却没有这种心情，他现在的心情，简直比他的样子还糟。

谁知这小姑娘却迎了上来，甜甜地笑道："我叫心心。"

她不等别人开口，第一句话就说出了自己的名字，这种事倒也少见得很。

郭大路看了她两眼，慢慢地点了点头，道："心心，好，好名字。"

他不等话说完，又想走了。

谁知心心却还是不肯放过他，又笑着道："我认得你。"

郭大路这才觉得有点奇怪，转过身停下来，道："你认得我？"

心心眨着眼，道："你是不是郭家的大少爷？"

郭大路更奇怪，忍不住问道："你以前在哪里见过我？"

心心道："没有。"

郭大路道："那么你怎么认得我的？"

心心嫣然，道："你去问问我们家的小姐，就知道了。"

郭大路道:"你们家的小姐是谁?"

心心道:"你看见她时,就知道了。"

郭大路道:"她在哪里?"

心心抿嘴一笑,道:"你跟我来,就什么事都知道了。"

她转过身,走进了那扇小门,又回头向郭大路招了招手:"来呀。"

郭大路什么话都没有说,大步走了进去,现在他的好奇心已被引起,你想不叫他进去,都很难了。

门里是个小小的院子,一棚紫藤花在暴雨中看来,显得怪可怜的。

屋檐下挂着三两只鸟笼,黄莺儿正在笼子里吱吱地吵着,好像正在怪它们的主人太不体恤,为什么还不把它们带入香闺里。

心心走上回廊,用一根白生生的小手指,轻轻在笼子上一弹,瞪眼道:"小鬼,吵死人了,今天小姐房里有客人,你们再吵,她也不会睬你们的。"

她又回眸向郭大路一笑,嫣然道:"你看,我还没进去,它们已在吃醋了。"

郭大路也只好笑了笑。

现在他心里除了好奇之外,又多了种说不出是什么滋味的感觉,仿佛有点甜酥酥的。

但这究竟是怎么回事?他仍然如在十里雾中,连一点影子都摸不着。

"难道我忽然交上桃花运了么?"

只不过,丫头虽然俏,并不一定就表示小姐也很漂亮。

那位小姐若是母夜叉,你说怎么办?

门上挂着湘妃竹的帘子，当然是天气开始热了之后，刚换上去的。

门里悄无人声。

心心掀起帘子，嫣然道："你先请里面坐，我去请小姐来。"

里面是个精致高雅的小客厅，地上还铺着厚厚的波斯毡。

连郭大路都不由自主，先擦了擦脚底的泥，才能走得进去。

"像这种地方的主人，为什么要请我这么样一个客人进来？"

那当然一定有目的。

什么目的呢？

郭大路看了看自己，全身上上下下，连五钱银子都不值。

他对自己笑了笑，索性找了张最舒服、最干净的椅子坐下来。

桌上有壶茶，还是新泡的。几个小碟子里，摆着很精美的茶食。

郭大路替自己倒了碗茶，一边喝茶，一边吃杏脯，就好像是这地方的老客人似的，一点也不客气。

然后，他就听到一阵"叮叮当当"的环佩声，心心终于扶着他们家的小姐进来了。

郭大路只抬头看了一眼，眼睛就已发直。

郭先生并不是没见过女人的毛头小伙子，但像这样的美人，倒还真是少见得很。

若不是这样的美人，又怎配住这样的地方？

郭大路嘴里含着半片杏脯，既忘了吞下去，也忘了拿出来。

不知什么时候，这位小姐也坐下来了，就坐在他对面。一张宜喜宜嗔的脸上，仿佛还带着点红晕，也不知是胭脂，还是害羞；一双明如秋水般的眼波，正脉脉含情地看着他。

郭大路开始有点坐立不安了，想开口说话，一个不小心，却将嘴里含着的半片杏脯，噎在喉咙里。

心心忍不住"扑哧"一笑，一开始笑，就再也停不下来，捧着肚子，吃吃地笑个不停。

小姐瞪了他一眼，仿佛在怪她笑得不该，但自己也忍不住为之靦然。

郭大路看着她们，突也大笑起来。

他笑的声音反而比谁都大，你只有在听到这笑声的时候，才能感觉到他是真正的郭大路。

无论多么严肃、多么尴尬的场面，只要郭大路一笑，立刻就会轻松起来。

这位羞答答的小姐，终于也开口说话了。

她的声音就和她的人同样温柔，柔声道："这地方虽然不太好，但郭大爷既然已来了，就不要过于拘束……"

郭大路打断了她的话，笑道："你看我像是个拘束的人吗？"

小姐嫣然道："不像。"

心心也笑道："茶是小姐刚托人从普洱捎来的，郭大爷多喝两杯，也好醒醒酒。"

郭大路道："茶的确不错，你却错了。"

心心怔了怔，道："我什么地方错了？"

郭大路道："无论多好的茶，也不能醒酒。"

心心道："要什么才能醒酒？"

郭大路道："酒。"

心心笑道："再喝酒岂非更醉？"

郭大路道："你又错了，只有酒，才能解酒，这叫作还魂酒。"

心心眨眨眼道："真的？"

郭大路道："这法子是我积数十年经验得来的，绝对错不了。"

小姐也笑道："既然如此，还不快去为郭大爷斟酒。"

酒来了，是好酒。

菜当然也不错。

郭大路开怀畅饮，真的好像已将这位小姐当作老朋友，一点也不客气。

这位小姐居然也能喝两杯，酒色染红了她的双颊，看起来更艳光照人。

郭大路眼睛直勾勾地盯着她，连酒都似已忘记喝了。

小姐低下头，轻轻道："郭大爷再喝三杯，我陪一杯。"

三杯酒眨眼间就下了肚，郭大路忽然道："我有几件事要告诉你。"

小姐道："请说。"

郭大路道："第一，我不叫郭大爷，叫郭大路，我的朋友都叫我小郭。但现在已渐渐变成老郭了。"

小姐嫣然道："有些人永远都不会老的。"

郭大路道："也有些人永远都不会变成大爷。"

他又喝了杯酒，才接着道："我只不过是个穷光蛋，而且又脏又臭，你却是位千金小姐，而且不认得我，为什么要请我来喝酒？"

小姐眼波流动，道："同是天涯沦落人，若是有缘，又何必认得。"

心心抢着道："我们家小姐姓水，闺名叫柔青，现在你们总该已认得了吧。"

郭大路抚掌笑道："水柔青，好名字，值得喝三大杯。"

水柔青垂首道："多谢。"

郭大路一饮而尽，盯着她，过了很久，忽又道："我的肠子是直的，无论有什么话，那都是存不住的。"

水柔青嫣然道："我看得出你是个豪气干云的大丈夫。"

郭大路道："那么我问你，是不是有人欺负了你，你要我替你出气？"

心心又抢着道："我们家小姐足不出户，怎么会有人欺负她？"

郭大路道："你是不是遇着了件很困难的事，要我替你去解决？"

心心道："也没有。"

郭大路缓缓地道："我既然来了，又喝了你们的酒，无论什么事，只要你们开口，我一定尽力去做。"

水柔青柔声道："只要你有这样的心意，我也就心满意足了。"

郭大路瞪着她，道："你真的没有什么事求我？"

水柔青道："真的没有。"

郭大路道："那么，你为什么对一个又脏又臭的穷光蛋这么好？"

水柔青抬起头，看着他，眼波如醉。

被她这样子看着的人，能不醉的又有几个？

心心看着郭大路，又看看她的小姐，忽然笑道："有句话郭大爷不知道有没有听说过？"

郭大路道："你说。"

心心道："天子重英豪。美人喜欢的，也是真正的英雄。"

水柔青的脸更红，娇嗔轻啐道："小鬼，再乱嚼舌，看我不撕你的嘴。"

心心笑道："我也是直肠子，心里有什么话，也存不住。"

水柔青红着脸站起来，真的像是要去拧她。

心心却已吃吃地娇笑着，一溜烟跑了出去，跑出去时还没有忘记替他们关上门。

水柔青垂首站在那里，又忍不住偷偷瞟了郭大路一眼。

郭大路还在盯着她。

她的脸已红得像是秋夕的晚霞。

醉了。

此时此刻，此情此景，不醉的人也该醉了。

郭大路忽然握住了水柔青的手。

她的手冰冷，脸却是火烫的。

郭大路正想拉她，还没有拉她，她已"嘤咛"一声，倒入他怀里。

窗外是盛夏，窗内却是浓春。

春色浓得化也化不开。

有些人虽然素不相识，但只要一见面，就好像铁遇见磁石一样，立刻会紧紧黏住。

水柔青黏在郭大路身上，她的肌肤柔软、光滑，如丝缎。

她的腰肢盈盈一握。

郭大路握着她的腰，忽然轻轻叹息，喃喃道："我不懂，真的不懂。"

水柔青轻轻道："有些事本来就是没法子解释的，本来就没有人懂。"

郭大路道："你以前既没有看见过我，也不知道我是个怎么样的人，为什么这样子对我？"

水柔青道："我虽然没看见过你，却早已知道你是个怎么样的人了。"

郭大路道："哦？"

水柔青的身子贴得更紧，缓缓道："这些天来，城里的人谁不知道自远地来了个天不怕地不怕的好汉。"

郭大路苦笑道："好汉？你知不知道好汉是什么意思？"

水柔青道："我听你说。"

郭大路道："'好汉'的意思，有时候就是流氓无赖。"

水柔青嫣然道："我不知道。我只知道，好汉就是好汉。"

郭大路笑了，轻抚着她的腰肢，笑道："你真是个奇怪的女人。"

水柔青道："所以我才会喜欢像你这么样奇怪的男人。"

这句话没说完，她的脸又红了。

郭大路凝视着她，道："我以前做梦也没想到，会遇见你这样的女人，更没有想到会跟你这样子在一起。"

水柔青的脸更红，轻轻道："只要你愿意，我就永远这样子跟你在一起。"

郭大路又凝视了她很久，忽又轻轻叹了口气，翻了个身，张大了眼睛，瞪着屋顶。

水柔青道："你在叹气？"

郭大路道："没有。"

水柔青道："你在想心事？"

郭大路道："没有。"

水柔青也翻了个身，伏在他胸膛上，轻抚着他的脸，柔声道："我只问你，你愿不愿意永远跟我这样子在一起？"

郭大路沉默着，沉默了很久，才一字字道："不愿意。"

水柔青柔软的身子，突然僵硬，嘎声道："你不愿意？"

郭大路道："不是不愿意，是不能。"

水柔青道："不能？为什么不能？"

郭大路慢慢地摇了摇头。

水柔青道："你摇头是什么意思，不喜欢我？"

郭大路叹道："像你这样的女人，若有男人不喜欢你，那人一定有毛病，可是……"

水柔青道："可是什么？"

郭大路苦笑道："可是我有毛病。"

水柔青看着他，美丽的眼睛里充满了惊讶之色。

郭大路道："我是个男人，已有很久没接近过女人；你是个非常美的女人，而且对我很好；这地方又如此温柔，我们又喝了点酒。在这种情况下，我怎么能不动心，所以……"

水柔青咬着嘴唇，道："所以你要了我？"

郭大路叹息着，道："可是我们之间，并没有什么真的感情。我……我……"

水柔青道："你怎么样？……难道你心里在想着另一个人？"

郭大路点点头。

水柔青道："你跟她真的有感情？"

郭大路点点头，忽又摇摇头。

水柔青道："到底是不是真的有感情？"

郭大路叹道："我也不知道那是种什么样的感情，我不知道。我看不见他的时候，时时刻刻都在想着他。你虽然又美、又温柔，我虽然也很喜欢你，但在我心里，无论谁也无法代替他。"

水柔青道："所以你还是只有去找她？"

郭大路道："非找到不可。"

水柔青道："所以你要走？"

郭大路闭上眼睛，点了点头。

水柔青看着他，眼睛里并没有埋怨，反而似也被感动。

过了很久，她才长长叹息了一声，幽幽地道："世上若有个男人也像这样子对我，我……我就算死，也甘心了。"

郭大路柔声道："你迟早一定也会找到这么样一个人的。"

水柔青摇摇头，道："永远不会。"

郭大路道："为什么？"

水柔青也沉默了很久，忽然道："你是个很好的人，我从来也没有见到你这样的好人，所以我也愿意对你说老实话。"

郭大路听着。

水柔青道："你知不知道我是个什么样的人？"

郭大路道："你姓水，叫水柔青，是位千金小姐，而且温柔美丽。"

水柔青道："你错了，我并不是什么千金小姐，只不过是个……是个……"

她咬着嘴唇，突又长长叹息，道："我只不过是个妓女。"

"妓女！"

郭大路几乎从床上直跳了起来，大声叫道："你不是。"

水柔青笑得很凄凉，道："我是的。不但是，而且是这地方身价最高的名妓，不是一掷千金的王孙公子，就休想做我的入幕之宾。"

郭大路怔住，怔了半天，喃喃道："但我并不是什么王孙公子，而且身上连一金都没有。"

水柔青忽然站起来，打开了妆台的抽屉，捧着了一把明珠，道："你虽然没有为我一掷千金，但却已有人为你量珠买下了我。"

郭大路更吃惊，道："是什么人？"

水柔青道："也许是你的朋友。"

郭大路道："难道是东城的老大？"

水柔青淡淡道："他还不配到我这里来。"

郭大路道："那么是谁？"

水柔青道："是个我从未见过的人。"

郭大路道："什么样的人？"

水柔青道:"是个麻子。"

郭大路愕然道:"麻子?我的朋友里连一个麻子都没有。"

水柔青道:"但珍珠却的确是他为你付给我的。"

郭大路吃惊得连话都说不出了。

水柔青道:"他叫我好好地侍候你,无论你要什么都给你。"

郭大路道:"所以你才……"

水柔青不让他说下去,又道:"但他也算出来,你很可能不愿留下来的。"

郭大路道:"哦?"

水柔青道:"等到你不愿留下来的时候,他才要我告诉你一件事。"

郭大路道:"什么事?"

水柔青道:"一件很奇怪的事。"

她慢慢地接着道:"几个月以前,这里忽然来了个很奇怪的客人,跟你一样,穿得又脏又破,我本来想赶他出去的。"

郭大路道:"后来呢?"

水柔青道:"可是他一进来,就在桌上摆下了百两黄金。"

郭大路道:"所以你就让他留下来了?"

水柔青眼中露出一丝幽怨之色,淡淡地道:"我本来就是个做这种事的女人,只认金子不认人的。"

郭大路叹道:"我明白,可是……可是你并不像这样的女人。"

水柔青忽然扭过头,仿佛不愿让郭大路看到她脸上的表情。

过了很久,她才慢慢地接着道:"世上本来就有很多富家小子,喜欢故意装成这种样子,来寻欢作乐,找别人开心,这并不奇怪。"

郭大路道:"奇怪的是什么呢?"

水柔青道:"奇怪的是,他花了百两黄金,却连碰都没有碰我,只不过在这里洗了个澡，而且还穿了我一套衣服走了。"

郭大路道："穿了你一套衣服？"

水柔青点点头。郭大路道："他究竟是男是女？"

水柔青道："他来的时候，本是个男人，但穿上我的衣服后，简直比我还好看。"

她苦笑着，接着道："老实说，我虽然见过许许多多奇怪的人，有的人喜欢要我用鞭子抽他，用脚踩他，可是，像他这样的人，我倒是从来没有见过，到后来连我都分不清他究竟是男是女。"

郭大路又怔住，但眼睛却已发出了光。

他似已隐隐猜出她说的人是谁了。

水柔青道："这些话我直到现在才说出来，只因为那麻子再三嘱咐我，你若愿意留下来，我就永远不能把这件事告诉你。"

郭大路道："你……你知不知道那奇怪的客人叫什么名字？"

他似已紧张得连手都在发抖。

水柔青道："她并没有说出她的名字来，只告诉我，她姓燕，燕子的燕。"

郭大路突然跳起来，用力握着她的肩，嘎声道："你知不知道她现在在什么地方？"

水柔青道："不知道。"

郭大路倒退了两步，似已连站都站不住了，"噗"地又坐到床上。

水柔青道："可是她最近又来过一次。"

郭大路立刻又像中了箭一般跳起来，大声道："最近是什么时候？"

水柔青道："就在前十来天。"

她接着又道："这次她来的时候，样子看起来好像有很多心事，在我这里喝了很多酒，第二天就穿了我一套衣裳走了。"

郭大路更紧张，道："你知不知道她走到什么地方去了？"

水柔青道："不知道。"

郭大路好像又要倒下去。

幸好水柔青很快地接着又道："但她喝醉了的时候，说了很多醉话，说她这次回去之后，就永远不会再回来，我永远也不会再见到她了。"

郭大路道："你……你有没有问过她，她的家在哪里？"

水柔青笑了笑，道："我本来是随口问的，并没有想到她会告诉我。"

郭大路眼睛里充满了迫切的期望，抢着道："但她却告诉了你？"

水柔青点点头，道："她说她的家在济南府，还说那里的大明湖春色之美，连西湖都比不上，叫我以后有机会时，一定要去逛逛。"

郭大路忽然又倒了下去，就像是跑了几天几夜的人，历尽了千辛万苦，终于到达了他的目的地。

他虽然倒了下去，但心里却是幸福愉快的。

水柔青看着他，目中充满了怜惜，轻轻道："你要找的，就是她？"

郭大路点点头。

水柔青道："她知不知道你对她如此痴情？"

郭大路点了点头，又摇了摇头——女人的心，有谁知道呢？

水柔青又轻轻地叹息了一声，幽幽道："她为什么要走？若是我，你就算用鞭子赶我，我也不会走的。"

郭大路喃喃道："她不是你……她也是个很奇怪的人，我始终都没有了解过她。"

水柔青黯然道："她不是我，所以她才会走；只有像我这样的女人，才懂得世上绝没有任何东西比真情更可贵。"

她叹息着，又道："一个女人若不懂得珍惜这一份真情，她一定会后悔终生。"

郭大路又沉默了很久，忽然问道："你看她究竟是不是个女人？"

水柔青道："难道你直到现在还不知道？"

郭大路仰面倒在床上，长长吐出口气，喃喃道："幸好现在我总算知道一件事了。"

水柔青道："什么事？"

郭大路微笑着，缓缓道："我并没有毛病……一点毛病都没有，我只不过是个瞎子而已。"

黄昏。

夕阳照进窗户，照在郭大路刚换的一套新衣服上，他似已完全变了个人，变得容光焕发，而且非常清醒。

水柔青看着他，咬着嘴唇，道："你……你现在就要走？"

郭大路笑道："老实说，我简直恨不得长出两只翅膀来飞走。"

水柔青垂下头，目中又露出种说不出的幽怨凄楚之色。

郭大路看着她，笑容也渐渐暗淡，目中也充满怜惜，忍不住拍了拍她的肩，柔声道："你是个很好的女孩子，将来总有一天……"

水柔青凄然一笑，道："将来总有一天，我也会找到一个像你这样的男人的，是不是？"

郭大路勉强笑道："答对了。"

水柔青也勉强笑了笑，道："见到那位燕姑娘时，莫忘记替我向她问好。"

郭大路道："我会的。"

水柔青道："告诉她，以后若有机会，我一定会到大明湖去看你们。"

郭大路笑道："说不定我们会先来看你。"

他虽然在笑着，但也不知为了什么，心里总像是有点酸酸的。

他实在已不忍再留下去，实在不忍再看她的眼睛，忽然转过头，望着窗外的夕阳，喃喃道："现在天还没有黑，我还来得及赶段路。"

水柔青垂着头，轻轻道："不错，你还是快走的好，她说不定也在等着你去找她。"

郭大路看着她，仿佛想说什么，但终于什么也没有说。

他就这样走了出去。

不走又能怎么样呢？还是走了的好——还是快走的好。

水柔青突然道："等一等。"

郭大路慢慢地回过身，道："你……"

水柔青没有让他说出这句话，自怀中取出了个浅紫色的绣花荷包，递给他，柔声道："这个给你，请转交给燕姑娘，就说……就说这是我送给你们的贺礼。"

郭大路道："这是什么？"

他接过，就已用不着再问。

他已可感觉到荷包里的明珠的光滑圆润。

水柔青已转过身，看也不去看窗外的夕阳，淡淡道："现在你可以走了。"

郭大路紧紧握着这荷包，她的心岂非也正如荷包中的明珠一样，岂非也已被他握在手里？

她没有再回头。

他也没有再说话。

有些话，是根本就用不着说出来的。

同是天涯沦落人，相逢何必曾相识？

或许也只有在天涯沦落的人，才能了解这种心情，这种意境。

这种意境虽然凄凉，却又是多么美丽。

第四十一章

村 姑

01

远山青绿，湖水湛蓝。

青绿的远山倒映在湛蓝湖水里，蓝翠如绿，绿浓如蓝。

郭大路沿着湖岸，慢慢地往前走，就像是个游魂似的，既没有目的，也不辨方向。

听到了燕七的消息，他就恨不得胁生双翅，飞到济南府来，好像只要他一到了济南府，立刻就可以找到燕七。

现在他已到了济南府，才知道自己想得实在太天真了。

这见鬼的济南府可真不小，城里至少有几千几百户人家，几千几万个人。

要到这么大的地方，这么多人之中来找燕七，还是好像想在大海里捞针一样。

他只有每天在这里游魂般逛来逛去，希望有一天运气特别好，能撞上燕七。

可是连他自己也知道，这希望实在太渺茫，但无论多渺茫的希望，总比没有希望好。

现在连湖岸旁有多少棵树，他几乎都能数得出来了。

前面的垂柳下，停泊着条卖莲蓬鲜藕的小船，摇船的小姑娘也已跟他很熟，远远就向他嫣然而笑，笑容灿烂如阳光。

就只为了这甜笑，郭大路就已不能不去买几只莲蓬了。

莲子的心是苦的，就像现在郭大路的心一样。

别人两分银子只能买六只莲蓬，郭大路却买到七八只。

这戴着斗笠，赤着双白足的小姑娘，仿佛对郭大路也很有意思，只要郭大路来，她总是额外多送两只，有时甚至还会偷偷塞上一节鲜藕。

若是在以前，郭大路说不定早已坐上她的船，把船荡到湖心，去亲亲她苹果般的小脸，摸摸她嫩藕般的白足了。

但现在，郭大路实在没有这种心情。

他的烦恼已经够多的了。

他接着莲蓬，就准备走了，谁知道这小姑娘却又向他招了招手，悄悄地道："你过来，我有话跟你说。"

郭大路实在不想再惹麻烦，却又实在不忍拒绝这小姑娘的好意。

他在心里叹了口气，准备做出一副大哥哥的样子来，这小姑娘若是想约他幽会，他一定要好好教训她一顿，告诉她，天下的男人都不是好东西。她幸好遇见了他，否则一定会上当的。

想到这里，他觉得自己简直是个圣人。

只可惜老天偏偏不给他个机会，让他来做一两次圣人。

他只用一只脚踩上船头，故意板起脸，道："你有什么话要跟我说？"

小姑娘眼睛里发着光，悄悄道："你是不是个化了装出来私访民情的大官？"

郭大路怔住了，怔了半晌，忍不住笑道："我由头到脚，有哪点像是大官的样子？"

小姑娘道:"你不是?"

郭大路笑道:"非但不是,而且我一见到大官就会发抖的。"

小姑娘的神情更兴奋,声音更低,道:"那么你一定是个大强盗。"

郭大路苦笑,道:"也不是,我连做强盗都会蚀本的。"

小姑娘瞪着他,道:"你真的不是?"

郭大路道:"我为什么要骗你?"

小姑娘叹了口气,显得失望极了,好像连话都懒得跟他再说。

原来她对郭大路有兴趣,只不过以为郭大路是个大盗。

大盗在少女们的心目中,有时的确比各种人都有吸引力。

郭大路现在才知道,这小姑娘并不是真的对他有意思。

他也用不着再担心会惹上麻烦了,本来应该觉得很开心才是。

但也不知为了什么,他反而偏偏觉得有点失望,有些不甘心地问:"你从哪点看我像是大盗?"

小姑娘态度已冷淡了下来,道:"因为这两天来,我总觉得有个人在后面盯你的梢。"

郭大路道:"哦,是个什么样的人?"

小姑娘道:"这人有时打扮成小贩,有时打扮成乞丐,但无论他打扮成什么样子,都休想瞒过我。"

郭大路道:"为什么?"

小姑娘露出很得意的样子,道:"因为他的脸我一眼就能够认出来。"

郭大路道:"他脸上是不是有什么跟别人不同的地方?"

小姑娘点点头,道:"他是个大麻子。"

郭大路几乎忍不住要跳了起来,连血都似已流得快了很多。

小姑娘看着他,目中又露出期望之色,道:"他是不是来盯你梢的?你认不认得他?"

郭大路眨了眨眼,也故意压低话声,道:"我跟你说老实话,你可不许告诉别人。"

小姑娘立刻道:"我发誓不跟别人说,否则以后叫我也变成个大麻子。"

郭大路悄悄道:"好,我告诉你,那大麻子是个很有名的捕头,的确是来盯我梢的。"

小姑娘又兴奋了起来,道:"他……他为什么要盯你的梢?"

郭大路声音更低,道:"因为我的确是个大盗,别人都叫我'大盗满天飞',刚在京城里做了七十八件巨案,才逃到这里来避风头。"

小姑娘兴奋得全身都发起抖来,咬着嘴唇,道:"你……你是不是个采花盗?"

郭大路忍住笑,向她挤了挤眼睛,道:"你猜我是不是?"

小姑娘的脸,已烫得像是个刚烤透了的红山芋,咬着鲜红嘴唇道:"就算你是,我也不怕你,我……我……"

她的腿像是已有点发软,连站都站不稳,几乎一跤跌下水里去。

郭大路大笑,伸手摸了摸她的脸,道:"你放心,我就算要来找你,也得再过两三年,现在你只不过还是个小孩子。"

他大笑着扬长而去。

小姑娘看着他,发了半天怔,也不知是有意,还是无意,偷偷用手碰了碰自己的胸,脸上的红霞已红到耳朵根子。

郭大路心里暗暗好笑,知道这小姑娘今天晚上一定是睡不着觉的了。

他这倒绝不是存心想害她。只不过是想为这小姑娘平凡的一生,添些作料,加些色彩,让她以后成了亲,抱着孩子洗碗时,也会有段可以令自己心跳的回忆来想想。

世上又有几个女孩子,能亲眼看到个活生生的采花大盗呢?

第四十二章

盯梢的麻子

风吹着垂柳,吹起了湖水中一阵涟漪。

郭大路还是慢慢地向前走,一面剥着莲子,一面哼着小调。

走了不算很近的一段路,他才忽然回头。

他立刻发现有个手里捧着个破碗的乞丐,而且果然是个麻子。

他一回头,这麻子立刻躲到树后。

这麻子盯梢的技术并不高明,若不是郭大路这两天总是心不在焉,胡思乱想,早应该发现他了。

这麻子是不是水柔青说的那个麻子?

郭大路有意无意间转回头,朝这麻子走了过去,走得很慢。

他准备快走到时,再一下子跳过去,抓住他。

谁知道这麻子居然也有了警觉,立刻也往回头的路走。

郭大路的脚步加快,他的脚步立刻也加快。

光天化日之下,在这么多人的面前,若是施展起轻功,未免有点不像话。

郭大路只有放大脚步,在后面追。

本来是他盯着郭大路的,现在反而变成郭大路在盯他的梢了。

船上的小姑娘,看着他们一前一后跑过去,满脸都是吃惊之色。

她实在不懂,为什么捕头不去抓强盗,强盗反而追捕头。

对她说来,这世上无法解释的事实在太多,所以她总是觉得很烦恼。

等她年纪渐渐大了,懂得的事渐渐多了,她才明白,还是以前什么都不懂的时候活得快乐些。

初夏,正是游湖的时候,湖岸上红男绿女,游人如织。

游客多的地方,乞丐自然也特别多——出来玩的人,出手总是比较大方些,尤其是在身畔还带着个如花美眷的时候。

所以人丛中东也有个乞丐,西也有个乞丐,这本是他们的旺季,连最懒的乞丐都出动了。

那麻子在人丛中钻来钻去,有好几次郭大路都几乎被他甩掉。

幸好郭大路的运气不错,每次到了紧要关头,总是凑巧看到了他脸上的麻子。

相貌特别的人,本就不适于盯别人的梢。

到后来这麻子似也被追得急了,索性离开了湖区,向人少的地方走。似乎想将郭大路诱到荒僻无人处,好好修理一顿。

郭大路非但一点也不在乎,反而追得更起劲。

他本就想找个没人的地方,抓住这麻子问个清楚,问问他是不是认得燕七,知不知道燕七的下落。

郭大路的确已从棍子那里,学会了几手要人说实话的本事。

他本来以为很快就能追上这麻子的。

谁知这麻子非但走得很快,体力也很好,就好像永远也不会累似的,居然愈来愈快。

郭大路反而觉得有点吃不消了,最近他过的那种日子,过一天就可以令人老一年。

他忍不住叫了出来,大声道:"喂,你别跑,我并不是来找你麻烦的，只不过有几句话想要问问你。"

这麻子本来没有真的跑，听到这句话，反而放开脚步飞奔了起来。

乞丐本就常常会被追得满街乱跑的，无论是被人追，还是被狗追，别人看到都不会觉得奇怪。

但一个穿得整整齐齐的人，在街上追着个乞丐乱跑，好像就有点不像话了。

他知道已有人开始注意他，其中好像还有两个真的捕快。

他们本就是在附近巡逻的，这时已准备来拦住郭大路，问个究竟。

郭大路只要被人一拦，这麻子立刻就会跑得踪影不见。

这是他唯一的线索，他绝不能轻易放过。

他眼珠子一转，突然先发制人，指着前面跑的麻子大呼道："这要饭的是个小偷，谁帮我抓住他，赏银二十两。"

最后的一句话，果然很有效，那两个捕快不等他说完，已掉转头，去追那麻子。

还有些人也帮着在旁边起哄。

这麻子似已真的着了急，突然一纵身，从五六个人的头上飞了过去，蹿上了前面的房脊。

他轻功之高，居然是江湖中第一流的身手。

这一来连不想管闲事的人也起了哄：

"看来这人不但是个小偷，还是个飞贼，千万不能让他溜了。"

起哄的人虽多，但能上房去追的人，却连一个也没有。

那两个捕快也只有在墙下看着干着急。

轻功毕竟不是人人都学得会的，像麻子这样的轻功，十万个人里面，最多也只有一两个能比得上。

幸好郭大路就是其中的这一两个。

他也已掠过人群，蹿上了房子，嘴里还在大喊大叫："我是京城来的捕头，专程来抓这飞贼的，但望各方的英雄好汉助我一臂之力。"

他也知道无论哪一路的英雄好汉，都不会来管这种莫名其妙的闲事。

他这样大喊大叫，只不过想叫得这麻子心慌意乱而已。

因为他实在没把握能追上这麻子，轻功他虽然练得不错，但实习的机会却不多，无论技巧和经验，好像都比这麻子差了一截。

这麻子果然像是被他叫得有点心虚了。

光天化日之下，在别人的房檐上飞来跃去，这目标也的确太大。

他终于又被逼得跳了下去。

下面是条并不算很宽的巷子，一共只不过有六七户人家。

郭大路赶过来的时候，刚巧瞥见他人影一闪，闪入了巷口一家人的大门里。

这家人的大门居然是开着的。

无论在多太平的年头，终日开着大门的人家也并不多。

这家人想必和这麻子有关系，说不定这地方就是他自己的家。

郭大路不管三七二十一，立刻也跟着闯了进去。

院子里没有人，前面的客厅里，却有人正在笑着道："难怪别人总是说，十个麻子九个怪，你果然真是妖怪。"

郭大路大喜，一个箭步蹿了进去。

"这下子你总溜不掉了吧。"

谁知客厅里却连半个麻子都没有，只有一男一女，好像是对夫妻，正在那里打情骂俏。女的白白胖胖，长得很标致，男的却是面黄肌瘦，连腰都有点伸不直了。

男人若要了个太标致的老婆，有时也不能算是好福气。

他们看到外面突然有条大汉闯进来，显然也吃了一惊。

丈夫的胆子好像比太太还小，吓得几乎跌倒在太太身上了，吃吃道："你……你是谁？想来干什么？"

郭大路道："来找人。"

丈夫道："找……谁？"

郭大路道："来找个麻子，你刚才所说的麻子在哪里？"

太太一双水灵灵的眼睛本就一直在瞟着他，忽然站起来，抢着道："他刚才说的麻子就是我，你难道是来找我的？"

她鼻尖上果然有几点浅白麻子。

郭大路怔住了。

这位太太还是用眼角瞟着他，似笑非笑的，又道："你是不是慕名来找我的？只可惜你已来迟了，现在我已经嫁了人，不接客了。"

郭大路非但怔住，简直已有点哭笑不得。

其实他早就该看出来，真正的良家妇女，哪有像她这样子看男人的？

做丈夫的终于发威了，跳起来，大声道："你听见了没有？她现在已经是我老婆，谁也休想再动她的脑筋，你还不出去？"

郭大路只有苦笑，还是忍不住问道："刚才没有别的人进来过？"

太太又瞟了他一眼，笑道："城里就算还有你这样的冒失鬼，也没有你这么大的胆子。谁敢到别人家里来找别人的老婆？"

她居然认定他是个特地来找她的登徒子了。

做丈夫的火气更大，指着郭大路的鼻子，大叫道："你还不出去？还在这里打什么糊涂心思？小心我一拳打破你的头。"

郭大路笑了。

这人的手看起来简直就像是个鸡爪子，连苍蝇都未必打得死，居然还想打人。

郭大路拍了拍他的肩，笑道："你放心，没有人会来抢你的老婆。但你自己的身体也不是偷来的，还是保重些好，无论做什么事都用不着太卖力。"

他不让这人再开口，就已转过身，扬长而去。

其实他自己也知道这句话说得未免有点缺德，平时他绝不会说这种话的。

但一个人自己心里恼火的时候，往往就想要别人也难受一下子。

他明明看到麻子进来的，怎么会突然不见，难道一进门就钻到地下去了？

这夫妻两人，当然是早就跟那麻子串通好，唱双簧给他看的。

他明明知道，却偏偏没法子揭穿，何况，青天白日的硬往人家屋子里闯，也究竟是自己理亏。

若要他逼着别人，带着他一间间屋子里去搜查，他也做不出来。

何况那麻子当然早已趁机溜了，他就是去找，也一定找不到的。

郭大路想来想去，愈想愈窝囊。

"若是换了王动，那麻子今天就休想能溜得掉。"

他决定先找个地方去大吃大喝一顿，安慰安慰自己，晚上再到这附近来查个水落石出。

他已决心在这里泡上了，不找到那麻子，绝不善罢甘休。

太阳已经快下山了，现在开始喝酒，已不能算是太早。

城里最大的饭馆叫会宾楼，一鸭三吃和活杀鲤鱼是他们的招牌菜，从汾阳来的汾酒喝下去也蛮有劲头。

郭大路找了张临窗的桌子，叫了一桌子菜。

临走的时候，东城老大着实送了他一笔盘缠，这些市井中的游侠儿，有时的确比江湖豪杰还讲义气，还够朋友。

平时只要几杯酒下肚，郭大路的心情立刻就会开朗起来。

但这两天酒喝到嘴里，却好像是苦的，而且特别容易醉。

既然晚上还有事，他也不敢多喝，只有拼命吃菜。他的心情愈坏，吃得愈多。若是再找不到燕七，他说不定就会变得比这填鸭还肥。

太阳下山后，饭馆里就渐渐开始上座了。各式各样的人，川流不息地上楼来，其中还有獐头鼠目的龟奴，带着花枝招展的粉头，来应客人叫的条子。

于是，旁边用屏风隔起来的雅座里，又响起了丝竹声、歌曲声、调笑声、碰杯声，夹杂着呼卢喝雉声、猜拳行令声，实在热闹极了。

但郭大路却好像坐在另一个世界里，这件事本来是他最感兴趣的，但现在却觉得一点意思都没有。

没有燕七在旁边，就好像菜里没有盐一样，索然无味。

他叹了口气，慢慢地替自己斟了杯酒，忽然看到五六个很标致的小姑娘，拥着个锦衣佩剑的大汉，嘻嘻哈哈地上了楼。

莫说是店里的伙计，连郭大路都看出，这锦衣大汉是个挥金如土的豪客，手面必定不会小。

他也忍不住多瞧了一眼，这一眼瞧过，他手里的酒壶都几乎跌了下来。

这锦衣豪客竟然是个麻子，而且正是刚才在湖畔要饭的那麻子。下午还是个乞丐，晚上就变成了阔佬，这一变实在变得太厉害。

但无论他怎么变，就算他变成了灰，郭大路还是一眼就认出了他来。

谁叫他脸上的麻子这么多的？

郭大路只看了两眼，就立刻扭过头，去看窗子外的招牌。这次他决定先沉住气，绝不再轻举妄动。

现在他若走过去，一把揪住那麻子，问他为什么要送珍珠给水柔青，问他知不知道燕七的下落，别人一定会认为他是个疯子。那麻子当然也可以一问三不知，把什么事都推得干干净净。

现在这麻子也进了雅座。

跟他一齐来的女客，显然也不是良家妇女，还没过多久，就在里面唱了起来，又是"小冤家"，又是"亲哥哥"的，简直拿肉麻当有趣。

奇怪的是，世上偏偏就有很多男人，喜欢这种调调儿。

凭良心说，郭大路本来也蛮喜欢的，但现在却听得全身都起了鸡皮疙瘩。

一个人是否因爱而改变，其关键并不在他是男是女，只看他爱得够不够真实，够不够深切。

酒楼上还热闹得很。

郭大路又叫了壶酒，添了样菜，已准备长期作战，那麻子就算要喝到天亮，他也会沉住气等到天亮。

第四十三章

龙王庙

谁知这麻子居然很快就出来了,已喝得醉醺醺的,扶着个十七八岁少女的肩,大声问伙计,洗手的地方在哪里。

原来他酒喝得太多,想找条出路。

郭大路沉住气,看着他下了楼,等了半天,也没看见他再上来。

"莫非他已发现了我在这里,趁机借尿遁了?"

郭大路终于沉不住气了,正准备追下去。

但就在这时,他眼角已瞥见了街对面有个人低着头往前走,正是这麻子。

他果然溜了。

郭大路一着急,人已从窗子里蹿了出去。酒客中已有人大叫起来,还以为这人想跳楼自杀。

那麻子也回头瞟了一眼,身子一闪,忽然钻进了对面一家粮食坊。

粮食坊的门口,堆着一口袋一口袋的面,一筐子一筐子的米、小米、杂粮,还有流鼻涕的顽童正在门口踢毽子。

等郭大路赶过去的时候,那麻子又人影不见了。

店里的伙计和掌柜的,闲着没事做,正倚着柜台在下棋。

看他们悠悠闲闲的样子,绝不像刚看到有人闯进去的样子。

这两人莫非也和那麻子串通好了，准备演出双簧给郭大路看？

但郭大路这次却学乖了，根本就不进去问，却躲在旁边，招手将那个流鼻涕的小孩子叫了过来，摸出串铜钱，带着笑道："我问你的话，你若乖乖地回答，我就把这串钱给你买糖吃。"

这小孩一只手拿着毽子，一只手擦着鼻涕，眼睛却已盯在这串钱上。

无论是大人也好，是小孩也好，看见钱不喜欢的，只怕还没有几个。

郭大路道："你听明白了吗？只要你说实话，这串钱就是你的。"

这孩子立刻用力点头，道："我说的都是实话。爹爹告诉我，小孩子若是说谎，将来舌头会烂掉的。"

郭大路拍了拍他的头，笑道："不错，说实话的才是好孩子。这粮食坊是不是你家开的？"

孩子点点头，道："我们家有好多好多大白米，吃一百年都吃不完。"

郭大路道："你们家里是不是还有个麻子？"

孩子眨眨眼，好像觉得很奇怪，道："你怎么知道的？"

郭大路笑了，要骗出一个小孩子的老实话来，的确不太困难。

但大人骗小孩，毕竟也不是件很有面子的事。

所以他也觉得有点不好意思，先把一串钱塞到孩子手里，才带着笑道："我从来没有看见过麻子，你能不能带我去看看？"

这孩子也笑了，道："当然能，他刚才进去，马上就会出来的。"

郭大路道："他真的会出来？"

孩子点点头，眼珠子一转，忽又笑道："现在他已经出来了。"

他一只手紧紧抓着那串钱，却抛开了手里的毽子，去将刚走出粮食坊的麻子拉过来。

一个只有七八岁的小麻子。

郭大路又怔住,又有点哭笑不得。

那孩子却笑得很开心,道:"他叫小三子,是我的弟弟,从小就是麻子,我们家只有这么样一个麻子。"

郭大路怔了半晌,掉头就走。

只听那孩子还在偷偷地笑着道:"小三子,若是每个人看你一眼,都给我一串钱,我们就发财了,你将来也不必愁娶不到漂亮的媳妇,只要有大把的钱,就算你是个麻子,也一样有人抢着要嫁给你。"

郭大路又好气又好笑,气又气不得,笑也笑不出。

他知道这孩子一定拿他当作个活瘟生、大笨牛。

他自己的想法也和这孩子差不了多少。

他一回头,就看见会宾楼的伙计,正在皮笑肉不笑地盯着他,道:"客官刚才的账,是三两六分银子,剩下的鸭架子还可以包起来带回去。"

饭馆伙计对一个喝完酒就跳楼走了的客人,当然不会有什么好脸色的。

郭大路已经连火气都没有了,拿了锭银子给他,忽又问道:"刚才那个派头奇大的麻子,你认不认得?"

伙计接着银子,掂了掂,立刻赔笑道:"那麻子小的虽不认得,但陪他来的那几个粉头,小的却可以去替大爷叫来。"

郭大路道:"我要找的是那麻子,你以前难道没见过?"

伙计摇了摇头,显然觉得很奇怪:"这人究竟有什么毛病?花枝招展的小姑娘他不要,却要找大麻子。"

郭大路懒得跟他多说了,他知道若是去问那些小姑娘,也一定问不出那麻子的底细来的。

这麻子倒真是个怪人。

他明明是在躲着郭大路，却又偏偏总是在郭大路眼前出现，若说他不是故意的，天下又怎么会有这么巧的事？

这粮食坊和那夫妻两个人，既然都跟他有很密切的关系，他在这城里想必也已耽了很久。

但别的人却好像都没有见过他。

他无缘无故地为郭大路送了价值千金的珍珠给水柔青，当然绝不会连一点企图都没有。

可是他的企图究竟是什么？为什么要做这些莫名其妙的事？

你就算打破郭大路的头，他也想不出个道理来。

他几乎已准备放弃这个人了。

谁知就在这时，刚才扶着麻子下楼的那小姑娘，突然扭着腰，从对面走了过来，而且还笑眯眯地看着郭大路，抛着媚眼。

那店伙看看她，又看看郭大路，悄悄扮了个鬼脸，溜了。

做这种事的人，很少有不识相、不知趣的。

这时那小姑娘已走到郭大路面前，甜笑着道："这位想必就是郭家的大少爷了。"

郭大路点点头，瞪着她道："是不是那麻子告诉你的？"

这小姑娘也点点头，嫣然道："我叫梅兰，是留春院里的，以后还得请郭少爷多捧场。"

郭大路道："你若能替我找到那麻子，我就天天去捧你的场。"

梅兰眨眨眼，道："真的？"

郭大路道："说话不算数的是王八。"

梅兰又笑了，笑得更甜，道："我来找郭少爷，正是为了那位麻大爷有话要我转告。"

郭大路道："什么话？"

梅兰道:"他说他今天晚上三更时,在大明湖东边的龙王庙里等你,他还说……还说……"

郭大路急着问道:"他还说什么?"

梅兰嗫嚅着道:"他还说,你若是没胆子,不敢去也没关系。"

她忽又嫣然一笑,道:"现在郭少爷已经可以找到他了,郭少爷你说的话,也得算数呀——男人做了王八,那滋味可不是好受的。"

这打扮成小妖怪一样的女孩子,终于又一扭一扭地走了。

临走时还没有忘记将留春院的地址告诉郭大路。

郭大路这才发现,自己又说错话了——他为什么不能沉住气等一等,等这小妖精先说出那麻子要她传的话呢?

他为什么总是会莫名其妙地为自己找来很多麻烦?

可是那麻子却更莫名其妙。

他明明在躲着郭大路,却又要约郭大路见面。

难道这也是个阴谋圈套?

难道他已在那龙王庙安排了埋伏,等着郭大路去自投罗网?

他虽然好像对郭大路的事情知道得很多,郭大路以前却连这个人都没见过,更绝不会有什么恩怨。

他费了这么多心机,花了这么多本钱,目的究竟是什么?

郭大路叹了口气,喃喃道:"十个麻子九个怪,看来这句话倒真的一点也不错。"

龙王庙。

有水的地方,好像都有龙王庙。

龙王庙就像是土地庙一样,已成了聋子的耳朵,只不过是一个地方的点缀,既没有什么香火,也没有道士和尚。

这龙王庙也一样。

郭大路是坐驴车来的。

因为他既不认得路，又想节省些体力，好来对付那麻子。

赶车的是个老人，白发苍苍，还驼着背。

郭大路本来不想坐这辆车的，怎奈别的车把式晚上都不肯到龙王庙这种荒僻的地方来。

这条路的确不好走，又黑黝黝没有灯光。

赶车的老头子一路上都像在打瞌睡，到了这里，忽然"的兜"一声，勒住了驴子，回头道："一直往前走，就是龙王庙，你自己去吧。"

郭大路忍不住，问道："你为什么不一直送我到门口？"

驼背老人忽然笑了笑，道："因为我这条老命还想再多活两年。"

夜色清冷，他的笑看起来竟有点阴森森的样子。

郭大路皱皱眉道："难道你送我到了那里，就活不下去了？"

驼背老人笑得更诡秘，淡淡道："今天晚上到那里去的人只怕很难活着回来，我劝你还是不要去的好。"

郭大路道："龙王庙人人都可以去的，为什么不能去？"

驼背老人阴恻恻笑道："因为今天晚上和别的日子不同。"

郭大路道："有什么不同？"

驼背老人忽然不说话了，眼睛却直勾勾地瞪着郭大路背后的夜色，就好像忽然看见了鬼似的。

郭大路背脊也有点发毛了，也忍不住转过头去看。

夜静无人，风吹着柳条，在黑暗中看来，的确有些像是一个个幽灵鬼影，在张牙舞爪。

但那最多也只不过有三分像而已，很少有人会被真的吓倒的。

郭大路失笑道："你只管放心送我去，你若死了，我……"

他语声突然停顿。

因为等他回过头来时，那赶车的驼背老人竟已不见了。

远方也是一片黑暗，非但看不见人，就算真的有鬼，也一样看不见。

这驼背老人怎么忽然不见了？难道已被黑暗中等着择人而噬的恶鬼捉走？

一阵风吹过，郭大路竟也忍不住激灵灵打了个寒噤，喃喃地说道："好，你不去，我就自己赶车去。"

一个人在黑暗无声时，听听自己说话的声音，也可以壮胆的。

他跳上前座，找着了马鞭，挥鞭赶驴。

谁知这驴子四条腿就好像钉在地上一样，死也不肯再往前走一步。

难道连这驴子也已嗅出了前面黑暗中，有什么凶恶不祥的警兆？

在这种地方，这种时候，莫说恶鬼会吃人，人也会吃人的。

郭大路人地生疏，就算真的被人吃了，连诉冤的地方都没有，连尸骨都找不着。

若是换了别人，应付这种情况，最好的法子就是赶快回头走，找个地方喝两杯热酒，再找张舒服的床，先睡一觉再说。

只可惜郭大路偏偏也有点骡子脾气，你若想要他往后退，他就偏要往前走。

就算前面真是龙潭虎穴，他也要闯一闯的。

"你既不肯走，我也有腿，我难道不能自己走？"

他索性跳下车，迈开了大步。

"龙王庙是不是真的就在前面呢？"

他还不知道，也看不见屋影。

前面空荡荡的，什么都看不见，无论谁约会，都不会约在这种鬼地方的。

除非他有什么见不得人的阴谋。

郭大路挺着胸，冷笑着，身后忽然响起了一种很奇怪的声音，就好像是有人在长嘶。

他回过头，才发现那只不过是驴子在叫——这头驴子也像是见了鬼似的，不知何时已掉转头，飞也似的向来路奔了回去。

郭大路冷笑着，喃喃道："我不是驴子，你吓得了它，却吓不到我。"

他回过头，还是吓了一跳。

前面的黑暗中，不知何时已多了一盏灯笼，一条人影。

灯笼居然是绿的，惨碧色的灯光，照在这个人的身上、脚上，却照不到他的脸。

他头上戴着顶又宽又大的斗笠，戴得很低，几乎将整张脸都盖住了。

但郭大路却已看出他绝不是那麻子。

因为这人只有一条腿——他左腿已齐膝而断，装着个木脚。

可是他来的时候，居然还是连一点声音都没有。

他远远地站在那里，一只手提着灯笼，另一只手上提着根黑黝黝的棍子，也不知是木头削成的，还是铁打的。

他虽然只有一只脚，但站在那里，却是气度沉凝，稳如泰山。

三更半夜时，四野无人处，突然看到这么样一个人出现在面前，无论谁都难免要吃一惊。

但郭大路非但很快就镇定了下来，而且还微笑着向这人点了点头。

只要别人还没有伤害到他,他无论对什么人都总是很友善。

这独脚人居然也向他点了点头。

郭大路道:"我姓郭,叫郭大路,大方的大,上路的路。"

独脚人冷冷道:"我并未请教尊姓大名。"

郭大路笑道:"但我们能在这种地方碰到,总算是有缘。"

独脚人道:"你怎知我是碰巧遇见你的?"

郭大路道:"你难道不是?"

独脚人道:"不是。"

郭大路道:"难道你本就是特地来找我的?"

独脚人道:"是。"

郭大路道:"找我干什么?"

独脚人道:"要你回去。"

郭大路道:"回去?回到哪里去?"

独脚人道:"从哪里来,就回到哪里去。"

郭大路眨眨眼,道:"你是不是想不让我到龙王庙去?"

独脚人道:"是。"

郭大路道:"为什么?"

独脚人道:"那是个不祥的地方,去的人必然有祸事。"

郭大路笑了,道:"多谢指教,只不过,我们素不相识,你又何必对我如此关心?"

独脚人道:"你一定要去?"

郭大路道:"是。"

独脚人道:"好,先击倒我,再从我的身上跨过去吧。"

郭大路叹了口气,道:"原来你是特地来找我打架的。"

独脚人再也不说什么,突然一挥手,手里的灯笼就冉冉地飞了出去,不偏不倚,刚好插在道旁的一根柳枝上。

郭大路失声道："好手法，就凭这一手，我就未必打得过你。"

独脚人道："你现在还来得及回去。"

郭大路又笑了，道："就因为我未必打得过你，所以才要打，若是我有必胜把握，打起来还有什么劲？"

独脚人慢慢地点了点头，道："好，有种，我从不杀有种的人，最多只砍断他两条腿。"

郭大路笑道："我最多只砍断你一条腿，因为你只有一条腿。"

他本不是个尖酸刻薄的人，本不愿说这种尖酸刻薄的话。

但现在他已发现，那麻子、驼子和这独脚人，都是早已串通好了的，而且已设下了圈套在等着他来上当。

现在他已快掉了下去，却连这是个什么样的圈套都不知道。

这一战敌暗我明，敌众我寡，打得未免有失公平。

郭大路的机会实在不多，就算故意说几句尖酸刻薄的话来激怒对方，也是值得原谅的。

至少他自己已原谅了自己。

独脚人果然已动了火气，厉喝一声，手里的短杖带着劲风，向郭大路横扫了过来。

短杖最多才三四尺长，他距离郭大路，至少还有两三丈。

可是他的手一挥，短杖就已到了郭大路面前。

这一杖来得好快。

郭大路手无寸铁，根本就没法子招架抵挡，只有闪避。

但这独脚人招式连绵，一招比一招急，一招比一招快，郭大路虽然看不出他杖法的路数，但也知道这套杖法必定大有来历。

江湖高手中，用短杖的一向只有两种人：一种是乞丐，一种是和尚。

乞丐大多属于丐帮，也就是俗称的穷家帮，他们用的短杖，通常叫作打狗棒。这名字据说是昔日一位姓查的帮主起的，但真的来源究竟出自何处，谁也没有认真去考据过。

所以他们用的杖法，就叫作"打狗棒法"，精巧变化，诡异繁复，真正能够将这套棒法学会的人，一向不多。

这独脚人用的招式，却是刚烈威猛，锐不可当，其间的变化倒并没有什么精妙之处。

郭大路在江湖中虽然嫩得很，打狗棒法总是听人说过的。

他也已看出这独脚人用的绝不是打狗棒法，就不会是丐帮的人。

郭大路眼珠子一转，忽然笑道："我知道你是什么人了，你瞒不过我的。"

独脚人的短杖突然慢了下来，全身的肌肉似乎都已有些僵硬。

他听了这句话，为什么会如此吃惊？

难道他本身有什么不可告人的秘密，生怕被人看破了行藏？

独脚人的出手一慢，郭大路就快起来了。

他双拳如风，已抢攻入独脚人的空门中，独脚人的杖法就更施展不开。

高手相争，有时正如名家对弈一样，只要有一着之错，就可能满盘皆输。

突然间，郭大路连攻三拳，击向独脚人的胸腹，但等到独脚人用招封架时，他招式突又改变，一扬手，打落了独脚人头上的斗笠。

他若想打到独脚人的头，当然办不到。

但这斗笠又宽又大，何况，任何人打架时，都只会想着保护自己的头，又有谁对头上的斗笠放在心上。

斗笠一落下，就露出独脚人一张惨白的脸，和一个光秃秃的头颅，头顶上还有九颗受戒的香疤。

郭大路凌空一个跟斗，倒退出七尺，大声道："我猜得不错，你果然是个和尚。"

独脚人脸色变得更惨，突然跺了跺脚，短杖脱手飞出，打落了柳枝上的灯笼。

四下立刻又恢复一片黑暗。

独脚人的人影一闪，已消失在黑暗中。

郭大路反而有点奇怪了："做和尚又不是什么见不得人的事，就算被人看出了，也没什么了不起，他为什么偏偏要如此惊慌，甚至比被人认出他是个被通缉的逃犯还紧张？"

郭大路实在想不通。

但现在他自己的麻烦已经够多，哪里还有工夫去想别人的事。

前面既然已没有人挡路，他就继续往前走。

走着走着，忽然看到前面有个地方，奇迹般亮起了一片灯光。

灯光明亮，照出了一栋小小的庙宇。

龙王庙终于到了。

龙王庙虽然到了，但却是谁在庙里点起灯来的呢？

他为什么要忽然在庙里点起这么多盏灯？

驼背老人、独脚和尚，再加上那麻子，这三个人不但做的事诡秘离奇，来历也神秘难测。

看他们的武功行径，当然一定是江湖中一等一的高手。

但却偏偏没有人听说过他们，他们本身也好像根本就没有名姓。

庙里竟燃着七盏灯，但却没有一个人。

这人既然点起了灯，既然要郭大路找到这里来，他自己为什么又走了呢？

郭大路东张张，西望望，就好像是个游客似的，轻松极了。

其实他心里又何尝不紧张？

那麻子这么样做，当然不会是跟他闹着玩。

谁也不会费这么多心机，花这么大本钱，专跟一个人开玩笑。

现在郭大路只等着他暴露出自己的身份，说出自己的目的来。

那一刻必定很凶险，很可怕。

说不定那就是决定郭大路生存死亡的一刹那间。

等待本就是件很痛苦的事，何况他根本就不知道自己在等的是什么。

郭大路刚叹了口气，神案上的一盏灯突然灭了。

这里并没有风，一盏燃得正好的灯，怎么会无缘无故熄灭？

郭大路皱了皱眉，走过去仔细看了半天，才发现这盏灯突然熄灭，只不过是因为灯里的油已枯了。

灯虽是自己熄的，但神案下却好像有样东西在不停地动，不停地抖。

郭大路立刻后退三步，沉声道："什么人？"

没有回应，但神案下的那样东西，却抖得更厉害。抖得覆案的神幔都起了一阵阵波纹。

郭大路突然冲过去，一把掀起了神幔。

他自己也怔住。

在如此深夜，如此荒僻的地方——

在这阴森诡秘的龙王庙里，陈旧残破的神案下，竟有个十六七岁、美如春花的小姑娘。

为了要到这里来，郭大路也不知遇着多少奇奇怪怪的人、奇奇怪怪的事，甚至几乎可以说是冒了生命的危险。

这神案下藏着的，无论是多凶险的埋伏，多可怕的敌人，他都不会觉得奇怪。

可是他做梦也想不到，他遇见的竟只不过是这么样一个小姑娘。

她看起来是那么娇小，那么可怜，身上穿的衣服又单薄得很。

她全身抖个不停，也不知道是因为冷，还是因为害怕。

看见郭大路，她抖得更厉害，双手抱住了胸，全身都缩成了一团，美丽的眼睛里充满了惊惧和乞怜之意，好容易才断断续续地说出了几个字："求求你，饶了我吧……"

郭大路却还是怔在那里，也过了很久，才能说得出话来。

"你是什么人，怎么会到这种地方来的？"

小姑娘嘴唇发白，颤声说道："求求你……饶了我吧……"

她显然已被吓得连魂都飞了，除了这两句话之外，已不会说别的。

郭大路叹了口气，道："你用不着求我，我可不是来害你的。"

小姑娘瞪着他，过了很久，才渐渐回过神来，道："你……你难道不是那个人？"

郭大路道："那个什么人？"

小姑娘道："把我绑到这里来的人。"

郭大路苦笑道："当然不是。你难道连绑你到这里来的人是谁都不知道？"

小姑娘咬着嘴唇，道："我……我根本就没有看见他。"

郭大路道："那么你是怎么来的呢？"

小姑娘眼圈已红了，好像随时可能哭出来。

郭大路赶紧道："我早就说过，我绝不伤害你，所以，现在你已用不着害怕，有话慢慢说也没关系。"

他不安慰她反而好，这么样一安慰她，这小姑娘反倒掩住脸，失声痛哭了起来。

郭大路又不知该如何是好了。

要叫一个十六七岁的小姑娘大哭一场，无论什么样的男人都可以做得到。

但要叫她不哭，就得要有经验很丰富的男人才行了。

在这方面，郭大路的经验并不丰富。

所以他只有在旁边看着。

也不知过了多久，这姑娘才总算抽抽搭搭地停住了哭声。

郭大路这才松了口气，柔声道："难道你连自己是怎么来的都不知道？"

小姑娘还是用手蒙着脸，道："我本来已睡着了，后来突然醒来时，已经在这地方。"

郭大路道："你醒过来的时候，这里难道没有别的人？"

小姑娘道："非但没有人，而且连一点点灯光都没有。"

郭大路道："这些灯难道是你点起来的？"

小姑娘道："这里又黑又冷，我实在怕得要命，幸好总算在桌上摸到了块火石……"

神案的灯旁边，果然有副火石火刀。

郭大路道："所以你就将这里的灯全都点着了？"

小姑娘点点头。

郭大路总算明白了一件事情，但却又忍不住问道："刚才这里既然没人，你为什么不趁机逃走呢？"

小姑娘道："我本来是想逃走的，可是一出了门，外面更黑更冷，我……我连一步都不敢往外走了。"

直到现在，她身子还在轻轻地发抖，但说话总算已清楚了些。

一个足不出户的闺女，醒来时忽然发现自己在破庙里，居然还没有吓得发疯，已经是奇迹了。

郭大路看着她，目中充满了怜惜之意。

她的手虽然还是蒙着脸，却也已在指缝里偷偷地看着郭大路。

郭大路看来的确不像是个坏人的样子——非但不像，也的确不是。

他本来想扶她从桌子下站起来的，但刚伸出手，又立刻缩了回去。

她模样虽然长得娇弱，但却已发育得很成熟。

她身上穿的衣服单薄得可怜。

她的手既已在蒙住脸，就不能再去掩住别的地方。

灯光还是很明亮。

郭大路非但不敢伸出手，连看都不敢再看了。

就在这时，另一盏灯也熄灭。

第三盏灯熄得更快，这些灯里的油，仿佛本就已全都将燃尽。

忽然间，七盏灯全都灭了。

那小姑娘"嘤咛"一声，已惊呼着扑入了郭大路的怀里。

黑暗中，郭大路骤然间软玉温香抱了个满怀，心跳立刻就加快了两倍。

他立刻警告自己："你是人，不是畜生，你千万不可趁人之危，千万不能做这种事。"

"非但不能做，连想都不能想，否则你非但对不起自己的良心，也对不起燕七。"

他心里在警戒自己，一心想要控制自己，可是一个人身上有很多地方，都是不受自己控制的。

第一个地方，就是他的鼻子。

处女的幽香、发泽间的甜香，一阵阵随着呼吸，钻入他的心。

再加上怀抱间那种温暖柔软的感觉。

再加上这要命的黑暗。

"不欺暗室"，这句话说来虽简单，只有体验过这种情况的人，才能知道那是多么不容易。

郭大路不是圣人，也不是神，若说他在此时此刻，还能不分心，那就是骗人的。

可是却有一股更强大的力量，使得他居然能控制住自己。

这力量既不是礼教，也不是别的，而是他对燕七那种深挚醇厚的感情。

他并没有推开这小姑娘。

他不忍。

这小姑娘蜷伏在他怀里，就像是一只受了无数折磨和惊吓的小鸽子，终在满天风雨中，找到一个可以安全栖息的地方。

郭大路轻轻揽住她的肩，柔声道："你用不着害怕，我送你回去。"

小姑娘道："真的？"

郭大路道："当然是真的，而且现在就可以送你回去。"

小姑娘道："可是……你三更半夜到这里来，一定有很重要的事，你怎么能放下自己的事，送我回去呢？"

郭大路暗中叹了口气。

他能到达这地方，实在不容易，要他就这样一走了之，他实在不甘心。

那麻子说不定随时会来的，他说不定随时都能得到燕七的消息。

但现在他已无选择的余地。

一个男子汉活在世上，非但要"有所不为"，还得要"有所必为"，其间的选择当然很难，那非但要有勇气，还得要有仁心。

他又拍了拍这小姑娘的肩，道："现在天已经快亮了，你父母若发现你失踪，一定会很着急；别的人若知道你一夜没回去，更不知会有多少闲话。现在你年纪还小，也许还不知道闲话有多么可怕，可是我知道。"

那些闲话有时非但可以毁掉一个人的名誉，甚至会毁掉她的一生。

想到这里，郭大路更下定决心，断然道："所以我现在非送你回去不可。"

小姑娘忽然紧紧抱住了他，过了很久，才柔声道："你真是个好人，我从来也没有见过你这么好的人。"

"我的家就在前面那条巷子里，右边的第三家，前面种着棵柳树的那扇门。"

巷子里很安静。

东方刚刚现出曙色，照着青石板上的露水。

郭大路轻轻道："他们一定还没有发现你失踪，你能不能溜得进去，不让他们知道？"

小姑娘点点头，道："我可以从后门进去，我住的屋子就在那边。"

郭大路道："你最好换间屋子睡，最好找个年纪大的老妈子陪你。"

他想了想，补充着道："这两天晚上，我会随时在这附近来看看的，说不定我还可以替你查出来，谁是那绑走你的人。"

东方的曙色，照着他的脸，照着他脸上的汗珠，就仿佛露珠般晶莹明亮。

他脸上也仿佛在发着光。

小姑娘仰着脸，凝视着他，忽然道："你为什么不问问我叫什么名字？难道你永远不想再来看我了吗？"

郭大路勉强笑了笑，柔声道："我是个浪子，又是个很随便的人，若是跟你来往，也一定会有别人在背地说闲话的。"

小姑娘道："我不怕。"

郭大路道："可是我怕。"

小姑娘眨着眼，道："你怕什么？"

郭大路没有回答，又拍了拍她的肩，道："以后你就会知道我怕的是什么了，现在你赶紧乖乖地回房去，好好睡一觉，最好能将这件事完全忘掉。"

小姑娘垂下头，过了很久，才轻轻道："你走出这条巷子，最好向右转。"

郭大路道："为什么？"

小姑娘也没有回答他这句话，忽然抬起头，嫣然一笑，道："你真是个好人，好人是永远不会寂寞的。"

晨雾已升起。

初夏的清晨，风中还带着些寒意。

但郭大路心里却是温暖的。

因为他知道自己并没有亏负别人，没有亏负那些对他好的朋友，也没有亏负自己。

无论谁能做到这一点，都已很不容易。

他仰起头，伸了个懒腰，长长吐出口气。

"这一天真长。"

在这一天里发生的事,几乎每一件都是完全出乎他意料之外的。

那个神秘的麻子,那个突然在黑色中消失的驼背老人,那个武功极高、来历诡秘的独脚和尚,还有这可怜又可爱的小姑娘。

这些人的出现,也全都出乎他意外。

他也遭遇了很多危险,受了很多气,还是连一点燕七的消息也没有得到。

可是他已有了收获。

他做的事虽然并不希望别人报答,但却已使自己心里温暖愉快。

好人永不会寂寞,行善的人也是有福的。

"你出了这条巷子,最好向右转。"

郭大路并不知道这是为了什么,但他却还是向右面转了过去。

他立刻发现一件很奇怪的事。

第四十四章

秘屋奇人

01

凌晨。

晨雾刚刚从鹅卵石铺成的道路上升起,路很窄。

郭大路转过右边这条巷子,就看到一扇很熟悉的门户。

那意思就是说,他曾到这扇门里去过。

可是在这城市里,他几乎连一个熟人都没有,更没有一户熟悉的人家。

他立刻就想起,这扇门就是白天他追踪那麻子时,曾经闯进去过的那扇门。

现在里面已没有灯光。

那面黄肌瘦的丈夫,是不是又正在做那些使他面黄肌瘦的事?

郭大路本来就想晚上到这里来搜查的,看看那麻子会不会在这里出现。

但现在他却已改变主意。

他再往前走,又向右转。

这条巷子的路上,铺着很整齐的青石板,看起来远比别的巷子干净整齐。

现在已是凌晨，巷子里居然还有几盏灯是亮着的。

他看到其中两盏灯笼上的字，眼睛立刻亮了起来。

"留香院"。

那位梅兰姑娘的香巢，原来就在这条巷子里。

只可惜现在已不是寻芳的时候，梅兰姑娘的玉臂，说不定已成了别人的枕头。

郭大路纵然是个登徒子，现在也不能去煞别人的风景。

可是他心里，却似已有了种很特殊的感觉，就仿佛诗人在觅得一句佳句前的那种感觉一样。

他走得更快，再向右转。

这里已是大街，他沿着街走了十几步，就看到了那间粮食坊，也看到了斜对面会宾楼的金字招牌。

街道旁有几个石墩子，郭大路在上面坐了下来，沉思着。

小姑娘住的那排房子，假如是第一排。

那夫妇住的房子就是第二排。

留香院的那排房子，算是第三排。

粮食坊这排屋子，当然就是第四排。

这四排屋子里，都有一户人家，和那麻子是有关系的。

——若不是那麻子要他到龙王庙去，他怎会遇见那小姑娘？

——这究竟是巧合？还是故意的安排？

——那小姑娘为什么要他走出巷子后，最好向右转呢？

——是不是因为她知道某些秘密，却不便说出来，所以才如此暗示他？

——她知道的秘密是什么？

——她是不是故意躲在那神案下，故意要郭大路发现的？

——这一切难道都是那麻子早就安排好的？

——他这么样做，究竟是什么用意？

郭大路站起来，又沿着原来的路，重走了一次。

这四排房子，正是个不等边的四角形。

无论什么城市的街道，前面的一排房子，必定是紧贴着后面一排房子的。

但第一排房子和第三排房子之间，却有段很宽的距离。

第二排房子和第四排也一样。

所以这四排房子的中间，想必一定有块空地。

郭大路的心突然跳了起来。

"这四排屋子故意建筑成这样子，是不是有某种特殊的原因？"

要找出这答案来，只有一种法子。

郭大路纵身掠上了粮食坊的屋脊。

粮食坊前面一栋房子，是柜台门面，后面还有个院子。

院子两旁的厢房，好像是住人的，后面的一栋，就是堆粮食的仓房。

再后面就应该没有别的屋子了。

郭大路现在已到了后面一栋堆粮食的仓房屋脊上，立刻看到这四排房屋中间，果然还有一栋屋子。

这四排房屋就像是四面墙，将这栋屋子围在中间，所以这栋屋子既没有出路，也没有大门。

天下哪有人将屋子盖在这种地方的？

掠过这栋屋子的屋脊，就是那对夫妇住的地方，也就是第二排屋子。

若是不特别留意，无论谁都会以为这栋屋子也和别的屋子连一起的，就算有夜行人从屋脊上经过，也绝不会发现这栋房子的奇怪之处。

但现在郭大路已发现了。

——这屋子的主人，莫非就是那麻子？

——他将屋子建筑在这种地方，当然费了很大的力，花了很大的代价，为的是什么呢？

——莫非他也和那独脚和尚一样，有什么不可告人的隐私？抑或是为了逃避某个极厉害的仇家追踪，所以才要建筑这么样一栋房子躲起来？

——这房子的确比郭大路所看过的任何地方都隐秘，可是他为什么又要在有意无意间，让郭大路发现这秘密呢？

——若是他自己没有露出线索，郭大路是绝对找不到这地方的。

郭大路想来想去，愈想愈觉得这件事不但诡秘已极，而且复杂已极。

要找出这些问题的答案，也只有一种法子。

他跳了下去。

粮食坊的仓房，在这栋房子之间，还有道墙，墙内是条长而狭的花圃。

现在春花还未凋，在晨雾中散发着清香。

再过去就是条长廊，晨曦正照在洗得一尘不染的地板上。

四下静悄悄的，听不到一点声音。

连风都吹不到这里。

红尘间所有的一切烦恼、恩怨、悲欢，也都已完全被隔绝。

只有一个已历尽沧桑、看透世情，已完全心如止水的人，才能住在这里，才配住在这里。

那麻子并不像是个这么样的人，难道是郭大路看错了？想错了？

他几乎忍不住要退回去了。

但就在这时，他看到一个人从长廊尽头处，悄悄地走出来。

一个春花般美丽的少女，穿着件雪白的袍子，不施脂粉，足上只穿着双白袜，没有着鞋，仿佛生怕脚步声会踩碎这令人忘俗的幽静。

她手里捧着个雨过天青的瓷皿，静悄悄地走过长廊。

若不是她忽然回过头，瞟了郭大路一眼，郭大路几乎已认不出她了。

这文静朴素的少女，赫然竟是白天打扮得像妖怪一样的梅兰姑娘。

她回头看了一眼，明明看见了郭大路，但却又像是什么都没有看见，又垂下头，静悄悄地往前走。

郭大路却已几乎忍不住要叫了出来。

但就连郭大路，也不敢在这种地方叫出声来，不忍扰乱这里的幽静。

他只有怔在那里，看着。

梅兰已悄悄地推开一扇门，悄悄地走了进去。

屋子里还是没有声音，没有动静。

这里明明是不容外人侵入的禁地，郭大路明明就站在这里，却偏偏没有人理睬，就好像根本没有他这么样一个人存在。

这屋子里住的究竟是什么人？他们对他究竟是什么意思？

郭大路怔了半天，忽然大步走过去，大步跨上了长廊。

屋里的无论是人是鬼，他好歹都得去看看。

可是他一脚刚跨上去，却又缩了回来。

他看到了自己脚上的泥。

这长廊亮得就像是一面镜子，就用这双泥脚踩上去，连他都有些不忍,又有点不好意思。

他脱下脚上的泥鞋,袜子总算还干净,虽然还有点臭气,也顾不了那么多了。

于是他走过去,推开了那扇门。

屋子里居然是空的,什么都没有,没有床,没有桌椅,没有一点摆设,也没有一点灰尘。

地上铺着很厚的草席,草席上铺着一套雪白的被褥,一个人躺在被褥里。

屋里充满了药香,这人显然得了重病。

郭大路并没有看见他的脸,因为正有个长发披肩的白衣少女,正跪在他旁边,慢慢地喂着他喝梅兰送来的那碗药。

郭大路也看不见这少女的脸,因为她也是背对着他的。

只有梅兰的脸向着他,而且明明看见他推开了门,但脸上却偏偏还是连一点表情也没有,就好像根本没有将他当作活人。

郭大路简直恨不得立刻冲过去,揪住她的头发,问问她眼睛是不是长在头顶上的。

但这屋子里实在太静,已静得好像个神殿似的,令人觉得有种不可冒渎的神圣庄严。

郭大路几乎又忍不住想退回去了。

他要找的人并不在这里,何况,这种气氛本就是他最受不了的。

谁知就在这时,那长发披肩的白衣少女,忽然沉声道:"快进来,关上门,别让风吹进来。"

听她说话的口气,就好像早就知道郭大路会来,又好像将郭大路当作自己家里的人一样。

郭大路连心跳都已几乎停止。

这明明是燕七的声音。

难道这长发披肩的白衣少女就是燕七？

门已关上了。

郭大路木头人般站在那里，瞪大了眼睛，看着这白衣少女。

他只能看到她的背影。

她的背影瘦削苗条，乌黑的长发，云水般披散在双肩。

郭大路双手紧握，嘴里发干，心却又跳得像是要跳出了嗓子眼儿来。

他真想冲过去，扳住她的肩，让她回过脸来。

谁也想不到他有多渴望看看她的脸。

可是他却只能像木头人一样站着。

因为他不敢，不敢冒渎了这庄严神圣的地方，更不敢冒渎了她。

病人终于喝完了碗里的药，躺了下去。

郭大路总算看到了他的满头白发，却还是没有看见他的脸。

她跪在旁边，轻轻放下了碗，为他拉起了棉被，显得又亲切、又敬爱、又体贴。

郭大路若不是看到了他的满头白发，简直已忍不住要打破醋坛子了。

这老人究竟是谁？她为什么要对他如此体贴？

只听他轻轻地咳嗽着，过了半晌，忽然道："是不是他已经来了？"

白衣少女点点头。

这老人道："叫他过来。"

他的声音虽然苍老衰弱，但还是带着种说不出的慑人之力。

白衣少女终于慢慢地回过头。

郭大路终于看到了她的脸。

在这一刹那间，宇宙间的万事万物，似都已突然毁灭停顿。

在这一刹那间，宇宙间仿佛只剩下他们两个人，两双眼睛。

"燕七……燕七……"

郭大路在心里呼唤，热泪似已将夺眶而出。

他的呼唤没有声音，但她却似能听得见，也只有她才能听得见。

她眼睛里也已珠泪满盈。

历尽了千辛万苦，历尽了千万重折磨，千万重考验，他总算又见到了她。

那你怎么要他不流泪？你怎知他这眼泪是辛酸？还是欢喜？

可是他终于将眼泪忍住。除了她之外，他不愿任何人看到他流泪。

但他却无法忍耐住不去看她的脸。

这已不是昔日那带着三分佯嗔，又带着三分调皮的脸。

现在这张脸上剩下的已只有真情。

这也不是昔日那虽然很脏、却充满了健康欢愉之色的脸。

现在这张脸，是苍白的、憔悴的，美得令人的心都碎了。

显然她也经历过无数折磨，无数痛苦。

唯一没有变的，是她的眼睛。

她的眼睛还是那么明亮，那么坚强。

可是她为什么垂下头？难道她眼泪已忍不住流了下来？

老人又在轻轻地咳嗽着。

她终于悄悄擦干了眼泪，抬起头，向郭大路招了招手，道："你过来。"

郭大路眼睛还盯在她脸上，就像是受了某种魔法的催眠似的，一步步走了过去。

她又垂下了头,面颊上似已泛起红晕,晚霞般醉人。

以前她脸上也曾泛起这种红晕,但郭大路却并没有十分留意。

男人有时也会脸红的。

现在郭大路只恨不得重重给自己七八十个耳刮子。

他实在不明白自己为什么会这么笨,为什么居然没有看出她是个女人。

老人忽又叹息着,道:"你再过来一点,让我看看你。"

郭大路没有听见。

现在除了她之外,什么人的话他都听不见。

燕七却咬着嘴唇,道:"我爹爹的话,你听见了没有?"

郭大路怔了怔,道:"他……他老人家就是你的父亲?"

燕七点点头。

郭大路立刻走近了一点。

他可以不尊重任何人,可以听不见任何人说的话,但燕七的父亲,那当然是例外。

老人看到了他,他也看到了这老人。

他又怔住。

02

世上有很多种人,所以也有很多种脸。

有的脸长,有的脸圆,有的脸俊,有的脸明朗照人,有的脸却永远都像是别人欠他三万两银子没还似的。

郭大路看过很多人,看过很多种脸。

但他从未看过这么样一张！

严格说来，这已不能算是一个人的脸，而是个活骷髅。

长而方的脸上，已只剩下一张皮包着骨头，仿佛已完全没有血肉。

但刀疤的两旁，却偏偏还有血肉翻起。

最可怕的就是这刀疤！

两条刀疤在他脸上划成了个十字。左面的一条，从眼睛划过，再划过鼻子，直划到嘴角。

右边的一条自右颊划断鼻梁，直划到耳根。

所以这张脸上，已分辨不出鼻子的形状，只剩下一只眼睛。

眼睛半闭着。

刀疤早已收了口，也不知是多少年前留下来的，但刀疤两旁翻起的血肉，却仍然鲜血般殷红。

血红的十字刀疤，衬着他枯瘦苍白的脸，看起来就像是个正在燃烧着的、地狱中恶鬼的符号。

这老人根本就像是活在地狱中的。

郭大路连呼吸都似已将停顿。

他不忍，也不敢再看这张脸，却又不能逃避。

他脸上甚至不能露出丝毫厌恶恐惧的表情，因为这老人是燕七的父亲。

老人也正在半闭着眼，看着他，过了很久，才缓缓道："你就是郭大路？"

郭大路道："是的。"

老人道："你是我女儿的好朋友？"

郭大路道："是的。"

老人道:"你是不是觉得我的脸很难看,而且很可怕?"

郭大路沉默了半晌,终于道:"是的。"

老人也沉默了半晌,喉咙里忽然发出短促的笑声,道:"难怪我女儿说你是老实人,看来你果然是的。"

郭大路瞟了燕七一眼,燕七还是垂着头。

梅兰的脸上,也有了笑意。

郭大路也垂下头道:"有时我也并不太老实的。"

这也是句老实话。他忽然发觉在这老人面前说老实话,是种很好的方法。

老人果然微微颔首,道:"不错,不老实的人,休想到这里来;太老实的人,也休想找得到这里的。"

他忽又感慨地叹了口气,道:"你能到这里来,总算不容易……实在不容易。"

郭大路听在耳里,心里忽然觉得有些酸酸的。

燕七为什么要让他受这许多折磨?为什么要他如此苦苦找寻?

老人虽半闭着眼,却已似看到他心里,忽然道:"叫他们也进来吧。"

梅兰道:"是。"

她静悄悄地走过去,静悄悄地打开了另一扇门。

门外立刻有三个人静静地走了进来。

第一个人,就是那麻子。现在他也已换了件雪白的长袍,一进来就垂手站在屋角,显得既敬畏,又尊敬,就好像奴才看到了他的主子一样。

跟在他后面的,当然就是那驼子。

第三个人才是那独脚和尚。

三个人都穿着同样的白袍,对这老人的态度都同样尊敬。三个人都垂着头,看都没有看郭大路一眼。

老人道:"你们想必是认得的。"

三个人同时点了点头。

郭大路却忍不住道:"他们虽认得我,我却不认得他们。"

老人唏嘘着,道:"现在的年轻人,认得他们的的确已不多了,但你也许还听过他们的名字。"

郭大路道:"哦?"

老人道:"你跟蓝昆是交过手的,难道还没有看出他武功来?"

郭大路道:"蓝昆?"

老人道:"蓝昆是他的俗号,自从他在少林出家后,别人就只知道他叫铁松了。"

原来这独脚和尚竟是少林门下!也只有少林的"风雷降魔杖",才能有那种惊人的威力。

郭大路悚然动容,道:"莫非他就是昔日一杖降十魔、独闯星宿海的'金罗汉'铁松大师?"

老人道:"不错,就是他。"

郭大路说不出话来了。

这金罗汉正是他少年时,心目中崇拜的偶像之一,他七八岁时就已听说过这名字,后来又听说这人已物化仙去了,想不到竟隐居在这里。

老人道:"天外游龙神驼子,这名字你想必也该听人说过。"

郭大路又怔住。

原来这驼子竟是昔年最负盛名的轻功高手,难怪他一回头,就已看不见这人的影子了。

老人道:"天外游龙神驼子、千变万化智多星,这两人本是齐名的。"

郭大路吃惊地看着那麻子,失声道:"难道他就是智多星袁大先生？"

老人道："原来你也知道他。"

郭大路怔在那里，久久都吐不出气来。

这三人在二十年前，全都是江湖中声名显赫、不可一世的武林高手。

在江湖传说中，这三人已全都死了。

谁也想不到这三人竟全都躲在这里，而且还好像都已成了这病老人的奴仆下属。

想到这里，郭大路心里又一惊。

像金罗汉、神驼子这样的绝顶高人，都已做了这老人的奴仆，而且对他如此敬畏，如此尊敬。

这老人又是个什么样的人物呢？

郭大路实在想不出。

就算是昔日的少林方丈铁眉复生，金罗汉也不会对他如此敬畏。就算是昔日的天下第一名侠再生，神驼子和智多星也绝不会甘心做他的奴仆下人。

这老人又有什么力量，能使得这三个人对他如此服从尊敬？

老人缓缓道："他们今天让你吃了不少苦，你心里是不是对他们很不满？"

郭大路想摇头，没有摇，苦笑道："有一点。"

老人道："他们这样做，你是不是觉得很奇怪？"

郭大路道："也有一点……不止一点。"

老人道："你千方百计找到这里来，为了什么？"

郭大路嗫嚅着，又瞟了燕七一眼，讷讷道："来找她的。"

老人道："为什么要找她？"

他说话好像永远都是在发问，而且问得咄咄逼人，丝毫不给别人转圜的余地。

郭大路垂下头,仿佛忸怩不安。

但这时燕七却忽然抬起头来,用一双明如秋水般的眼波,凝视着他。

郭大路心里立刻又充满了勇气和信心,抬起头,大声道:"因为我喜欢她,想永远跟她厮守在一起。"

这本是光明正大的事,他用这种光明磊落的态度,正显出了他的真诚坦率。

老人的声音却更严肃,一字字道:"你是不是想要她做妻子?"

郭大路毫不考虑道:"是。"

老人道:"永不反悔?"

郭大路道:"永不反悔。"

老人半闭着的一只眼,突然睁开,眼睛里射出闪电般的光。

郭大路从未看过如此逼人、如此可怕的眼睛,但他却没有逃避。因为他知道这是最重要的一刻,因为他心中坦然无愧。

老人逼视着他厉声道:"但你知不知道我是谁?"

郭大路摇摇头,这句话正是他憋在心里久已想问出来的。

老人道:"你看到了我脸上的十字剑伤,还不知道我是谁?"

郭大路心里突然一阵惊悸,整个人都几乎为之震动起来。

十字剑伤!疯狂十字剑!

唯一能在疯狂十字剑下逃生的人,就是南宫丑!

莫非这病重垂危的老人,才是真正的南宫丑!

郭大路只觉自己的头脑在晕眩。

他再也想不到,江湖中声名最狼藉的第一恶人南宫丑,竟是燕七的父亲。

难怪燕七能确定那黑衣人绝不是南宫丑。

自墙后刺入,穿入黑衣人心脏的那一剑,原来是燕七下的手。

她这样做,显然是痛恨这人假冒她父亲的名,所以她不惜杀了他,来保护自己父亲的名誉。难怪她从不肯吐露自己的身世,仿佛有很多难言之隐。

她始终不肯对郭大路说出自己是女儿身,只怕也是为了自惭家世,生怕郭大路知道了她的出身后,会改变对她的感情。

所以她一直要等到临死前才肯说出来。所以她要逃避。

这些想来仿佛永远无法解释的事,现在终于完全有了答案。但郭大路却几乎不能相信。

屋子里更静。

每个人的眼睛,都在逼视着郭大路,只有燕七又垂下了头。她似已不敢再看郭大路。

她生怕郭大路的回答,会伤透她的心。

也不知过了多久,老人才缓缓道:"现在你已知道我是谁了?"

郭大路道:"是。"

老人道:"现在你若是改变主意,还来得及。"

郭大路道:"现在已经来不及了。"

老人道:"为什么?"

郭大路道:"因为世上已没有任何事能改变我对她的感情,连我自己都不能。"

他声音是如此坚定,如此真诚。

他转头去看燕七的眼睛,燕七也已情不自禁,抬起头来,凝视着他。

她目中已又露出泪光,但却已是欢喜的泪,也是感激的泪。

连梅兰的眼睛都已有些潮湿。

老人却仍然以厉电般的目光在逼视着郭大路，道："你还是愿意娶她做妻子？"

郭大路道："是。"

老人道："你愿意做南宫丑女儿的丈夫？"

郭大路道："是。"

老人的目光忽然像寒冰在春水中融化了，喃喃道："好，你果然是个好孩子……燕儿果然没有看错你。"

他又慢慢地阖起眼帘，一字字道："现在我已可放心将她交给你，现在她已是你的妻子。"

第四十五章

前尘往事

01

洞房。

世上有多少个未成亲的少年,在幻想着花烛之夜,洞房里的旖旎风光?又有多少个已垂暮的老人,在回忆着那一天,洞房里的甜蜜和温暖?

幻想和回忆永远都是美丽的。

事实上,花烛之夜的洞房里,通常都没有回忆中那么温暖甜蜜,风光也远不如幻想中的那么绮丽。

有些自以为很聪明的人,时常都喜欢将洞房形容成一个坟墓,甚至还说洞房里发出的声音,有时就像是个屠宰场。

洞房当然也不是坟墓和屠宰场。

那么洞房究竟是什么样子呢?

洞房通常是间并不太温暖的屋子,到处都是红红绿绿的,到处都充满了油漆味道,再加上贺客们留下的酒臭,在里面耽上一两个时辰还能不吐的人,一定有个构造很特别的鼻子和胃。

洞房里当然有一男一女两个人,这两个人通常都不会太熟,所以也不会有很多话说。

所以外面就算吵翻了天,洞房里却通常都很冷静。

贺客们虽然在拼命地吃,拼命地喝,生怕捞不回本钱似的,但新郎和新娘通常都在饿着肚子。

这本来是他们的洞房花烛夜,但这一天却好像是为别人过的。

燕七蒙面的红巾已掀起,正垂着头,坐在床沿,看着自己的红绣鞋。

郭大路远远地坐在小圆桌旁的椅子上,似乎也在发怔。

她不敢看他,他也不敢看她。

假如喝了点酒,他也许会轻松些,妙的是他今天偏偏没有喝。

好像只要做新郎官的人一定要喝酒,马上就会有一些"好心人"过来拦住,抢着替他把酒喝了。

他们本来就是很好的朋友,本来每天都有很多话可说。

但一做了夫妻,就好像不再是朋友了。

两个人竟好像忽然变得很遥远,很生疏,很怕难为情。

所以谁也不好意思先开口。

郭大路本来以为自己可以应付得很好的,但一进了洞房,就忽然发觉自己就像是变成了一个呆子。

这种情况他实在不习惯。

他本来想走过去,坐到燕七身旁,但也不知为了什么,两条腿却偏偏在发软,连站都站不起来。

也不知过了多久,郭大路只觉得连脖子都有点发硬的时候——

燕七忽然道:"我要睡了。"

她竟自己说睡就睡,连鞋都不脱,就往床上一倒,拉起上面绣着鸳鸯戏水的红丝被,把自己身子紧紧地裹住。

她面朝着墙,身子蜷曲得就像是只虾米。

郭大路咬着嘴唇,看着她,目中渐渐有了笑意,忽然道:"今天你怎么没有要我出去?"

燕七不睬他,像是已睡着。

郭大路笑道:"有别人在你的屋子里,你不是睡不着的吗?"

燕七本来还是不想睬他的,却又偏偏忍不住道:"你少说几句,我就睡着了。"

郭大路眨着眼,悠悠道:"有我在屋里,你也睡得着?"

燕七咬着嘴唇,轻轻道:"你……你不是别人。"

郭大路道:"不是别人是什么人?"

燕七忽然"扑哧"一笑,道:"你是个大头鬼。"

郭大路忽又叹了口气,道:"奇怪奇怪,你怎么会嫁给我这大头鬼的?我记得你以前好像说过,就算天下的男人全都死光了,也不会嫁给我。"

燕七忽然翻过身,抓起了枕头,用力地向他摔了过来。

她的脸红得就像是个刚摘下来的熟苹果。

枕头又飞回来了,带着郭大路的人一起飞回来的。

燕七红着脸道:"你……你……你想干什么?"

郭大路道:"我想咬你一口。"

粉红色的绣帐,不知何时已垂下。

假如有人一定要说,洞房里的声音像屠宰场,那么这屠宰场一定是杀蚊子的。

他们说话的声音也像是蚊子叫。

郭大路好像在轻轻道:"奇怪,真奇怪。"

燕七道:"又奇怪什么?"

郭大路道:"你身上为什么一点也不臭?"

只听"叭"的一响,就好像有人在打蚊子,愈打愈轻,愈打愈轻……

02

天已经快亮了。

锦帐中刚刚才安静下来,又过了半天,就听到郭大路轻轻道:"你知道我现在在想什么?"

燕七道:"嗯。"

她的声音如燕子呢喃,谁也听不清她在说什么。

郭大路道:"我想起了很多很奇怪的事,但最想的,还是个烧得又红又烂的大蹄髈。"

燕七"扑哧"一笑,道:"你能不能说你是在想着我?"

郭大路道:"不能。"

燕七道:"不能?"

郭大路道:"因为我怕把你一口吞下去。"

他叹息着,喃喃道:"你这老婆我得来可真不容易,若是吞下去,岂非没有了?"

燕七道:"没有了岂非正好再去找一个。"

郭大路道:"找谁?"

燕七道:"譬如说……酸梅汤。"

郭大路慢慢地道:"不行,她太酸,而且她喜欢的是你。"

他忽又一笑,道:"现在我才知道,那天你不要她,她为什么一点也不生气了……那天你想必已告诉她,你也跟她一样,是个女人。"

燕七道:"我若是男人,我就要她了。"

郭大路道:"你为什么一直不肯告诉我,你是个女人呢?"

燕七道:"谁叫你是个瞎子,别人都看出来了,就是你看不出来。"

郭大路道:"你要告诉我的就是这个秘密?"

燕七道:"嗯。"

郭大路道:"你为什么一定要等到我快死的时候,才肯告诉我?"

燕七道:"因为……因为我怕你不要我……"

她的话还没有说完,嘴就像是已被件什么东西堵住了。

过了很久,她才轻轻地喘息着,道:"我们好好地聊聊,不许你乱动。"

郭大路道:"好,不动就不动。可是你为什么要怕我不要你?你难道不知道,就算用全世界的女人来换你一个,我也不换的。"

燕七道:"真的?"

郭大路道:"当然是真的。"

燕七道:"若用那个水柔青来换呢?"

郭大路叹道:"她的确是个很好的女孩子,而且很可怜,只可惜我心里早已经被你一个人占满了,再也容不下别的人。"

燕七"嘤咛"了一声。锦帐中忽然又沉默了很久,好像两个人的嘴又已被什么堵住。

又过了很久,郭大路才叹息着道:"我知道你那么样做,是为了试试我,对你是不是忠心。"

燕七咬着嘴唇,道:"你若肯在那里留下来,这一辈子就休想再看见我了。"

郭大路道:"可是我已经到这里来了之后,你为什么还不让我来见你呢?"

燕七道:"因为还有别的人也想试试你,看你是不是够聪明、够胆量,看你的心是不是够好,够不够资格做我爹爹的女婿。"

郭大路道:"所以他们就看我是不是够聪明能找出这间屋子的秘密,是不是够胆到那龙王庙去。"

燕七道:"在那龙王庙里,你若是敢动我那小表妹的坏主意,或是不肯先送她回来,你就算能找到这里,还是看不见我的。"

郭大路叹了口气,道:"幸亏我是个又聪明,又有胆量的大好人……"

燕七笑了,抢着道:"否则你又怎么能娶到我这么好的老婆呢?"

郭大路叹道:"到现在我才发现我们真是天生的一对。"

燕七道:"你现在才发现?"

郭大路笑道:"因为我现在才发现,我们两个人的脸皮都够厚的。"

现在这屋子才真的像是个洞房了,甚至比你想象中的洞房还要甜蜜美丽。

他们够资格享受。

因为他们的情感受得住考验,他们能有这么样一天,可真是不容易。

钻石要经过琢磨,才能发得出光芒。

爱情和友谊也一样。

03

经不住考验的爱情和友谊,就像是纸做的花,既没有花的鲜艳和芬芳,也永远结不出果实。

树上已结出果实,春天虽已远去,但收获的季节却已快来了。

燕七坐在树下,摘下了头上的马连坡大草帽做扇子,喃喃道:"好热的天气,王老大想必更懒得动了。"

郭大路目光遥视向远方,道:"这些日子来,他和小林不知道在干什么。"

燕七道:"你放心,他们绝不会寂寞的,尤其是小林。"

郭大路道:"为什么?"

燕七嫣然一笑,道:"你难道忘记了那个卖花的小姑娘?"

郭大路也笑了,立刻又听到了那清脆的歌声:

小小姑娘,清早起床,
提着花篮儿,上市场;
穿过大街,走过小巷,
卖花卖花,声声嚷……

歌声当然不是那卖花的小姑娘唱出来的,唱歌的是燕七。

她轻摇着草帽,曼声而歌,引得路上的人都扭转头,瞪大了眼睛来瞧她。

郭大路笑道:"你莫要忘记你现在身上穿的是什么衣服。"

她身上穿的还是男人打扮,但歌声却清脆如黄莺出谷。

燕七却笑道:"没关系,反正我就算不唱,别人也一样能看出我是个女人的。一个女人要扮得像男人,并不是件容易事。"

郭大路道:"你以前呢?"

燕七道:"以前不同。"

郭大路道:"有什么不同?"

燕七笑道:"以前我比较脏……很脏,大家都觉得女人总应该比男人干净。"

郭大路道:"其实呢?"

燕七瞪了他一眼,道:"其实女人本来就比男人干净。"

这条路,是回富贵山庄的路。

他们并没有忘记他们的朋友,他们要将自己的快乐让朋友分享。

"王老大和小林若知道我们……我们已经成为夫妻,一定也会很高兴的。"

"不知道小林会不会吃醋。"

说完了这句话他就开始跑,燕七就在后面追。

他们既没有乘车,也没有骑马,在路上笑着,跑着,追着,就像是两个孩子。

快乐岂非总是能令人变得年轻的?

跑累了,就在树荫里坐下来,买一个烙饼就当午饭吃。

就算是淡而无味的硬面饼,吃在他们嘴里,也是甜的。

郭大路居然已经有好几天没喝酒了,除了他们临走前的那天,南宫丑为自己的女儿和女婿饯行,非但他自己居然也破例喝了半杯,而且还一定要他们放量喝个痛快,所以他们全醉了。

燕七微笑道:"我爹爹自己现在虽不能喝酒了,却很喜欢看别人喝。"

郭大路笑道："他以前的酒量一定也不错。"

燕七道："何止不错，十个郭大路也未必能喝得过他一个。"

郭大路道："哈。"

燕七道："哈是什么意思？"

郭大路道："哈的意思就是我非但不服气，而且不相信。"

燕七道："只可惜他现在老了，而且旧伤复发，已有多年躺在床上不能动，否则他不把你灌得满地乱爬才怪。"

提起了她父亲的病痛，她眼睛里也不禁露出了悲伤之色。

郭大路也轻轻叹息了一声，道："他实在是个很了不起的人，我想不到他会让我们走的。"

燕七道："为什么？"

郭大路道："因为……因为他实在太寂寞，若是换了别人，一定会要我们陪着他。"

燕七道："可是他不同，他从不愿为了自己让别人痛苦，无论多么难以忍受的事，他都宁可一个人独自忍受。"

她眼睛里又发出了光，显然因自己有这样一个父亲而骄傲。

郭大路叹道："说老实话，我从来也没有想到他是个这样子的人。"

燕七道："从前你以为他是什么样的人？"

郭大路讷讷道："你知道，江湖中的传说，将他说得多么可怕。"

燕七道："现在呢？"

郭大路叹息着，道："现在我才知道，江湖中的那些传说才真正可怕，他居然能忍受了这么多年，就凭这一点，已不是别人能比得上的了。"

燕七黯然道："这也许只因为他已没法不忍受。"

郭大路道："幸好他还有朋友，我看到神驼子他们对他的忠实和友情,总忍不住要替他觉得欢喜感动。"

燕七沉默了半晌,忽然道:"你知不知道他们以前是想怎么对付他的?"

郭大路摇摇头。

燕七道:"他们以前也是一心想要来杀他的,可是后来,经过了几次生死缠斗之后,他们才发现他并不是传说中那样的人,也被他的人格所感动,所以才成了他的朋友。"

她笑了笑,笑得很凄凉,又有些得意,接着道:"为了他,金罗汉甚至不惜背叛了少林,不惜做一个终生再也见不得天日的叛徒。"

郭大路道:"人岂非也就因为有这种伟大的感情,所以才和畜生不同。"

燕七道:"这种感情也唯有在生死患难之中,才能显得出它的伟大来。"

他们说的不错。

一个人也唯有在生死患难之中,才能显得出他的伟大来。

南宫丑能博得神驼子他们的友情,所付出的代价是何等惨痛,只怕也不是别人能想象得到的。

若不是在生死关头,宁愿牺牲自己来保全别人,别人又怎知他人格的伟大?又怎会为了他牺牲一切?

这其中,当然也有段令人惊心动魄、悲伤流泪的故事。

这故事已不必再提。

因为我们现在要说的,是令人欢乐的故事。

这世上悲伤的故事已够多。

已太多。

04

未到黄昏,已近黄昏。

日色虽已西沉,但碎石路上仍是热烘烘的,摸着烫手。

前面的树荫下,有个褴褛憔悴的妇人,手里牵着个孩子,背上也背着个孩子,正垂着头,伸出手站在那里向过路人乞讨。

郭大路立刻走过去,摸出块碎银子,摆在她手里。

他从未错过任何一个乞丐,纵然他已只剩下这块碎银,也会毫不考虑就施舍给别人。

燕七看着,温柔的目光中,带着赞许之色。

她显然也以自己有这样的丈夫而骄傲。

这妇人嘴里喃喃地说着感激的话,正想将银子揣在怀里,有意无意间抬起了头,看了郭大路一眼。

她苍白憔悴的脸上,立刻发生了种无法描述的可怕变化。

她那双无神而满布血丝的眼睛,也立刻死鱼般凸了出来,就好像有把刀突然插入了她的心脏。

郭大路本来还在微笑,但笑容也渐渐冻结,脸上也露出了惊骇的表情,失声道:"是你?"

那妇人立刻用双手蒙住了脸,叫道:"你走,我不认得你。"

郭大路的表情已由惊骇变为怜惜,长叹道:"你怎会变成这样子的?"

妇人道:"那是我的事,和你没关系。"

她虽然想勉强控制住自己,但全身都已抖得像是风中的烛光。

郭大路目光垂向那两个发育不全、满脸鼻涕的孩子黯然问道:"这是你跟他生的么？他的人呢？"

妇人颤抖着，终于忍不住放声大哭起来，掩面痛哭道："他骗了我，骗去了我的私房钱，又和别的女人跑了，却将这两个孽种留下来给我，我为什么这么苦命……为什么？"

没有人能替她解答，只有她自己。

她这种悲惨的遭遇，岂非正是她自己找来的。

郭大路叹息着，也不知该说什么。

燕七慢慢地走过来，无言地握住了他的手，让他知道，无论遇着什么事，她总是站在他这一边的，总是同样信任他。

女人所能给男人的，还有什么比这种信任和了解更能令男人感激？

郭大路犹疑着，道："你已知道她是谁了？"

燕七点点头。

女人对自己所爱的男人，仿佛天生就有种奇妙敏锐的第六感。

她早已感觉出这妇人和她的丈夫之间，有种很不寻常的关系，再听了他们说的话，就更无疑问了。

这妇人显然就是以前欺骗了郭大路，将他抛弃了的那个女人。

郭大路长长叹息，道："我实在没想到会在这里看见她，更没有想到她已变成这样子。"

燕七柔声道："她既然是你的朋友，你就应该尽力帮助她。"

这妇人忽然停下哭声，抬起头，瞪着她，道："你是什么人？"

燕七的目光柔和而平静，道："我是他的妻子。"

这妇人脸上又起了种奇特的变化，转头瞪着郭大路，诧声道："你已经成了亲？"

郭大路道："是的。"

这妇人看了看他，又看了看燕七，目中突然露出了一种恶毒的嫉妒之色，忽然一把揪住了郭大路的衣襟，大声道："你本来要娶我的，怎么能和别人成亲？"

郭大路动也不动，脸色已苍白如纸，这种情况他实在不知道应该怎么样应付。

燕七却将他的手握得更紧，凝视着这妇人道："是你离开了他，不是他不要你，以前的事你自己也该记得的。"

妇人的目光更恶毒，狞笑着道："我记得什么？我只记得他曾经告诉过我，他永远只喜欢我一个人，除了我之外，他绝不再娶别的女人。"

她又做出要流泪的样子，抽动着嘴角，大声道："可是他却骗了我，骗了我这个苦命的女人，你们大家来评评理……"

路上已有人围了上来，带着轻蔑和憎恶之色，看着郭大路。

郭大路苍白的脸又已变得赤红，连汗珠子都已冒了出来。

但燕七的神色却还是很平静，缓缓道："他并没有骗你，从来也没有骗过你，只可惜你已不是以前那个人了，你自己也该明白。"

这妇人大叫大跳，道："我什么都不明白，我不想活了……我就是死也要跟这狠心的男人死在一起。"

她一头向郭大路撞了过去，赖在地上，再也不肯起来。

遇见了这种会撒泼使赖的女人，无论谁都无法可施的。

郭大路简直不知道该如何是好了，只恨不得找个地缝钻下去。

燕七沉吟着，忽然从身上拿出了条金链子，递到这妇人面前，道："你认不认得这是什么？"

妇人瞪着眼，怔了半晌，才大声道："我当然认得，这本来也是我的。"

燕七道："所以我现在还给你，只不过希望你知道，为了保存这条金链子，他不惜挨饿挨骂，甚至不惜被朋友耻笑——他这是为了什么，你也该想得到的。"

妇人看着这条金链子，目中的怨毒之色渐渐变为羞愧。

她毕竟也是个人。

人，多多少少总有些人性的。

燕七道："你换了这条金链子，已可好好地做点小生意，好好地养你的孩子。以后你一定还会遇着好男人的，只要你不再欺骗别人，别人也不会来欺骗你。"

妇人的身子又开始颤抖，转过头，去看她的孩子。

孩子脸上满是惊恐之色，瘪着嘴想哭，却又吓得连哭都不敢哭出声。

燕七柔声道："莫忘记你已是母亲，已应该替你的孩子想一想，他将来也会长大的，你应该让他觉得，因为有你这样一个母亲而骄傲。"

妇人颤抖着，突又伏在地上放声痛哭起来，痛哭着道："老天……老天，你为什么又要让我看见他……为什么？"

这问题也没有人能为她解答，只有她自己。

你栽下去的是什么样的种子，就一定会得到什么样的收获。

你栽下去的若是砂石，就永远莫要期望它能开出美丽的花朵。

黄昏。

夕阳已由绚烂而转为平静。

郭大路慢慢地走在道旁，心情显然也和他脸色同样沉重。

燕七没有说话，没有打扰他。

她知道每个人都有他需要一个人静一静的时候，这也正是一个做人妻子的女人，所最需要了解的。

也不知道过了多久，郭大路才沉声道："你什么时候将那金链子赎出来的？为什么不告诉我？"

燕七笑了笑，道："因为我根本就没有赎出来。"

郭大路道:"你没有?"

燕七道:"刚才我给她的金链子,根本不是你的那条。"

郭大路愕然道:"不是?"

燕七微笑着道:"那是梅兰姐妹私下里送给我的贺礼。"

郭大路道:"那你为什么要拿出来,为什么要这样做?"

燕七笑道:"因为我也是个女人,我对女人总比你了解得多。"

郭大路道:"你是说她看到了这条金链子,就会想起我以前对她总算是不错,所以才肯放过我?"

燕七抿嘴笑道:"金链子看起来都是差不多的,连你都已经分不清了,又何况她。"

她笑得很愉快。

因为这金链子只不过是个象征,象征着以前的那一段往事。

现在他们既已连这金链子都分不清了,显然已将昔日的情感和怨恨全都淡忘。

无论多大方的女人,都不愿自己的丈夫还将往事藏在心里的。

郭大路道:"可是她看到我的时候,就应该已经想起以前……"

燕七打断了他的话,道:"她那样子对你,并不是为以前的事,而是因为嫉妒。"

郭大路道:"嫉妒?"

燕七道:"也不是嫉妒你,是嫉妒我。看看她自己的日子,再看看我们,她更悔恨自己以前为什么要那样做。"

她叹了口气,接着道:"一个人对自己悔恨的时候,往往就会莫名其妙地对别人也怀恨起来,恨不得全世界的人都和她一样痛苦。"

郭大路叹道:"所以她就想破坏我们。"

燕七道:"她恨你,只不过因为她知道自己已永远无法再得到你了。"

郭大路道:"可是她看到了那条金链子时,为什么忽然又变了呢?"

燕七道:"因为金链子和你不同。"

她嫣然一笑,接着道:"金链子不但比你好看,而且她知道自己一定可以得到。"

郭大路道:"那是不是因为金链子已经在她的手里了?"

燕七笑道:"答对了!"

世上的确只有女人才了解女人。

女人一向只相信自己已拿在手里的东西,就算她明知还有一百条金链子可以去拿,她也绝不肯用手里这一条去换的。

也没有几个女人肯将自己的金链子,送给她丈夫以前的情人。

只有最聪明的女人才会这样做。

她只用一条金链子,已换取了她丈夫对她的信任和感激,也换来了她自己的一生幸福。

郭大路凝视着他的妻子,情不自禁,握住了她的手,柔声道:"谢谢你。"

燕七眨着眼,笑道:"谢谢我?……谢谢我那条金链子?"

郭大路摇摇头道:"你应该知道我谢的是什么。"

燕七的确知道。

他感激的当然不是一条金链子,而是她的了解和体谅。

那远比世上所有的金链子加起来还要珍贵得多。

一个懂得了解和体谅的妻子,永远是男人最大的幸福和财富。

也永远只有最幸运的男人才能得到。

第四十六章

情人？仇人？

01

世上是不是真有天生幸运的人呢？

也许有，但至少我并没有看见过。

我当然也看见过幸运的人，但他们的幸运，却都是用他们的智慧、决心和勇气换来的。

幸运就像是烙饼一样，要用力去揉，用油去煎，用火去烤，绝不会从天上掉下来。

幸运的人就像是新娘子一样，无论走到哪里，都一定会被人多瞧几眼。

无论多平凡的人，一旦做了新娘子，就好像忽然变得特别了。

王动、林太平、红娘子三个人站作一排，盯着燕七，从头看到脚，又从脚看到脸。

燕七的脸已被看得像是刚摘下的山里红，红得发烫，忍不住垂下头，道："你们又不是不认得我，盯着我看什么？"

红娘子嫣然道："因为你实在已比以前好看三千六百倍。"

燕七的脸更红，道："但我还是我，连一点都没有变。"

王动道:"你变了。"

燕七道:"什么地方变了?"

林太平抢着道:"以前你是我的朋友,现在却已变成我的嫂子;以前你是燕七,现在却已经变成了郭太太。这变得还不够多?"

燕七咬着嘴唇,道:"我还是燕七,还是你们的朋友。"

红娘子吃吃笑道:"但这个燕七至少已比以前干净多了。"

郭大路忍不住插口道:"答对了,她现在每天都洗澡。"

他的话刚说完,红娘子已笑弯了腰。

燕七狠狠瞪了他一眼,红着脸道:"你少说几句话行不行?又没有人当你是哑巴。"

红娘子失笑道:"若能少说几句话,就不是郭大路了。"

郭大路干咳了两声,挺起胸,道:"其实我现在也变了,你们为什么不看我?"

王动皱着眉,道:"你什么地方变了?我怎么看不出?"

郭大路道:"我难道没有变得好看些?"

王动上上下下看了他几眼,摇着头,道:"我看不出。"

郭大路道:"至少我总也变得干净了些。"

红娘子忍住笑道:"现在你也天天洗澡?"

郭大路道:"当然,我……"

这次,他的话还未说出口,红娘子已又笑得弯下了腰。

燕七赶紧打岔,大声道:"这地方怎么好像少了一个人?"

林太平抢着道:"谁?"

燕七眨着眼,笑道:"当然是那个清早起床,就提着花篮上市场的小姑娘。"

红娘子笑道:"这个人当然少不了的。"

燕七道:"她的人呢?"

红娘子道："又上市场去了，但却不是提着花篮，是提着菜篮——因为我们的林大少忽然想吃新上市的菠菜炒豆腐。"

燕七也忍住笑，叹了口气，道："想不到她小小的年纪，就已经这么样懂得温柔体贴。"

红娘子道："天生温柔体贴的人，无论年纪大小，都一样温柔体贴的。"

她用眼角瞟着林太平，又道："那就好像天生有福气的人一样，你说是不是？"

林太平的脸也红了，忽然大声道："你们少说几句行不行，我也不会当你们是哑巴的。"

郭大路悠悠道："不行，若能少说几句话，就不是女人了。"

王动道："答对了。"

晚霞满天。

暮风中又传来悠扬清脆的歌声：

  小小姑娘，清早起床，
   提着花篮儿，上市场……

燕七和红娘子对望了一眼，忍不住笑道："小小姑娘已经从市场回来了。"

红娘子笑道："而且，她的花篮里还装满了青菜豆腐。"

只听一个银铃般清脆的声音笑道："不止菠菜豆腐，还有酒。"

小小姑娘果然已回来了，挽着个竹篮子，站在门口，右手果然还提着一大坛酒。

她好像已没有以前那么害羞，只不过脸上还是有点发红。

王动道:"酒?什么酒?"

小小姑娘嫣然道:"当然是喜酒,我在山下看到他们两位亲热的样子,就知道应该去买些喜酒回来了。"

燕七眨着眼,道:"是谁的喜酒?是我们的?还是你们的?"

小小姑娘"嘤咛"一声,红着脸跑了,沿着墙角跑到后院。

燕七和红娘子都笑得弯下了腰。

林太平忽然叹了口气,喃喃道:"我真不懂,为什么你们总喜欢欺负老实人?"

王动道:"因为老实人已愈来愈少,再不欺负欺负,以后就没有机会了。"

这不是结论。

02

喜事里若没有酒,就好像菜里没有盐一样。

这句话当然是个很聪明的人说的,只可惜他忘了说下面的一句:

肚子里若有了酒,头就会疼的。

第二天早上起来,郭大路的头已疼得要命。

他当然已不是第一个起来的人——他刚刚发现睡觉有时也不能算是浪费光阴。

他起来的时候,林太平和那小小姑娘已经在院子里,嘀嘀咕咕,也不知在说些什么。

无论说什么,他们都一样觉得很有趣,很开心。

春天的花虽已谢了,但夏天里的花又盛开。

他们就站在花丛前,初升的阳光,照着他们幸福而愉快的脸。

他们也正和初升的太阳一样,充满了光明和希望。

郭大路看着他们,头疼就仿佛已好了些。

燕七悄悄地走了出来,依偎在他身旁,一只手挽着漆黑的长发,一只手挽着他的臂,目光中也充满了欢愉和幸福。

天地间,一片和平宁静,生命实在是值得人们珍惜的。

过了很久,燕七才轻轻道:"你在想什么?"

郭大路道:"我在想另外两个人。"

燕七道:"谁?王动和……"

郭大路点点头,叹息着道:"我在想,不知要等到哪一天,他们才会像这样子亲热。"

燕七凝视着她的丈夫,良久良久,才柔声道:"你知道我为什么喜欢你?"

郭大路没有说话,在等着听。

他喜欢听。

燕七柔声道:"因为你在你自己幸福的时候,还能想到朋友的幸福;因为你无论在什么时候,都不会忘记你的朋友。"

郭大路眨着眼,道:"你错了,有时我也会忘记他们的。"

燕七道:"什么时候?"

郭大路悄悄道:"昨天晚上……"

他的话还未说出,燕七的脸已飞红,拿起他的手,狠狠咬了一口。

只听林太平笑道:"想不到我们的郭大嫂居然还会咬人的。"

他们两个人不知何时已转过身子,正在看着这两个人微笑。

郭大路笑道:"这你就不懂了,没有被女人咬过的男人,根本就不能算作男人。"

林太平道:"这是哪一国的道理?"

郭大路道:"我这一国的,但你说不定很快也会到我这一国来了。"

小小姑娘的脸也飞红,垂下头道:"我去准备早点去……"

郭大路大笑,道:"多准备一点,也好塞住我们的嘴。"

现在正是早饭的时候。

湛蓝色的苍穹下,乳白色的炊烟四起。

郭大路抬起头,喃喃道:"这地方怎么忽然热闹起来了,是不是又搬来了很多户人家?"

林太平道:"没有呀!"

郭大路望着自山坡上升起的炊烟,道:"若没有人家,哪来的炊烟?"

林太平回头看了一眼,面上也露出惊异之色,道:"若有人家,也是昨天晚上才搬来的。"

郭大路道:"昨天还没有?"

林太平也在望着炊烟升起的地方,道:"昨天下午我还到那边去逛过,连一家人都没有。"

燕七沉吟着,道:"就算昨天晚上有人搬来,也不会忽然一下子搬来这么多家。"

林太平道:"何况,这附近根本连住人的地方都没有。"

燕七道:"只不过露天下也可以起火的。"

郭大路道:"为什么忽然有这么多人到这里来起火呢?难道真闲得没事做了?"

只听一人缓缓道:"你们在这里猜,猜到明年也猜不出结果来的,为什么不自己出去看看?"

王动正施施然从门外走了进来,脸上还是什么表情都没有。

郭大路第一个迎上去,抢着问道:"你已经出去看过了?"

王动道:"嗯。"

郭大路道:"烟是从哪里来的?"

王动道:"火。"

郭大路道:"谁起的火?"

王动道:"人。"

郭大路道:"什么样的人?"

王动道:"有两条腿的人。"

郭大路叹了口气,苦笑道:"看来我这样问下去,问到明年也一样问不出结果来的,还是自己出去看看的好。"

王动道:"你早该出去看看了。"

富贵山庄的后面就是山脊,根本就无法可通,前面的山坡上,竟在一夜间搭起了八座巨大的帐篷。

帐篷的形式很奇特,有几分像是关外牧民用的蒙古包,又有几分像是行军驻扎用的营帐。

每座帐篷前,都起了一堆火。

火上烤着整只的肥羊,用铁条穿着,慢慢地转动。

一个精赤着上身的大汉,正将已调好的作料,用刷子刷在羊身上,动作轻柔而仔细,就像是个母亲在为她第一个婴儿洗澡一样。

烤肉的香气,当然比花香更浓。

早餐的桌子上也有肉。

他们刚从外面转了一圈回来,本该都已经很饿。

但除了郭大路外,别人却好像都没有什么胃口。

每个人心里都有数，那些帐篷当然不会是无缘无故搭在这里的。

这些人既然能在一夜间不声不响地搭起八座如此巨大的帐篷来，世上只怕就很少还有他们做不到的事了。

燕七终于长长叹了口气，道："看来我们又有麻烦来了。"

红娘子目中也充满了忧郁之色，道："而且这次的麻烦还不小。"

燕七道："却不知这次的麻烦是谁惹来的？"

郭大路立刻道："这次绝不是我。"

燕七道："哦？"

郭大路道："我还惹不起这么大的麻烦来。"

他忽又笑了笑，道："我这人一向是小麻烦不断，大麻烦没有。"

燕七道："你怎么知道这次麻烦是大是小？"

郭大路道："若不是为了件很大的事，谁肯在别人门口搭起这么大的八座帐篷来？"

燕七道："但直到现在为止，我们还看不出有什么麻烦。"

郭大路道："你看不出？"

燕七道："人家只不过是在外面的空地上搭了几座帐篷，烤自己的肉，又没有来惹我们。"

郭大路道："你看没有麻烦？"

燕七道："嗯。"

郭大路道："刚才是谁说又有麻烦来了的？"

燕七道："我。"

郭大路道："你怎么忽然又改变了主意？"

燕七嫣然一笑，道："因为这地方太闷了，我想跟你抬抬杠。"

郭大路道："我若说没有麻烦呢？"

燕七道："我就说有。"

郭大路叹了口气，苦笑道："看样子我想不跟你抬杠都不行。"

燕七笑道:"答对了。"

一个女人若想找她的丈夫抬杠,每一刻中都可以找得出八千次机会来。

但抬杠有时也不是坏事,那至少可以让看他们抬杠的人心情轻松些。

所以他们一抬杠,别的人都笑了。

红娘子笑道:"不管怎么样,至少人家现在还没有找上我们,我们又何必自找烦恼?"

只可惜现在已用不着他们去找,烦恼已经进了他们的门了。

门外已有个人慢慢地走了进来。

这人很高、很瘦,身上穿着件颜色很奇特的长衫,竟是惨碧色的。

他脸色也阴沉得像是衣裳一样,一双眼睛却暗淡无光,像是两个没有底的黑洞,连眼白和眼珠子都分不出,竟是个瞎子。

但他的脚步却很轻,就好像在脚底下生了双眼睛,既不会踩着石头,更不会掉进洞。

他背负着双手,慢慢地走了进来,脸色虽阴沉,神态却很悠闲。

郭大路忍不住,问道:"阁下是不是来找人的?找谁?"

碧衫人好像根本没听见。

郭大路皱着眉,道:"难道这人不但是个瞎子,还是个聋子?"

墙角下的花圃里,夏季的花开得正艳。

这碧衫人沿着花圃走过去,又走了回来,深深地呼吸着。

他虽已无法用眼睛来欣赏花的鲜艳,却还能用鼻子来领略花的芬芳。

也许他能领略的，有眼睛的人反而领略不到。

他沿着花圃，来回走了两遍，一句话没说，又慢慢地走了出去。

郭大路松了口气，道："看来这人也并不是来找麻烦的，只不过到这里来闻闻花香而已。"

燕七道："他怎么知道这里有花？"

郭大路道："他鼻子当然比我们灵得多。"

燕七道："但他是从哪里来的呢？"

郭大路笑道："我又不认得他，我怎么知道？"

王动忽然道："我知道。"

郭大路道："你知道？"

王动点点头。

郭大路道："你说他是从哪里来的？"

王动道："从帐篷里。"

郭大路道："你怎么知道？"

王动的脸色仿佛很沉重，缓缓道："因为别的人现在根本已不可能走到这里来，我们也没法子走到别的地方去了。"

郭大路道："为什么？"

王动道："因为那八座帐篷已将所有的通路全都封死。"

郭大路动容道："你是说他们在外面搭起那八座帐篷，为的就是不让别的人到这里来，也不让这里的人出去？"

王动不再开口，眼睛盯着外面的花圃，神情却更沉重。

郭大路忍不住也跟着他回头瞧了一眼，脸色也立刻变了。

本来开得正好的鲜花，就在这片刻之间，竟已全都枯萎。

嫣红的花瓣竟已赫然变成乌黑色的，有风吹时，就一瓣瓣落了下来。

郭大路失声道："这是怎么回事？是不是刚才那个人放的毒？"

王动道:"哼。"

郭大路道:"难道这人是条毒蛇,只要他走过的地方,连花草都会被毒死?"

王动道:"只怕连毒蛇也没有他毒。"

燕七道:"不错,我本来以为那无孔不入赤链蛇已是天下使毒的第一高手,可是他和这个人一比,好像还差了很多。"

郭大路道:"还差很多?"

这句话并不是问燕七的,他问的是红娘子。

红娘子叹了口气,道:"赤链蛇下毒还得用东西帮忙,还得下在食物酒水里、兵刃暗器上,但这人下毒却连一点影子都没有,仿佛在呼吸间就能将人毒死。"

郭大路不再问了。

若连红娘子都说这人下毒的手段比赤链蛇高,那就表示这件事已经无疑问。

现在的问题是,这人究竟是谁?为什么要到这里来把他们的花毒死?

这问题还没有答案,第二个问题又来了。

门外又有个人走了进来。

这人很矮、很胖,身上穿着件鲜红的衣服,圆圆的脸上满面红光,好像比他的衣裳还红。

他也背负着双手,施施然走了进来,神情看起来也很悠闲。

这次没有人再问他是来干什么的了,但却都睁大着眼睛,看着他。

院子里的花反正已全被毒死,看他还有什么花样玩出来。

这红衣人,居然也好像根本没有看见他们,在院子里慢慢踱了一圈，就扬长而去，非但没有说一句话，也没有玩一点花样。

但地上却已多了一圈脚印，每个脚印都很深，就像是用刀刻出来的。

郭大路叹了一口气，看着燕七问道："我情愿让大象来踩我一下子，也不愿被人踩上一脚，你呢？"

燕七道："我两样都不愿意。"

郭大路忍不住笑道："你这人果然比我聪明得多了。"

他并没有笑多久，因为门外已又来了个人。

这次来的是白衣人，一身白衣如雪，脸色也冷得像冰雪。

别人都是慢慢地走进来，他却不是。

他身子轻飘飘的，一阵风吹过，他的人已出现在院子里。

就在这时，门外突然又有一道青虹般的剑光冲天而起，横飞过树梢，一闪而没。

树上的叶子立刻雪花般飘落了下来。

白衣人抬头看了一眼，突然长袍一展，向上面招了招手。漫天落叶立刻不见了。

他的人也立刻不见了，就像是突然被一阵风吹了出去。

也就在这时，只听门外有人沉声道："王动王庄主在哪里？"

两丈外的白杨树下，站着个白发苍苍的褐衣老人，手里拿着张大红帖子，正目光灼灼地看着他们。

他们六个人一排站在门口，就好像特地走出来让别人看的。

褐衣老人的目光，从他们脸上一个个看了过去，才沉声道："哪位是王庄主？"

王动道："我。"

褐衣老人道："这里有请帖一张，是专程送来请王庄主的。"

王动道:"有人要请我吃饭?"

褐衣老人道:"正是。"

王动道:"什么时候?"

褐衣老人道:"就在今晚。"

王动道:"什么地方?"

褐衣老人道:"就在此地。"

王动道:"那倒方便得很。"

褐衣老人道:"不错,的确方便得很,王庄主只要一出门,就已到了。"

王动道:"主人是谁呢?"

褐衣老人道:"主人今夜必定在此相候,王庄主必定可以看到的。"

王动道:"既然如此,又何必专程送这请帖来?"

褐衣老人道:"礼不可废,请帖总是要的,就请王庄主收下。"

他的手一抬,手上的请帖就慢慢地向王动飞了过来,飞得很稳、很慢,简直就好像下面有双看不到的手在托着一样。

王动又笑了笑,才淡淡地说道:"原来阁下专程送这请帖来,为的就是要我们看看阁下这手气功的。"

褐衣老人沉着脸,冷冷道:"王庄主见笑了。"

王动也沉下了脸,道:"刚才还有几位也都露了手很漂亮的武功,阁下认不认得他们?"

褐衣老人道:"认得。"

王动道:"他们是谁?"

褐衣老人道:"王庄主又何必问我?"

王动道:"不问你问谁?"

褐衣老人忽然也笑了笑,目光有意无意间,瞟了林太平一眼。

郭大路也不禁跟着看了林太平一眼，这才发现林太平的脸竟已苍白得全无血色，神情就仿佛王动那次忽然看见天上的风筝一样。

这些人难道是来找林太平的？

褐衣老人已走了。

他走的时候，王动既没有阻拦，也没有再问。

每个人都已看出，今天来的这些人必定和林太平有点关系。

但也没有人问他，大家甚至连看都避免去看他，免得他为难。

郭大路甚至故意去问王动，道："你说他刚才露的那一手是气功，是哪种气功？"

王动道："气功就是气功，只有一种。"

郭大路道："为什么只有一种？"

王动道："女儿红有几种？"

郭大路道："只有一种。"

王动道："为什么只有一种？"

郭大路道："因为女儿红已经是最好的酒，无论什么东西，最好的都只有一种。"

王动道："你既然也明白这道理，为什么还要来问我？"

郭大路眼珠子转了转，道："依我看，最可怕的还是刚才那一剑，那简直已经和传说中，能取人首级于千里之外的御剑术差不多了。"

王动道："还差得多。"

郭大路道："你看过御剑术没有？"

王动道："没有。"

郭大路道："你怎么知道还差得多？"

王动道："我就是知道。"

郭大路叹了口气，苦笑道："这人怎么忽然变得不讲理了。"

王动道:"你几时看见我讲过理?"

郭大路道:"很少。"

他们说的当然是废话,为的只不过是想让林太平觉得轻松些。

但林太平的脸却还是苍白得全无血色,甚至连一双手都紧张得紧紧握在一起,一个人来来回回在院子里转了几圈,忽然停下脚步,大声说道:"我知道他们是谁。"

没有人开腔,但每个人都在听着。

林太平看着地上的脚印,道:"这人叫强龙,也正是天外八龙中硬功最强的一个。"

王动皱眉道:"天外八龙?刚才出现的那三个人全都是天外八龙中的人?"

林太平道:"全都是。"

王动道:"是不是陆上龙王座前的天龙八将?"

林太平道:"天外八龙也只有一种。"

王动道:"你怎么知道的?"

林太平道:"我就是知道。"

王动看了看郭大路,两个人都笑了,郭大路道:"这就叫一报还一报,而且还得真快。"

林太平目中却露出痛苦之色,紧握着双手,来来回回又转了几个圈子,突又停下脚步,大声道:"他们也知道我是谁。"

郭大路忍不住笑道:"这就用不着他们告诉我了,我也知道。"

林太平盯着他,目光好像很奇特,道:"你真的知道?"

郭大路道:"当然。"

林太平道:"我是谁?"

这本是最容易回答的一句话,但郭大路反倒被问得怔住了。

林太平忽然长长叹息了一声,脸上的表情更痛苦,缓缓道:"没有人知道我是谁，甚至连我自己都不想知道。"

郭大路忍不住问道："为什么？"

林太平看着自己紧握着的手，道："因为我就是陆上龙王的儿子。"

这句话说出来，连王动面上都露出了惊讶之色。

郭大路也怔住，吃惊的程度简直已和他听到燕七是南宫丑的女儿时差不多。

红娘子勉强笑了笑，道："令尊纵横天下，气盖当世，武林中谁不敬仰？……"

林太平突然打断了她的话，大声道："我！"

红娘子怔了怔，道："你？"

林太平咬着牙，道："我只希望没有这么样一个父亲。"

郭大路皱了皱眉，道："你就算很不满他替你定下的亲事，也不该……"

林太平突又打断了他的话，道："替我定亲的也不是他。"

郭大路也怔了怔，道："不是？"

林太平目中已有泪盈眶，垂着头，道："我五岁的时候他就已离开我们，从此以后，我就没有再见过他一面。"

郭大路道："你……你一直跟着令堂的？"

林太平点点头，眼泪已将夺眶而出。

郭大路不能再问，也不必再问了。

他看了看燕七，两个人心里都已明白，像陆上龙王这样的男人，甩掉个女人并不是一件奇怪的事。

但被抛弃的女人若是自己的母亲，做儿子的心里又会有什么感觉？

每个人心里都对林太平很同情，却又不敢表露出来——同情和怜悯有时也会刺伤别人的心。

现在能安慰林太平的,也许只有那小小姑娘一个人了。

大家正想暗示她,留下她一个人来陪林太平,但忽又发现这小姑娘脸上的表情竟也和林太平差不多。

她的脸色也苍白得可怕,垂着头,咬着嘴唇,连嘴唇都快咬破了。

这纯真善良的小小姑娘,难道也会有什么不可告人的秘密?

林太平忽然在喃喃自语,道:"他这次来,一定是要逼我跟他回去——他生怕我会走,所以才先将出路全都封死。"

郭大路忍不住道:"你准备怎么办呢?"

林太平紧握双拳,道:"我绝不跟他回去,自从他离开我们的那一天,我就已没有父亲。"

他擦干了泪痕,抬起头,脸上露出了坚决的表情,看着王动他们,一字字道:"无论怎么样,这件事都和你们没有关系,所以,今天晚上,你们也不必去见他,我……"

那小小姑娘忽然道:"你也不必去。"

林太平也怔住,怔了很久,才忍不住问道:"为什么我也不必去?"

小小姑娘道:"因为他要找的也不是你。"

林太平道:"不是我是谁?"

小小姑娘道:"是我。"

这句话说出来,大家更吃惊。

叱咤一世的陆上龙王怎么会特地来找一个卖花的小姑娘?这种事有谁相信?

但看到这小姑娘的脸色,大家又不能不信。

她就像是已忽然变了个人,已不再害羞了,眼睛直视着林太平,缓缓地道："你知不知道我是谁？"

这本来也是个很容易回答的话，但林太平也被问得怔住。

小小姑娘看着他，嘴角露出了一丝凄凉的笑意，缓缓接着道："没有人知道我是谁，甚至连我自己都不想知道。"

这句话也是林太平刚说过的，她现在又说了出来，大家本该觉得很可笑。

可是看到她现在的样子，无论谁都笑不出来的。

若不是有燕七在旁边，郭大路几乎已忍不住过去握起她的手，问她为什么要如此悲伤，如此难受。

她还年轻，生命又如此美丽，又有什么事是不能解决的呢？

林太平已过去握起她的手，柔声道："无论你是什么样的人都无妨，我只知道，你就是你。"

小小姑娘就让自己冰冷的手被他握着，道："我知道你说的是真心话，只不过——你还是应该问清楚我是谁的。"

林太平勉强笑了笑，道："好，我问，你究竟是谁呢？"

小小姑娘闭上眼睛，缓缓道："我就是你未来的妻子，你母亲未来的媳妇，但却是你父亲以前的仇人。"

林太平忽然全身冰冷，紧握着的手也慢慢地放开，垂下……

他的心也跟着一起沉下，仿佛已沉到他冰冷的脚心里，正被他自己践踏着。

玉玲珑！

她竟然就是玉玲珑。

没有人能相信这是真的事，没有人愿意相信。

这温柔善良纯真的小姑娘，真的就是那凶狠泼辣骄横的女煞星？

每个人的目光都盯在她的脸上。

她垂着头，发已凌乱，心也似已碎了。

郭大路心里突也不禁有了怜悯之意，长长叹了口气，苦笑道："你是他母亲选中的媳妇，却是他父亲的仇人？世上哪有这么复杂的关系？你……你一定是在开玩笑。"

他当然也知道这绝不是玩笑，但却宁愿相信这不是真的。

玉玲珑笑得更凄凉，黯然道："我明白你的好意，只可惜世上有些事就偏偏是这样子的。"

郭大路道："我还是不信。"

玉玲珑垂着头，道："陆上龙王和我们玉家的仇恨，已积了很多年，二十年前就发过誓，一定要亲眼看到玉家的人全都死尽死绝。"

郭大路失声道："你父亲是不是他……"

他不敢问出来，因为如果玉玲珑的父亲真是死在陆上龙王的手里，杀父的仇恨，就没有别的人能够解得开了。

玉玲珑却摇了摇头，道："我父亲倒不是死在他手上的。"

她目中又露出了怨恨之色，冷冷接道："因为他就算有天大的本事，也没法子再杀一个已经死了的人。"

郭大路松了口气，又忍不住皱了皱眉，道："你母亲……"

玉玲珑道："我母亲不姓玉，姓卫。"

郭大路道："姓卫？难道是林夫人的姐妹？"

玉玲珑点点头，道："就因为这关系，所以他才放过了我母亲，但他却不知道那时我母亲腹中已有了我，我还是姓玉的。"

郭大路叹道："后来他当然已知道有你这么样一个人了。"

玉玲珑道："所以我一直都在躲着他，他在北边，我就不到北边来，他在南边，我就不到南边去。他的名气比我还大，我躲他，总比他找我容易。"

郭大路苦笑着喃喃道："我早就说过，一个人太有名，也不是件好事。"

玉玲珑道："也并不太坏。"

郭大路道："其实，你母亲本不该让你成名的，你如果真的是个很平凡的小姑娘，他也许就永远找不到你了。"

玉玲珑咬牙道："那么样地活着，和死又有什么分别？"

郭大路道："世上有很多人都是那么样活着，而且活得很好。"

玉玲珑道："但我们玉家从来没有那样的人，玉家的声名也不能从我这一代断绝。"

郭大路道："现在你母亲呢？"

玉玲珑默然道："已经在三年前去世了。"

她咬着嘴唇，道："她临死的时候，还怕陆上龙王不放过我，所以特地去找她的妹妹……"

郭大路道："是她去找林夫人的？"

玉玲珑点了点头，道："她希望林夫人能够化解开我们两家的冤仇，只可惜，林夫人自己也无能为力，所以……"

郭大路道："所以她才将你许配给她的独生子，希望你们两家的怨仇，能从这婚事中化解。"

玉玲珑道："我想她一定是这意思。"

郭大路用眼角瞟着林太平长叹道："只可惜她的儿子，却不明白母亲的好意。"

玉玲珑凄然笑道："下一代的人，总是不能了解上一代的好意，就连我也一样，我本来也一样不愿做他们林家的媳妇。"

她不敢去看林太平，但她的眼波还是情不自禁，向林太平瞟了过去。

林太平整个人都似已冰冷僵硬，忽然道："那么你为什么要到这里来找我？"

玉玲珑笑得更凄凉，幽幽道："你不明白？"

林太平大声道:"我当然不明白。"

玉玲珑咬着嘴唇,勉强忍耐着,不让眼泪流下,又问了一句:"你真不明白?"

林太平道:"不明白!"

玉玲珑身子突然颤抖,嘶声道:"好,我告诉你,我这么做,只为了我跟你说过,总有一天,要让你求我嫁给你的。"

林太平胸口像是忽然被人重重一击,连站都已无法站稳。

玉玲珑自己也像是要倒下去。

也不知过了多久,林太平才咬着牙,一字字道:"现在我已明白了……总算明白了!"

他没有再说别的话,忽然转身,冲进了自己的房门里。

"砰"地,门关起。

玉玲珑也并没有再看他,但眼泪却已悄悄地流了下来……

第四十七章

人就是人

01

为什么暴风雨来临前,总是出奇地沉闷平静?

晴空如洗,一碧万里。

没有暴风雨。

暴风雨在人们的心里。

只有这种暴风雨引起的灾祸,才是最可怕的。

走廊下静得可以听见王动在屋子里的呼吸声。

他的呼吸声很沉重,竟似已睡着了。能在这种时候睡着的人,真有本事。

郭大路和燕七也不知到哪里去了,新婚夫妻的行动,在别人眼中看来总好像有点神秘。

只有红娘子陪着玉玲珑,两个寂寞的人,两颗破碎的心。

玉玲珑痴痴地望着远方。远方什么都没有,她眼睛里也什么都没有。

她整个人都似已变成空的。

红娘子忽然长长叹息了一声,道:"我知道你刚才在说谎。"

玉玲珑茫然道:"说谎?"

红娘子道:"你这次来找他,并不是为了要报复,并不是为了要他跪着求你。"

玉玲珑道:"我不是?"

红娘子道:"以前你也许不愿做林家的媳妇,但现在却已愿意做林太平的妻子,我看得出。"

她长长叹息着,道:"但我却不懂,你为什么不肯告诉他呢?"

玉玲珑咬着嘴唇,道:"你既然看得出,他也应该看得出。"

红娘子叹道:"你还不了解男人,尤其是他这种男人,他看起来虽柔弱,其实却比谁都刚强。"

玉玲珑道:"哦?"

红娘子道:"但最刚强的人,有时也往往是最脆弱的人,别人只要有一点点地方伤害到他,他的心就会碎了。"

玉玲珑道:"你认为我伤害了他?"

红娘子道:"你不该对他那样说的,你应该老实告诉他,现在你对他的情意,让他知道你的真心,他才会以真心待你。"

玉玲珑凄然一笑,道:"我明白你的意思,我本来也想这么样做的,可是……"

她垂下头,垂得很低,轻轻地接着道:"现在无论怎么样做,都已太迟了……"

红娘子看着她,目中充满了怜惜和同情,仿佛已从这倔强孤独的少女身上,看到了她自己的影子。

不错,现在已太迟了。

机会一错过,是永不会再来的。

红娘子勉强笑了笑,道:"也许现在还来得及,也许你应该对他用点手段。对付男人,有时是要用些手段的,只要他娶了你,你就是林家的媳妇,陆上龙王想必也不会……"

玉玲珑突然抬起头，打断了她的话，道："你不必再说了，我已有我的打算，无论如何，陆上龙王也是个人，我为什么一定要怕他？"

她神情虽然仍很悲伤，但目中已充满了倔强自傲的表情。

她本就不是个肯低头的人。

红娘子垂下头，知道自己的确已不必再说下去，也不能再说下去。

玉玲珑忽又握起她的手，柔声道："无论怎么说，我还是一样感激你的好意。"

红娘子道："我也知道。"

玉玲珑道："但你却有件事不懂。"

红娘子道："你说。"

玉玲珑望着王动的窗口，轻轻地问道："你的确很能了解别人，但却为什么好像偏偏不能了解他呢？"

红娘子笑了笑，也笑得很凄凉，过了很久，才幽幽地叹了口气，道："这也许只因为他本来就不是个人，否则现在又怎么睡得着呢？"

王动真的睡着了么？

屋子里为什么忽然没有了他的呼吸声？

02

陆上龙王斜倚在他的虎皮软榻上，盯着王动，就像要在他脸上盯出两个洞来。

连王动自己都觉得脸上似已被盯出两个洞来。

他从未看见过这么样的眼睛，从来未看见过这么样的人。

他想象中的陆上龙王，也不是这样子的。

陆上龙王应该是个什么样的人呢?

当然一定很高大、很威武、很雄壮,紫面长髯,狮鼻海口,也许已满脸白发,但是腰杆儿还是挺得笔直,就好像你在图画中看到的天神一样。

他说话的声音也一定像是洪钟巨鼓,可以震得你耳朵发麻,等到他怒气发作时,你最好的法子,就是远远离开他。

王动甚至已准备好来听他发怒时的吼声。

可是他想错了。

他一看到陆上龙王,就知道无论谁想激起他的怒火,都很不容易。

只有从不发怒的人,才真正可怕。

他脸色是苍白的,头发很稀,胡子也不长,须发都修饰得光洁而整齐,一双手也保养得很好,令人很难相信这双手是杀过人的。

他穿着很简单,因为他知道已不必再用华丽的衣着和珍贵的珠宝,来炫耀自己的身份和财富。

王动进来的时候,他并没有站起来。无论谁进来他都不会站起来。

无论谁都不会怪他失礼。

因为他只有一条腿!

这纵横天下,傲视武林的当世之雄,竟是个只有一条腿的残废。

巨大的帐篷里,静寂无声,除了他们两个人外,也没有别的人。

王动已进来很久,只说了四个字:"在下王动。"

陆上龙王连一个字都没有说,若是换了别人,一定会认为他根本没有听见自己的话。

但王动并没有这么想。

王动知道他必定是要拿定主意后才开口。

有种人是从来不会说错一句话的，他显然就是这种人。

奇怪的是，这种人偏偏通常是说错一万句话也没关系的。

王动在等着，站着在等。

陆上龙王终于伸出手，指了指对面的一张狼皮垫，道："坐。"

王动就坐下。

陆上龙王又指了指皮垫旁的小几上的金樽，道："酒。"

王动摇摇头。

陆上龙王目光灼灼，道："你只和朋友喝酒？"

王动道："有时也例外。"

陆上龙王道："什么时候？"

王动缓缓道："想敷衍别人的时候。但我并不想敷衍你。"

陆上龙王道："为什么？"

王动道："我从不敷衍值得我尊敬的人。"

陆上龙王盯着他，又过了很久，忽然笑了笑，道："你来早了。"

王动道："我本不是来喝酒的。"

陆上龙王慢慢地点了点头，道："你当然不是。"

他取起面前的玉杯，缓缓啜了一口，目光突又刀锋般转向王动，道："你在看我的腿？"

王动道："是。"

陆上龙王道："你一定在奇怪，有谁能够砍断我的腿。"

王动道："是。"

陆上龙王道："你想不想知道是谁？"

王动道："不想。"

陆上龙王道："为什么？"

王动道："因为无论他是谁，现在想必都早已经死了。"

陆上龙王忽又笑了笑，道："看来你并不是多话的人。"

王动道:"我不是。"

陆上龙王道:"我喜欢说话少的人,这种人说出的话,通常比较可靠。"

王动道:"通常都是的。"

陆上龙王道:"好,现在你不妨说出你是想来干什么的了。"

他不等王动开口,突又冷冷道:"最好只用一句话说出来。"

王动道:"你不能杀玉玲珑。"

陆上龙王沉下了脸,道:"为什么不能?"

王动道:"你若想叫林太平活下去,就不能够杀玉玲珑。"

陆上龙王道:"我若杀了玉玲珑,林太平就会为她死?"

王动道:"你不信?"

陆上龙王道:"你信?"

王动道:"我若不信,就不会来。"

陆上龙王道:"你相信世上有肯为别人死的人?"

王动道:"不但有,而且很多。"

陆上龙王道:"说两个给我听。"

王动道:"林太平,我。"

陆上龙王笑了。

王动道:"你不信?"

陆上龙王道:"你信?"

王动道:"你不妨和我打赌。"

陆上龙王道:"赌什么?"

王动道:"用我的一条命,赌玉玲珑的一条命。"

陆上龙王道:"怎么赌?"

王动道:"林太平若不愿为玉玲珑死,你随时可以杀了我。"

陆上龙王道:"否则呢?"

王动道："你就可以走了。所以无论输赢，你都毫无损失。"

陆上龙王冷笑道："毫无损失？……这么想的人，一定还有两条腿。"

王动道："我就算被人砍断了一条腿，也只会去找他，不会去找他的女儿。"

陆上龙王目光更锋利，又看了他很久，才缓缓道："你能证明林太平肯为她死？"

王动道："我不能，你能。"

他慢慢地接着道："可是我相信他一定很快就会到这里来的。"

果然又有人来了，来的不是林太平，是红娘子、郭大路和燕七。

他们进来的时候，王动已不在这帐篷里。

看他们脸上的表情，显然和王动刚才同样惊异——无论谁也料想不到陆上龙王会是这么样一个人。

他们来的目的也和王动一样，因为他们对朋友也同样有情感和信心。

"信心"确实是样很神奇的东西，好像永远都不会令人失望的——友情也一样。

林太平并没有令他们失望。

03

陆上龙王斜倚在虎皮软榻上，看着林太平。

这是他亲生的儿子，他的独生子，他已将近有十五年未曾见过他。

可是他在看着他的时候，就好像和看着王动时并没有什么两样。

过了很久，他才伸出手，指了指王动刚才坐过的狼皮垫，道：

"坐。"

林太平没有坐。

他的身子已僵硬，冷而僵硬，但他的眼睛却仿佛是潮湿的。

他面对着的，是他的父亲，十五年未曾见过一面的父亲。

他眼泪还未落下，已很不容易。

陆上龙王脸上还是全无表情，但眼角却似忽然多了几条皱纹，终于轻轻叹息了一声，道："你长大了，而且看起来很有自己的主意。"

林太平的嘴还是闭得很紧。

陆上龙王道："你若不愿说话，为何要来？"

林太平又沉默了半晌，才缓缓道："我知道你从来不愿听废话。"

陆上龙王道："是的。"

林太平道："你是不是一定要玉家的人全都死尽死绝？"

陆上龙王道："是的。"

林太平道："现在玉家已只剩下一个人。"

陆上龙王道："是的。"

林太平的手也已握紧，一字字道："你若杀了她，我也一定要杀一个林家的人。"

陆上龙王沉下了脸，道："你要杀谁？"

林太平道："我自己。"

陆上龙王盯着他，眼角的皱纹更深。

这是他的儿子，他骨中的骨、血中的血，这少年身体里流着的血，也和他是一样的，一样倔强，一样骄傲。

谁也不能改变这事实，连他自己都不能。

陆上龙王长长叹息了一声，道："你应该知道，林家人说出的话，是永无更改的。"

林太平道："我知道，所以我才这么说。"

他忽又接着道："我也知道她和你并没有仇恨，甚至从来没见过你。"

陆上龙王道："她又是你的什么人？你为什么一定要她活下去？"

林太平道："因为她活下去，我才能活下去。"

陆上龙王道："你们的情感已如此深？"

林太平咬着唇，道："本来我也不知道的……"

陆上龙王打断了他的话，问道："你什么时候才知道？"

林太平道："你要杀她的时候——你杀了她你真的会很愉快？"

陆上龙王沉默着。

林太平道："你自己也不能确定，是不是？但我却可以保证，你杀了她之后，一定比不杀她时更难受。"

陆上龙王沉着脸道："你真的甘心为她死？"

林太平道："死并不容易，但也不是什么太困难的事。"

陆上龙王道："她呢？她是不是也肯为你做同样的事？"

林太平沉默着。

陆上龙王道："你也不能确定，是不是？"

林太平缓缓道："那也许因为他们家的人，并没有要杀我，并没有将你们上一代的仇恨，算在我们下一代人的身上。"

陆上龙王目光闪动，突然道："好，我答应你，可是我有条件。"

林太平道："什么条件？"

陆上龙王道："她若也肯为你牺牲自己，那就证明你们的情感已足够深厚，我就让她走。"

林太平道："否则呢？"

陆上龙王冷冷道："否则你就该明白，她根本不值得你为她死。"

林太平的手握得更紧，道："你难道是在跟我赌？用她的命来赌？"

陆上龙王道:"这至少赌得很公平,因为无论胜负都由她自己来决定。"

林太平道:"我怎知是否公平?"

陆上龙王道:"我保证你一定可以看到的,但你也一定要答应我一件事。"

林太平在听着。

陆上龙王道:"未分胜负之前,你绝不能插手——无论谁都不能插手。"

他目光如刀锋,一字字接着道:"否则这场赌就算你们输了。"

帐篷后垂着重帘,暗得很,从外面根本无法看到里面来。

但帘后的人,却可以看得见前面发生的事。

王动、红娘子、郭大路、燕七都已在这里,也已听到林太平所说的每句话,每个字。

他们觉得很安慰,因为林太平并没有令他们失望。

可是玉玲珑呢?

现在不但她自己的性命,已被她自己捏着,连林太平的性命都已被她捏在手里。

这也是林太平自己下的决定,显然他对她也同样有信心。

她会不会令他失望?

他们听到陆上龙王又在问:"你知不知道她以前是个什么样的人?"

林太平的回答很简单:"那已是以前的事,我就算知道,也已忘了。"

陆上龙王道:"她用了什么手段,使你能如此信任她?"

林太平道:"她用了很多种手段,但有效的却只有一种。"

陆上龙王道:"哪种?"

林太平道:"她说了真话。"

他一字字缓缓接着道:"她本不必说的,也没有人逼她,可是她说了真话。"

也不知为了什么,听了这句话,红娘子的头忽然垂下。

然后林太平也走了进来,看着他们,目光中充满了感激。

他的朋友也没有令他失望。

八个人静静地站在帐篷前,冷静得就像是八个石头人。

这正是陆上龙王座前的天龙八将,其中任何一个人,都足以威震一方。

但玉玲珑的眼睛里却好像根本没有看见他们。

她身上穿的还是那件卖花女的青布衣裳,昂着头,从他们之间走过去,走入帐篷。

她脸色很平静,但目中却充满了决心。

然后她就看见了陆上龙王。

陆上龙王并没有让她坐,但看着她的时候,目光却极锋利。

玉玲珑也没有等他开口,就大声道:"你知道我是谁?"

陆上龙王点点头。

玉玲珑道:"我已是玉家最后的一个人,你只要杀了我,就可以达成你的心愿。"

陆上龙王沉默了很久,才缓缓道:"那并不是我的心愿。"

玉玲珑道:"不是?"

陆上龙王淡淡道:"那不过是我说过的一句话。"

玉玲珑道:"你说的每句话都已做到。"

陆上龙王道："还未做成的只有这一句。"

玉玲珑道："你现在也许很快就会做到了。"

陆上龙王道："也许？"

玉玲珑道："也许的意思就是说不定。"

陆上龙王道："你难道还敢和我交手？"

玉玲珑冷笑道："为什么不敢，难道你以为自己真的很了不起？"

她不让陆上龙王开口，很快地接着又道："一个人若连自己的妻子和儿子都无法照顾，再了不起也有限得很。"

陆上龙王居然并没有被激怒，淡淡道："他们能照顾自己。"

玉玲珑冷笑道："那是他们的事，你呢？你有没有尽到你的责任？世上做父亲和丈夫的人，若都跟你一样，女人和孩子只怕就已快死光了。"

陆上龙王的脸终于沉了下去，沉声道："你来就是为了说这些话？"

玉玲珑道："我只是提醒你，你还有个妻子和儿子，你最好莫要忘记他们，因为他们也并没有忘记你。"

陆上龙王冷冷道："现在你已经提醒过了。"

玉玲珑长长吐出口气，道："不错，该说的话，我也全都说完了。"

她忽然挺起胸，双手抱拳，道："请。"

她明知自己面对的是天下无敌的陆上龙王，明知帐外还有威震八表的天龙八将在等着，可是她神情却丝毫没有畏惧。

她身子虽然纤弱苗条，但却充满了决心和勇气，此刻这一挺胸抱拳，居然已隐隐有和陆上龙王分庭抗礼的气势。

陆上龙王忽然笑了笑，道："你今年已经有多大年纪？"

玉玲珑虽然不知道他为什么忽然问出这句话，还是回答道：

"十七。"

陆上龙王道："你从几岁开始练武的？"

玉玲珑道："四岁。"

陆上龙王冷笑道："你只不过练了十三年武功，就已敢来与我交手？"

玉玲珑也冷笑着道："我就算只练过一天武功，也一样是要来跟你一较高低，我们玉家的人无论武功比不比得上你，骨头总是硬的。"

陆上龙王突然纵声长笑，道："好，好硬的骨头，好大的胆子。"

长笑声中，他身子忽然从榻上腾空而起，就像是下面有双看不见的手在托着他似的。

玉玲珑情不自禁，后退了半步。

她认得出这一招正是传说中"天龙八式"里的第一式"潜龙升天"。

但她却从未想到世上真的有人能将轻功练到这样的火候。

谁知陆上龙王身子腾空，居然还能开口说话，沉声道："小心你的左右青灵穴。"

这"青灵穴"在两肱内侧之下约三分之一处，若被点中，肩臂不举，不能带衣。

但你若不将双臂举起，别人也根本无法点中你这两处穴道。

玉玲珑冷笑着，在心里想："我就算不是你的敌手，但你若要点中我的青灵穴，只怕还不容易。"

她下定决心，在任何情况下，都绝不将双臂举起。

以陆上龙王的身份地位，既然已说明要点她的青灵穴，自然绝不会再向别处下手。

就在这时，陆上龙王的人忽然间已到了她面前，一股强劲的风声，震得她衣襟飘飘飞起。

她身子一转，刚想借势将这一股力量化开，只听"啪、啪"两响，左右肩井穴已被拍住，两条手臂再也举不起来。

再看陆上龙王，不知何时已又躺在那软榻上，神态还是那么悠闲，谁也看不出他刚才曾经出过手的。

玉玲珑急得脸都红了，大声道："你点的是我的肩井穴，不是青灵穴。"

陆上龙王淡淡道："这倒用不着你提醒，肩井穴和青灵穴，我倒还分得出。"

玉玲珑道："想不到你这么大一个人，说出来的话也不算数。"

陆上龙王道："我几时说过要点你的青灵穴？"

玉玲珑道："你刚才明明说过。"

陆上龙王道："我只不过要你留意而已，和人交手时，身上每一处穴道都该留意的。"

他淡淡接着道："何况武功一道，本以临敌应变、机智圆通为要，我点不中你的青灵穴，自然就只好点你的肩井穴，反正你两条手臂还是一样无法举起，我又何苦要点你青灵穴？你若连这道理都不懂，就算再练一百三十年，也一样无法成为高手的。"

他娓娓说来，就好像师父在教训徒弟、父叔在教导子侄。

玉玲珑气得一张脸又由红变白，咬着牙道："好，你杀了我吧。"

陆上龙王道："你不服气？"

玉玲珑道："死也不服。"

陆上龙王道："好。"

"好"字出声，只听"哧"的一声，也不知是什么东西从他手中发出，打在她神封穴上。

玉玲珑只觉一股力量自胸口布达四肢，两条手臂立刻可以动了。

隔空打穴，已是江湖中极少见的绝顶武功，想不到这陆上龙王竟能隔空解穴。

玉玲珑咬了咬牙，显然已明知对方武功深不可测，也已准备拼了。

谁知她身子刚掠起，一招还未使出，忽然觉得一阵暖风吹过，左右青灵穴上麻了麻，一个人又落在地上，两条手臂又无法举起。

再看陆上龙王，已又躺回软榻，神情还是那么悠闲，就好像根本没有动过。

玉玲珑面如死灰。

她就算再骄傲，现在也已看出，陆上龙王若要取她的性命，只不过是举手之劳而已。

她那一身也曾震惊过很多人的武功，到了陆上龙王面前，竟变得连出手的机会都没有。

陆上龙王看着她，淡淡道："现在你服不服？"

玉玲珑长长吸进口气，道："服了。"

她突又冷笑，很快地接着道："但我服的只是你的武功，不是你的人。"

陆上龙王道："哦？"

玉玲珑道："你的武功纵然天下无敌，但你的人却是个气量褊狭的小人，你就算把我们玉家的人全都挫骨扬灰，也没有人会服你。"

陆上龙王沉下了脸，道："小姑娘好利的嘴，竟敢在我面前如此放肆。"

玉玲珑冷笑道："我为什么不敢？连死我都不怕，还有什么好怕的。"

陆上龙王目光闪动，喃喃道："不错，一个人若已明知自己必死无疑，还有什么事不敢做，什么话不敢说的？"

他嘴角忽又露出一丝奇特的笑，接着道："但我若答应不杀你，又如何?"

玉玲珑怔了怔,道:"你……你说什么?"

陆上龙王道:"我非但不杀你,而且绝不伤你毫发,你我两家的恩怨,也从此一笔勾销。"

玉玲珑道:"真……真的?"

陆上龙王道:"我说的话,几时有过不算数的?"

玉玲珑忽然觉得身子发软,几乎连站都站不住了。

她刚才面对空前未有的强敌,明知必死,却还是昂然无惧。

但现在别人已答应不杀她,她两条腿反而软了,直到这时她才发现,她本来是不想死的。

一个人只要还能活得下去,又有谁还真的想死呢?

陆上龙王锐利的目光,似已看透了她的心,慢慢地接着道:"只要你答应我一件事,我立刻就让你走,从此绝不再找你。"

玉玲珑忍不住问道:"什么事?"

陆上龙王道:"只要你从此不提你和我儿子定下的那门亲事,从此不再见他。"

玉玲珑的脸色又变了,颤声道:"你……你要我从此不再见他?"

陆上龙王道:"从今以后,你只当世上根本没有他这么样一个人,只当从来没有见过他,你一样还是能活得很好的。"

他忽又笑了笑,淡淡道:"世上的男人很多,你说不定很快就会忘了他。"

玉玲珑脸色苍白,身子又开始颤抖,道:"我若不答应呢?"

陆上龙王悠然道:"你为什么不答应?你死了之后,岂非还是一样见不到他?"

玉玲珑慢慢地摇了摇头,喃喃道:"不一样……绝不一样。"

陆上龙王道:"有什么不一样?"

玉玲珑凄然一笑，道："你不会懂的，你这种人永远都不会懂的。"

她笑得虽凄凉，但目中却又仿佛充满了一种神秘的幸福之意。

因为她已爱过。

这种感觉既没有任何事能代替，也没有任何人能夺走。

无论她的爱是苦是甜，至少已比那些从未爱过的人幸福得多。

陆上龙王看到她面上的表情，自己的脸色似已变了，忽然从金樽旁的一只碧玉壶中，倒出了一杯惨碧色的酒，沉声道："你若真的不答应，就将这杯酒喝下去，从此也不再有烦恼。"

玉玲珑盯着这杯毒酒，一字字道："我只能答应你一件事。"

陆上龙王道："什么事？"

玉玲珑目光凝视到远方，道："我绝不能忘记他，也绝不会忘记他，我无论是死是活，我心里总有他，无论你有多大的本事，也拿我没办法。"

她忽然冲出，将那杯毒酒喝下。

然后她的人也立刻倒下。

可是她的嘴角，却还是带着那种神秘的、幸福的微笑。

因为她知道，此后无论是天上地下，都没有人再能要她忘记他了……

04

陆上龙王似已怔住。

世上居然真有这种人，这种情感，这的确是他永远不能了解的。

林太平已冲了过去，扑倒在玉玲珑身上。

陆上龙王没有去看他，已不忍再去看他。

也不知过了多久，林太平才站起来，脸上毫无血色，眼睛里却满是血丝，瞪着他，嘎声道："你答应过我的……"

陆上龙王只长长叹息了一声，似也不知道该说什么了。

林太平道："你答应过我，一定会做得很公平，但现在……"

陆上龙王打断了他的话，道："我知道这并不公平，但世上不公平的事本就很多，一个人若想活下去，就应该学会忍受这种事。"

林太平道："我学不会，永远都学不会……"

他脸上的表情，忽然也变得很神秘，很奇特，嘴里甚至也露出一丝和玉玲珑同样的微笑，慢慢地接着道："我只知道世上绝没有人能要她忘记我，也绝没有人能要我忘记她……"

听到这句话，看到他面上的表情，郭大路的热泪已忍不住泉水般夺眶而出。

他了解这种人，了解这种情感。

他知道林太平也不想活了，忍不住跳起来，就要冲出去。

但也不知为了什么，王动却拉住了他，沉声道："再等一等。"

郭大路嘎声道："现在还等什么？"

王动的眼睛里发着光，道："再等一等你就会知道的。"

但就在这时，林太平已将桌上的那壶毒酒，全都喝了下去。

"我也答应过你，你若杀了她，我也一定要杀一个林家的人。"

他杀了他自己。

他也倒了下去，倒在玉玲珑身上。

两个人的嘴角，都带着同样的微笑，笑得幸福而神秘……

郭大路眼睛都红了，正想一把揪住王动，问他为什么要他等。

但也就在这时，他忽然听到一个神秘而动人的声音："你输了。"

一个人忽然出现在帐幕里,长身玉立,风华绝代,赫然竟是林太平的母亲"卫夫人"。

她嘴角竟也带着同样神秘的微笑。

郭大路又怔住。

她看着自己的儿子死在面前,怎么还笑得出?

陆上龙王脸上的表情也很奇特,也不知是愉快?还是痛苦?是得意?还是失望?

过了很久,他才慢慢地点了点头,长叹道:"不错,我输了。"

卫夫人道:"现在你总该相信,并不是每个人都和你一样,都是为了自己活着的,现在你总该知道,世上有很多事都比生命更重要。"

陆上龙王垂下头,忽又笑了笑,道:"总算我知道得还不太迟。"

卫夫人凝视着他,柔声道:"还不太迟?"

陆上龙王也抬起头,凝视着她,道:"不迟。"

两个人目光中忽然都涌出一种神秘的情感,忽然相视一笑。

他们多年的误会和恩怨,就仿佛都已在这一笑之中,化作了春风。

本就是刻骨难忘的人,她对他还有什么不能原谅、不能了解的事呢?

可是她的儿子……

陆上龙王眼睛还在凝视着她,微笑着道:"他已喝下了他们一生中最苦的一杯酒,现在你已不妨给他们喝些甜的了。"

卫夫人柔声道:"大家都应该喝些甜的了……"

她忽然回头向垂帘中的郭大路他们一笑,道:"现在你们总该已明白是怎么回事了,为什么还不出来喝一杯甜酒?"

郭大路还不明白,燕七却已明白了。

燕七道:"第一个跟陆上龙王赌的,并不是王老大,是卫夫人。"

王动道:"为了她儿子一生的幸福,所以她才不惜去找陆上龙王赌。"

燕七道:"她的赌法也跟我们一样,她知道世上有很多人都可以为别人牺牲他自己的,所以她赢了。"

她凝视着郭大路,目中也充满了温柔之意。

郭大路轻轻握住她的手,柔声道:"不错,明白这道理的人,永远都不会输的。"

王动道:"陆上龙王给他们喝的那杯酒,当然绝不是真的毒酒。"

当然不是。

因为林太平和玉玲珑现在已又站了起来,正紧紧地拥抱在一起。

现在世上已没有任何人再能拆散他们了,因为他们有勇气喝下生命中最苦的那杯酒。

是苦酒,但却不是毒酒。

你知不知道世上有种神秘的酒,能让你逃避这尘世片刻,然后再复活?

你知不知道世上本就有很多神秘的事,是特地为了真心相爱的人而存在的?

郭大路转向王动,道:"你刚才拉住我,难道你早已知道那不是毒酒?"

王动道:"我不知道——但我却知道,没有一个做父亲的人,能忍心毒死自己的儿子,我相信只要是人,就一定有人性。"

郭大路道:"你有信心?"

王动道:"有!"

郭大路叹了口气,道:"这就难怪你也永远不会输了。"

垂帘后已只剩下红娘子和王动。

红娘子垂着头，道："他们都在外面等你，你还不出去？"

王动道："你呢？"

红娘子道："我……我不配跟你们在一起。"

王动道："为什么不配？"

红娘子目中已有了泪光，垂着头道："因为我也跟陆上龙王一样，从来不知道，真正的情感，是用不着用任何手段的，你若要得到别人的真情，只有用自己的真情去换取，绝没有第二种法子。"

王动道："但现在你已经知道了？"

红娘子点点头。

王动道："你现在知道总算还不太迟。"

红娘子霍然抬起头，凝视着他，目中充满了希望，道："现在还不太迟？"

王动也在凝视着她，声音也变得非常温柔，柔声道："不迟，只要你真的能明白这道理，永远都不会太迟的。"

他伸出了手，握住了她的手，柔声道："所以现在我们也应该跟他们一起去喝杯甜酒，我们的苦酒也已喝得太多了。"

05

酒是甜的，甜而美。只有经得住考验，受得住打击的人，才能喝到这种酒。

也只有他们才配喝。

陆上龙王金樽在手，看着他的儿子和媳妇，道："我亏待了你们，我应该补偿，随便你们要什么，我都可以给你们。"

林太平道："我们不要。"

陆上龙王道："为什么不要？"

林太平道："因为我们要的，没有人能给我们，你也不能。"

陆上龙王道："我也不能给你们？谁能给你们？"

林太平眼睛里发着光，道："我们自己，只有我们自己。"

陆上龙王道："你们究竟要什么？"

林太平道："我们要的，现在我们已经有了。"

他握住他妻子的手，充满了幸福和满足。因为他要的是自由、爱情和快乐，现在他全都得到。

这绝不是别人赐给他们的，也绝没有任何人能给他们。

你若也想要自由、爱情和快乐，就只有用你的信心、决心和爱心去换取，除此之外，绝对没有别的法子。

绝对没有。就因为他们明白这道理，所以他们才能得到。所以他们永远都很快乐。

谁说英雄寂寞？

我们的英雄就是欢乐的！

《欢乐英雄》完

读客文化将出版以下古龙经典作品

《小李飞刀：多情剑客无情剑》

《小李飞刀2：边城浪子》

《小李飞刀3：九月鹰飞》

《小李飞刀4：天涯·明月·刀》

《陆小凤传奇：金鹏王朝》

《陆小凤传奇2：绣花大盗》

《陆小凤传奇3：决战前后》

《陆小凤传奇4：银钩赌坊》

《陆小凤传奇5：幽灵山庄》

《陆小凤传奇6：凤舞九天》

《陆小凤传奇7：剑神一笑》

《楚留香新传：借尸还魂》

《楚留香新传2：蝙蝠传奇》

《楚留香新传3：桃花传奇》

《楚留香新传4：新月传奇·午夜兰花》

《七种武器：长生剑·孔雀翎》

《七种武器2：碧玉刀·多情环》

《七种武器3：离别钩·霸王枪》

《七种武器4：愤怒的小马·七杀手》

《萧十一郎》

《火并萧十一郎》

《绝代双骄》

《欢乐英雄》

《三少爷的剑》

《流星·蝴蝶·剑》

《武林外史》

《白玉老虎》

《圆月弯刀》

《大人物》

《绝不低头》

《碧血洗银枪》

《彩环曲》

《苍穹神剑》

《大地飞鹰》

《风铃中的刀声》

《护花铃》

《剑毒梅香》

《剑客行》

《猎鹰·赌局》

《名剑风流》

《飘香剑雨》

《七星龙王》

《失魂引》

《血鹦鹉》

《英雄无泪》

《游侠录》

《月异星邪》

激发个人成长

多年以来,千千万万有经验的读者,都会定期查看熊猫君家的最新书目,挑选满足自己成长需求的新书。

读客图书以"激发个人成长"为使命,在以下三个方面为您精选优质图书:

1. 精神成长

熊猫君家精彩绝伦的小说文库和人文类图书,帮助你成为永远充满梦想、勇气和爱的人!

2. 知识结构成长

熊猫君家的历史类、社科类图书,帮助你了解从宇宙诞生、文明演变直至今日世界之形成的方方面面。

3. 工作技能成长

熊猫君家的经管类、家教类图书,指引你更好地工作、更有效率地生活,减少人生中的烦恼。

每一本读客图书都轻松好读,精彩绝伦,充满无穷阅读乐趣!

认准读客熊猫

读客所有图书,在书脊、腰封、封底和前后勒口都有"读客熊猫"标志。

两步帮你快速找到读客图书

1. 找读客熊猫君

2. 找黑白格子

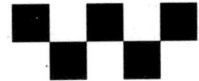

马上扫二维码,关注"**熊猫君**"
和千万读者一起成长吧!

图书在版编目（CIP）数据

欢乐英雄：全二册 / 古龙著. -- 上海：文汇出版社，2019.1
 ISBN 978-7-5496-2754-7

Ⅰ. ①欢… Ⅱ. ①古… Ⅲ. ①侠义小说－中国－当代 Ⅳ. ①I247.5

中国版本图书馆CIP数据核字(2018)第276365号

著作权合同登记号：09-2017-710

欢乐英雄

作　　者／古　龙

责任编辑／若　晨
特邀编辑／周奥扬　闵　唯
排版设计／陈宇婕
封面装帧／文　薇

出版发行／文匯出版社
上海市威海路755号
（邮政编码200041）

经　　销／全国新华书店
印刷装订／北京中科印刷有限公司
版　　次／2019年1月第1版
印　　次／2019年1月第1次印刷
开　　本／890mm×1270mm　1/32
字　　数／577千字
印　　张／23

ISBN 978-7-5496-2754-7
定　　价／129.00元

古龙著作管理发展委员会　侵权必究
装订质量问题，请致电010-87681002（免费更换，邮寄到付）